APPLEWORKS™

APPLEWORKS™

Integrierte Software richtig eingesetzt
von Charles Rubin

übersetzt und bearbeitet von
Gerald Pommranz

VIEWEG

C H A R L E S   R U B I N

Dieses Buch ist die deutsche Übersetzung von
Charles Rubin

AppleWorks
Boosting your business with integrated software

Microsoft Press, Bellevue, Washington 98009
Copyright © 1985 by Charles Rubin

Übersetzung aus dem Amerikanischen:
Gerald Pommranz, Gomaringen

Das in diesem Buch enthaltene Programm-Material ist mit keiner Verpflichtung oder Garantie irgendeiner Art verbunden. Der Autor, der Übersetzer und der Verlag übernehmen infolgedessen keine Verantwortung und werden keine daraus folgende oder sonstige Haftung übernehmen, die auf irgendeine Art aus der Benutzung dieses Programm-Materials oder Teilen davon entsteht.

1987

Satz: Vieweg, Braunschweig

ISBN 978-3-528-04481-7   ISBN 978-3-322-93805-3 (eBook)
DOI 10.1007/978-3-322-93805-3

Inhaltsverzeichnis

Einführung

AppleWorks ist auf dem besten Wege, sich zu einem Muster-Softwarepaket im Bereich der Apple-Software zu mausern. Es ist ein umfassendes Programmpaket, das sowohl auf dem Gebiet der Tabellenkalkulation dominiert als auch die Entwicklung einer Unzahl von Zusatzprodukten vorantreibt und für die Leistungsfähigkeit anderer Software durch Vorgabe eines Standards einen Maßstab legt, dem sich andere Softwareentwickler anpassen müssen.

Vielleicht haben Sie AppleWorks gekauft, weil diese Art von Textverarbeitung (in AppleWorks auch Textbearbeitung genannt), Tabellenkalkulation (in AppleWorks auch Rechenblatt genannt) und Datenbank Ihren Ansprüchen gerecht wird und in einem einfach zu erlernenden Programmpaket zusammengefaßt ist. Vielleicht haben Sie sich auch AppleWorks gekauft, weil das Preis-Leistungsverhältnis im Vergleich zum Anschaffungspreis dreier eigenständiger Programme sehr günstig liegt. Oder Sie haben AppleWorks gekauft, weil es ein Produkt der Firma Apple ist und weil Sie wissen, daß Sie bei Appleprodukten mit höherer Leistungsfähigkeit, ausführlicherer Dokumentation und besserer Unterstützung rechnen können. Was auch immer Sie dazu veranlaßt haben mag, AppleWorks zu kaufen, hier wird Ihnen sogar dann, wenn Sie die einzelnen Anwendungsprogramme gut kennen, gezeigt, daß Sie noch lange nicht sämtliche Möglichkeiten des Programms erschlossen haben.

Was AppleWorks von anderen Programmen unterscheidet, ist der flexible Umgang mit Daten und Informationen. Während andere Programme Ihre Daten ständig in Schablonen mit Bezeichnungen wie „Brief", „Rechenblatt" oder „Datensatz" zwängen, können Sie mit AppleWorks formatieren, sortieren, berechnen und Ihre Daten ganz nach Wunsch verarbeiten.

Das AppleWorks-Handbuch beschreibt in erster Linie die Umwandlung von Rechenblatt- oder Datenbankdateien in Textdateien, aber das ist nur der Anfang der Überlegenheit des Programms beim Umgang mit Daten. Sie können mit einer kleinen Hilfsanweisung auch Datenbanken in Rechenblätter und Rechenblätter in Datenbanken umwandeln. Sie beginnen mit einer Datenbank oder einem Rechenblatt und erstellen daraus durch Informationsauswahl und -verknüpfung eine Arbeitsumgebung für Ihre persönliche Datenverarbeitung.

Wird das Buch Ihren Ansprüchen gerecht?

Dieses Buch ist für diejenigen gedacht, die bereits AppleWorks besitzen, die ausgezeichneten Möglichkeiten ausprobiert haben und die daher die grundlegende Arbeitsweise des Programms kennen. Hier wird Ihnen gezeigt, was Sie mit diesen Möglichkeiten anfangen können. Sie lernen den Umgang mit AppleWorks. Sie lernen, persönliche und geschäftliche Datenverarbeitung zu vereinfachen und zu verbessern. Es wird hier, soweit erforderlich, auch auf die im Handbuch aufgeführten Ausführungen von Programmiermöglichkeiten und Programmfunktionen eingegangen, um für viele in AppleWorks enthaltenen Möglichkeiten ein tieferes Verständnis zu gewinnen.

In diesem Buch wird die Software AppleWorks in einer Art und Weise präsentiert, so daß sie als ein vereinheitlichtes Datenverwaltungspaket benutzt werden kann. Sie sind eingeladen, über die einzelnen Programmteile hinaus einen Einblick zu bekommen und Ihre geschäftlichen oder privaten Daten nicht in erster Linie als Ansammlung von Rechenblättern, Textdateien oder Datenbanken, sondern als Hilfsdateien einer integrierten Software zu sehen. Schließlich soll das Buch den Grundgedanken von AppleWorks erläutern — es soll ein Führer zum Verständnis der unterschiedlichen Anwendungen sein. Zusammenfassend kann man sagen, daß dieses Buch erstens das Verständnis für das breitere Leistungsspektrum von AppleWorks weckt und zweitens das vermittelte Wissen auf Ihre ganz persönliche Situation angewendet werden kann.

Aufbau des Buches

Das Buch ist in vier Teile gegliedert. Wie Sie das Buch durcharbeiten, hängt ganz von Ihrem Wissensstand bzw. Ihrem Wissensdrang ab. Sie können es von Anfang bis zum Ende Seite um Seite durcharbeiten, Sie können aber auch einzelne Abschnitte eines bestimmten Interessengebietes herausgreifen, ohne Rücksicht auf die Plazierung im laufenden Text.

Teil I gibt Ihnen einen Überblick über die Funktionsweise von AppleWorks und hebt die Leistungsfähigkeit des Systems hervor, aber auch die Grenzen. Kapitel 1 gibt eine Einführung in das Konzept der Datenintegration — wie sie in AppleWorks implementiert ist und wie Sie generell damit umgehen. Es ist vielleicht von Nutzen, einen Überblick über die unterschiedlichen Wege der Datenübertragung und deren Grenzen zu bekommen, da sich ja der Großteil des Buches mit Datenübertragung zwischen den einzelnen AppleWorks-Applikationen beschäftigt. Kapitel

2 behandelt dann die drei Anwendungsprogramme — was man damit machen kann, was man damit nicht machen kann, auf welchem Gebiet sie besonders leistungsfähig sind und wo ihre Leistung begrenzt ist.

In Teil II werden die spezifischen Datenbewegungen der drei Programmapplikationen einzeln betrachtet. In gesonderten Kapiteln werden Textverarbeitung, Rechenblatt und Datenbank besprochen. Es schließen sich praktische Beispiele an. Diese Beispiele sollen das ‚Wie‘ und ‚Warum‘ des Datenaustausches klarmachen — innerhalb der einzelnen Anwendungen, zusammen mit anderen Anwendungen, in Zusammenarbeit mit anderen Programmen und über Modems. In Abschnitten wie zum Beispiel „Benutzerhinweise" oder „Beseitigung von Schwierigkeiten" gehen diese Kapitel weit über das Handbuch hinaus und bieten Tips und Tricks im Umgang mit den einzelnen Modulen an.

Teil III präsentiert Datenverarbeitungsmöglichkeiten und Werkzeuge, die Sie sich zum geschäftlichen oder privaten Gebrauch zusammenstellen können. Sie lernen, wie man mit Hilfe der in Teil II behandelten Datenverarbeitungstechniken Werkzeuge zum persönlichen Einsatz herstellt. Diese Werkzeuge sind zwar sofort zu benutzen, sie sollen Ihnen aber auch Ideen vermitteln, wie Sie diese für Ihren eigenen Einsatz noch verbessern bzw. anpassen können.

In Teil IV werden der Aufbau und die technischen Seiten von AppleWorks behandelt. Kapitel 8 beschreibt den Programmaufbau (wie einzelne Programmteile die Dateien auf der Programmdiskette behandeln) und die Struktur der von AppleWorks erzeugten Dateien. In Kapitel 9 wird die Speicherung von AppleWorks-Dateien auf Diskette und Festplatte erklärt. Es werden außerdem Wege aufgezeigt, wie Dateien für optimale Speicherplatzausnützung organisiert werden; und es werden der Umgang mit der hierarchischen Dateistruktur von ProDOS in AppleWorks und schließlich der Umgang mit einer Festplatte in AppleWorks erläutert.

Im Anhang werden die Grenzen von AppleWorks anhand von Anwendungsbeispielen aufgezeigt (zum Beispiel die maximale Anzahl von Datensätzen, die eine Datenbank enthalten kann).

Einladung zu AppleWorks

Viele Erstbenutzer von AppleWorks betrachten es als eine Sammlung von drei Programmen. Sie lernen den Umgang mit dem Textverarbeitungssystem, mit dem Rechenblatt und mit der Datenbank. Das Beherrschen der drei einzelnen Anwendungsbereiche von AppleWorks ist nur ein Teil dessen, was man mit AppleWorks alles leisten kann; und wenn man mit einem Programm umgehen kann, muß das noch lange nicht gleichbedeutend mit der optimalen Ausnutzung des Programmes sein.

Das AppleWorks Schreibtisch-Dateisystem und die Möglichkeiten des Datenaustausches machen dieses Programmpaket viel leistungsfähiger als die Summe der einzelnen Teilprogramme. Dieses Buch ist eine Einladung, die verschiedenen kreativen Möglichkeiten der Dateiverwaltung zu erforschen, die AppleWorks anbietet, so daß Sie mit Ihren Daten — und mit Ihrem Computer — so umgehen können, wie es für Ihre Ansprüche am geeignetsten ist.

Teil I

Vor- und Nachteile
von AppleWorks

Es sind vor allem zwei Gesichtspunkte, die AppleWorks zu einem populären Programm machen: Es bietet zum einen die drei am meisten verwendeten Anwendungen eines Personal-Computers — Textverarbeitung, Rechenblatt und Datenbank — in einem leicht zu handhabenden Programm zusammengefaßt. Zum anderen bietet es einen guten Datenaustausch sowohl zwischen diesen Applikationen als auch mit anderen Programmen über das sogenannte „Schreibtischsystem". Wir werden uns diese Möglichkeiten in den beiden folgenden Kapiteln im einzelnen ansehen.

In Kapitel 1 werden wir eine günstige Ausgangsposition schaffen und sehen, was Integration in AppleWorks wirklich für eine Bedeutung hat. Wir werden sehen, wie die drei Applikationen zusammenhängende Informationen verwalten, und wir werden sehen, wie AppleWorks mit der Außenwelt kommunizieren kann: welche Art von Daten verwendet werden können, woher die Daten kommen können und wie diese Kommunikationsfähigkeiten einen großen Umfang an Optionen für alle Benutzer bieten. In Kapitel 2 werden wir dann unseren Blickwinkel etwas verengen und uns auf die Anwendungsfunktionen konzentrieren: ob sie besser oder schlechter sind als bei Einzelprogrammen, die ähnliche Fähigkeiten besitzen und was AppleWorks von solchen Programmen unterscheidet.

Kapitel 1
Der Schlüsselbegriff „Integration"

Wenn Sie wissen, was Integration bedeutet und wie Sie damit umgehen können, haben Sie den Schlüssel für den optimalen Umgang mit AppleWorks in der Hand. Im weitesten Sinne bedeutet der Begriff Integration die Arbeit des Computers mehr der Arbeitsweise des Menschen anzupassen.

Computer sind Geräte, die dazu gemacht wurden, nur einen Arbeitsvorgang auf einmal zu verrichten. In vielen Fällen können sie Informationen viel schneller verarbeiten als ein menschliches Gehirn dies kann. Aber ihre Fähigkeit, schnell und ohne Aufwand von einem Gebiet oder Datenformat in ein anderes zu springen, ist sehr begrenzt. Ohne integrierte Computer-Software geht ein Umschalten von Textverarbeitung auf Zahlenverarbeitung folgendermaßen vor sich: zuerst muß die momentan bearbeitete Datei abgespeichert werden, dann muß das Textverarbeitungsprogramm verlassen und das Zahlenverarbeitungsprogramm gestartet werden und schließlich muß eine andere Datei geladen oder neu angelegt werden. Im besten Fall nimmt dieser Prozeß eine oder sogar mehrere Minuten und Arbeitsgänge in Anspruch.

Mit Hilfe von integrierter Software wird versucht, den Umschaltvorgang zwischen Text, Zahlen und Bildern zu beschleunigen und einfacher zu gestalten. Im Idealfall sollte ein Computer in der Lage sein, anstatt einer einfachen Folge von Tastenbefehlen verschiedene Eingaben (Bilder, Zahlen, Wörter, Töne) zu verstehen und zu empfangen. Anschließend sollte der Computer diese Eingabe ohne Zusatzleistungen des Benutzers kombinieren, umwandeln und verarbeiten können. Schließlich sollte der Computer die Daten in jeder vom Benutzer gewünschten Form ausgeben können. Die heutigen Computer sind noch weit von diesem Ziel entfernt, aber sie können sich diesem Ziel auf zwei Wegen nähern — mittels Transparenz und Flexibilität.

Transparenz

Transparenz bedeutet Bequemlichkeit im Umgang: Wenn wir einem Computer Befehle geben müssen, werden wir uns oft der Anstrengungen und Umständlichkeit bewußt, um eine bestimmte Tastenkombination zu

finden oder zu rekonstruieren. Oder wir müssen unzählige Schritte durchlaufen, vielleicht zu allem Überfluß einen Diskettenwechsel vornehmen,
um von einem Programm in ein anderes zu gelangen. Selbst wenn alle Programme, die wir benötigen, auf einer Diskette untergebracht sind, wird
unser Arbeitsfluß dadurch unterbrochen, daß wir uns selbst von den Be-
fehlen des einen Programmes auf die Befehle des anderen Programmes
umgewöhnen müssen. Software ist dann transparent — d. h. einfachere
Handhabung und weniger offensichtliche Übergänge zwischen den einzelnen Programmteilen ist gewährleistet — wenn es möglich ist, einen fast
nahtlosen Übergang von Programmteil zu Programmteil zu bekommen und
in allen Teilstücken immer dieselben Befehle zu verwenden.

Flexibilität

Flexibilität in diesem Sinne, bezieht sich auf die Fähigkeiten des
Computers, verschiedene Datentypen auf unterschiedliche Art und Weise
zu empfangen, zu verarbeiten und auszugeben. Normalerweise veranlaßt
ein Computerprogramm — eine Reihe von Anweisungen — daß Daten in
einem bestimmten Format empfangen, danach verarbeitet ·und zum
Schluß in einer ganz bestimmten Form wieder ausgegeben werden. Da
Computer übertrieben genau sind und nur das ausführen, was ihnen ganz
genau gesagt wird, muß eine vielseitige Software mehrere Programme ver-
einigen, die dann zusammen dem Computer die verschiedenen Möglichkeiten der Ausführung mitteilen.

Die Anzahl von Programmen, die auf einer Diskette bzw. im Hauptspeicher des Computers gespeichert werden können, ist durch den aktuellen Stand, auf dem sich die Computerhardware befindet, ziemlich eingeschränkt. Auf einem Apple II liegt die Grenze bei drei kombinierten Programmen. Daher versuchen die Programmentwickler die drei wichtigsten
Programme für einen möglichst großen Benutzerkreis miteinander zu verbinden und sie so anzulegen, daß sie für die meisten Anwender sehr benutzerfreundlich arbeiten. (Die Entscheidung darüber, was benutzerfreundlich ist, ist natürlich äußerst ungenau, aber Apple hat auf diesem
Gebiet sehr viel beigetragen.)

Kombinierte Anwendungsprogramme machen jedoch nur einen Teil
der Zielvorstellung aus, wie Computer flexibler gemacht werden können,
weil unterschiedliche Anwendungen die Daten unterschiedlich speichern
und verarbeiten — das für Textverarbeitung günstigste Datenformat kann
zum Beispiel das schlechteste Format für Kalkulationen sein. Wenn aber
unterschiedliche Anwendungsprogramme unterschiedliche Datenformate
verlangen, dann rückt das Ziel, schnell und unkompliziert von einer Daten-
form in eine andere umzuschalten in nahezu unerreichbare Ferne.

Kurz und gut, wenn Ihre Kalkulationsdaten nicht von Ihrem Textverarbeitungsprogramm verarbeitet werden können, bzw. wenn sie zuerst

umgewandelt werden müssen, müssen Sie sich mit einer gewaltsamen Unterbrechung abfinden, die vollständig gegen das Konzept des glatten Übergangs zwischen verschiedenen Arbeitsgängen spricht.

Manche Programmentwickler bewältigen dieses Problem, indem sie spezielle Betriebssysteme entwickeln, die ohne die Einmischung des Benutzers unterschiedliche Datenformate verarbeiten können. Oder sie finden eine Möglichkeit, verschiedene Anwendungsprogramme, die dasselbe gebräuchliche Datenformat verwenden, zu entwickeln. Dies vereinfacht allenfalls den Datenaustausch innerhalb eines Anwendungsprogrammes, erschwert dagegen den Datentransfer von und zu solchen Programmen, die normalerweise die zu bearbeitenden Daten von anderen Programmen übernehmen, oder machen dies auch völlig unmöglich.

Es gibt eine dritte Möglichkeit, um das Inkompatibilitätsproblem der Daten zu umgehen: Die Anwendungsprogramme werden so gestaltet, daß sie Datenformate benutzen, die aufeinander abgestimmt sind (sie können trotzdem unterschiedlich sein). Dazu wird ein einfacher Mechanismus innerhalb des Programms erfunden, der die Daten entsprechend umwandelt. Nach dieser Methode arbeitet AppleWorks.

Integration in AppleWorks

Neben den drei Anwendungsmöglichkeiten in AppleWorks besteht noch eine weitere, sozusagen eine vierte „Anwendung": der Schreibtisch. Der Schreibtisch ist ganz einfach ein Teil des von AppleWorks reservierten RAMs zur Datenverarbeitung. Vielleicht ist es Ihrer Meinung nach auch nur ein Weg zur Vereinfachung der drei Anwendungen. Auf jeden Fall ist der Schreibtisch der Platz, von dem aus Sie sämtliche Arbeiten mit Apple-Works beginnen und beenden — es ist also der Programmteil, der zum Erstellen, Laden und Speichern von Dateien benutzt wird. Außerdem ist der Schreibtisch die Verbindung zwischen den drei Anwendungsprogrammen. Dadurch wird es Ihnen ermöglicht, Daten zwischen den Programmen auszutauschen und damit das Format Ihrer aufgestellten Texte oder Tabellen zu ändern. Durch Anwendung des Schreibtisches wird AppleWorks weitaus leistungsfähiger als drei einzelne Anwendungsprogramme auf einer Diskette.

Unter dem Blickwinkel der Transparenz heißt das, daß AppleWorks in allen drei Anwendungsprogrammen mit denselben Befehlsfolgen arbeitet. Die Anwendungen sind ja unterschiedlich genug, daß nicht jeder Befehl eine gleichbedeutende Funktion in jedem der drei Programme haben kann, aber es gibt trotz allem noch eine Menge an Übereinstimmungen. Ein weiterer Schritt zur Transparenz ist die Fähigkeit des Programmpaketes, das richtige Anwendungsprogramm für das gewählte Dateiformat auszuwählen. Wenn wir also Dateien von einer Diskette auf den Schreibtisch holen, oder wenn wir mit Hilfe des Schreibtischindexes zwischen Dateien umschalten, lädt AppleWorks automatisch das benötigte Anwendungsprogramm.

Mit Bezug auf die Flexibilität heißt das, daß AppleWorks' Stärke im Datenaustausch liegt. Jedes Anwendungsprogramm kann bestimmte Standard-Dateitypen benutzen oder erzeugen (ASCII und/oder DIF Dateien), so daß Dateien, die von einem Programm erstellt worden sind, zum Lesen für ein anderes Programm umgewandelt werden können. Außerdem sind die Quell- und Zieldateien nicht auf die von den Programmen erstellten Formate beschränkt, da es drei weitere Mechanismen für den Datenaustausch in AppleWorks gibt: den Zwischenspeicher, alternative Dateitypen und DOS-nach-ProDOS Dateikonvertierung.

Der Zwischenspeicher

Mit dem Zwischenspeicher können Dateien oder Dateiteile in AppleWorks am leichtesten bis zu einer bestimmten Größe (Umfang, Dateilänge) ausgetauscht werden. Über den Zwischenspeicher können Sie Daten eines Anwendungsprogrammes kopieren oder verschieben (eine Kalkulationsdatei in eine andere, eine Textdatei in eine andere oder eine Datenbankdatei in eine andere). Außerdem können Sie Teile aus Datenbanken oder Kalkulationsdateien in Textdateien übertragen. Aber bei sämtlichen Datenübertragungen liegt die maximale Kapazität des Zwischenspeichers pro Übertragung bei 255 Zeilen, Spalten oder Datensätzen (es hängt jeweils davon ab, ob die Daten aus Textbearbeitung, Kalkulation oder aus einer Datenbank entstammen). Alle Quell- und Zieldateien, die für solche Datenübetragungen verwendet werden, müssen sich auf dem Schreibtisch befinden — mit dem Zwischenspeicher können Sie also keine Datenübertragungen in Diskettendateien durchführen.

Sie haben vielleicht schon beim Arbeiten entdeckt, daß der Zwischenspeicher noch eine weitere Einschränkung aufweist: Sie können keine Informationen zwischen Datenbank- und Rechenblattdateien, zwischen Rechenblatt- und Datenbankdateien und zwischen Textdateien und einem der beiden anderen Dateitypen austauschen. Auf den ersten Blick scheint das gar kein großer Nachteil zu sein. Man kann sich ja eher vorstellen, daß ein Dateiteil aus einer Datenbank oder Kalkulation in einer Textdatei untergebracht werden soll, als daß ein Textdateiteil in einer Datenbank oder Kalkulation verwendet werden soll. In diesem Buch erfahren Sie im Gegensatz zum Standard aber auch, warum diese „neuen" Datenübertragungsangebote nützlich sein können und wie sie ausgeführt werden.

Wenn Sie den Zwischenspeicher schon häufiger benutzt haben, haben Sie sicher bemerkt, daß mit Hilfe von Kopiere- oder Bewege-Befehlen Dateiteile innerhalb eines Anwendungsprogrammes übertragen werden, daß Sie aber auch mit Hilfe des Drucke-Befehls Dateiteile aus Rechenblättern oder Datenbanken in Textdateien übertragen können. Die Ursache dafür ist der einheitliche Dateitypus, der jeder Anwendung zugrunde liegt. Wenn Sie Rechenblatt- oder Datenbankinformationen in den Zwischenspeicher übertragen, wird der entsprechende Anwendungsdateityp automatisch in den Textdateityp umgewandelt, so daß Sie die Daten weiterverarbeiten können.

Das ProDOS Benutzerhandbuch führt 27 verschiedene Dateitypen auf, aber es enthält nicht die in Apple Works verwendeten Dateitypen. Um die Ausführbarkeit von AppleWorks zu optimieren, wurden von Rupert Lissner, dem Entwickler, und von Apple Computer drei neue ProDOS Dateitypen geschaffen. Die Dateitypen verbessern zwar einerseits den Umgang mit Kalkulation, Datenbanken und Textbearbeitung in Apple-Works, sie erschweren aber andererseits den Datenaustausch zwischen diesem Programmpaket und anderen Programmen (bzw. sogar innerhalb dieser Anwendungsprogramme, mit Ausnahme der oben erwähnten Übertragung Zwischenspeicher-zu-Textdatei). Damit solche Datenübertragungen möglich werden, ist AppleWorks in der Lage, bestimmte alternative Dateitypen zu erstellen und zu verarbeiten.

Alternative Dateitypen

AppleWorks kann vier alternative Dateitypen verarbeiten: QuickFile Dateien, VisiCalc Dateien, ASCII Dateien und DIF Dateien. QuickFile und VisiCalc sind populäre Programme im Apple-Umfeld, so daß man sie ohne weiteres als Standardprogramme bezeichnen kann — viele Apple-Works Benutzer haben früher mit QuickFile oder VisiCalc gearbeitet, und sie möchten ihre schon vorhandenen Dateien nun in das neue Programm übernehmen. ASCII (American Standard Code for Information Interchange) und DIF (Data Interchange Format) sind industrielle Standard-Dateitypen, die von vielen verschiedenen Programmen verwendet werden und unter vielen Betriebssystemen lauffähig sind.

ASCII-Dateien, normalerweise einfach Textdateien genannt, bestehen aus alphanumerischen Zeichen, die in Übereinstimmung mit der ASCII-Codetabelle generiert werden. Eine Binärzahl repräsentiert jeweils eines der auf einer Standardtastatur (Teletype) vorhandenen Zeichen, Symbole und Ziffern. Der ASCII-Code für den Buchstaben A ist zum Beispiel 01000001. Da dieser Code überall in der Computerindustrie eingesetzt wird, können ASCII Dateien, die von einem Programm oder auf einem Computer erzeugt werden, in anderen Programmen oder auf anderen Computern verwendet werden. Aus diesem Grund werden normalerweise ASCII Dateien von Textverarbeitungsprogrammen benutzt und von Datenfernübertragungsprogrammen übertragen.

DIF Dateien verwenden ebenfalls den ASCII-Code, es sind jedoch Dateien, die in einem speziellen Format gespeichert werden, das die Anordnung der Daten berücksichtigt — Zeilen oder Spalten von Daten werden in Zeilen- oder Spaltengruppen gespeichert. Bei der Übertragung von ASCII Dateien zwischen verschiedenen Programmen (zum Beispiel zwischen Textverarbeitungsprogrammen) müssen die Dateien oft von Hand umformatiert werden, damit sie mit dem Befehlssatz des neuen Programms weiter verarbeitet werden können. Da DIF Dateien ein ganz spezielles Format haben, erfordern Dateiübertragungen zwischen DIF-kompatiblen Programmen nur noch ganz geringe oder gar keine Über-arbeitung der Daten. Neben der Zeitersparnis ist diese Möglichkeit von großer Bedeutung für Rechenblätter, bei denen die übertragenen Daten am Ende in derselben Tabellenzelle stehen müssen, in der sie sich ursprünglich befunden haben. Deshalb kann nahezu jedes Kalkulationsprogramm DIF Dateien verarbeiten.

Es können nicht alle Dateitypen in jeder AppleWorks Anwendung eingesetzt werden, aber es gibt gemeinsame Pfade zwischen den einzelnen Typen. Rechenblätter können beispielsweise entweder als ASCII oder DIF Dateien in eine Datenbank übertragen werden; Datenbankdateien können als DIF Dateien in Rechenblätter übertragen werden. Mit Hilfe solcher Übertragungsmodi können Sie eine Quelldatei in dem gewünschten For-mat auf Diskette schreiben und dann den neuen Dateityp als Quelldatei zur Dateierstellung im Zielanwendungsprogramm verwenden. Sie können beispielsweise ein Rechenblatt als DIF Datei auf Diskette speichern und dann diese DIF Datei als Quelldatei für eine neue Datenbankdatei ver-wenden.

Diese alternativen Dateitypen befähigen AppleWorks natürlich auch dazu, Dateien von anderen Programmen zu bearbeiten. Kalkulationspro-gramme wie zum Beispiel FlashCalc oder MAGICALC, oder Dateiver-waltungsprogramme wie VisiFile können mit DIF Dateien von Apple-Works verknüpft werden; Textverarbeitungsprogramme wie Homeword, Bank Street Writer oder Apple Writer II können mit ASCII-Dateien von AppleWorks verknüpft werden. Es folgt eine Liste von Programmen, die DIF oder ASCII Dateien erzeugen, die Sie unter AppleWorks verarbeiten und einsetzen können.

ASCII	**DIF**
Apple Writer II	DB Master
Bank Street Writer	FlashCalc
dBASE II	Framework
dBASE III	Graphics Department
Final Word	Lotus 1-2-3
Format-II	MAGICALC
Homeword	Multiplan
Microsoft Word	R:base 4000
Multimate	SuperCalc
Personal Pearl	Symphony
PIE: Writer	VisiCalc
R:base 4000	VisiDex
Spellbinder	VisiFile
VisiCalc	VisiPlot
Word Juggler	

Abbildung 1-1 zeigt die bis jetzt besprochenen Pfade des Datenaustausches. Ebenfalls läßt sich die im nächsten Abschnitt behandelte DOS-ProDOS-Konvertierung schon erkennen.

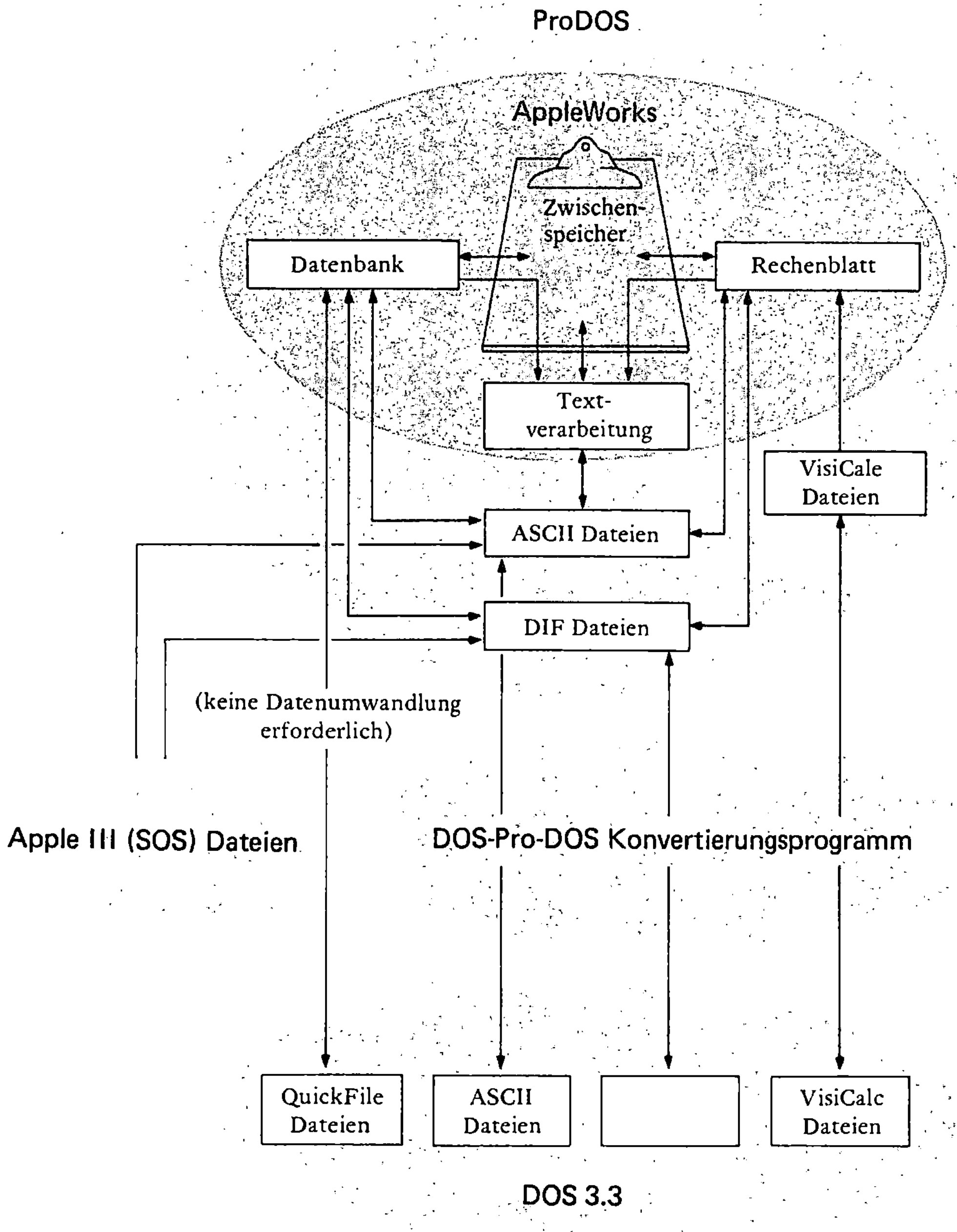

Abbildung 1-1 Es gibt viele Möglichkeiten für den Datenaustausch in AppleWorks.

Die ProDOS-Verbindung

AppleWorks läuft unter ProDOS, einem erweiterten Betriebssystem für die Mikrocomputer der Serie Apple II, welches im Frühjahr 1984 eingeführt wurde.

ProDOS bietet dem Benutzer weitaus mehr Leistungen gegenüber dem älteren DOS 3.3 Betriebssystem. Das Laden von Dateien unter ProDOS ist beispielsweise beinahe sechs Mal schneller als unter DOS 3.3. Auch die Ausführungszeit ist sichtbar verbessert. Wenn Sie mit einem Kalkulationsprogramm unter DOS 3.3 gearbeitet haben (frühere Versionen von VisiCalc oder Multiplan), werden Sie sicherlich erfreut sein über die Rechengeschwindigkeit des AppleWorks Kalkulationsprogramms — es ist im Vergleich zur anderen Software blitzschnell. Die zusätzliche einfache RAM-Benutzung ist ein weiterer Fortschritt für eine bessere Verarbeitungsgeschwindigkeit. Die meisten Kalkulationsprogramme unter DOS 3.3 erfordern spezielle Pre-boot-Software (Software, die vor dem Programmstart gebootet werden muß), damit das Programm den Vorteil der größeren RAM-Speicherkapazität ausnutzen kann. AppleWorks dagegen erkennt die größere Speicherkapazität und verwendet diese ohne Pre-boot-Software und ohne irgendeinen zusätzlichen Arbeitsaufwand. Wenn Sie mit 64K RAM arbeiten, haben Sie ungefähr 10K für den Schreibtisch zur Verfügung bzw. freien Speicherplatz; wenn Sie die erweiterte Apple 80-Zeichen Karte oder eine andere 64K-Erweiterung besitzen, haben Sie 55K für den Schreibtisch zur Verfügung.

Es gibt drei gute Gründe, AppleWorks unter ProDOS zu benutzen: allen drei liegt die bessere Speicherplatzverwaltung zugrunde.

Man kann unter AppleWorks mehrere Dateien auf einmal auf dem Schreibtisch (im RAM) haben. Unter ProDOS können Sie, sooft Sie eine weitere Datei auf den Schreibtisch holen möchten, ganz einfach den Pfad spezifizieren, und AppleWorks überprüft automatisch die Externspeicher, die an Ihrem Computer angeschlossen sind, nach der gesuchten Datei. Sie brauchen nicht zu wissen, wo sich die Datei befindet — der Dateiname genügt; unter DOS 3.3 dagegen können Sie Dateien nur in Verbindung mit der Laufwerksnummer, die hinter dem Dateinamen angegeben werden muß, laden oder speichern.

Der zweite speicherplatzbezogene Vorteil bei ProDOS ist der, daß Dateien bis zu 16 Megabyte lang sein können; unter DOS 3.3 beträgt die maximale Dateilänge 143K oder weniger. Das bedeutet, daß Sie mit ProDOS das gesamte AppleWorks-Paket auf einer Festplatte speichern können. Damit haben Sie Zugang zu sämtlichen Anwendungen, ohne Disketten dabei wechseln zu müssen.

Die dritte speicherplatzbezogene Erweiterung unter ProDOS ist die hierarchische Dateistruktur. Sie können Ihre Dateien in logische Gruppen zusammengefaßt abspeichern und Unterverzeichnisse (Subdirectories) anlegen. (In Kapitel 9 finden Sie weitere Informationen über Dateiorganisation unter ProDOS.)

Aber bei all diesen Vorteilen hat ProDOS einen gewichtigen Nachteil: Es ist ziemlich neu, und ProDOS-Dateien sind nicht kompatibel zu DOS 3.3-Dateien. Programme, die unter älteren DOS-Versionen laufen, gibt es schon seit mehr als acht Jahren, und auch heute noch laufen die meisten Apple-Programme unter DOS 3.3. Die vorher besprochenen Dateitypen müssen also wohl oder übel entweder ProDOS-Dateien (von ProDOS angelegte Dateien) sein oder sie müssen von DOS nach ProDOS konvertiert werden. Und Ihre AppleWorks-Dateien können auch nicht mit DOS 3.3-Programmen bearbeitet werden, bevor sie nicht von ProDOS nach DOS konvertiert werden.

Die DOS-ProDOS Konvertierung

AppleWorks enthält kein mitgeliefertes Programm zur Konvertierung der DOS- und ProDOS-Dateien, ein solches Konvertierungsprogramm befindet sich auf der ProDOS-Benutzerdiskette. Sie können dieses Appleprodukt zusammen mit dem Handbuch schon für weniger. als 70 DM kaufen. Wenn Sie glauben, daß Sie für AppleWorks niemals eine DOS-Datei nach ProDOS (bzw. eine AppleWorks ProDOS-Datei für die Benutzung in einem DOS-Programm) konvertieren müssen, benötigen Sie die ProDOS-Benutzerdiskette nicht. Andererseits ist das zur Diskette gehörende Benutzerhandbuch eine sorgfältig und gut beschriebene Erklärung des Betriebssystems. Sie können dadurch Ihr Verständnis und Ihre Fähigkeit im Umgang mit Pfaden und Unterverzeichnissen verbessern; beides benötigen Sie unbedingt beim Arbeiten mit AppleWorks. Darüberhinaus enthält die Benutzerdiskette noch Zusatzprogramme zum Kopieren, Formatieren und Vergleichen von Disketteninhalten oder zum Überprüfen, welche externen Speichergeräte an Ihren Apple angeschlossen sind. Wenn Sie das ProDOS-Benutzerhandbuch nicht besitzen, können Sie in Kapitel 9 eine Menge über den Umgang mit Pfaden und Unterverzeichnissen lernen.

Das DOS-ProDOS Kovertierungsprogramm heißt CONVERT. Sie brauchen nur dieses eine Programm, um eine frühere DOS 3.3 Datei zu AppleWorks kompatibel zu machen. Das Programm selbst wird vom Hauptmenü der ProDOS-Benutzerdiskette aus aufgerufen und ist sowohl menügesteuert als auch selbsterklärend wie aus Abbildung 1-2 hervorgeht. Für die Ausführung von CONVERT benötigen Sie folgendes: die ProDOS-Benutzerdiskette, Ihre DOS 3.3 Datendiskette und eine ProDOS-Zieldiskette für die konvertierten Dateien. Die Zieldiskette muß bereits unter ProDOS formatiert sein. Wenn Sie eine neue Diskette verwenden, können Sie sie vor Benutzung des CONVERT-Programms formatieren, indem Sie die Format-Option aus dem Befehlsmenü im Filer-Programm der Benutzerdiskette auswählen. Bei der Verwendung einer AppleWorks-Datendiskette sollten Sie sich vergewissern, ob genügend Speicherplatz zur Auf-

```
              CONVERT Menu
Direction: DOS 3.3 S6,D2 ---> ProDOS
Date: <NO DATE>
Prefix: /USERS.DISK/

------------------------------------------

     R - Reverse Direction of Transfer

     C - Change DOS 3.3 Slot and Drive

     D - Set ProDOS Date

     P - Set ProDOS Prefix

     T - Transfer (or List) Files


------------------------------------------

Enter Command: *    ? - Tutor,   Q - Quit
```

Abbildung 1-2 Hauptmenü des CONVERT-Programms.

nahme der neuen Datei vorhanden ist. Es folgt nun eine Beschreibung der einzelnen Schritte des CONVERT-Programms.

1. Wählen Sie CONVERT im Hauptmenü der Benutzerdiskette. Nach Auswahl des Programms erfolgt eine Titelmeldung, die nach ca. fünf Sekunden auf dem Bildschirm erscheint. Wenn Sie direkt zum Menü weitergehen möchten, drücken Sie die Return-Taste.

2. Nach dem Laden von CONVERT ersetzen Sie die Benutzerdiskette durch Ihre ProDOS-Zieldiskette.

3. CONVERT führt zwar die DOS-ProDOS Konvertierung auch in der umgekehrten Richtung durch, die vorgegebene Übertragungsrichtung ist aber von DOS nach ProDOS. Der Slot und die Laufwerksnummer, die angeben, wo CONVERT die DOS-Diskette erwartet, werden auf dem Bildschirm oben angezeigt. Befindet sich Ihre Quelldiskette in einem anderen Laufwerk, können Sie entweder die Diskette entsprechend einlegen oder mit Hilfe der C-Option (Change — Ändern) aus dem Menü das DOS-Prefix abändern.

4. Wenn sich Ihre Quell- und Zieldisketten an Ort und Stelle befinden und alle Vorbereitungen getroffen sind, konvertieren Sie die Dateien von einem Betriebssystem zum anderen einfach durch Wahl der Option T (Transfer — Übertragung) aus dem Menü und der Eingabe des neuen Dateinamens.

Die Fähigkeit, Dateien von DOS nach ProDOS zu konvertieren, bedeutet, daß Sie eine große Anzahl an Quelldateien zur Verfügung haben. Wenn Sie vorher ein DOS 3.3 Textverarbeitunsprogramm oder Kalkulationsprogramm benutzt haben, können Sie normalerweise Ihre Dateien, die mit diesen Programmen erarbeitet werden, für die Bearbeitung mit Apple-

Works konvertieren. Arbeitsblätter, die mit der DOS-Version von VisiCalc arbeiten, können in den meisten Fällen für die Weiterverarbeitung mit dem AppleWorks-Kalkulationsprogramm konvertiert werden (Einschränkungen siehe Kapitel 4).

Weitere Quelldateien, die für ProDOS aufbereitet werden können, sind die von einem Apple III-Computer erzeugten Dateien. Der Apple III verwendet das SOS-Betriebssystem, das mit ProDOS kompatibel ist. Jede DIF- oder ASCII-Datei, die unter SOS erstellt wurde, kann direkt, also ohne Konvertierung, in AppleWorks geladen werden.

Durch Verwendung des Zwischenspeichers, alternative Dateitypen und ProDOS Kompatibilität mit DOS und SOS erhalten Sie unwahrscheinliche Möglichkeiten für einen optimalen Datenaustausch, sowohl in AppleWorks intern, als auch zwischen AppleWorks und anderen Programmen.

Kapitel 2
Die drei Anwendungsprogramme

Wenn wir über multifunktionale Programmpakete nachdenken, fallen uns ziemlich schnell zwei Dinge ein. Erstens ist es angenehm, daß die benötigten Anwendungen alle in einem Programmpaket enthalten und durch eine einheitliche Benutzerschnittstelle miteinander verbunden sind. Wir brauchen anstelle von drei Programmen nur eines zu erlernen, wir brauchen anstelle von drei Programmdisketten nur eine zu laden und (das Beste von allem) wir brauchen nicht drei Programme zu bezahlen, sondern nur eines. Aber nun denken Sie an die Konsequenzen dieser Zweckmäßigkeit. Sicher, es ist nicht schlecht, drei Anwendungsprogramme auf einer Diskette zu besitzen, aber werden diese Anwendungen den Leistungsgrad besitzen, den wir uns erhoffen? Ein textverarbeitendes Modul, das nur zum Schreiben von unformatierten Notizen verwendet werden kann, ist wahrscheinlich nutzlos. Es wäre vielleicht auch besser, letztendlich ein eigenständiges Kalkulationsprogramm anstelle des Kalkulationsmoduls in unserem Programmpaket einzusetzen, wenn wir meist überdimensionale Tabellenkalkulationen durchführen müssen, die mit der Berechnung dieser Finanzfunktionen ausgelastet sind. Wenn wir dann gezwungen sind, uns eigenständigen Programmen zuzuwenden, weil unser multifunktionales Programmpaket doch nicht den Grad an Leistungsfähigkeit erreicht, den wir benötigen, dann ist die von uns erhoffte Kosten- und Zeitersparnis dahin.

Auf der anderen Seite behaupten selbst Optimisten, daß es kein Programm gibt, das alles macht, was jeder einzelne Benutzer von ihm verlangt und das alles genau so ausführt, wie es sich jeder Benutzer vorstellt. Ein großer Pluspunkt der Computer-Software ist der, daß multifunktionale Programmpakete einheitliche Funktionen verwenden. Kurz und gut, ein einzelnes Applikationsprogramm, das eine gesamte Diskette sein eigen nennen kann und das ganz allein (wenn auch nur vorübergehend) den gesamten Hauptspeicher des Computers zur Verfügung hat, kann normalerweise umfangreichere Leistungen anbieten als ein Programm, das diesen wertvollen Speicherplatz für zwei oder mehr Anwendungen aufteilen muß. Und wenn jemand schließlich das für seine Ansprüche leistungsfähigste Programm gefunden hat, drängt sich die Frage auf, ob die Unterschiede in der einheitlichen Funktionsfähigkeit einer integrierten Software gravierender sind als die Möglichkeit, mehrere Anwendungen am selben Platz und zur selben Zeit zur Verfügung zu haben.

Vielleicht hat Sie mehr die Multifunktionalität von AppleWorks als die Leistungsfähigkeit der einzelnen Anwendungsprogramme zum Kauf von AppleWorks bewogen; schauen wir uns aber trotzdem diese Anwendungen und ihre Leistungsfähigkeit im einzelnen an.

Im AppleWorks-Handbuch können Sie nachlesen, was die Anwendungsprogramme leisten, deshalb wollen wir Textverarbeitung, Rechenblatt und Datenbank unter folgendem Gesichtspunkt betrachten: Welchen Erwartungen entspricht jedes einzelne Modul, wenn es Ihre Computerarbeit ausführen soll? Und vor allem, wie nützlich sind die drei Anwendungen, und für was kann man sie einsetzen?

Die Textbearbeitung

Nach einem vollkommenen Textverarbeitungssystem haben schon tausende Anwender gesucht. Eine vollkommene Textverarbeitung ist tatsächlich eine Illusion. Ihre Vorstellung von einem „vollkommenen" Textverarbeitungssystem ist zweifellos eine andere als die meinige, und unter einem maßgeschneiderten System versteht jeder etwas anderes: das liegt an den Erfordernissen, die zu erfüllen sind. Zugleich ist eine Kombination von hoher Leistungsfähigkeit und einfacher Handhabung immer das größte Problem.

Büroangestellte, die die Textverarbeitung als Handwerkszeug betrachten, sind eher gewillt, viele Stunden zum Erlernen eines komplexen Systems zu investieren. Privatleute dagegen, die einfach nur ab und zu einen Brief schreiben möchten, sind dazu nicht sehr motiviert.

Das Textverarbeitungssystem von AppleWorks liefert in äußerer Form und Bequemlichkeit einige Neuerungen. Trotzdem mußten Kompromisse zwischen Leistungsfähigkeit und einfacher Handhabung eingegangen werden. Der Hauptgedanke, der AppleWorks durchzieht, tendiert mehr in Richtung Einfachheit, aber viele der Kompromisse des Textverarbeitungssystems können als Geschmackssache betrachtet werden, oder können sogar durch eigene Kreationen wieder ausgeglichen werden.

Die beiden wichtigsten Fähigkeiten der Textverarbeitung sind Editieren und Formatieren. Viele Textverarbeitungssysteme sind aufgeteilt in verschiedene Abteilungen, die diese Funktionen getrennt handhaben. Der Trend geht dahin, daß die Programme diese beiden Eigenschaften so gut wie möglich vereinen. Die Textverarbeitung von AppleWorks ist unter diesem Gesichtspunkt betrachtet etwas zwiespältig: Teilweise werden die Unterschiede zwischen Editieren und Formatieren verwischt, teilweise werden diese Unterschiede aber auch wieder besonders hervorgehoben.

Editieren

Was die Cursorsteuerung innerhalb eines Textes anbelangt, ist Apple-Works so gut wie andere Textverarbeitungssysteme und sogar besser als die meisten. Sie können den Cursor um ein Wort, eine Zeile oder eine Bildschirmseite bewegen und Sie können direkt an den Textanfang oder das Textende springen. Mit dem offenen Apfel (OA) und den Auf- und Abwärtspfeilen können Sie auch von der obersten zur untersten Zeile der aktuellen Bildschirmseite springen (natürlich auch umgekehrt) — eine bequeme Option, die man bei den meisten Textverarbeitungssystemen vermißt.

Einzigartig in AppleWorks (und sogar in allen drei Anwendungsprogrammen einsatzfähig) ist das sogenannte Lineal, das Sie mit Hilfe der offenen Apfeltaste und einer Zifferntaste zwischen 1 und 9 proportional, jeweils um ein achtel, durch eine Datei verschieben können. Das Lineal ist insbesondere bei langen Dateien von Vorteil. Sie können, wenn Sie zum Beispiel zwei Drittel eines langen Textes überspringen möchten, wesentlich schneller zum Ziel kommen als beim seitenweisen Springen.

Ein weiteres bedeutsames Plus des Editors sind die umfangreichen Finde- und Ersetze-Möglichkeiten. Die meisten Textverarbeitungssysteme können Textteile auffinden und ersetzen. Mit AppleWorks können darüber hinaus Textteile gefunden oder ersetzt werden, die genau mit den vorgegebenen Groß- und Kleinbuchstaben übereinstimmen. Manche Textverarbeitungssysteme können nur das erste Auftreten eines gesuchten Wortes ausfindig machen. Zum Aufsuchen der nächsten Stelle muß dann wiederum die gesuchte Zeichenkette eingegeben werden. AppleWorks dagegen merkt sich die zuletzt eingegebene Zeichenkette, die Sie zum Finden oder Ersetzen eingegeben haben und stellt sie zur Weiterverarbeitung bereit. Mit der Finde-Funktion können sogar Druckerparameter, Merker und Seitenzahlen ausfindig gemacht werden.

Bei der Finde-Funktion gibt es, mit Ausnahme von Merkern, eine Einschränkung: das Programm sucht von der Cursorposition an nur vorwärts. Wenn Sie also in einem ganzen Text ‚Ersetzen‘ wollen, müssen Sie den Cursor zuerst an den Textanfang bewegen, danach ‚Ersetzen‘ und anschließend den Cursor wieder an seine alte Position zurückbringen. Das ist mit Hilfe des Lineals zwar ganz einfach, aber es bedeutet doch zwei Schritte mehr, die ein Programm, das in beiden Richtungen suchen kann, nicht aufweist.

Wie sieht es mit Löschen, Bewegen und Kopieren von Textteilen in AppleWorks aus? Alle drei Aufgaben werden in ähnlicher Weise gehandhabt: Sie steuern den Cursor an die entsprechende Stelle, geben den Befehl ‚Löschen‘, ‚Bewegen‘ oder ‚Kopieren‘ ein und markieren dann durch Cursorsteuerung den ganzen zu bearbeitenden Text. Das interessante an diesem Prozeß ist, daß auch hier die leistungsfähigen AppleWorks-Cursorsteuerungen wirksam sind. Damit kann die Kennzeichnung eines Textbereiches wesentlich beschleunigt werden. (Die Markierung von zwei Bildschirmseiten benötigt beispielsweise nur zwei Tastenkombinationen.) Außerdem ist durch Verwendung derselben Prozeduren (die sich selbst erklären) und Befehle für diese Operationen das Programm leicht zu erlernen.

Die Handhabung des Programms wird durch diese Vereinheitlichung jedoch nicht einfacher. Andere Programme haben spezielle Befehle zum Löschen, Bewegen oder Kopieren von Worten, Zeilen, Sätzen oder Textbereichen. AppleWorks bietet nur den Control-Y-Befehl, mit dem man bis zum Ende der aktuellen Zeile löschen kann. Zum Löschen von Worten oder Textbereichen muß der Cursor zuerst zum Anfang oder zum Ende des zu löschenden Textes bewegt, dann der Lösche-Befehl eingegeben, der zu löschende Text markiert und schließlich gelöscht werden. Sie können zwar entweder die Delete-Taste oder die Leertaste (wenn sich der Cursor im Überschreibmodus befindet) zum Löschen von Worten verwenden, es ist aber dennoch nicht so komfortabel wie ein einziger Befehl.

Die Schlußbetrachtung der Editierseite des AppleWorks-Textverarbeitungssystems soll dem Dateimanagement und der Dateigröße vorbehalten sein. Viele Textverarbeitungssysteme können einzelne Textteile in andere Dateien übertragen bzw. Textteile von anderen Dateien einlesen. Bei manchen Programmen können Sie den Bildschirm in zwei Fenster aufteilen, Teile von zwei verschiedenen Dateien miteinander vergleichen und dann Informationen von einer Datei in die andere kopieren. Bei anderen Programmen können Sie einen Textteil auswählen und ihn direkt in eine neue oder in eine bestehende Datei kopieren. Oder Sie können den Textteil einer beliebigen Diskettendatei auswählen und ihn an die Datei, die sich gerade im Hauptspeicher befindet, anhängen.

Manche dieser Dinge können mit AppleWorks auch durchgeführt werden, allerdings nicht ganz so einfach. Im Kalkulationsteil von AppleWorks existiert eine Fenstertechnik, nicht aber im Textverarbeitungsteil. Wenn Sie also eine Textdatei im Textverarbeitungssystem bearbeiten, können Sie nicht zwei verschiedene Dateiteile in getrennten Fenstern miteinander vergleichen. Sie können zwar einen bestimmten Dateiteil auswählen und ihn in eine andere Datei übertragen, müssen dafür aber den Zwischenspeicher einsetzen. Nehmen wir zum Beispiel an, Sie bearbeiten gerade eine Textdatei, und Sie möchten daran eine andere Datei anfügen, die aus einigen Textabschnitten besteht. Mit anderen Programmen könnten Sie einfach einen Befehl und den Dateinamen der Datei eingeben, die an die Datei, die sich momentan im Hauptspeicher befindet, angefügt werden soll. In AppleWorks müssen Sie jedoch den Schreibtischinhalt aufrufen, die andere Datei holen, den Inhalt auswählen, in den Zwischenspeicher kopieren, wiederum den Schreibtischinhalt aufrufen, zur Originaldatei zurückkehren und den Inhalt des Zwischenspeichers an der Cursorposition einfügen. Der Prozeß dauert noch länger, wenn sich die Datei mit den benötigten Textteilen noch nicht auf dem Schreibtisch befindet.

Die Dateilänge im AppleWorks-Textverarbeitungssystem ist auf maximal 2250 Zeilen begrenzt. Wenn man von zehn Worten pro Zeile ausgeht, wären das 22.500 Wörter oder 83 Schreibmaschinenseiten mit doppeltem Zeilenabstand. Bei einem Apple mit 64 Kbyte ist die Dateilänge auf 10 Kbyte beschränkt, das sind ungefähr 166 Zeilen oder 6 Schreibmaschinenseiten mit doppeltem Zeilenabstand. Bei einem Apple mit 128 Kbyte haben Sie 55 Kbyte Speicher zur Verfügung — ausreichend für 916 Zeilen oder 33 Schreibmaschinenseiten mit doppeltem Zeilenabstand. Für die meisten Anwendungen genügen schon 30 Seiten, aber es kann zu wenig sein für Anwender, die lange Berichte, Artikel oder Bücher schreiben müssen.

Die meisten Textverarbeitungssysteme übergehen die Einzeldateigrenze dadurch, daß sie für den Ausdruck Dateien miteinander verketten. Durch Eingabe eines Befehls und eines Dateinamens am Ende der ersten Datei wird das Programm veranlaßt, die zweite Datei zu laden und ohne Pause mit dem Ausdruck fortzufahren. Ein einzelner Artikelausdruck könnte somit beispielsweise 40 Schreibmaschinenseiten umfassen, obwohl er aus zwei zusammengesetzten Dateien besteht, die miteinander verknüpft wurden.

Diese Art der Dateiverknüpfung bietet AppleWorks nicht, aber es gibt mindestens zwei Möglichkeiten, wie man die Standarddateigrenze überschreiten kann. Genaueres dazu finden Sie in Kapitel 3.

Formatieren

Die auffallendste Formatiereinrichtung des AppleWorks-Textverarbeitungssystems ist das dynamische Formatieren — oder die Bildschirmanzeige nach dem Motto „Was man sieht, ist das, was man bekommt". Dynamisches Formatieren ist deshalb eine bequeme Sache, weil Sie sehen, wie Ihr Text, so wie Sie ihn eintippen, auf dem Papier aussehen wird und weil Sie nicht nur einfach Wörter und Formatiercodes auf dem Bildschirm eingeben und dann darauf warten, wie das Ganze nachher gedruckt aussehen wird. Beides zusammen, Editieren und Formatieren, ist für die meisten Personen ein natürlicher Vorgang, weil man so auch mit einer Standardschreibmaschine arbeitet: Wir tippen Buchstaben an der Stelle, wo sie auf dem Papier erscheinen sollen, wir machen Einrückungen, arbeiten mit dem Tabulator, unterstreichen und so weiter und so fort.

Dynamisches Formatieren in AppleWorks ist zwar angenehm, aber Sie müssen ein paar Richtlinien befolgen. Wenn Sie beim ersten Umgang mit dem Programm das dynamische Formatieren testen, werden Sie davon ausgehen, daß das, was Sie sehen, nachher auch ausgedruckt wird. Nach dem Ausdrucken Ihres ersten Textes jedoch werden Sie zu dem Schluß kommen, daß das, was ausgedruckt wurde, nicht das auf dem Bildschirm dargestellte ist.

Zuerst einmal zeigt der Bildschirm nicht die Effekte, die man durch die erweiterte Druckersteuerung erhalten kann, wie zum Beispiel doppelter oder dreifacher Zeilenabstand, Fettdruck, Unterstreichungen, Proportionalschrift oder Hoch- und Tiefstellungen. Zum zweiten benötigen auch die Steuerzeichen für den Drucker — das sind die Markierungen, die den Anfang und das Ende der Druckersteuerungen, wie zum Beispiel Unterstreichungen, anzeigen — auf dem Bildschirm Platz, aber nicht auf dem Papier. Und weil Sie von Ihrem Text so viel wie möglich auf einmal auf dem Bildschirm sehen wollen, erscheint der Text immer mit einfachem Zeilenabstand, um die Bildschirmdarstellung auch optimal auszunutzen. Die Darstellung der anderen Druckersteuerungen würde den Einsatz der hochauflösenden Apple-Grafik erfordern und dabei wiederum einiges der Bildschirmanzeige verschwenden.

Die gedruckte Fassung Ihres Textes kann also deshalb anders als gewünscht erscheinen, weil Sie die Auswirkungen der Druckersteuerzeichen nicht auf dem Bildschirm sehen können. Ihr Bildschirm zeigt beispielsweise immer 10 Buchstaben pro Zoll an. Wenn Sie also 12 Buchstaben pro Zoll oder Proportionalschrift für den Ausdruck festlegen, wird jede gedruckte Zeile mehr Zeichen als auf dem Bildschirm enthalten. Es kann also vorkommen, daß auf einer Zeile im Druck Wörter und Zeichen erscheinen, die auf dem Bildschirm schon in der folgenden Zeile stehen. Dieser Unterschied könnte schon etwas mühsam werden, wenn Sie Schriftstücke erstellen (zum Beispiel Tabellen oder Listen), bei denen bestimmte Worte an bestimmten Stellen erscheinen müssen.

Um dieses Problem etwas in den Griff zu bekommen, bietet AppleWorks einige Möglichkeiten an, mit denen Sie sich vergewissern können, daß bestimmte Textteile auch an der richtigen Stelle gedruckt werden. Sie können zum Beispiel „Textgruppen" markieren (Tabellen, lange Zitate oder Kopien aus Tabellenkalkulationen oder Datenbanken), so daß sie nicht durch einen Seitenumbruch geteilt werden. Es gibt außerdem eine eingebaute Sicherheitsmaßnahme, die bei einem Seitenwechsel einen Textabschnitt nur dann trennt, wenn mindestens noch die beiden ersten Zeilen des Abschnitts am Ende der ersten Seite und die beiden letzten Zeilen am Beginn der neuen Seite gedruckt werden können. Es wäre wohl immer noch besser, wenn es eine Möglichkeit gäbe, den Text zuerst genau formatiert am Bildschirm durchzusehen, bevor er über den Drucker ausgedruckt wird. Das Fehlen einer Kontrolle des Ausdrucks am Bildschirm ist allerdings kein großer Nachteil, weil die Formatier- und Druckparameter alle ganz unterschiedlich dargestellt sind.

Um einfaches Erlernen des Programms zu gewährleisten, werden diese Formatierbefehle vom Editor auf einem separaten Bildschirm gezeigt. Diese Abspaltung ermöglicht es dem Programm, auch ohne die sogenannten „Punkt"-Befehle, die von anderen Textverarbeitungssystemen für Textformatierung traditionell eingesetzt werden, auszukommen. Punktbefehle sind normalerweise zwei- oder dreistellige Befehle, die im

Editiermodus eingegeben werden. Die Befehle werden durch einen Punkt eingeleitet und auf separaten Zeilen plaziert, so daß der Programmeditor zwischen Punktbefehlen und regulärem Text unterscheiden kann. Punktbefehle sind zwar schwieriger zu erlernen, aber wenn man sie einmal beherrscht, kann man einen Text wesentlich schneller formatieren als mit der AppleWorks-Methode der Parameterauswahl aus einem separaten Bildschirm. In AppleWorks wird die Formatiergeschwindigkeit gegen einfache Bedienung des Programms „eingetauscht".

Zum Einsetzen von Formatbefehlen, mit Ausnahme von Fettdruck und Unterstreichungen, setzen Sie den Cursor an die Stelle, an der die Option eingeschaltet werden soll, dann rufen Sie die Liste der Druckparameter auf, tippen einen zweistelligen Befehl (und falls nötig einen Wert) und kehren zum Editor zurück. Je nach Option müssen Sie dann den Cursor ans Ende des zu formatierenden Textes bewegen, wiederum die Druckparameterliste aufrufen und einen weiteren zweistelligen Code eintippen (Abschalten des Sondermodus).

Das sind ziemlich viele Schritte, wenn Sie einfach nur eine Zeile zentrieren, einen Absatz einrücken oder den Zeilenabstand in einem Text verändern möchten. Fettdruck und Unterstreichung können auch direkt im Editiermodus durch Abkürzungen (Control-F oder Control-_) aufgerufen werden. Man könnte sich mehr solcher Abkürzungen für Druckeroptionen wünschen.

Ein letzter Nachteil ist folgender: Es gibt in AppleWorks voreingestellte Formatierwerte für jede mögliche Option. Diese Werte können nicht geändert werden, d. h., wenn Sie die von AppleWorks eingestellten Werte nicht benötigen, müssen sie für jede neue Textdatei neu eingestellt werden. In Kapitel 3 werden Sie sehen, wie man Formate einfach erstellen und speichern kann.

Wenn es ans Ausdrucken geht, macht Ihnen AppleWorks das Leben leichter als die meisten anderen Programme. Es können z. B. mehrere Kopien eines Textes gedruckt werden. Sie können einen Befehl in eine Datei schreiben, der den Druckprozeß stoppt und den Drucker auf eine Tastatureingabe warten läßt. Außerdem dürfen an Ihr Computersystem bis zu drei Drucker angeschlossen sein, zwischen denen Sie ganz einfach umschalten können. AppleWorks enthält Standardanpassungen an Apples' Scribe, Imagewriter, Daisy Wheel und Silentype Drucker, genauso wie für die Modelle von Epson und Qume. Auch andere gängige Drucker können angepaßt werden, aber nur einer der drei Druckeranpassungen kann an einen fremden Drucker angepaßt werden. In Kapitel 3, 4 und 5 erfahren Sie noch einiges mehr über Druckeranpassungen.

Zusammenfassend kann man sagen, daß das AppleWorks-Textverarbeitungssystem für seine leichte Erlernbarkeit und für die Leistungsfähigkeit, die die Einfachheit des Systems trotzdem wahrt, zu loben ist. Die dynamische Formatierung ist zwar übersichtlich, sollte aber durch eine weitere Option ergänzt werden, die es dem Benutzer ermöglicht, seinen

Text vor dem Ausdruck so zu sehen, wie er auf dem Papier erscheint. Der Editor ist flexibel und bietet viele gängige Möglichkeiten.

Das Textverarbeitungssystem ist für diejenigen Benutzer optimal, die mit dem voreingestellten Format auskommen und selten mit Druckersteuerzeichen arbeiten, da die Spezifikation dieser Zeichen weniger praktisch (dafür aber leichter zu lernen) ist als bei anderen Programmen. Anders ausgedrückt: Sie können lange Berichte, Artikel oder sogar Bücher mit AppleWorks schreiben, aber Texte, die Fußnoten erfordern, sollten mit einem anderen Textverarbeitungssystem in Angriff genommen werden. Das Programm enthält weder eine Überprüfung der Rechtschreibung, noch eine Formbriefoption. Diese zusätzlichen Arbeitsweisen, die ein Textprogramm anbieten kann, sind jedoch zum Teil über Erweiterungsprogramme verfügbar.

Die Tabellenkalkulation (Rechenblatt)

Wie wir von verschiedenen Computer-Anwendungsprogrammen her wissen, ist es ziemlich schwierig, Tabellenkalkulationsprogramme zu erlernen, wenn man sich nicht gerade mit einem typischen Kalkulationsproblem zwangsläufig beschäftigen muß. VisiCalc, das erste Personal-Computer Kalkulationsprogramm, war ein ziemlich einfaches und doch leistungsfähiges Programm, das sich überall die Herzen und das Geld von Kalkulationsanwendern eroberte. Aber wenn man mit den Möglichkeiten von VisiCalc vertrauter wurde, stieß man bereits sehr früh an die Grenzen des Programms. Seit 1980 suchten zahlreiche Konkurrenten nach verbesserten Ergänzungen für VisiCalc, durch Bereitstellen von Arbeitsblattverknüpfung, einfacherer Befehle, größere Anzahl von Feldern, besserer Formatierung, integrierter Graphik, Tastaturmakros usw.

Das Rechenblatt von AppleWorks ist auch eine Verbesserung von VisiCalc. Es strotzt nicht vor eingebauten Funktionen oder Datenverarbeitungsoptionen wie andere Konkurrenzprogramme, aber es hat genügend Extras, die es für persönliche oder kleinere geschäftliche Ansprüche akzeptabel machen.

Das AppleWorks-Rechenblatt ist leichter zu erlernen als die meisten anderen. Sie brauchen sich keine Druck- oder Formatierbefehle zu merken, weil diese alle über Menüs verfügbar sind. Wollen Sie einzelne Kalkulationsteile kopieren, Zeilen oder Spalten einfügen, oder entscheiden, ob die kopierten Formulare relativ oder absolut übernommen werden sollen, werden Sie von der AppleWorks Befehlsanzeige immer auf dem richtigen Weg gehalten. Die Befehlsanzeigen sind ein entscheidendes Plus für Anfänger, aber sparsam genug eingesetzt, daß sie experimentierfreudige Benutzer nicht einengen.

Die Größe eines Arbeitsblattes ist eine andere Sache, und sogar eine, die möglicherweise die meisten Kalkulationsanwender mehr als nötig beunruhigt. VisiCalc hat eine maximale Arbeitsblattgröße von 16.000 Feldern; das AppleWorks-Rechenblatt besitzt eine Maximalgröße von mehr als 126.000 Feldern, wie Sie aus Abbildung 2-1 entnehmen können. Auf einem Standard-Apple ist der Unterschied jedoch von keinerlei Bedeutung, weil sogar mit 128 K RAM höchstens 6000 Felder bis zum Überlauf des Hauptspeichers beschrieben werden können. Trotzdem, wenn Sie einen IIe mit einer RAM-Erweiterung besitzen, können einzelne AppleWorks Arbeitsblätter sehr groß werden — größer als in VisiCalc oder Multiplan.

Der Einsatz eines größeren Arbeitsbereiches vereinfacht die Trennung unterschiedlicher Teile des Arbeitsblattes. Ein großer Vorteil einer ausgedehnten Matrix ist der, daß es möglich ist, mehrere verschiedene Arbeitsblätter, die in einer Beziehung zueinander stehen, in einer Datei zu haben. In Multiplan ist es zum Beispiel erlaubt, ausgewählte Gebiete oder Werte mehrerer verschiedener Kalkulationen miteinander zusammenzuschließen und zu verbinden. Mit der AppleWorks-Matrix von 127 Spalten und 999 Zeilen haben Sie genügend Platz auf einem einzigen Rechenblatt, um verschiedene Gesichtspunkte eines Budgets an verschiedenen Stellen unterzubringen und zu analysieren. Und irgendwo auf dem Blatt können Sie dann die Ergebnisse in einer Summentabelle verbinden. Mit AppleWorks haben Sie auf diesem Gebiet viel mehr Freiheit als in VisiCalc, das eine kleinere Matrix von 64 Spalten und 254 Zeilen besitzt.

Wenn Sie dann auch noch Kalkulationsmodelle mittlerer Größenordnung erstellen, können Sie sogar die AppleWorks-Befehle für Cursorsteuerungen abkürzen. Mit dem Lineal ist vor allen Dingen eine schnelle Steuerung durch die gesamte Datei möglich. Andere Hilfsmöglichkeiten für den Umgang mit großen Arbeitsblättern sind der Schutz der Zeilen- und Spaltentitel auf dem Bildschirm, die Bildschirmteilung sowie der Einsatz der Finde-Funktion, mit deren Hilfe Sie blitzschnell eine entfernte Marke oder einen Wert „anspringen" können.

Ein weiterer Aspekt für die meisten Kalkulationsanwender ist die Berechnungsgeschwindigkeit. Unter dem Betriebssystem ProDOS ist die Ausführungsgeschwindigkeit wesentlich höher als bei DOS 3.3-Kalkulationen. Das Laden oder Teilabspeichern von AppleWorks-Kalkulationstabellen ist ungefähr sechs mal schneller unter ProDOS als unter DOS 3.3. Sogar die Neuberechnungszeit ist wesentlich kürzer.

Modellhilfen

Das Rechenblatt bietet eine gute Hilfestellung zur Modellerarbeitung durch Feldzeiger und durch Kopiermöglichkeiten bereits existierender Tabellen. Sie zeigen ganz einfach auf ein Feld, dessen Wert Sie in einem

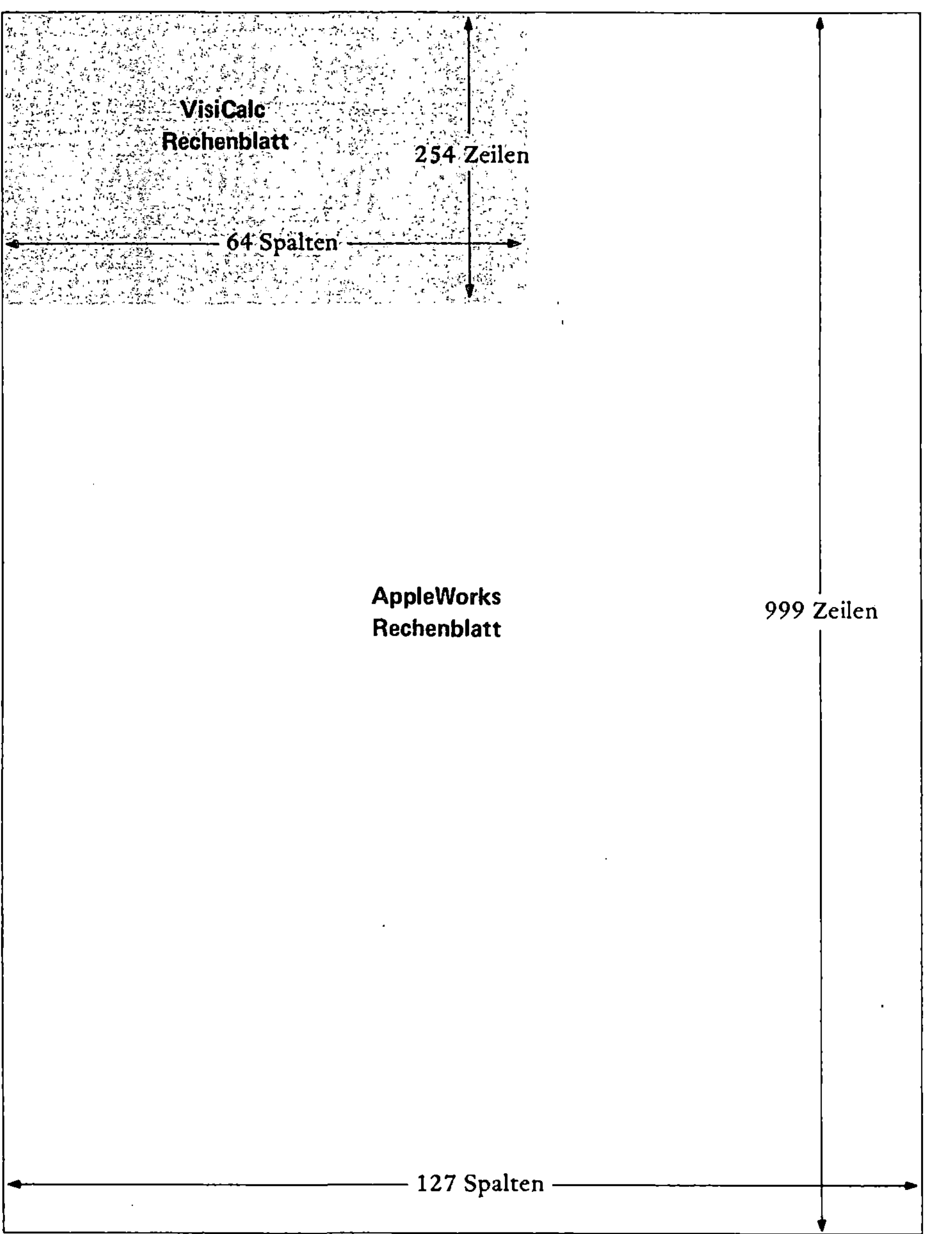

Abbildung 2-1 Die theoretische Obergrenze eines Rechenblattes in AppleWorks ist beinahe acht mal so groß wie die eines Arbeitsblattes in VisiCalc.

Formular benötigen, drücken Return, und der Wert wird automatisch zum
Formular hinzugefügt. Diese Formularerstellungsmethode ist einfacher
und weniger fehleranfällig, als wenn Sie jedesmal die Werte neu eintippen
müßten.

Die Kopiermöglichkeit in AppleWorks ist ebenfalls nützlich für
Kalkulationsmodule. Es kann der Inhalt eines einzelnen Feldes oder eines
ganzen Feldbereiches auf einem Arbeitsblatt oder in den Zwischenspeicher
kopiert werden. Wenn Sie innerhalb eines Arbeitsblattes kopieren, können

```
Datei: Mein Etat            ANZEIGEN/BEARBEITEN            Esc: Haupt-Auswahl
=========A=============B=============C=============D=============E=======
  1!                  Monat 1         Monat 2         Monat 3   Qrt. Gesamt
  2!
  3!Essen          DM 650,00       DM 656,50       DM 663,07
  4!Miete          DM 750,00       DM 750,00       DM 750,00
  5!Hausrat        DM 112,50       DM 113,62       DM 114,76
  6!Telefon        DM 100,00       DM 101,00       DM 102,01
  7!
  8!Gesamt       DM 1.612,50     DM 1.621,12     DM 1.629,84     DM 4.863,46
  9!
 10!
 11!
 12!
 13!
 14!
 15!
 16!
 17!
 18!
-----------------------------------------------------------------------------
E8: (Wert, Format-G2) §SUM(B8...D8)

Eingabe oder § Kommando                                         §-? für Hilfe
```

```
Datei: Mein Etat            ANZEIGEN/BEARBEITEN            Esc: Haupt-Auswahl
=========A=============B=============C=============D=============E=======
  1!                  Monat 1         Monat 2         Monat 3   Qrt. Gesamt
  2!
  3!Essen          650             +B3*1,01        +C3*1,01        0
  4!Miete          750             +B4             +C4             0
  5!Hausrat        112,5           +B5*1,01        +C5*1,01        0
  6!Telefon        100             +B6*1,01        +C6*1,01        0
  7!               0               0               0               0
  8!Gesamt         §SUM(B3...B6)   §SUM(C3...C6)   §SUM(D3...D6)   §SUM(B8...D8)
  9!
 10!
 11!
 12!
 13!
 14!
 15!
 16!
 17!
 18!
-----------------------------------------------------------------------------
E8: (Wert, Format-G2) §SUM(B8...D8)

Eingabe oder § Kommando                                         §-? für Hilfe
```

Abbildung 2-2 Die obere Hälfte des Ausdrucks zeigt Kalkulationswerte; die untere
Hälfte zeigt die Formeln, über die diese Werte berechnet werden.

Sie entscheiden, ob die Kopie an der neuen Stelle genau wie das Original oder relativ dazu sein soll. Dadurch wird es einfach, relative Formeln zu verwenden, die Grundlage für schnelle und einfache Kalkulationserstellung und -anwendung sind. In den Handbüchern wird der Unterschied zwischen absolut und relativ angelegten Formeln kurz und sehr einleuchtend beschrieben.

Auf Rechenfunktionen bezogen bietet das AppleWorks-Rechenblatt zwar weniger Wahlmöglichkeiten als VisiCalc, aber die Einschränkungen werden für Sie wahrscheinlich nicht sehr bedeutend sein. AppleWorks arbeitet ohne trigonometrische (Sinus, Cosinus, Tangens) und logarithmische Funktionen, bietet aber Etikettenformate, logische Operatoren und Gruppensummen. AppleWorks kann auch den Inhalt sämtlicher Rechenblattspalten sortieren. Wenn auch andere Programme zum Teil nach Zeilen und Spalten sortieren, so ist doch eine Sortiermöglichkeit besser als gar keine, und das Sortieren nach Spalten ist meist nützlicher als das Sortieren nach Zeilen.

Es gibt in AppleWorks eine sehr schöne Funktion, mit der sich Rechenblattformeln ganz einfach über Bildschirm oder Drucker ausgeben lassen, genauso einfach wie die dazugehörigen Werte (siehe Abbildung) 2-2). Der Vorteil eines Rechenformelausdrucks ist der, daß man durch Überprüfen der Formeln Fehler entdecken kann, die normalerweise eine sehr langwierige Suche nach sich ziehen können. Für diese Art von „Kalkulationsprüfung" setzen Sie einfach die Anzeigen/Ausblenden-Funktion ein (OA-A) und drucken anschließend entweder den Bildschirminhalt (OA-X) oder das gesamte Rechenblatt (OA-D) aus.

Rechenblattformatierung

Die Formatieroptionen im Rechenblatt von AppleWorks sind ziemlich flexibel. Es können Zeilen oder Spalten eingefügt oder gelöscht werden. Sie können auch Standardwerte einsetzen, um Spaltenbreiten zu variieren und zu zentrieren und um Werte oder Bezeichnungen auszurichten; und es gibt spezielle Formeln, z. B. Prozent, zum Bearbeiten der Daten. Mit den Standardwerten können alle oben beschriebenen Optionen individuell eingestellt werden. Wenn Sie wollen, können Sie sogar die allgemeinen Einstellungen in den einzelnen Bereichen verändern.

Rechenblattdateien können als ASCII oder als DIF Dateien auf Diskette gespeichert werden. Sie können deshalb auch für andere Programme verwendet werden. Umgekehrt kann das Kalkulationsprogramm DIF- und VisiCalc- Dateien laden. Das bedeutet, daß aus den tausenden Schablonen, die für VisiCalc erstellt worden sind, jede beliebige weiterverwendet werden kann; Sie sparen nebenbei sogar noch eine Menge Zeit, die Sie sonst für den Aufbau der Modelle benötigen würden.

Es kann auch hier, wie bei der Textverarbeitung, zwischen drei Druckern zum Erstellen eines Ausdruckes ausgewählt werden, Buchstaben- und Zeilenabstand können leicht verändert und es können ziemlich viele Daten auf einer Seite untergebracht werden. Falls eine Druckseite für Ihre auszudruckenden Daten nicht ausreicht, können Sie leicht nur bestimmte Zeilen oder Spalten bzw. einen bestimmten Feldbereich ausdrucken lassen. Es ist keine Seitennumerierung möglich, jedoch existiert diese Möglichkeit normalerweise nur bei teuren und sehr komfortablen Kalkulationsprogrammen.

Fazit: das Rechenblatt von AppleWorks ist nicht teuer, aber auch nicht für höchste Ansprüche ausgelegt. Die Auswertung wissenschaftlicher Kalkulationen wird sicherlich nicht zufriedenstellend gelöst. Finanzanalytiker, die mit Größen wie Realwert, Steuerzahlungen oder -rückerstattungen umgehen, sollten sich zur Formelzusammenstellung an ihren alten Rechnungstabellen orientieren. Die Handbücher der meisten Kalkulationsprogramme versuchen den Mangel an Finanzfunktionen durch Aufführung der notwendigen Formeln auszugleichen, das AppleWorks Handbuch geht nicht so weit.

Das Rechenblatt, zusammen mit der Erklärung im Handbuch, werden Sie nicht zum Experten in Sachen Modellerstellung machen; wenn Sie aber wissen, was Sie tun, können Sie so große und elegante Modelle erstellen wie mit jedem anderen Apple-Programm. Die fehlenden Möglichkeiten in AppleWorks bedeuten einfach, daß das Programm dadurch einfacher und praktischer in der Handhabung wird.

Die Datenbank

Die Datenbank ist eine erweiterte Version der QuickFile IIe Datenbank, die das Programm zu einem einfachen und doch sehr flexiblen Datenverarbeitungssystem macht. Es gibt zwei grundlegende Typen von Datenbankverwaltungen: relationale und nicht-relationale Datenverwaltungssysteme. Das AppleWorks-Programm ist eine nicht-relationale Datenbankverwaltung, aber es ist nachsichtiger und anpassungsfähiger als die meisten Produkte dieser Kategorie.

Der Unterschied zwischen relationaler und nicht-relationaler Datenverwaltung liegt in der Handhabung der Dateien (vgl. Abbildung 2-3). Mit beiden Programmtypen können Dateien erstellt werden. Innerhalb jeder Datei gibt es Informationskategorien. Bei einer nicht-relationalen Datenverwaltung sind die erstellten Daten vollständig unabhängig voneinander — deshalb kann nur eine Datei auf einmal bearbeitet werden. In einem relationalen Datenverwaltungssystem können mehrere Dateien gleichzeitig bearbeitet werden.

Relationale Datenbank

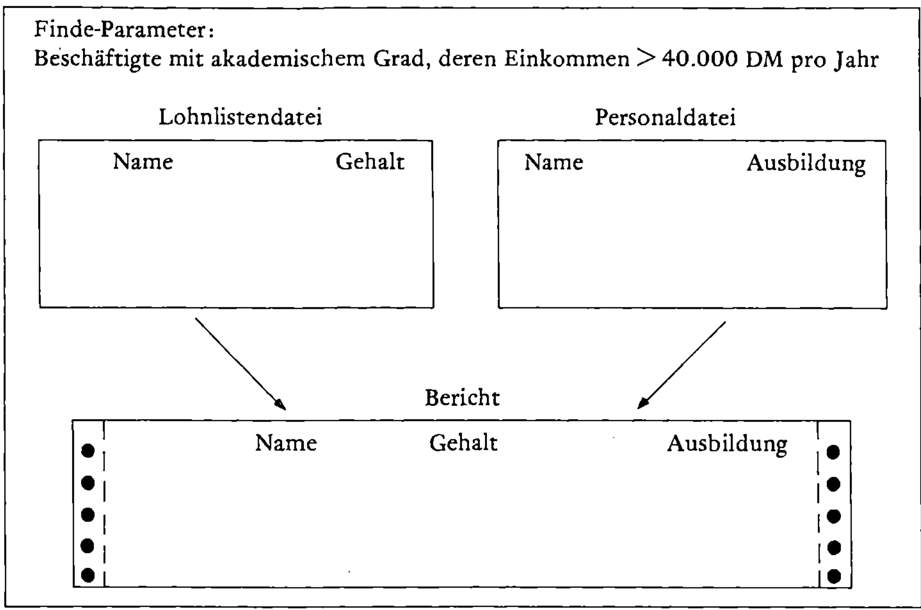

Nicht-relationale Datenbank

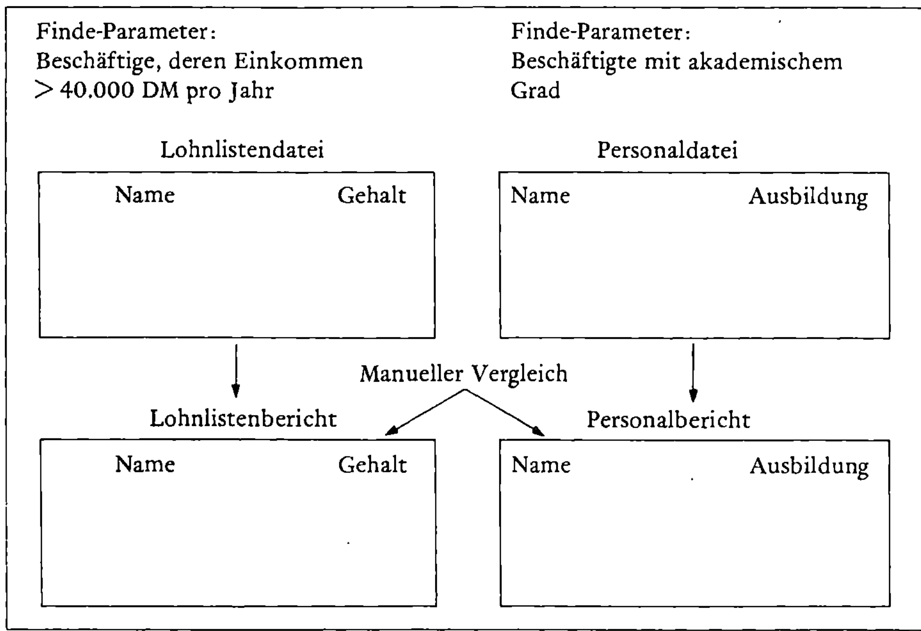

Abbildung 2-3 Unterschiedliche Datenverwaltung bei relationalen und nicht-relationalen Datenbanken.

Sie haben beispielsweise zwei Dateien wie in Abbildung 2-3 — die eine enthält Lohnlisten, die andere Personallisten. Mit Hilfe dieser Dateien soll jetzt herausgefunden werden, welche und wie viele Ihrer Beschäftigten, die im Jahr mehr als 40.000 DM verdienen, einen akademischen Grad besitzen. Die Lohnlisten enthalten die Gehaltsstufen und die Personallisten den Ausbildungsgrad. In einer relationalen Datenbank müssen Sie beide Dateien durchsuchen und eine dritte Datei mit den ausgewählten Daten erstellen. Bei einer nicht-relationalen Datenbank müssen beide Dateien unabhängig voneinander durchsucht und anschließend die beiden sortierten Listen von Hand verglichen werden.

Der wichtigste Punkt der Datenbankverwaltung ist die Fähigkeit, Daten zu speichern, zu suchen, zu sortieren und Informationen so flexibel wie möglich miteinander zu verbinden. Relationale Datenbanken sind auf diesem Gebiet besser. Die AppleWorks-Datenbank ist aber flexibler aufgebaut als die meisten preiswerten nicht-relationalen Datenbanksysteme. Sie können Informationskategorien an bestehende Dateien anfügen oder löschen, Sie können Dateinamen verändern und ausgewählte Daten einer Datei zum Erstellen einer neuen Datei verwenden. Durch diese Möglichkeit wird die relativ geringe maximale Dateigröße des Programms und die Notwendigkeit, für spezielle Informationsbedürfnisse mehrere Dateien zu erstellen, wieder wettgemacht.

Flexible Dateistruktur

Wenn Sie eine geschäftliche Kundendatei anlegen, beginnen Sie möglicherweise mit Kategorien wie Name, Adresse, Postleitzahl, Ort und Telefonnummer. Die maximale Dateigröße einer Datenbank in Apple-Works beträgt 1350 Datensätze, tatsächlich wird aber mit einem 128K Apple die Datei auf ca. 750 Datensätze begrenzt, abhängig von der Informationsmenge pro Datensatz (eine Datei mit 1350 Datensätzen würde in der Tat nur sehr kurze Datensätze enthalten).

Angenommen die Kundendatei wächst und übersteigt irgendwann die Grenze von 750 Datensätzen. Dann möchten Sie wahrscheinlich Ihre Datei in zwei Gruppen aufspalten (A—L und M—Z zum Beispiel); dadurch wird die Kapazität verdoppelt. Bei den meisten preiswerten nicht-relationalen Datenbanken müssen nun die Namen von M—Z aus der Originaldatei gelöscht und in eine neue Datei neu eingetippt werden. Mit AppleWorks können Sie die Datei einfach folgendermaßen aufspalten: Laden der Originaldatei, Löschen der Datensätze von M—Z und Speichern des Ergebnisses in einer neuen Datei; wiederum Laden der Originaldatei, Löschen der Datensätze von A—L und Speichern dieses Ergebnisses unter einem anderen Dateinamen.

Erstellen und Ändern von Dateien

Das Erstellen einer Datei ist mit AppleWorks wirklich leicht. Nach dem Benennen der Datei werden einfach die Datenfeldbezeichnungen eingegeben. Wenn Sie eine Kartei aus Ihrem Büro übertragen möchten, können Sie die Datenfeldbezeichnungen solange verschieben, bis die Reihenfolge Ihren Karteikarten entspricht. An dieser Stelle erscheint das Problem, daß einzelne Datenfelder nur maximal 76 Zeichen lang sein können — eigentlich wenig, wenn man bedenkt, daß Datensätze mehr als 1000 Zeichen beinhalten können.

Ist eine Datei einmal erstellt, lassen sich Datensätze suchen, hinzufügen, ändern, umstellen oder löschen. Dabei kann man verschiedene Anzeigeformate einstellen, etwa einsätzige oder mehrsätzige Datenausgabe. Wenn ein Datensatz viele Felder beinhaltet, wird die mehrsätzige Datenausgabe nur ein paar davon zeigen können. Mit Hilfe der AppleWorks-Ausgabeoptionen kann zwar die Datenausgabe so umgeändert werden, daß auch andere Felder ausgegeben werden, aber wenn Sie öfters mehrere Datenfelder benötigen, sind Sie laufend damit beschäftigt, die Datenausgabe umzuorganisieren. Das Programm ist nicht in der Lage, verschiedene Anzeigeformate zu speichern.

In AppleWorks gibt es außerdem Möglichkeiten, die Dateneingabe zu beschleunigen, darunter die Möglichkeit, Datensätze zu kopieren und eine Liste von Vorgabewerten zu erstellen. Mit Vorgabewerten können Sie mehrere Einträge durch einen einzigen Tastendruck bewerkstelligen. Das ist besonders dann eine große Zeitersparnis, wenn mehrere Datensätze gleiche Informationen enthalten, zum Beispiel Postleitzahl, Ort oder Abteilungsname.

Und schließlich kann mit dem AppleWorks-Programm eine bereits bestehende Datenbank umstrukturiert werden. Das ist deshalb wichtig, weil die meisten Anwender keine allzugroße Erfahrung im Aufbau einer Datenbank haben. Oftmals erstellen sie eine Datei, geben sofort Daten ein und bemerken erst nach einiger Zeit, daß sie eigentlich gerne weitere Datenfelder hätten, bzw. daß sie einige Datenfelder gar nicht benötigen. In einer typischen nicht-relationalen Datenbank müßte jetzt die Datei von Grund auf neu erstellt werden, in AppleWorks jedoch nicht. Mit dem OA-Ä Befehl können Sie eine Dateistruktur nachträglich verändern.

Ordnen und Berichte erstellen

Wie die meisten Produkte dieser Kategorie sortiert auch die AppleWorks-Datenbank nicht mehrere Datenfelder gleichzeitig. Wenn Sie also beispielsweise ein Inventarverzeichnis alphabetisch und nach Datum des Erwerbs sortieren möchten, müssen die Daten zweimal bearbeitet wer-

```
Datei: Kundenliste          SATZAUSWAHL REGELN       Esc: Anzeigen/Bearbeiten

Auswahl: Letzte Best. gleich SEPTEMBER
    und       Letzte Rech. größer als DM 150,00
    und       Wohnort

===========================================================================

    1.  gleich
    2.  größer als
    3.  kleiner als
    4.  ungleich
    5.  ist leer
    6.  ist nicht leer
    7.  enthält
    8.  beginnt mit
    9.  endet mit
   10.  enthält nicht
   11.  beginnt nicht mit
   12.  endet nicht mit


   ------------------------------------------------------------------------
Nummer eingeben oder Pfeiltasten benutzen, dann Return        54K Speicher
```

Abbildung 2-4 Optionen für die Auswahl von Datensätzen werden aus einem Menü gewählt.

den — für jedes Datenfeld je einmal. Sortieren und Kopieren in Apple-Works ist sehr schnell und einfach. Sollen bestimmte Datensätze einer Datei ausgewählt und über den Bildschirm ausgegeben werden, können Sie bis zu drei Kriterien auf einmal angeben, indem Sie logische Operatoren zur Datenbestimmung verwenden (wie zum Beispiel ‚und', ‚gleich', ‚un-gleich', ‚kleiner als' und ‚größer als'). Diese Optionen werden, wie in Abbildung 2-4 gezeigt, aus einem Menü ausgewählt.

Berichte und Berichtsformate

Bis zu acht verschiedene Berichtsformate können pro Datei mit dem Berichtgenerator erstellt und gespeichert werden. Damit können Berichte erzeugt werden, die Daten entweder in einem vertikalen (senkrechten) oder horizontalen (waagerechten) Format, wovon jedes seine eigenen speziellen Formatierungsmöglichkeiten besitzt, darstellen. Zusammen mit den Grundsortier- und -auswahlmöglichkeiten können Datenfelder addiert, subtrahiert, multipliziert oder dividiert und sogar das errechnete Ergebnis in ein neues Datenfeld, dessen Namen Sie selbst bestimmen, eingetragen werden. In einem Tabellenbericht können Sie bis zu drei solcher Kalkulationsfelder anlegen. Der Berichtgenerator kann außerdem Werte in einzelnen

Feldern aufaddieren; mit Hilfe von Kalkulationsfeldern und Feldsummen
können Sie eine AppleWorks-Datei zum Speichern und Verarbeiten von
Rechnungen, Inventarwertsberichten, Lohn- und Verkaufsberichten und
anderen zahlreichen Dokumenten anlegen.

Wenn Sie dann einmal festgelegt haben, was Ihr Bericht beinhalten
soll, werden Ihnen die Berichtsdefinitions- und Berichtsmodifikations-
Bildschirme zeigen, wie breit der Bericht auf dem Papier ausfallen wird,
so daß Sie ihn verbreitern, verkleinern sowie Datenfelder hinzufügen
oder löschen können — ganz nach Belieben. Mit Hilfe des Anzeigen/Aus-
blenden-Befehls kann das Druckbild einzelner Datensätze im festgelegten
Format schon im voraus getestet werden. Wenn alles zu Ihrer Zufrieden-
heit ausgefallen ist, können Sie wie mit den anderen AppleWorks Programmen zwischen drei Druckeranschlüssen wählen.

Zusammenfassender Überblick über die Datenbank

Datenverwaltungsprogramme gibt es in vielen Preis- und Leistungs-
stufen. Im großen und ganzen kann man die AppleWorks-Datenbank in
den obersten Bereich der Produkte aus der unteren Preis- und Leistungs-
klasse einstufen. Dieses Programm ist wie eine traditionelle Datenbank
aufgebaut: Es setzt voraus, daß Sie Ihre Informationen in verschiedene
Kategorien bzw. Datenfelder einteilen und daß diese Daten verarbeitet,
sortiert, durchsucht oder in genau strukturierten Formaten ausgedruckt
werden sollen. Einige andere Programme dieser Preisklasse können Informationen so aufnehmen wie Sie sie normalerweise in ein Notizheft schreiben — Sie geben die Daten in irgendeiner Form ein und suchen später nach
Schlüsselwörter oder nach Sätzen, um bestimmte Datensätze aufzufinden.
Die Grenze von 76 Zeichen pro Datenfeld macht die AppleWorks Datenbank für diese Anwendung etwas kompliziert (aber es gibt bestimmt
nichts, was Sie davon abhalten könnte, das Textbearbeitungssystem in
diesem Falle zu benutzen).

Für geschäftliche Anwendungen bedeuten die Drei-Kriterien-Grenze
bei der Datensatzauswahl und die Drei-Felder-Grenze bei Kalkulationsfeldern zu große Einschränkungen, als daß große, komplexe Informationsflüsse
verarbeitet werden könnten. Aber die vom Programm vorgegebenen
Grenzen der Dateigröße und Feldlänge wird Sie ohnehin davon abhalten,
große, komplexe Dateiverarbeitungen anzustellen.

Letztendlich ist die Datenbank ja ein Produkt für den persönlichen
Hausgebrauch oder fürs Büro, und innerhalb dieser Grenzen hat es viele
Anwendungsmöglichkeiten. Verkaufsmanager, Büromanager und Personal-
direktoren beispielsweise werden dieses einfache und schnelle Programm
geradezu ideal finden, um kleinere Datenmengen zu verarbeiten, die lau-

fend benutzt werden. Hobbyanwender, Hauseigentümer und der durchschnittliche Anwender finden es möglicherweise für all ihre Ansprüche ausreichend. Allein schon der Datenbankteil des Programmpakets ist, verglichen mit anderen Programmen dieser Klasse, soviel wert, wie das ganze AppleWorks-Paket zusammen kostet.

Im einzelnen betrachtet bieten die AppleWorks-Anwendungsprogramme eine überraschende Fülle an Leistung in einer einfachen und logischen Aufmachung, die für viele Anwender ausreichen dürfte. Zusammen mit ihrer Fähigkeit des flexiblen Datenaustausches unter einer vereinheitlichten Umgebung sind sie sogar noch wesentlich mehr wert.

Teil II
Datenübertragungen

Ein Gebiet, das die meisten Computeranwender möglichst übergehen wollen, ist der Datenaustausch. Die allgemeine Meinung darüber ist die: Es ist technisches Zeugs, das nur im äußersten Notfall eingesetzt werden sollte und auch dann nur von einer unerschrockenen Minderheit, den sogenannten Computerhackern. Aber wie wir schon im ersten Kapitel festgestellt haben, ist der Datenaustausch genau das, was die Arbeitsweise eines Computers von der Arbeitsweise des menschlichen Gehirns unterscheidet. AppleWorks und andere integrierte Programmpakete versuchen, diese Barriere durch Bereitstellen eines transparenten (oder zumindest vereinfachten) Datenaustausches zwischen den verschiedenen Anwendungen zu durchbrechen. In solchen Programmen kann beispielsweise eine Datenbankdatei zu einem Rechenblatt werden und beide können wiederum als Textdatei im Textverarbeitungssystem verwendet werden.

Natürlich sind wir noch weit davon entfernt, eine so große Transparenz zu erreichen, daß in diesem Bereich sogar die Anpassungsfähigkeit des menschlichen Gehirns erreicht werden kann. Im Datenaustausch jedoch ist AppleWorks um ein Vielfaches flexibler als die meisten anderen Programme. AppleWorks bietet Datenpfade sowohl zwischen den eigenen AppleWorks Programmen als auch zwischen Dateien anderer Computer, die einem bestimmten Standardformat entsprechen. Wer die Besonderheiten dieser Datenaustauschmethoden versteht und damit umgehen kann, dem öffnen sich zahlreiche neue Wege im Umgang mit und in der Verarbeitung von Daten.

Kapitel 3
Datenübertragung mit der Textverarbeitung

Der große Unterschied zwischen einer Schreibmaschine und einem Textverarbeitungssystem liegt darin, daß der Computer Daten speichern, wiedergeben und manipulieren kann. Mit einer Schreibmaschine können gewöhnlich keine einzelnen Wörter geändert werden; und wenn wir einen bestimmten Textteil in einem anderen Schriftstück noch einmal benötigen, müssen wir ihn nochmal tippen. Ein Textverarbeitungssystem jedoch kann unseren Text speichern, ihn verändern und ihn immer wieder verwenden. Wir können sogar kleine Textausschnitte wiederverwenden. Sie brauchen nicht neu getippt zu werden — und das wiederum bedeutet Zeitersparnis.

Mit jeder computerbezogenen Textverarbeitung — einschließlich dem AppleWorks Textverarbeitungssystem — können wir Schriftstücke erstellen, speichern und verändern. Aber mit den Datenaustauschmöglichkeiten von AppleWorks können wir noch weit mehr. Wir können uns einen Text mit dem Textverarbeitungssystem durch Wiederverwendung von Textpassagen eines anderen Textes zusammenstellen; wir können sogar Informationen aus dem AppleWorks Rechenblatt bzw. der Datenbank — oder aus ASCII Dateien von anderen Programmen — in Textdateien übertragen. Wir können darüberhinaus Textdateien im ASCII Format speichern, so daß ein Text von anderen Programmen weiterverarbeitet oder über das Telefonnetz auf andere Computer übertragen werden kann. In diesem Kapitel werden verschiedene Wege aufgezeigt, wie Daten des Textverarbeitungssystems in beiden Richtungen übertragen werden können. Es werden einige Kniffe gezeigt, die den Umgang mit dem Textverarbeitungssystem effektiver machen.

Datenübertragung zum Textverarbeitungssystem

Neben der Texteingabe über die Tastatur gibt es noch drei weitere Quellen, aus denen Daten in AppleWorks Textdateien übertragen werden können: aus einer ASCII Datei, über den Zwischenspeicher und aus dem Rechenblatt- oder Datenbankteil. Lassen Sie uns diese Optionen im Detail betrachten.

Datenübertragung aus ASCII Dateien in Textdateien

ASCII ist der gebräuchlichste Dateityp für Mikrocomputerprogramme. Viele andere Textverarbeitungssysteme erzeugen ASCII Dateien und die meisten Datenfernübertragungsprogramme übertragen ASCII Daten. Deshalb haben Sie Zugang zu den Daten fast sämtlicher Computer und können mit einem Datenfernübertragungsprogramm Daten in Ihren Apple übertragen und mit AppleWorks weiterverarbeiten. Es gibt viele Gründe, ASCII Dateien nach AppleWorks zu übertragen.

Nehmen wir einmal an, Sie möchten einen AppleWorks Bericht für Ihre Firma schreiben, der Daten über den Jahresverkaufsumsatz in Ihrer Firma enthalten soll. Sie könnten sich mit einem Datenfernübertragungsprogramm an eine Informationsdienststelle anschließen, die Firmendaten ausfindig machen, die Daten in einer ASCII Datei auf Diskette abspeichern und die Datei als Quelldatei für eine AppleWorks Datei verwenden. Danach könnten Sie die ganze Datei oder nur einen Teil davon über den Zwischenspeicher in Ihren Bericht übertragen. Das scheint eine Menge Arbeit zu sein, besonders dann, wenn die Daten auch noch umformatiert werden müssen, damit sie dem Format Ihres Berichtes entsprechen. Aber diese Art der Datenübertragung ist wahrscheinlich trotzdem schneller, als wenn Sie die Daten ausdrucken und für Ihren Bericht wieder neu eintippen würden.

Wenn Sie in Ihrem Bericht außerdem noch einige Kalkulationsdaten benötigen, die ein Kollege mit Lotus 1-2-3 auf einem IBM-PC erstellt hat, könnte der Kollege die Daten im ASCII Format speichern und über Telefon auf Ihren Apple übertragen. Die so erzeugte Datei kann dann genauso wie vorher die Daten aus der Informationsdienststelle als Quelldatei für einen neuen Bericht verwendet und über den Zwischenspeicher übertragen werden.

Und wenn Sie einen Bericht mit einem Kollegen zusammen vorbereiten, der zufällig ein anderes Apple Textverarbeitungssystem verwendet, können Sie natürlich die Daten ins ASCII Format umwandeln und sich damit eine Menge Tipparbeit ersparen.

So wird's gemacht

Um Daten aus einer ASCII Datei in das AppleWorks Textverarbeitungssystem zu übertragen, muß sich die Datei auf einer ProDOS Diskette befinden. Die ASCII Datei wird als Quelldatei für eine Textdatei verwendet. Das geschieht über die Option **Dateien holen** aus der HAUPT-AUSWAHL. Der Vorgang ist einfach:

1. Wählen Sie **Dateien auf den Schreibtisch holen** aus der HAUPT-AUSWAHL.

2. Wählen Sie **Neue Datei ERSTELLEN für: Textverarbeitung** aus dem DATEIEN HOLEN Menü.

3. Wählen Sie in der TEXTVERARBEITUNG **aus einer ASCII Datei.**

4. Tippen Sie den Namen der ASCII Datei. (Wenn sich die Datei auf einer anderen Diskette als der augenblicklichen Arbeitsdiskette — aktuelle Diskette genannt — befindet, müssen Sie den vollständigen ProDOS Pfadnamen eingeben.)

5. Tippen Sie einen Namen für die Textdatei, die von der ASCII Datei erzeugt werden soll.

Nach Ausführung dieser Schritte wird AppleWorks die ASCII Datei von der Quelldateidiskette lesen und in die neue Textdatei laden; und von diesem Punkt an sollten Sie eigentlich keine großen Probleme mehr haben. Der Text kann, wie jeder über die Tastatur eingegebene Text, editiert werden. Die ASCII Datei bleibt im Originalzustand auf Diskette; zum Erstellen der neuen Textdatei haben Sie eine Kopie verwendet.

Während dieser Prozeß mechanisch einfach abläuft, können ein paar technische Schwierigkeiten auftreten. Das sind, in der Reihenfolge ihrer Bedeutung, folgende Punkte:

- ASCII Dateien müssen sich auf ProDOS Datendisketten befinden.
- Übertragene ASCII Dateien können anders formatiert sein als die standardisierten AppleWorks Textdateien.
- Übertragene ASCII Dateien können Steuer-Zeichen enthalten.

Lassen Sie uns diese Faktoren im einzelnen betrachten.

Nicht-ProDOS ASCII Dateien. Wegen der großen Verbreitung des ASCII Formats kann es vorkommen, daß eine Datei, die Sie in die AppleWorks Textverarbeitung laden möchten, nicht unter dem relativ neuen ProDOS Betriebssystem abgespeichert wurde. Sämtliche, von Apple Textverarbeitungssystemen erzeugten Dateien, die unter dem Betriebssystem DOS 3.3 laufen, können nicht direkt in AppleWorks bearbeitet werden. Ebenso sind natürlich auch Dateien, die unter anderen Betriebssystemen erzeugt wurden, nicht kompatibel. Sie können aber eine der folgenden Methoden der Dateiübertragung anwenden, um fast jede ASCII Datei für die AppleWorks Textverarbeitung zugänglich zu machen.

- Befindet sich die ASCII Datei auf einer DOS 3.3 Datendiskette, können Sie das ProDOS CONVERT Programm benutzen. Sie booten einfach die Benutzerdiskette, wie in Kapitel 1 beschrieben, wählen **DOS <—> PRODOS CONVERSION**, geben die Quell- (DOS 3.3) und Zieldisketten (ProDOS) an und tippen den Namen der Quelldatei. Die Datei wird dann auf die ProDOS Datendiskette übertragen.

- Wurde die ASCII Datei von einem Programm erzeugt, das unter MS-DOS, TRSDOS, CP/M oder einem anderen Betriebssystem läuft, müssen Sie die Datei mit einem Datenfernübertragungsprogramm, das Daten in ASCII Format umwandelt, bearbeiten. Bei der Verwendung eines ProDOS Übertragungsprogrammes, wie zum Beispiel Apples ACCESS II, können Sie sich an den entsprechenden Computer anschließen und die ASCII Datei direkt auf eine ProDOS Datendiskette übertragen. Verwenden Sie ein DOS 3.3 Übertragungsprogramm, so wird die Datei auf einer DOS 3.3 Datendiskette gespeichert und Sie müssen die Datei nur noch mit Hilfe des CONVERT Programms auf die ProDOS Diskette übertragen.

Unterschiedliche ASCII Formate. Es kann vorkommen, daß eine übertragene ASCII Datei nicht wie eine typische AppleWorks Textdatei aufgebaut ist. Zum Beispiel kann die Zeilenlänge der Quelldatei größer sein als bei Ihrem eingestellten Format, so daß die Zeilen gebrochen werden. Oder der Text erscheint in doppeltem Zeilenabstand auf dem Bildschirm, anstelle des bei AppleWorks üblichen einfachen Abstandes, weil die Datei zusätzliche unbeabsichtigte Zeilenvorschübe enthält. Wie auch immer die Unterschiede ausfallen sollten, es ist auf jeden Fall einfach, die Randeinstellungen zu ändern, unbeabsichtigte Zeilenvorschübe zu beseitigen und den Text so umzuformatieren, daß er schließlich so aussieht, wie Sie es wünschen.

Steuer-Zeichen. Es kann passieren, daß einige Steuer-Zeichen (Zeichen, die durch Tastenkombinationen mit der Control- oder Escape-Taste und einer anderen Taste erzeugt werden) in der übertragenen Datei verstreut auftreten. Viele Programme verwenden und speichern spezielle Steuer-Zeichen für die Formatierung. Diese Zeichen sehen wiederum in jedem Programm anders aus. Einige Programme, die viele Steuer-Zeichen verwenden, bieten die Möglichkeit, diese Zeichen vor der Dateispeicherung zu entfernen. Wenn Sie öfters Dateien solcher Programme verwenden, sollten Sie herausfinden, ob diese Option angeboten wird. Das vereinfacht die Dateiübertragung, da einige Steuer-Zeichen eine Modem-Übertragung unterbrechen können.

Steuer-Zeichen können leicht von den regulären Zeichen unterschieden werden, da AppleWorks diese Zeichen in inverser Darstellung ausgibt. Sie können wie normale Zeichen gelöscht werden.

Datenübertragung aus dem Kalkulationsteil in die Textverarbeitung

Vielleicht möchten Sie Kalkulationsdaten in Ihre Textdatei übernehmen, zum Beispiel um einen Verkaufsbericht zu schreiben, der den Wert der produzierten Artikel innerhalb der letzten drei Monate enthalten soll. Wenn Sie diese Artikel bereits in einem Rechenblatt aufgelistet haben, ist es natürlich einfacher, diese Liste in eine Textdatei zu übertragen, als die Daten neu einzutippen. Es gibt drei Möglichkeiten, wie man Kalkulationsdaten in die Textverarbeitung überträgt: Speichern und Übertragen als ASCII Datei; Ausgabe auf Diskette und Übertragung als ASCII Datei; Verwendung des Zwischenspeichers. Wir werden die beiden ersten Techniken nur kurz streifen und uns auf die Zwischenspeichermethode konzentrieren, da sie die einfachste und am meisten eingesetzte Methode ist.

Übertragung von Kalkulationsdaten als ASCII Datei

Es ist zwar prinzipiell möglich, eine Kalkulationsdatei im ASCII-Format abzuspeichern und sie dann als Quelldatei für eine Textdatei zu verwenden, aber die dazu benötigte Umformatierungszeit lohnt kaum den Aufwand. Bei einer als ASCII Datei auf Diskette gespeicherten Rechenblatt- (oder Datenbank-) Datei ist der Inhalt eines jeden Feldes als separate Zeile plaziert, auch dann, wenn das Feld leer ist. Das bedeutet, daß eine einzelne Zeile von etwa neun Feldern einer Tabellenkalkulation auf der Diskette in neun getrennten Zeilen gespeichert ist, von denen jede einzelne die Daten eines Feldes enthält. Um die Zeile ins Originalformat zu überführen, muß jeder Zeilenvorschub von Hand gelöscht werden — ein wahrlich langwieriger und ermüdender Prozeß.

Die zweite Möglichkeit der Übertragung einer Rechenblattdatei ins ASCII Format besteht in der Ausgabe der Datei direkt auf Diskette anstatt auf Drucker. Die Daten werden als ASCII Datei gespeichert, behalten aber dieselbe Anordnung wie in der Rechenblattdatei. Um eine Datei auf Diskette zu übertragen, erstellen Sie eine Druckerkonfiguration, die all die Einstellungen beinhaltet, die Sie eventuell für einen Ausdruck benötigen. Bevor die Datei jedoch ausgegeben wird, müssen Sie AppleWorks mitteilen, daß der „Ausdruck" auf Diskette zu erfolgen hat und nicht auf dem Drucker. (Mehr über diese Option erfahren Sie in den Abschnitten über Diskettenausgaben in diesem Kapitel und in Kapitel 4.)

Übertragung von Kalkulationsdaten mit Hilfe des Zwischenspeichers

Die einfachste Möglichkeit der Übertragung von Kalkulationsdaten in eine Textdatei ist der Weg über den Zwischenspeicher. Die benötigten Informationen werden zuerst in den Zwischenspeicher gebracht und dann in den gewünschten Text eingefügt. Während dieser Operation werden nur

Zahlen und Beschriftungen der Kalkulationen übertragen — die unterlegten Formeln und Funktionen aber nicht. Wenn sich die Daten erst einmal in einer Textdatei befinden, können sie editiert und umformatiert werden wie jeder andere Text auch.

Auswahl von Kalkulationsdaten. Der erste Ausführungsteil ist die Auswahl der zu übertragenden Daten. Dazu sind folgende Schritte notwendig:

1. Laden Sie die Kalkulationsdatei (das Rechenblatt), von der aus die gewünschte Übertragung vorgenommen werden soll.
2. Wählen Sie die Datenauswahl-Optionen mit dem Drucke-Befehl (OA-D).
3. Wählen Sie „Alles", „Zeilen", „Spalten" oder „Block".
4. Wenn Sie nicht „Alles" wählen, können Sie mit Hilfe der Cursorsteuertasten den Teil des Rechenblattes markieren (Inverse Darstellung), den Sie übertragen möchten.
5. Überprüfen Sie anhand der von AppleWorks als nächstes gelieferten Bildschirmseite, ob Ihre Auswahl sich innerhalb der erlaubten Grenzen befindet, die von den aktuellen Druckparametern vorgegeben sind.
6. Ist Ihre Auswahl zu breit, um in die aktuelle Druckereinstellung zu passen, drücken Sie Escape und kehren zur ANZEIGEN/BEARBEITEN-Seite zurück. Dann verkürzen Sie entweder die Anzahl der Daten pro Zeile oder vergrößern die Blattbreite, indem Sie in der Liste der Druckparameter die entsprechenden Einstellungen anpassen (OA-P).
7. Geben Sie die Daten für Textverarbeitung in den Zwischenspeicher aus.

Wir wollen uns jetzt diesen Prozeß etwas detaillierter anschauen. Ihr Hauptaugenmerk sollte sich darauf richten, daß nicht mehr Daten ausgewählt werden, als die Druckparameter zulassen. Durch diese Parameter wird festgelegt, wie lang jede Zeile sein darf (bei der Ausgabe auf Papier oder in den Zwischenspeicher). Wenn Sie aber Daten auswählen, die breiter angelegt sind, als die Parameter erlauben, wird AppleWorks die Daten einfach so abschneiden, daß sie mit den Parametern übereinstimmen.

Probieren Sie die voreingestellten Werte der Druckparameter des Rechenblattes aus. Sie sehen in Abbildung 3-1, daß die Standardeinstellungen für eine 8-Zoll Zeile (Blattbreite — oder BB — 8,0 Zoll), keine linke und rechte Randeinstellung (LR und RR sind auf 0,0 Zoll gesetzt) und eine Zeichendichte von 10 Buchstaben pro Zoll (BZ) vorsehen. Alle diese Parameter beeinflussen die Anzahl von Daten, die in einer Zeile enthalten sein können. Sie können also mit den Standardeinstellungen 10 Buchstaben pro Zoll, multipliziert mit 8 Zoll, oder 80 Zeichen pro Zeile ausdrucken.

```
Datei: Inventar              DRUCKPARAMETER          Esc: Anzeigen/Bearbeiten
============================================================================


------- Horizontale Grenzen ---------        ------- Vertikale Grenzen ----------
BB: Blattbreite           8,0 Zoll      BL: Blattlänge            12,0 Zoll
LR: Linker Rand           0,0 Zoll      OR: Oberer Rand            0,0 Zoll
RR: Rechter Rand          0,0 Zoll      UR: Unterer Rand           0,0 Zoll
BZ: Buchstaben/Zoll       10            ZZ: Zeilen/Zoll            6

    Druckbreite           8,0 Zoll          Drucklänge           12,0 Zoll
    Zeichen pro Zeile     80               Zeilen/Seite          72

        ------------------- Sonstige Parameter -------------------
        SZ: Steuerzeichen drucken                         Nein
        BK: Berichtskopf auf jede Seite drucken           Ja
            1-, 2- oder 3-zeilig drucken (1Z/2Z/3Z)       1Z



-----------------------------------------------------------------------------
Parameter eingeben:                                            55K Speicher
```

Abbild 3-1 Die voreingestellten Druckparameter des Rechenblattes erlauben einen Ausdruck mit 80 Zeichen pro Zeile.

Nehmen wir an, Sie hätten sieben Spalten mit Daten aus Ihrem Rechenblatt gewählt. Die voreingestellte Spaltenbreite im Rechenblatt beträgt neun Zeichen und Sie haben diese noch nicht verändert. Folglich sind Ihre sieben Datenspalten 63 Zeichen breit. Solange die Daten kürzer sind als die Druckparameter es erlauben, haben Sie keine Probleme — Sie können das Ausgewählte in den Zwischenspeicher ausgeben und haben immer noch Speicherplatz übrig.

Was passiert aber, wenn Ihre Datenauswahl nicht innerhalb der Grenzen liegt, sondern breiter ist? Nehmen wir an, Sie hätten etwa neun Standardspalten ausgewählt. Damit benötigen Sie 81 Zeichen pro Zeile, haben aber nur Platz für 80 Zeichen. Da die Druckparameter für ein kleineres Format ausgelegt sind, wird das Programm die Zeilen beim letzten erlaubten Zeichen abschneiden — in diesem Fall wird das 81ste Zeichen einer jeden Zeile gestrichen und nicht in den Zwischenspeicher übernommen.

In dem genannten Beispiel enthielt die Datenauswahl nur standardisierte Spaltenbreiten, es war deshalb einfach, die Länge einer Zeile zu berechnen (9 Spalten × 9 Zeichen = 81 Zeichen). Sie werden jedoch oft die Breite einer oder mehrerer Spalten ändern müssen, um sie Beschriftungen oder großen Zahlen anzupassen. Glücklicherweise berechnet AppleWorks automatisch die gesamte Breite einer Datenauswahl und teilt Ihnen sogar mit, wie die Zeilenlänge im Vergleich zur Druckergrenze aussieht. Die Vergleichsmeldung können Sie auf der DRUCKEN-Seite ablesen; diese Seite erscheint, nachdem Sie die zu druckenden Daten ausgewählt haben (vgl. Abbildung 3-2).

```
Datei: Inventar                    DRUCKEN            Esc: Anzeigen/Bearbeiten
=============================================================================


              Eine Ausgabezeile enthält 81 Zeichen.

              Die Druckerparameter erlauben
              80 Zeichen pro Zeile.


              Wohin soll der Bericht ausgegeben werden?

              1.   Imagewriter
              2.   Apple DMP
              3.   TI855
              4.   In den Zwischenspeicher (für Textbearbeitung)
              5.   In eine ASCII Datei auf Diskette
              6.   In eine DIF (TM) Datei auf Diskette


    --------------------------------------------------------------------


Nummer eingeben oder Pfeiltasten benutzen, dann Return        51K Speicher
```

Abbildung 3-2 Die Druckerliste beinhaltet die Zeilenlänge Ihrer Datenauswahl und zum Vergleich die aktuellen Druckparameter.

Die DRUCKEN-Seite zeigt zwar die Unterschiede der Zeilenlänge, aber AppleWorks wird von sich aus nichts unternehmen, um dieses Problem zu korrigieren. Es ist also möglich, daß mehr Daten ausgewählt werden, als in den Zwischenspeicher übernommen werden können; Sie sollten sich daher vergewissern, daß Ihre Auswahl sich innerhalb der Grenzen bewegt, die von den Druckparametern vorgegeben sind. Wenn Sie nicht gerade eine sehr kleine Tabellenkalkulation mit nur wenigen Spalten auswählen, möchten Sie wahrscheinlich nicht unbedingt mit der „Alles" Option arbeiten. Aus demselben Grund möchten Sie wohl kaum die „Zeilen" Option verwenden, weil damit sämtliche Daten der markierten Zeilen ausgewählt werden und nicht nur der Teil, der auf dem Bildschirm sichtbar ist. Normalerweise sind es die „Spalten" oder „Block" Parameter, die Ihnen die bestmögliche Kontrolle über die Zeilenbegrenzung Ihrer Daten ermöglichen.

Benötigen Sie einmal eine breitere Auswahl als die Standard-Druckparameter oder Ihre aktuellen Einstellungen erlauben, können Sie selbstverständlich die Druckparameter an längere Zeilen anpassen (die Blattbreite, Buchstaben pro Zoll und Randeinstellungen können bis zu einer maximalen Zeilenlänge von 255 Zeichen verändert werden). Diese Einstellungen sind zwar Druckparameter, denken Sie aber daran, daß Sie in den Zwischenspeicher drucken und nicht auf Papier. Sie brauchen sich aus diesem Grunde keine Sorgen zu machen, ob Ihr Drucker die gewählten Parameter verarbeiten kann (zum Beispiel 24 Zeichen pro Zoll). Der Zwischenspeicher kann sie verarbeiten, und Sie können die Druckparameter später bei der Textverarbeitung wieder zurücksetzen, um zu gewährleisten, daß alle Daten ausgedruckt werden. Mit diesen Informationen sollten Sie in der Lage sein, Informationen zu übertragen ohne irgendwelche Daten unterwegs zu verlieren. (In Kapitel 4 erfahren Sie noch mehr über die Ausgabe von Rechenblättern.)

Es gibt noch eine weitere Möglichkeit, eine große Datenmenge in den Zwischenspeicher zu übertragen. Durch Verkleinern der Spaltenbreite kann die Zeilenlänge der ausgewählten Daten verkürzt werden. Eine Spalte muß beispielsweise nicht unbedingt neun Zeichen breit sein, wenn sie nur dreistellige Zahlen enthält. Durch günstige Spaltenverkleinerungen kann man die Breite einer Datenmenge beachtlich verkleinern. Mit den beiden hier diskutierten Alternativen wird es Ihnen normalerweise möglich sein, sämtliche erforderlichen Daten in den Zwischenspeicher zu bringen.

Kopieren vom Zwischenspeicher in die Textverarbeitung. Zum Kopieren von Kalkulationsdaten aus dem Zwischenspeicher in eine Textdatei, folgen Sie bitte den nachstehenden Schritten:

1. Laden Sie die Textdatei, in die kopiert werden soll.
2. Plazieren Sie den Cursor dort, wo die gewünschten Daten eingefügt werden sollen.
3. Verwenden Sie zum Kopieren der Daten den Kopiere-Befehl (OA-K) und die Option **Vom Zwischenspeicher**.
4. Formatieren Sie die Daten um, bzw. ändern Sie die Druckparameter der Textverarbeitung so, daß die neuen Daten in Form und Druck Ihren Anforderungen entsprechen.

Die Druckparameter der Textverarbeitung kontrollieren, wie im Rechenblatt, die Datenmenge, die sich auf einer Zeile befindet. Wie Sie aus Abbildung 3-3 entnehmen können, sind die Standard Druckparameter dieselben wie im Rechenblatt: Blattbreite 8 Zoll, Buchstabendichte (BZ) 10 Buchstaben pro Zoll. Die voreingestellten Werte für den linken und rechten Rand sind jedoch 1 Zoll, d. h. jede Zeile ist anstatt 8 Zoll nur 6 Zoll breit. Die normale Zeilenlänge der Textverarbeitung beträgt also 60 Zeichen (im Rechenblatt 80 Zeichen); deshalb werden die übertragenen Zeichen für eine Textdatei sogar dann zu breit angeordnet sein, wenn Sie die Standard Druckparameter des Rechenblattes nicht verändern.

Das Textverarbeitungssystem schneidet die Daten, im Gegensatz zum Rechenblatt, nicht ab, sondern schreibt die Zeichen, die über die Zeilenlänge hinausreichen, in die nächste Zeile. Die Textverarbeitung bricht also die überzähligen Zeichen auf die nachfolgende Zeile. Dieser sogenannte Wortumbruch ist zwar eine erfreuliche Textverarbeitungshilfe, bringt aber das Spaltenformat des Rechenblattes durcheinander, wie Sie aus Abbildung 3-4 ersehen können.

Dieses Problem kann dadurch vermieden werden, daß Sie die Druckparameter der Textverarbeitung an die Breite Ihrer Kalkulationsdaten anpassen. Das geht genauso vor sich wie im Rechenblatt: Sie ändern die Blattbreite (BB) und Buchstabendichte (BZ) auf der Druckerparameter-

```
Datei: Verkaufsprojekt            DRUCKPARAMETER         Esc: Anzeigen/Bearbeiten
=====!====!====!====!====!====!====!====!====!====!====!====!====!====!===

        Hier ist die gewünschte Liste unseres Verkaufsprojekts vom
        letzten Quartal

--------Zentriert
                        Meiers Delikatessen Verkaufsprojekt
                               (in 100 DM)
--------Linksbündig
--------Linker Rand:   0,0 Zoll


     BB=8,0   LR=1,0   RR=1,0   BZ=10   ZN   BL=12,0   OR=0,0   UR=2,0   ZZ=6  1Z
Parameter:             LB: Linksbündig      G+: Gruppe ein       F-: Fettdruck aus
                       ZN: Zentriert        G-: Gruppe aus       E+: Exponent ein
BB: Blattbreite        BL: Blattlänge       KZ: Kopfzeile        E-: Exponent aus
LR: Linker Rand        OR: Oberer Rand      FZ: Fußzeile         I+: Index ein
RR: Rechter Rand       UR: Unterer Rand     ZV: Zeilenvorschübe  I-: Index aus
BZ: Buchstaben/Zoll    ZZ: Zeilen/Zoll      SN: Seitennummer     U+: Unterstrchn ein
P1: Proportional-1     1Z: 1-zeilig         EB: Einzelblatt      U-: Unterstrchn aus
P2: Proportional-2     2Z: 2-zeilig         DP: Druckpause       DS: Drucke SeitenNr
AB: Absatzeinschub     3Z: 3-zeilig         MS: Marke setzen     TE: Tastatureingabe
BS: Blocksatz          SV: Seitenvorschub   F+: Fettdruck ein
```

Abbildung 3-3 Hier sind sie voreingestellten Druckparameter der Textverarbeitung aufgelistet.

```
Datei: Verkaufsprojekt            ANZEIGEN/BEARBEITEN           Esc: Haupt-Auswahl
=====!====!====!====!====!====!====!====!====!====!====!====!====!====!===
Sehr geehrter Herr,

Hier ist die gewünschte Liste unseres Verkaufsprojekts vom
letzten Quartal:

        Meiers Delikatessen Verkaufsprojekt
                (in 100 DM)


                          Okt      Nov      Dez
Ort

===                       ===      ===      ===
===
Einzelhandel              Max      650      850      1250
2750
                          Min      365      650      950
1965
                          Real  .  500      750      1100
2350


----------------------------------------------------------------------------
Eingabe oder § Kommando                  Zeile 1   Spalte  1        §-? für Hilfe
```

Abbildung 3-4 Die Kalkulationsdaten in diesem Beispiel sind 63 Zeichen breit. Für die Anpassung an die 60 Zeichen pro Zeile der Textverarbeitung erscheinen sie deshalb umgebrochen.

Seite im Textverarbeitungsteil. Um die größtmögliche Zeilenlänge zu erhalten, müssen Sie zusätzlich die linken und rechten Randeinstellungen entsprechend der Datei, die die Kalkulationsdaten enthält, verändern oder löschen. Wenn Sie diese Einstellungen sauber anpassen, werden Ihre Kalkulationsdaten so am Bildschirm erscheinen, wie Sie es wünschen. Dieses Mal müssen Sie sich aber nicht nur darum kümmern, ob die Daten richtig am Bildschirm erscheinen. Es taucht außerdem noch die Frage auf: Kann Ihr Drucker die eingestellten Parameter verarbeiten? Wenn Sie es noch nicht wissen, sollten Sie nachschauen, welche Buchstabendichten Ihr Drucker verarbeiten kann. Die meisten Schönschreibdrucker können 10, 12 oder 15 Zeichen pro Zoll drucken und die meisten Punktmatrixdrucker erzeugen 16 oder 24 Zeichen pro Zoll im Schmalschriftmodus.

```
    Sehr geehrter Herr,

    Hier ist die gewünschte Liste unseres Verkaufsprojekts vom
    letzten Quartal:

            Meiers Delikatessen Verkaufsprojekt
                      (in 100 DM)


                          Okt     Nov     Dez     Qrt
                          ===     ===     ===     ===
    Einzelhandel    Max   650     850     1250    2750
                    Min   365     650     950     1965
                    Real  500     750     1100    2350

    Lebensmittel    Max   250     350     400     1000
                    Min   100     180     200     480
                    Real  175     225     250     650

    Wie Sie sehen, erwarten wir ein außergewöhnlich starkes
    Verkaufswachstum im Dezember. Angesichts unseres Projekts
    erweitern wir den Verkaufsdienst um eine zusätzliche
    Registrierkasse und stellen für die Zeit zwischen 11 und
    1Uhr mittags zwei weitere Kräfte für das Küchenpersonal ein.
    Durch unseren zusätzlichen Service könnte unser
    Geschäftsvolumen durchaus den Maximalwert erreichen, sobald
    die Kunden entdeckt haben, daß die zusätzlichen Hilfen und
    die neuen Ausstattungen bedeuten, daß wir ihren Bestellungen
    wesentlich schneller nachkommen können.

    Natürlich ist dies alles nur der Auftakt für das von uns
    erwartete Wachstum im ersten Quartal des nächsten Jahres,
    wenn unsere Tischbedienungen, unsere singenden
    Schwarzwaldmädels unsere neuen Zimmerpflanzen ein
    unvergeßliches Erlebnis bei Meiers Delikatessen versprechen.

    Ich warte auf Ihre Antwort!

    Hochachtungsvoll

    Meier
```

Abbildung 3-5 Damit der eingestellte Rand beibehalten werden konnte, wurden die Kalkulationsdaten in dieser Textdatei mit einer Buchstabendichte von BZ = 12 ausgedruckt.

```
        Sehr geehrter Herr,

        Hier ist die gewünschte Liste unseres Verkaufsprojekts vom
        letzten Quartal:

                    Meiers Delikatessen Verkaufsprojekt
                           (in 100 DM)


                              Okt      Nov      Dez      Qrt
                              ===      ===      ===      ===
        Einzelhandel    Max   650      850     1250     2750
                        Min   365      650      950     1965
                        Real  500      750     1100     2350


        Lebensmittel    Max   250      350      400     1000
                        Min   100      180      200      480
                        Real  175      225      250      650


        Wie Sie sehen, erwarten wir ein außergewöhnlich starkes
        Verkaufswachstum im Dezember. Angesichts unseres Projekts
        erweitern wir den Verkaufsdienst um eine zusätzliche
        Registrierkasse und stellen für die Zeit zwischen 11 und
        1Uhr mittags zwei weitere Kräfte für das Küchenpersonal ein.
        Durch unseren zusätzlichen Service könnte unser
        Geschäftsvolumen durchaus den Maximalwert erreichen, sobald
        die Kunden entdeckt haben, daß die zusätzlichen Hilfen und
        die neuen Ausstattungen bedeuten, daß wir ihren Bestellungen
        wesentlich schneller nachkommen können.

        Natürlich ist dies alles nur der Auftakt für das von uns
        erwartete Wachstum im ersten Quartal des nächsten Jahres,
        wenn unsere Tischbedienungen, unsere singenden
        Schwarzwaldmädels unsere neuen Zimmerpflanzen ein
        unvergeßliches Erlebnis bei Meiers Delikatessen versprechen.

        Ich warte auf Ihre Antwort!

        Hochachtungsvoll

        Meier
```

Abbildung 3-6 Die Kalkulationsdaten in dieser Textdatei wurden mit einer Buchstabendichte von BZ = 10 ausgedruckt. (LR und RR = 0 bei den Kalkulationsdaten.)

AppleWorks erlaubt Drucker-Steuerzeichen an verschiedenen Stellen
innerhalb der Textdatei. Sie können also den Text über und unter den
Kalkulationsdaten mit normaler Buchstabendichte und normalen Randeinstellungen drucken und die Parameter nur zur Anpassung der Kalkulationsdaten ändern. In manchen Fällen möchten Sie vielleicht die Standard-
Randeinstellungen Ihrer Datei beibehalten und deshalb eine etwas größere
Buchstabendichte BZ (12 anstatt 10) für die Kalkulationsdaten wählen
(vgl. Abbildung 3-5).

Andererseits möchten Sie vielleicht einmal, daß die Buchstabendichte
im ganzen Text gleich bleiben soll (d. h. der Ausdruck soll immer dieselbe
Größe haben); in diesem Fall müssen die Randeinstellungen verändert und
den längeren Zeilen des Rechenblattes angepaßt werden (vgl. Abbildung
3-6).

Diese Techniken werden Sie nach mehrmaligem Benutzen fast im Schlaf beherrschen. Sie werden zwar nicht immer alle Kalkulationsdaten, die Sie gerne hätten, in eine Textdatei übertragen können, aber Sie werden eine Menge Tippzeit sparen.

Datenübertragung von der Datenbank in die Textverarbeitung

Daten aus der AppleWorks Datenbank können auf dieselbe Weise wie Kalkulationsdaten in eine Textdatei übertragen werden: über den Zwischenspeicher, als Standard ASCII-Datei oder als ASCII-Datei-Ausgabe auf Diskette.

Datenübertragung von der Datenbank als ASCII Datei

Wenn Sie versuchen, eine Datenbankdatei im ASCII Format abzuspeichern und als Quelldatei für eine Textdatei zu verwenden, werden Sie dieselben unbefriedigenden Ergebnisse erhalten, wie sie zu Beginn des Kapitels über den Rechenblatteil beschrieben wurden — jeder Eintrag ist auf einer separaten Zeile plaziert. Lassen Sie jedoch die Datenbankdatei auf Diskette ausgeben, bleibt das Format des originalen Datenbankberichtes aufrechterhalten. (Weitere Informationen über diese Option erhalten Sie in diesem Kapitel und in Kapitel 5 in den Abschnitten „Ausgabe auf Diskette".)

Datenübertragung von der Datenbank über den Zwischenspeicher

Der Zwischenspeicher ist auch hier, wie beim Rechenblatt, die einfachste und leistungsfähigste Methode, um Daten aus der Datenbank in eine Textdatei zu übertragen. Der Prozeß ist im wesentlichen derselbe: Sie wählen die auszugebenden Daten, übernehmen sie in den Zwischenspeicher und fügen sie dann in die Textdatei ein. Es gelten dieselben Betrachtungen über Zeilenlänge der ausgewählten Daten und der durch die Druckparameter erlaubten Zeilenlängen. Die Unterschiede liegen hier in der Auswahl der zu druckenden Daten und in der Art und Weise, wie Sie überprüfen, ob Ihre Datenauswahl einwandfrei in den Zwischenspeicher übertragen wurde.

Auswählen der Daten aus der Datenbank. Um Daten aus einer Datenbankdatei auszuwählen, müssen Sie entweder ein Berichtsformat erstellen oder ein bereits vorhandenes verwenden. In Berichtsformaten können Sie nicht nur die Datenbreite anpassen, sondern Sie können auch die Datentypen Ihrer gewählten Daten kontrollieren. Es ist beispielsweise möglich, nur ein bestimmtes Datenfeld zu übertragen und sogar bestimmte Datentypen innerhalb eines solchen Feldes auszuwählen. Wie solche Berichts-

formate zum Auswählen bestimmter Datentypen erstellt werden, wird in
Kapitel 5 gezeigt. Im Moment sind wir nur am Mechanismus der Daten-
übertragung interessiert — wie werden Daten aus der Datenbank in eine
Textdatei übertragen:

1. Laden Sie die Datenbankdatei, aus der Sie die Daten auswählen
   möchten.
2. Gehen Sie mit dem Drucke-Befehl in die Berichtsauswahl (OA-D).
3. Wählen Sie aus dem Menü **Bestehendes Berichtsformat verwenden**
   oder **Listen- (Etiketten-)format erstellen.**
4. Verwenden Sie die BERICHTSFORMAT Parameter zur Auswahl
   der gewünschten Daten.
5. Überprüfen Sie mit OA-P, ob Ihre Auswahl in die Grenzen der
   Druckparameter fällt.
6. Wenn Ihre Daten zu breit angelegt sind, machen Sie entweder das
   Datenformat schmaler oder passen Sie die Druckparameter entsprechend an.
7. Von der BERICHTSFORMAT-Seite aus gehen Sie mit dem Drucke-
   Befehl zum Menü DRUCKEN DES BERICHTS.
8. Geben Sie die Daten in den Zwischenspeicher aus.

Lassen Sie uns diese Schritte noch einmal genauer untersuchen.

Bei der Übertragung von Datenbankinformationen in die Textverarbeitung werden Sie wahrscheinlich mehr zu Tabellenberichten tendieren,
die aus Zeilen und Spalten zusammengesetzt sind. Dadurch wird der Raum
in Ihrer Zieldatei am besten ausgenutzt. Genau wie bei Kalkulationsteilen
wird auch hier Ihr Hauptaugenmerk sowohl auf die Zeilenlänge der Daten
gerichtet sein, die in den Zwischenspeicher übertragen werden sollen, als
auch auf die von den Druckparametern der Datenbank vorgegebene
Zeilenlänge.

Wie Sie aus Abbildung 3-7 entnehmen können, ist die Zeilenlänge des
Datenbankberichtes vertikal angezeigt, und zwar am rechten Ende der
Daten im BERICHTSFORMAT. Ist die Längenangabe größer als die von
den Druckparametern erlaubte Zeilenlänge, wird der herausfallende Daten-
teil auch hier nicht in den Zwischenspeicher übernommen.

Im Rechenblatt werden Ihnen beide Zeilenlängen auf einer separaten
Seite angezeigt, die vor dem eigentlichen Ausdruck Ihrer gewählten Daten
erscheint. Im Datenbankteil gibt es diese Anzeige nicht. Stattdessen
müssen Sie die im BERICHTSFORMAT angezeigte Zeilenlänge mit der
Zeilenlänge der vorgegebenen Druckparameter vergleichen. Sie können
auch den Bericht auf dem Bildschirm ausgeben und sich das Format anschauen, aber Sie sehen so nicht immer genau, was an welcher Stelle gedruckt wird.

```
Datei: Lebensmittel              BERICHTSFORMAT          Esc: Berichtsauswahl
Bericht: Warme Speisen
Auswahl: Einheiten größer als 100


===============================================================================
--> oder <--    bewegen Cursor              §-K  Kalkulationsfeld einfügen
  >   §   <     tauschen Feldpositionen     §-L  Löschen dieses Feldes
-->   §   <--   ändern Spaltenbreite        §-N  Namen des Berichts/Titel ändern
§-D  Drucken des Berichts                   §-O  Ordnen nach diesem Feld
§-E  Einfügen eines gelöschten Feldes       §-P  Parameter für das Drucken setzen
§-G  Gruppensumme hinzufügen/löschen        §-R  Regeln zur Satzauswahl ändern
§-J  Justieren (ein/aus)                    §-T  Feldsumme hinzufügen/löschen
-------------------------------------------------------------------------------


Warenbez.     Einheiten    Einh./Monat  Umsatz ges.   Gewinn ges.   L
-A---------- -B---------- -C----------- -D----------- -E----------- ä
Meier Quiche 400          200          DM 4.000,00   DM 1.200,00    n
Quiche Doris 360          90           DM 3.500,00   DM 999,00      6
Moussaka     320          80           DM 3.432,00   DM 1.016,00    5

-------------------------------------------------------------------------------
Angezeigte Befehle zur Änderung des Berichtsformates verwenden      40K Speicher
```

Abbildung 3-7 Die Zeilenlänge des Datenbankberichtes ist auf der BERICHTSFORMAT Seite am rechten Ende der Daten zu erkennen.

Trotzdem kann ein vorheriges Anschauen des Berichtes recht nützlich sein. Lassen Sie uns daher einige Punkte betrachten, die bei der Bildschirmausgabe eines Datenbankberichtes von Bedeutung sind. Die Druckparameter der Datenbank kontrollieren die Menge der auf dem Bildschirm dargestellten Daten — allerdings mit Einschränkungen:

- Der Apple Bildschirm kann maximal 80 Zeichen pro Zeile anzeigen. Deswegen werden Berichte, die breiter angelegt sind, nicht vollständig gezeigt.

- Ist ein Bericht breiter als 80 Zeichen, werden auf dem Bildschirm nur diejenigen Spalten, die innerhalb der ersten 80 Zeichen liegen, angezeigt. Außerdem wird der gesamte Inhalt der Spalte, die am weitesten rechts beginnt und deren Beginn innerhalb dieser Grenze liegt angezeigt, auch wenn die Spaltenbreite über das 80ste Zeichen hinausgeht. Die Spalten, die außerhalb des 80-Zeichen Bereiches beginnen, werden nicht am Bildschirm gezeigt, es sei denn, sie werden in den 80-Zeichen Bereich hereingeholt.

- Wenn ein Bericht breiter ist, als die Druckparameter erlauben, werden die auf dem Bildschirm erscheinenden Spalten von rechts nach links gelöscht, ohne Rücksicht darauf, welche Spalten auf der BERICHTSFORMAT Seite erscheinen.

Zur Verdeutlichung folgt ein Beispiel. Angenommen, Sie haben einen Bericht, den Sie „Warme Speisen" nennen (vgl. Abbildung 3-7), und Sie benutzen die voreingestellten Druckparameter der Datenbank von 10 Buchstaben pro Zoll und einer Blattbreite von 8 Zoll. Die Zeilenlänge des

```
Datei: Lebensmittel                                                 Seite   1
Bericht: Warme Speisen
Auswahl: Einheiten größer als 100
Warenbez.      Einheiten       Einh./Monat   Umsatz ges.    Gewinn ges.
-----------    ------------    -----------   ------------   ------------
Meier Quiche   400             200           DM 4.000,00    DM 1.200,00
Quiche Doris   360             90            DM 3.500,00    DM 999,00
Moussaka       320             80            DM 3.432,00    DM 1.016,00
Weinblätter    200             20            DM 200,00      DM 52,00
Salami/Schin   200             50            DM 2.000,00    DM 250,00
Partybrötche   400             100           DM 3.000,00    DM 2.000,00
Kartoffelsal   900             450           DM 2.250,00    DM 562,50
Krautsalat     1400            700           DM 2.625,00    DM 1.855,00
```

Abbildung 3-8 Solange sich die Daten im BERICHTFORMAT innerhalb der Druck-
parametergrenzen bewegen, kann der gesamte Bericht wie gezeigt auf dem Bildschirm
ausgegeben und in den Zwischenspeicher übertragen werden.

```
Datei: Lebensmittel              BERICHTSFORMAT           Esc: Berichtsauswahl
Bericht: Sommerverkauf
Auswahl: Alle Sätze


===========================================================================
-->  oder  <--   bewegen Cursor                §-K  Kalkulationsfeld einfügen
 >    §    <     tauschen Feldpositionen        §-L  Löschen dieses Feldes
-->  §    <--    ändern Spaltenbreite           §-N  Namen des Berichts/Titel ändern
§-D  Drucken des Berichts                       §-O  Ordnen nach diesem Feld
§-E  Einfügen eines gelöschten Feldes           §-P  Parameter für das Drucken setzen
§-G  Gruppensumme hinzufügen/löschen            §-R  Regeln zur Satzauswahl ändern
§-J  Justieren (ein/aus)                        §-T  Feldsumme hinzufügen/löschen
---------------------------------------------------------------------------

Warenbez.   Datu Einhe Einh./Monat Umsatz ges.   Preis/Einhei Kosten/Einh Gewin
-A--------- -B-- -C--- -D--------- -E----------- -F---------- -G--------- -H---
Meier Quiche Jul  400  200         DM 4.000,00   DM 10,00     DM 7,00     DM 3,
Quiche Doris Mai  360  90          DM 3.500,00   DM 9,73      DM 6,96     DM 2,
Moussaka     Mai  320  80          DM 3.432,00   DM 10,73     DM 7,56     DM 3,

------------------------------------------------------------------- Mehr --->
Angezeigte Befehle zur Änderung des Berichtsformates verwenden      41K Speicher
```

Abbildung 3-9 Wenn ein Bericht mehr als 80 Zeichen pro Zeile enthält, zeigt das
BERICHTSFORMAT nur einen Teil der Daten.

Berichtes beträgt 65 Zeichen. Wenn Sie diesen Bericht am Bildschirm auflisten, wird er genauso erscheinen wie im BERICHTSFORMAT, nur daß
jetzt alle acht Speisen aufgeführt sind (vgl. Abbildung 3-8). Diese Daten
können vollständig in den Zwischenspeicher übertragen werden, da die
Zeilenlängen unterhalb der erlaubten 80-Zeichen Grenze liegen.

Angenommen, Sie haben einen anderen Bericht mit der Bezeichnung
„Sommerverkauf". Der Bericht soll neun Spalten und eine Zeilenlänge von
99 Zeichen besitzen. Ihr Berichtsformat (Abbildung 3-9) kann maximal 80
Zeichen pro Zeile darstellen, deshalb sehen Sie nur einen Teil der Spalten
auf dem Bildschirm. Der Pfeil am unteren Ende zeigt an, wie die restlichen

Spalten durch Verschieben des Bildschirmfensters eingesehen werden können. Wenn Sie durch Rechtsverschiebung des Fensters den rechten Berichtsteil auf den Bildschirm holen, können Sie die Spalte „Gewinn/Einh" vollständig einsehen, da der Spaltenbeginn innerhalb der 80-Zeichen Grenze liegt. Die Spalte „Gesamtgewinn" können Sie nicht sehen, selbst wenn sie im BERICHTSFORMAT angezeigt wurde.

Im Berichtsformat können grundsätzlich Spalten beliebig gesetzt, Kalkulationsfelder eingefügt, die Spaltenbreite vergrößert oder verkleinert und die Breite des Berichtsformats festgelegt werden. Aber wenn das Format eines Berichtes geändert wird, können nur die ersten zwei oder drei Datensätze eingesehen werden — wir können nicht sehen, wie sich die Formatänderung auf sämtliche Sätze auswirkt. Deshalb gibt es bei der Bildschirmdarstellung des Berichtes in AppleWorks einige Möglichkeiten, die Auswirkungen dieser Änderungen, wie zum Beispiel Verbreitern oder Verkleinern des Berichtsformats, bei sämtlichen Einträgen einer Spalte sichtbar zu machen.

Wir möchten beispielsweise eine Spalte, die Städtenamen enthält, auf sieben Zeichen verkürzen, weil die sichtbaren Städtenamen ‚München‘, ‚Berlin‘ und ‚Hamburg‘ sind. Beim Ausdrucken des Berichtes sehen wir aber, daß die nicht sichtbaren Datensätze Städtenamen wie ‚Friedrichshafen‘ enthalten. Diese werden so abgeschnitten, daß sie in die Spalte passen. Indem wir sämtliche Sätze eines Berichtes durchblättern (und wenn nötig Spalten verschieben), können wir sichergehen, daß keine Datensätze abgeschnitten werden.

Die Datenbank von AppleWorks hat noch eine andere Eigenschaft, die eventuell den Bildschirmausdruck anders aussehen läßt als das Berichtsformat und das, was in den Zwischenspeicher übertragen wird: AppleWorks beginnt mit der Datenübertragung in den Zwischenspeicher immer ganz links, unabhängig davon, welche Spalten auf dem Bildschirm dargestellt sind. Daten werden also immer von links nach rechts in den Zwischenspeicher übertragen, auch wenn das Berichtsformat die rechtsstehenden Spalten ausgibt. Dies dürfte kein großes Problem sein, wenn die Druckparameter dem ganzen Bericht angepaßt werden können, kann aber andererseits Verwirrung stiften.

Schauen Sie sich das BERICHTSFORMAT in Abbildung 3-9 an. Sie sehen, daß der ausgewählte Berichtsteil sich vom linken Rand zum rechten Rand hin erstreckt. Dieser Berichtsteil würde, so wie Sie ihn sehen, in den Zwischenspeicher kopiert werden. Beachten Sie jetzt, was passiert, wenn Sie den sichtbaren Berichtsteil zum rechten Ende hin verschieben, wie in Abbildung 3-10 gezeigt. Hier sehen Sie die sechs rechten Spalten (Warenbez, Datum und Einheiten befinden sich auf der linken Seite außerhalb des Bildschirmfensters).

Übertragen Sie jedoch dieselben Daten in den Zwischenspeicher und kopieren Sie sie danach in eine Textdatei, so erhalten Sie als Ergebnis die Daten, die mit der ersten Spalte von links beginnen. In Abbildung 3-11

```
Datei: Lebensmittel              BERICHTSFORMAT              Esc: Berichtsauswahl
Bericht: Sommerverkauf
Auswahl: Alle Sätze


□=×□=□■=□=■=□=□□=□==□□==□=□=■==□=□□=□=□====□==□=□==□=□□□==□==□==□□=■===□□=□=□=□■===
--> oder <--  bewegen Cursor                §-K  Kalkulationsfeld einfügen
  >  §   <    tauschen Feldpositionen        §-L  Löschen dieses Feldes
--> §  <--    ändern Spaltenbreite           §-N  Namen des Berichts/Titel ändern
§-D  Drucken des Berichts                    §-O  Ordnen nach diesem Feld
§-E  Einfügen eines gelöschten Feldes        §-P  Parameter für das Drucken setzen
§-G  Gruppensumme hinzufügen/löschen         §-R  Regeln zur Satzauswahl ändern
§-J  Justieren (ein/aus)                     §-T  Feldsumme hinzufügen/löschen
--------------------------------------------------------------------------------

Einh./Monat Umsatz ges.   Preis/Einhei Kosten/Einh Gewinn/Einh Gewinn ges.   L
-D--------- -E----------- -F---------- -G--------- -H--------- -I----------- ä
200         DM 4.000,00   DM 10,00     DM 7,00     DM 3,00     DM 1.200,00   n
90          DM 3.500,00   DM 9,73      DM 6,96     DM 2,77     DM 999,00     9
80          DM 3.432,00   DM 10,73     DM 7,56     DM 3,17     DM 1.016,00   9

<--- Mehr ----------------------------------------------------------------------
Angezeigte Befehle zur Änderung des Berichtsformates verwenden      41K Speicher
```

Abbildung 3-10 Das ist der rechte Teil eines Berichtes mit mehr als 80 Zeichen pro Zeile.

```
          Sehr geehrter Herr Meier,

          Hier wie gewünscht die letzten Verkaufszahlen:

   Warenbez.    Datum      Einheiten    Einh./Monat  Umsatz ges.   Preis/Einhei Ko
   -----------  ---------  -----------  -----------  ------------  ------------ --

   Meier Quiche Jul        400          200          DM 4.000,00   DM 10,00     DM
   Quiche Doris Mai        360          90           DM 3.500,00   DM 9,73      DM
   Moussaka     Mai        320          80           DM 3.432,00   DM 10,73     DM
   Weinblätter  Aug        200          20           DM 200,00     DM 10,00     DM
   Salami/Schin Mai        200          50           DM 2.000,00   DM 10,00     DM
   Partybrötche Mai      ·  400         100          DM 3.000,00   DM 7,50      DM
   Kartoffelsal Jul        900          450          DM 2.250,00   DM 2,50      DM
   Krautsalat   Jul        1400         700          DM 2.625,00   DM 2,50      DM

   Ich muß Sie wirklich loben, was diese Quiches betrifft. Das
   Meier Quiche ist gewiß eines der absoluten Renner unter den
   Menüs, wie auch der Kartoffel- und Krautsalat Ihrer Mutter.
   Über diese gefüllten Weinblätter kann ich noch nicht viel
   sagen. Ich schlage vor, daß wir den Kunden wenigstens noch
   einen Monat die Gelegenheit geben, auf den Geschmack zu
   kommen. In der Zwischenzeit sollten wir diese
   Weinbeerblätter nur noch zwei mal täglich anbieten.

   Die Idee Ihrer Sardellenpaste ist geradezu revolutionär. Wir
   könnten es vielleicht zusammen mit einem Rezeptheft, das den
   Leuten die verschiedensten Zubereitungsmöglichkeiten zeigt,
   verkaufen.

   Überdenken Sie es, und lassen Sie es mich wissen. In der
   Zwischenzeit seien Sie versichert, daß in unserem
   Marktsektor noch immer der Slogan gilt: "Nicht vergessen,
   Meiers Delikatessen."
```

Abbildung 3-11 Beim Ausdrucken eines Berichtsformates, dessen Daten in den Zwischenspeicher kopiert worden sind und eine größere Zeilenlänge besitzen, als die Druckparameter erlauben, werden die überhängenden Spalten immer von rechts nach links gelöscht. Dabei spielt es keine Rolle, welcher Teil des Berichtes zur Zeit des Ausdrucks im BERICHTSFORMAT auf dem Bildschirm zu sehen ist.

sehen Sie eine Textdatei. Die in Abbildung 3-10 ausgewählten Daten wurden hier hineingepackt (das ist die einzige Möglichkeit, den aktuellen Inhalt des Zwischenspeichers anzuschauen), beachten Sie aber, daß die ausgedruckten Spalten mit der linken Grenze des Berichtes beginnen und sich soweit nach rechts hin erstrecken, wie die eingestellten Druckparameter es erlauben — das sind 80 Zeichen. Ein Teil der „Kosten/Einh" Spalte wurde abgeschnitten und die Spalten „Gewinn/Einh" und „Gewinn ges." fehlen ganz. AppleWorks überträgt Daten einer Datenbank immer von links nach rechts, unabhängig davon, wie die Daten sich im Berichtsformat präsentieren. Wenn das Programm infolge der Druckparameter gezwungen ist, Daten zu löschen, werden diese wie in Abbildung 3-11 immer von rechts nach links gelöscht.

Denken Sie daran, daß Sie die Druckparameter innerhalb der Datenbank breiteren Berichtsformaten anpassen können, so wie wir es Ihnen schon im Kalkulationsteil gezeigt haben. Und da Sie ja die Daten in den Zwischenspeicher übertragen können, brauchen Sie sich im Moment nicht darum zu kümmern, ob Ihr Drucker die gewählten Druckparameter unterstützen kann.

Vergleichen Sie die Zeilenlänge, die auf der rechten Seite der Daten im BERICHTSFORMAT steht, mit den Zeilenlängenangaben der Druckparameter. Passen Sie dann Ihre Druckparameter an, indem Sie die Zeilenlänge vergrößern (mit BZ, BB und den Randmarkierungen) oder einige der Berichtsspalten im Berichtsformat verkleinern. Sie werden beim Kopieren des Zwischenspeicherinhaltes in eine Textdatei keine bösen Überraschungen erleben, solange Sie Ihr Berichtsformat auf die Zeilenlänge.hin durchblättern und über die Bildschirmausgabe des Berichtes die Darstellung der einzelnen Spalten überprüfen.

Kopieren des Zwischenspeicherinhaltes in eine Textdatei. Beim Kopieren von Datenbankdaten aus dem Zwischenspeicher in eine Textdatei gelten dieselben Betrachtungen über Zeilenlänge und Formatierungen wie im Rechenblatt. Hier sind noch einmal die einzelnen Schritte aufgeführt:

1. Laden Sie die Textdatei, in die Sie Daten übertragen möchten.
2. Plazieren Sie den Cursor an die Stelle, an der die Daten eingefügt werden sollen.
3. Verwenden Sie zum Kopieren der Daten den Kopierbefehl (OA-K) und wählen Sie die Option **Vom Zwischenspeicher.**
4. Formatieren Sie die Daten neu, bis sie das gewünschte Format haben.

Auch hier werden zu lange Zeilen umgebrochen (vgl. Kalkulationsteil). Sie können dies umgehen, indem Sie die Druckparameter der Textverarbeitung ändern — durch Veränderung der Randmarkierungen an der Stelle des Textteiles, an der die Daten aus der Datenbank erscheinen sollen, bzw. durch Vergrößern der Druckdichte (BZ) in diesem Bereich oder durch Kombination beider Methoden.

Datenübertragung aus der Textverarbeitung

Textdateien in AppleWorks können auf vier verschiedene Arten an die Außenwelt gelangen: sie können auf Papier ausgedruckt werden; sie können auf Diskette gespeichert werden; sie können in Standard ASCII Dateien konvertiert werden (für den direkten Einsatz in anderen Programmen oder für eine Datenfernübertragung); und sie können über ein Modem als AppleWorks Dateien übertragen werden. Alle diese Optionen sind von der DRUCK AUSWAHL aus zu erreichen, mit Ausnahme der Datenfernübertragung über Modem. Die unterschiedlichen Möglichkeiten sind einfach als verschiedene Druckausgaben angelegt.

Datenausgabe als ASCII Datei

Die Umwandlung von AppleWorks Textdateien in ASCII Textdateien ist genauso nützlich wie die Umwandlung von ASCII Textdateien in AppleWorks Textdateien. Sie möchten zum Beispiel Ihre AppleWorks Dokumente auch für Ihre Freunde erstellen, die aber andere Computer besitzen oder deren Textverarbeitungsprogramm nur mit ASCII Dateien arbeitet. Oder Sie möchten elektronische Post durch ein öffentliches Informationsnetz leiten. Was auch immer der Grund sein mag, die Umwandlung von AppleWorks Textdateien in Standard ASCII Dateien ist einfach:

1. Laden Sie die Textdatei, die umgewandelt werden soll.
2. Gehen Sie mit Hilfe des Druck-Befehls (OA-D) in die DRUCK AUSWAHL.
3. Wählen Sie **In eine ASCII Datei auf Diskette** als Druckoption.
4. Tippen Sie einen Dateinamen für die neue ASCII Datei (den vollständigen ProDOS Pfadnamen).

Ihre Arbeitsdatei wird als ASCII Datei auf Diskette gespeichert. Außerdem verbleibt die Datei im ursprünglichen Zustand als Text im Hauptspeicher und als Textdatei auf Diskette (vorausgesetzt, daß sie dort schon zu Beginn war). Das bedeutet also: das Sichern eines Dokumentes als ASCII Datei verändert den Charakter einer Datei nicht — es wird lediglich eine ASCII Kopie auf Diskette erzeugt. Danach müssen Sie, je nach Anwendung der Datei, noch einige weitere Schritte unternehmen.

Anwendungsgebiete von ASCII Dateien

Ihre ASCII Datei ist nun auf einer ProDOS Datendiskette gespeichert. Die Datei ist somit gebrauchsfertig für die Bearbeitung mit Hilfe anderer ProDOS Programme — z. B. einer ProDOS Textverarbeitung — oder einem SOS Programm (auf Apple III) oder anderen AppleWorks Anwendungsprogrammen. Zwei andere Anwendungsgebiete erfordern jedoch eine weitere Dateiübertragung.

Für den Fall, daß Sie eine Datei mit einem DOS 3.3 Programm bearbeiten möchten, müssen Sie mit Hilfe des DOS-ProDOS CONVERT Programmes — es befindet sich auf der ProDOS Benutzerdiskette — die Datei von einer ProDOS auf eine DOS 3.3 Datendiskette übertragen.

Wenn die Datei von jemandem verwendet werden soll, der einen anderen Computertyp besitzt — zum Beispiel den Macintosh oder einen IBM PC — muß sie über ein Modem übertragen werden. Mit einem ProDOS Übertragungsprogramm können Sie die ASCII Datei auf jeden Computertyp übertragen, mit dem Ihr Apple kommunizieren kann (das ist mit fast allen Computern möglich). Läuft Ihr Übertragungsprogramm unter DOS 3.3, muß die ASCII Datei zuerst auf eine DOS 3.3 Diskette übertragen werden. Das geschieht mit Hilfe von CONVERT.

Sollen jedoch AppleWorks Dateien mit einem Modem übertragen werden, müssen sie nicht unbedingt zuerst in ASCII Dateien konvertiert werden. Schauen Sie sich unser nächstes Übertragungsbeispiel an.

Übertragen unveränderter AppleWorks Dateien

Solange Sie eine AppleWorks Datei auf einen anderen Computertyp übertragen, muß vor der Übertragung die Datei ins ASCII Format umgewandelt werden. Zur Vereinfachung dieser Prozedur hat Apple sein eigenes ProDOS Übertragungsprogramm entwickelt; es heißt ACCESS II und ist erhältlich für den Apple IIc und IIe. Mit ACCESS II können Sie AppleWorks Standarddateien mit diesen beiden Computertypen senden und empfangen.

Unter Verwendung von ACCESS II können sowohl Sie, als auch die Kommunikationsperson Standardtextdateien direkt von Ihrer AppleWorks Datendiskette senden.

Mit ACCESS II können auf einfachste Art und Weise AppleWorks Dateien übertragen werden. Sie benötigen dieses Programm aber nicht unbedingt, und Sie sollten erst die Vor- und Nachteile abwägen, bevor Sie es sich kaufen. ACCESS II ist sogar ein neueres Programm als AppleWorks und wurde so ausgelegt, daß es am besten zusammen mit der Apple Super Serial Card und dem Apple 300- oder 300/1200-Baud Modem arbeitet. Wenn Sie einen Apple IIe besitzen und keine Apple Super Serial Card verwenden, kann es sein, daß ACCESS II in Verbindung mit Ihrem Modem überhaupt nicht funktioniert. Arbeiten Sie mit einem Apple IIc und einem fremden Modem kann ACCESS II einfach eingesetzt werden; das Programm unterstützt dann aber nicht die einfache automatische Telefonwählscheibe, sondern Sie müssen dafür ein Kundenwählmakro erstellen, mit dem Sie dann arbeiten können.

Wenn Sie bisher noch keine Modemausstattung oder Software besitzen, werden Sie mit ACCESS II und einem Apple Modem sicher eine gute Wahl treffen. Für den Fall, daß Sie mit Personen kommunizieren, die dieselbe Konfiguration besitzen, wird der Umgang mit AppleWorks wesentlich vereinfacht. Vergessen Sie nicht: Ihr Partner muß ebenfalls mit AppleWorks arbeiten, damit er die AppleWorks Dateien verwenden kann. Besitzen Sie aber schon ein Modem und/oder ein serielles Interface, das nicht von der Firma Apple hergestellt wurde, müssen Sie sich mit der verminderten Qualität einer Datenübertragung in AppleWorks abfinden.

Datenausgabe auf Diskette

Eine Standard ASCII Datei ist unformatiert gespeichert — d. h. ohne Zeilenvorschübe, Randmarkierungen, Zentrierungen, Zeilenabstände und andere Formatierungseinstellungen. Wird eine solche Datei in irgendein Textverarbeitungsprogramm geladen, sehen Sie sich konfrontiert mit einem Bildschirm voller nichtorganisierter Textteile (zum Beispiel Abbildung 3-12). Um die Datei in gegliederter Form zu Papier zu bringen, oder um sie einfach leserlich zu gestalten, müssen sämtliche Zeilenvorschübe, Absatzeinrückungen und andere Formatierungselemente von Hand Stück für Stück eingesetzt werden. Das braucht viel Zeit. Wenn Sie jedoch eine AppleWorks Datei auf Diskette „drucken", wird sie als formatierte ASCII Datei gespeichert und beinhaltet unverändert sämtliche Zeilenvorschübe, Randeinstellungen und die übrigen Formatierungen. Wenn Sie diese Datei später in ein Textverarbeitungsprogramm laden, erscheint sie in der ursprünglichen Anordnung.

Die Ausgabe von Textdateien auf Diskette ist besonders dann nützlich, wenn Sie eine speziell formatierte Datei haben, die Sie exakt kopieren möchten, wenn Sie also beispielsweise die Datei für einen Benutzer, der AppleWorks nicht kennt, auf Diskette ablegen oder über ein Modem übertragen möchten. Sie können das Dokument gleich im richtigen Format liefern und brauchen nicht erst lange zu erklären, wie es richtig formatiert wird (das erspart dem Empfänger eine Menge Formatierungszeit).

Die Ausgabe auf Diskette ist aber auch dann komfortabel, wenn lange Rechenblätter oder große Datenbanken in die Textverarbeitung übertragen werden sollen. Da ja eine „Diskettenausgabe" eine ASCII Datei mit dem originalen Dateiformat erzeugt, können solche Dateien als Quelldateien für Textdateien benutzt werden. Die Daten sind genauso an-

```
Sehr geehrter Herr Meier,Hier wie gewünscht die letzten
Verkaufszahlen:Warenbez.     Datum          Einheiten
Einh./Monat  Umsatz ges.  Gewinn ges.  Ko------------

------------ --Meier Quiche Jul          400          200
DM 4.000,00  DM 1.200,00  DMQuiche Doris Mai          360
90           DM 3.500,00  DM 999,00    DMMoussaka      Mai
320          80           DM 3.432,00  DM 1.016,00
DMWeinblätter  Aug          200           20          DM
200,00   DM 52,00    DMSalami/Schin Mai          200
50           DM 2.000,00  DM 250,00    DMPartybrötche Mai
400          100          DM 3.000,00  DM 2.000,00
DMKartoffelsal Jul          900          450          DM
2.250,00  DM 562,50    DMKrautsalat   Jul          1400
700          DM 2.625,00  DM 1.855,00  DMIch muß Sie
wirklich loben, was diese Quiches betrifft. Das Meier Quiche
ist gewiß eines der absoluten Renner unter den Menüs, wie
auch der Kartoffel- und Krautsalat Ihrer Mutter. Über diese
gefüllten Weinblätter kann ich noch nicht viel sagen. Ich
schlage vor, daß wir den Kunden wenigstens noch einen Monat
die Gelegenheit geben, auf den Geschmack zu kommen. In der
Zwischenzeit sollten wir diese Weinbeerblätter nur noch zwei
mal täglich anbieten.Die Idee Ihrer Sardellenpaste ist
geradezu revolutionär. Wir könnten es vielleicht zusammen
mit einem Rezeptheft, das den Leuten die verschiedensten
Zubereitungsmöglichkeiten zeigt, verkaufen.Überdenken Sie
es, und lassen Sie es mich wissen. In der Zwischenzeit seien
Sie versichert, daß in unserem Marktsektor noch immer der
Slogan gilt: "Nicht vergessen, Meiers Delikatessen."
```

Abbildung 3-12 Eine typische unformatierte ASCII Datei, wie sie von einem Textverarbeitungsprogramm dargestellt wird.

geordnet wie im originalen Rechenblatt oder in der Datenbank. Und da die Dateilänge einer ASCII Datei einzig und allein von der Größe des freien Diskettenspeicherplatzes abhängt, können weitaus größere Rechenblatt- oder Datenbankteile übertragen werden als über den Zwischenspeicher. Dort liegt die obere Grenze bei 250 Tabellenzeilen oder Datensätzen.

Das einzig lästige einer Diskettenausgabe ist die erforderliche Einstellung eines imaginären Druckers (wir nennen ihn Diskettendrucker) im Menü DRUCKER HINZUFÜGEN, damit AppleWorks ein Ziel für Ihre Dateiausgabe erhält. Sämtliche Druckeranpassungen können auch für eine Diskettenausgabe in Anspruch genommen werden. Sie sollten die Anpassungen hauptsächlich so vornehmen, wie Sie es später bei einem eventuellen Ausdruck benötigen. Die Anpassung der Diskettenausgabe geht wie jede andere Druckeranpassung vor sich; Sie müssen nur anstelle der Slotnummer die Option **Auf Diskette oder zu anderem Apple** wählen. Das einzige Problem, das dabei auftreten könnte, ist, daß das Menü DRUCKER HINZUFÜGEN zwar das Einstellen dreier Drucker erlaubt, davon aber nur ein Drucker mit der Option **Anderer Drucker** festgelegt werden darf.

(AppleWorks besitzt fertig eingestellte Konfigurationen für Apple, Epson und Qume. Jeder andere Drucker wird mit Hilfe der Option „Anderer Drucker" angepaßt). Wird Ihr Drucker von AppleWorks unterstützt, können Sie eine Diskettenausgabe einstellen, die Sie dann immer griffbereit haben. Wenn Sie aber bereits einen anderen Drucker eingestellt haben, müssen Sie ihn jedesmal, wenn Sie eine Datei auf Diskette ausgeben wollen, durch den Diskettendrucker ersetzen.

Hier sind die einzelnen Schritte zur Einstellung eines Diskettendruckers aufgelistet:

1. Wählen Sie in der HAUPT-AUSWAHL **Verschiedenes.**
2. Wählen Sie im Menü VERSCHIEDENES **Informationen über angeschlossene Drucker.**
3. Wählen Sie in der DRUCKER INFORMATION die Option **Drucker hinzufügen.**
4. Wählen Sie aus dieser Liste die Zeile **Anderer Drucker.**
5. Geben Sie eine Druckerbezeichnung Ihrer Wahl ein, höchstens 15 Zeichen lang; wählen Sie dann **Auf Diskette oder zu anderem Apple** (Option 7) zur Festlegung des Druckers.
6. Danach geben Sie die Konfigurationen für automatischen Zeilenvorschub, Seitenvorschub-Kommandos und Blattbreite und anschließend die Druckersteuerzeichen ein. Sie können auch einfach Escape drücken, wenn Sie die voreingestellten Werte übernehmen möchten.

Die aktuellen Konfigurationen der Diskettenausgabe sollten mit den Werten des Druckers übereinstimmen, über den die Daten eventuell ausgedruckt werden sollen. Wenn Ihr Drucker beispielsweise eine Blattbreite von 8 Zoll besitzt, sollten Sie nicht gerade den Diskettendrucker mit einer Blattbreite von 11 Zoll festlegen.

Soll die Diskettenausgabe für ein spezielles Programm eingestellt werden, zum Beispiel Mailmerge, können Sie aus dem Handbuch dieses Programms entnehmen, welche Optionen Sie wählen müssen. Andernfalls sollten Sie die richtige Druckerkonfiguration wie folgt festlegen:

Wenn Ihr Drucker einer der Standarddrucker aus der DRUCKER INFORMATION ist, können Sie die Konfiguration mit der Option **Spezifikationen eines Drucker ändern** auflisten lassen und den Namen des zu ändernden Druckers angeben. Daraufhin werden die Optionen zur Konfigurierung des Druckers gezeigt; Sie können diese mit der AppleWorks Hardcopy Möglichkeit (ÓA-X) als Überblick ausdrucken lassen, um die Werte für die Diskettenausgabe Ihrem aktuellen Drucker anzupassen. Benutzen Sie dagegen einen anderen Drucker, so müssen Sie die entsprechenden Werte im Handbuch nachschlagen.

Ausgabe über Drucker

Eines der großen „Geheimnisse" von Personal Computing ist die optimale Programmanpassung an Drucker. Erstens produzieren hunderte von Softwarepaketen die unterschiedlichsten Datentypen, die aber auf dem Papier alle gleich aussehen sollen. Diese Unterschiede werden generell durch Konfigurationsroutinen innerhalb der Programme ausgeglichen, mit denen Sie Drucker und Interface festlegen und anpassen können, so daß eine funktionsfähige Kommunikation stattfinden kann. Zweitens gibt es dutzendweise unterschiedliche Druckertypen und viele verschiedene Interfaces; jedes davon arbeitet wieder etwas anders.

AppleWorks besitzt eigene Konfigurationsroutinen für Drucker, die aber nicht immer allen Ansprüchen gerecht werden. Softwaredesigner können ja nicht jede auf dem Markt existierende Drucker/Interface-Kombination berücksichtigen — das erforderliche Programm dafür würde sonst genauso viel Diskettenspeicherplatz verschlingen wie das eigentliche Hauptprogramm. Stattdessen unterstützen die Designer die gängigsten Drucker und Interfaces, d. h. die am meisten verkauften Produkte. Ein einzelnes Programm kann beispielsweise ein Dutzend unterschiedliche Drucker- und vielleicht ein halbes Dutzend Interfaceeinstellungen als eingebaute Versionen anbieten. AppleWorks enthält zwölf unterschiedliche Druckeranpassungen. In den AppleWorks Versionen, die vor 1.2 entstanden sind, gibt es dagegen keine eingestellten Interfacekarten. Stimmt Ihre Ausstattung mit einer der vorgegebenen Konfigurationen überein, brauchen Sie nur die entsprechende Option zu wählen; damit ist AppleWorks schon fix und fertig angepaßt. Befinden sich jedoch Ihr Drucker und Ihr Interface nicht auf der Liste, müssen Sie schon etwas tiefer in das Gebiet der Computer-Drucker Kommunikation eindringen. Drucker- und Interfacekonfigurationen werden in AppleWorks separat behandelt. Da dieses Thema etwas mit Hardware und Software zu tun hat, wird es gesondert behandelt in Kapitel 8 „Das Innenleben von AppleWorks". Bei Fragen oder Unklarheiten, die sich auf AppleWorks und Ihren Drucker beziehen, lesen Sie bitte die Details in Kapitel 8.

Benutzerhinweis

In die Textverarbeitung kann man sich relativ schnell einarbeiten, aber früher oder später werden Sie irgendwie auf die Grenzen des Programmes stoßen. Das AppleWorks Handbuch gibt Ihnen Hilfestellungen, um den Umgang zu erleichtern und auftretende Einschränkungen zu überwinden. Da diese Ratschläge total verstreut im Handbuch vorkommen, soll dieser Abschnitt die wichtigsten Tips und Vorschläge auf einen Blick zusammenfassen und darüberhinaus einige neue Ideen präsentieren.

Vereinfachtes Editieren

Das **Löschen von Text** in kleinen Bereichen, wie zum Beispiel einzelne Wörter, Zeilen oder Abschnitte, ist in AppleWorks etwas ungeschickt angelegt. Es wäre schön, wenn man dafür spezielle Befehle hätte und nicht immer die Delete-Taste verwenden oder gar mit Hilfe der Cursortasten den Text markieren müßte. Für einzelne Wörter muß die Delete-Taste verwendet werden, zum Löschen von Zeilen oder Abschnitten können Sie den Befehl OA-Y verwenden. OA-Y löscht den Text von der aktuellen Cursorposition bis zum Zeilenende. Es kann damit also, je nach Plazierung des Cursors, entweder eine ganze Zeile oder nur ein Teil einer Zeile gelöscht werden.

Zum schnellen Löschen von einigen wenigen Zeilen oder eines Abschnittes bringen Sie den Cursor auf den Anfang der ersten Zeile des zu löschenden Textes und drücken dann OA-Y. Solange die gelöschten Zeilen nicht mit einem Zeilenvorschub (Return) enden, wandert der Cursor zum Beginn der nächsten Zeile. Möchten Sie also mehrere Zeilen löschen, bleiben Sie einfach auf der OA-Y Kombination. Durch das Autorepeat der Tastatur werden dann so lange Zeilen gelöscht, bis Sie entweder die Tastenkombination loslassen oder der Cursor ein Return am Ende eines Abschnittes erreicht. Die OA-Y Funktion stoppt ebenfalls automatisch, wenn eine Leerzeile erreicht wird. Wenn Ihre Abschnitte also durch Leerzeilen getrennt sind, können Sie einen Abschnitt problemlos löschen und brauchen keine Angst zu haben, daß ein Teil des folgenden Abschnittes versehentlich gelöscht wird. OA-Y ist die schnellste Möglichkeit, ein paar Zeilen oder einen ganzen Abschnitt zu löschen.

Zum Löschen mehrerer Abschnitte oder eines größeren Textausschnittes arbeiten Sie am besten mit dem Lösche-Befehl OA-L. Ist der Befehl einmal eingegeben, können Sie entweder den Text blättern (OA mit Pfeiltasten) oder das Lineal verwenden. Das Lineal ist gut geeignet zum schnellen Springen über große Textdistanzen. Springen Sie mit Hilfe des Lineals zunächst in das Gebiet des zu löschenden Teils, und plazieren Sie dann den Cursor mit Hilfe der Pfeiltasten vollends exakt an die gewünschte Stelle. Wenn Sie mit dem Lineal zu weit gesprungen sind (zum Beispiel mit OA-8), probieren Sie einfach so lange verschiedene Ziffern aus, bis Sie sich im richtigen Textgebiet befinden.

Das **Springen in einem Text** wird mit Hilfe des Lineals und des Finde-Befehls sehr vereinfacht. Mit dem Lineal springen Sie proportional durch einen Text, es ist also dann einzusetzen, wenn Sie in etwa wissen, wie weit Sie springen müssen. Aber wenn Sie sich noch genau an das gesuchte Wort erinnern, ist der Finde-Befehl schneller. Sie können damit schnell eine Paragraphenbezeichnung, eine Kapitelüberschrift oder ein bestimmtes Wort auffinden. Wenn Sie den genauen Wortlaut kennen, verwenden Sie am besten die Option **Groß/Klein beachten**, um das Auffinden ähnlicher Worte zu vermeiden und dadurch schneller das gesuchte Wort zu finden.

Es können außerdem Marken mit dem SM-Befehl gesetzt und die Markierungsnummern mit dem Finde-Befehl wieder aufgesucht werden; wahrscheinlich werden Sie sich die Markierungsnummern auch nicht besser merken können als die entsprechenden Worte des Textes.

Die Finde-Funktion speichert diejenige Zeichenkette, die Sie zum Finden angeben, so lange, bis sie durch eine neue Zeichenketten ersetzt wird. Nachdem das erste Auftreten des Wortes gefunden wurde, erscheint die Meldung **Weitersuchen?** Wenn Sie einfach mit dem Finger auf der J-Taste bleiben (also die JA-Antwort auf diese Frage wiederholen), können Sie sehr schnell die ersten Plazierungen des gesuchten Wortes überspringen. Die gesuchte Zeichenkette sollte möglichst genau spezifiziert werden. Geben Sie zum Beispiel **und** oder **die** als Suchwort ein, wird der Cursor ziemlich oft zwischen Ihrer Ausgangsposition und der gesuchten Position anhalten, so daß man mit dem Lineal oder den Pfeiltasten schneller den Text durchsucht hätte. Versuchen Sie auch nicht, ein Wort eines Kopfleistenbefehls zu suchen; eine Ausnahme hierbei bildet jedoch die Seite, auf der die Kopfleisteninitialisierung angegeben ist. Kopfleisten werden auf dem AppleWorks Bildschirm nicht gezeigt und können deshalb mit der Finde-Funktion nicht gefunden werden.

Es können jedoch Seitenzahlen gesucht werden, auch wenn Sie den DS (Drucke Seitenzahl) Befehl, der angibt, ob die Seitenzahl gedruckt werden soll, gar nicht benutzt haben. Beim Durchblättern eines Dokumentes mit Hilfe des OA-U Befehls fügt AppleWorks Seitenumbrüche ein, und in der Mitte eines jeden Seitenumbruchs wird die vorhergehende Seite gekennzeichnet mit **Ende der Seite X** (X steht stellvertretend für die vorhergehende Seitenzahl). Die Eingabe des Finde-Befehls für Seite 3 wird beispielsweise den Cursor auf diejenige Zeile rücken, die den Seitenumbruch zwischen den Seiten 3 und 4 anzeigt.

Formatierungshilfen

Die **festgelegten Druckparameter von AppleWorks** können in der Textverarbeitung die größte Schikane bedeuten, ganz einfach deshalb, weil die Voreinstellungen nicht permanent geändert werden können. Jedesmal, wenn Sie eine neue Textdatei anlegen, wird AppleWorks die linken und rechten Randeinstellungen auf 1 Zoll, den unteren Seitenrand auf 2 Zoll, keinen oberen Seitenrand, eine Druckdichte von 10 BZ, 6 Zeilen pro Zoll, einfachen Zeilenabstand, eine Blattbreite von 8 Zoll, eine Blattlänge von 12 Zoll und einen nicht ausgeglichenen Rand einstellen. Das Format ist gut, wenn Sie mit diesen Voreinstellungen vorlieb nehmen, aber es ist nicht so ideal, wenn Sie andere Einstellungen bevorzugen. Wenn Sie beispielsweise im Blocksatz arbeiten und den oberen Seitenrand auf 1 Zoll einstellen möchten, müssen diese Einstellungen für jede neu zu erstellende Textdatei eingegeben werden.

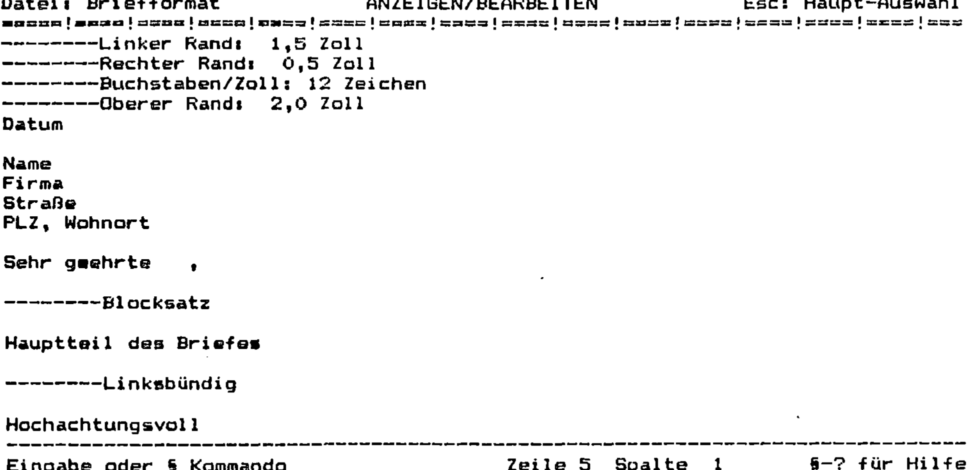

Abbildung 3-13 Wenn Ihnen die Vorgabewerte der Druckparameter in der Textverarbeitung nicht zusagen, können die bevorzugten Druckparameter in einer einfachen Textdatei gespeichert werden. Um die Eingabe der Parameter bei jeder neuen Datei zu vermeiden, werden die abgespeicherten Daten wiederverwendet.

Die **freien Formate** können jedoch in eigens dafür angelegten Dateien gespeichert werden. Sie erstellen dafür ganz einfach eine beliebige Textdatei, die nur diese Einstellungen enthält; dann brauchen Sie die Druckparameter nicht für jedes neue Dokument einzutippen. In Abbildung 3-13 sehen Sie eine solche Datei. Geben Sie dieser „Datei" eine Bezeichnung, der Sie den Inhalt entnehmen können − zum Beispiel **Briefformat**. Die Datei wird dann immer einfach auf Ihrer Diskette zu finden sein.

Verwenden Sie regelmäßig verschiedene Formate, werden ganz einfach mehrere Textdateien mit verschiedenen Formatierungseinstellungen erzeugt. Zur Einstellung eines bestimmten Formats wird dann lediglich die entsprechende Datei geladen (zum Beispiel die Datei **Briefformat**), der neue Text geschrieben und die neue Datei unter einem anderen Dateinamen abgespeichert (zum Beispiel **Brief-Uli**). Auf diese Weise verbleibt Ihr Originalformat unberührt auf der Diskette, während Sie die Druckparameter jeweils Ihren aktuellen Dateien anpassen.

Der Name einer solchen Formatierungsdatei kann entweder mit dem OA-N Befehl, wie beim Editieren einer Textdatei, geändert werden, oder durch Abspeichern der neuen Datei unter einem neuen Dateinamen beim „Dateien vom Schreibtisch entfernen" oder beim „Programm beenden". Sicherheitshalber sollten Sie jedoch den Dateinamen sofort mit OA-N ändern, wenn Sie den Text eingeben. Sie brauchen sich dann danach nicht mehr um den Dateinamen zu kümmern.

Diese einfachen Formatierungsdateien verhelfen Ihnen zu einer Zeiteinsparung, weil Sie nun nicht mehr bei der Neuerstellung einer Datei in das Druckparameter Menü springen müssen, um die richtigen Formatierungen vorzunehmen. Benötigen Sie außer am Anfang des Textes auch noch irgendwo in der Textmitte Druckparameter (zum Beispiel Zentrierung oder anderer Zeilenabstand), können Sie sogar irgendeinen nichtssagenden Text als Platzhalter in die Formatdatei eingeben. Wenn Sie die Datei dann geladen haben, tippen Sie im Überschreibmodus den Text, den Sie gedruckt haben wollen. Diese Einstellung ermöglicht Ihnen eine „gemischte" Textdatei, die sowohl Text als auch Druckparameter enthält.

Formbriefe werden leider nicht als Standard in AppleWorks mitgeliefert. Sie können aber ein Erweiterungsprogramm kaufen, das Adreßdateien mit Formbriefen mischen kann. Trotz fehlender Formbrieffunktion können in AppleWorks ähnliche Briefe mit Hilfe des TE (Tastatureingabe) Befehls im Druckparameter-Menü erstellt werden. Durch diesen Befehl wird der Drucker beim Briefausdruck angehalten. Sie können dann die kundenspezifischen Informationen eingeben. Diese Eingaben können in Adreßblöcken, Begrüßungszeilen oder auch in der Mitte eines Absatzes eingefügt werden — AppleWorks wird in jedem Fall das Folgende wieder neu formatieren.

Dateien, die größer sind als die Kapazität des Hauptspeichers, können durch einige Vorüberlegungen auch bearbeitet werden. Für den Ausdruck gibt es keine Möglichkeit, Dateien miteinander zu verketten. Daher bedeuten lange Dateien in der Textverarbeitung scheinbar ein weiteres Problem in AppleWorks. Wenn die Größe einer Textdatei die RAM Kapazität Ihres Computers überschreitet, muß eine neue Datei angelegt werden. Es müssen außerdem zwei Dateien erzeugt werden, die nachher auf dem Papier wie eine Datei aussehen sollen.

Eine jede Datei dieser Länge hat irgendwelche Einschnitte — neue Kapitel, neue Absätze oder zumindest neue Seiten. Um zwei zusammenhängende Dateien zu schaffen, müssen Sie nur sicherstellen, daß die zweite Datei an einem Seitenanfang beginnt: Beenden Sie Ihre erste Datei am Ende eines Kapitels, Abschnitts oder einer Seite, und beginnen Sie mit der zweiten Datei auf der nächsten neuen Seite. Befinden Sie sich gerade in der Mitte eines Abschnittes, wenn der Speicherplatz zu Ende ist, können Sie den Teil ab dem letzten Texteinschnitt markieren und über den Zwischenspeicher in eine neue Datei kopieren. Danach fahren Sie in der neuen Textdatei mit Ihrer Texteingabe fort.

Bei einer fortlaufenden Seitennumerierung kann festgelegt werden, daß die Seitenzahl der zweiten Datei mit der nächstfolgenden Seitenzahl der ersten Datei beginnt. Wenn zum Beispiel Seite 20 die letzte Seite der ersten Datei ist, geben Sie einfach in der Kopfleiste der zweiten Datei Seite 21 als Beginn der Seitennumerierung ein. Das wird mit dem SN (Seitennummer) Befehl im Druckparameter-Menü bewerkstelligt.

Wenn Sie öfters große Dateien benötigen, wäre es natürlich besser, die Dateigrenzen von AppleWorks durch Vergrößern des RAM Bereiches in Ihrem Apple auszubauen.

Fehlerbehandlung

Die Textverarbeitung enthält, wie auch der übrige Teil von Apple-Works, eine bemerkenswerte Fehlererkennung und -behandlung. Es dürfte Ihnen sehr schwer fallen, das System irgendwie zum Absturz zu bringen. Wenn Sie etwas ausprobieren, was die Textverarbeitung nicht bewältigen kann (zum Beispiel mehr als 250 Zeilen Text bewegen), wird Ihnen AppleWorks mitteilen, was Sie falsch gemacht haben, einen Piepton ausgeben oder ganz einfach den Befehl verweigern.

Fehlermeldungen

AppleWorks beinhaltet Fehlermeldungen für fast alle Operationen. Man kann sich nicht jeden Programmschritt oder jede Programmgrenze merken, deshalb teilt Ihnen das Programm mit, was Sie falsch gemacht haben, wenn Sie versuchen sollten:

- mehr als 12 Dateien auf den Schreibtisch zu holen, oder wenn die gesamte Kapazität der Dateien, die Sie auf den Schreibtisch holen möchten, die Speicherkapazität Ihres Schreibtisch-RAMs übersteigt.
- mehr als 250 Textzeilen zu kopieren oder zu bewegen.
- mehr Text vom Zwischenspeicher zu kopieren, als die Datei überhaupt faßt.
- Informationen aus einem Rechenblatt oder einer Datenbank direkt in eine Textdatei zu kopieren (die Daten müssen zuerst in den Zwischenspeicher).
- vom leeren Zwischenspeicher zu kopieren.
- eine neue Datei zu erstellen, die nicht aus der Textverarbeitung stammt und nicht im ASCII Format sein soll.
- die Hauptspeicherkapazität des Computers zu überschreiten.
- eine nicht in der Datei enthaltene Zeichenkette zu suchen.
- mehr als einen fremden Drucker auf einmal hinzuzufügen.

Pieptöne werden bei weniger groben Fehlern ausgegeben, wenn Sie zum Beispiel:

- einen nicht vorhandenen Befehl in der Textverarbeitung eingeben.
- eine falsche Antwort auf eine Frage eingeben (zum Beispiel einen falschen Buchstaben bei J oder N).

- versuchen sollten, eine Leerzeile mit dem OA-Y Befehl zu löschen. (Eine Leerzeile wird mit der Delete-Taste oder mit der OA-L Kombination gelöscht.)

Eine **stumme Verweigerung** ist in AppleWorks ziemlich selten, aber es kann passieren, wenn Sie versuchen sollten:

- den Cursor über den Anfang einer Datei hinauszubewegen.
- den Cursor über das Ende einer Datei hinauszubewegen.

Verschiedene Tips

Leistungsverminderung beim Umgang mit großen Dateien in der Textverarbeitung ist leider Realität. Die maximale Dateigröße beträgt 2250 Zeilen. Bei einem Apple mit 128K RAM (55K Schreibtischspeicher) werden Sie allerdings den freien Speicherplatz schon bei einer Dateigröße von ca. 1000 Zeilen verbraucht haben; das ist natürlich davon abhängig, wie viele Zeichen Sie pro Zeile schreiben. Je mehr Speicherplatz Sie belegen, desto länger werden die Zeiten für speicherorientierte Operationen, wie zum Beispiel Finden, Bewegen, Löschen und Kopieren. Dieser Mangel kann nur durch das Arbeiten mit kleineren Dateien behoben werden. (Diese Verzögerung wird hier nur deshalb erwähnt, damit Sie nicht an einen Computerdefekt denken, wenn Sie bemerken, daß solche Operationen bei wachsender Dateigröße längere Zeit in Anspruch nehmen.)

Schreibtischspeicher und Zwischenspeicher stehen in einer Wechselbeziehung. Die maximale Größe eines Dateiteiles, der von einer Textdatei in den Zwischenspeicher kopiert werden kann, beträgt 250 Zeilen. Sie werden aber nicht immer so viel Raum zur Verfügung haben. Die Größe des aktuellen Zwischenspeichers hängt von der Größe des verfügbaren Schreibtischspeichers ab. Wenn der freie Speicherplatz des RAM weniger als 250 Zeilen faßt (wenn Sie beispielsweise mit einer großen oder gleichzeitig mit mehreren kleinen Dateien auf dem Schreibtisch arbeiten), kann AppleWorks nicht mehr so viele Daten in den Zwischenspeicher übertragen.

In diesem Fall wird Ihnen eine Fehlermeldung mitteilen, wieviel freier Speicherplatz Ihnen noch im Zwischenspeicher zur Verfügung steht. Diese Meldung erscheint immer dann, wenn die aktuelle Grenze — seien es nun 250 oder nur 25 Zeilen — überschritten wird.

Dasselbe gilt für den Schreibtischspeicher, wenn Sie neue Dateien auf den Schreibtisch holen. Theoretisch könnten Sie gleichzeitig 12 Dateien auf dem Schreibtisch zur Verfügung haben, aber die aktuelle Anzahl richtet sich nach den individuellen Dateigrößen der auf dem Schreibtisch befindlichen Dateien. Offensichtlich können Sie also nicht 10 Dateien mit je 20K auf einmal auf dem Schreibtisch haben, da Ihr Schreibtischspeicher nur maximal 55K beträgt.

Was Sie am Bildschirm sehen und was Sie als Ausdruck erhalten muß nicht immer dasselbe sein. Wenn das ausgedruckte Ergebnis einmal Ihren Erwartungen nicht entspricht, liegt es gewöhnlich daran, daß Sie Druckdichte, Randeinstellungen oder Blattbreite so eingestellt haben, daß es nicht entsprechend dem Bildschirm dargestellt werden kann. Ein BZ-Wert größer als 12 kann zum Beispiel nicht mehr auf dem Bildschirm realisiert werden. Wenn Sie also Daten in einem Rechenblatt in Schmalschrift — 16 Buchstaben pro Zoll — eingetragen haben (vorausgesetzt, Ihr Drucker ist dazu in der Lage), werden diese Daten einwandfrei auf dem Papier erscheinen, aber dieselben Zeilen werden auf dem Bildschirm gebrochen dargestellt. Am einfachsten merken Sie sich, daß AppleWorks nicht mehr als 80 Zeichen pro Zeile auf dem Bildschirm ausgeben kann. Enthält eine Zeile mehr als 80 Zeichen, werden die darüber hinausgehenden Zeichen umgebrochen und erscheinen in der nächstfolgenden Zeile. Mit Hilfe der Druckparameter können Sie so bis zu 204 Zeichen auf 8,5 Zoll breitem Papier ausdrucken.

Bei der Verwendung von Druckoptionen zur formatierten Darstellung von Text, tritt häufig ein bestimmter Fehler auf: Nehmen wir an, Sie hätten einen Brief geschrieben und ihn mit 10 Buchstaben pro Zoll und jeweils 1 Zoll für den rechten und linken Rand formatiert. Nun ändern Sie die Druckparameter zu 12 BZ und löschen die Randeinstellungen, um Daten aus einem Rechenblatt zu übernehmen; am Ende der Rechenblattdaten vergessen Sie aber, die Parameter wieder in ihren vorherigen Zustand zurückzusetzen. Der Ausdruck wird dann an der Stelle, an der Sie die Rechenblattdaten eingefügt haben — und zwar bis zum Ende der Datei — mit 12 BZ und ohne Rand zu Ende gedruckt. Vergessen Sie also nicht In der Textverarbeitung wird ein Textabschnitt immer bis zu der nächsten Druckparameteränderung formatiert. Wenn Sie also die Standardeinstellungen ändern, müssen Sie, sofern erforderlich, die Änderungen wieder rückgängig machen.

Durch eine einfache Technik können Sie sich diese Regel merken: Bevor Sie die Daten aus dem Rechenblatt (oder der Datenbank) kopieren, geben Sie zuerst die neuen Druckparameter für Ihren Drucker ein und machen sie anschließend sofort wieder rückgängig. Dann fügen Sie die gewünschten Daten aus dem Rechenblatt (oder der Datenbank) dazwischen ein. So brauchen Sie sich nach dem Kopiervorgang nicht mehr um die Druckparameter zu kümmern.

Befinden sich Ihre Daten bereits in der Datei, sollten Sie sich zur Gewohnheit machen, erst die Rücksetzung der Druckparameter vorzunehmen, bevor Sie die Parameter an die Daten anpassen. Diese zweite Technik ist auch dann angebracht, wenn Sie Zentrierung, Randausgleich, Unterstreichungen und Fettdruck-Optionen benötigen. Mit OA-A (Anzeigen/Ausblenden der Druckparameter) können die innerhalb des Textes eingegebenen Druckparameter auf dem Bildschirm angezeigt werden.

Kapitel 4
Datenübertragung mit dem Rechenblatt

Für viele Geschäftsleute sind Tabellenkalkulationen oder Rechenblätter ganz alltägliche Werkzeuge, für manche sind sie sogar lebensnotwendig. Es gibt aber auch Leute, die sie zwar benötigen, aber noch nie mit Rechenblättern gearbeitet haben. Das AppleWorks Handbuch konzentriert sich, so wie es sein soll, auf Erstellung und Anwendung solcher Rechenblätter und nicht auf das dem Rechenblattprogramm zugrunde liegende Konzept. Es folgt hier eine kurze Einführung in die Welt der Tabellenkalkulation, da zum Verständnis der Leistungsfähigkeit und Flexibilität des AppleWorks Rechenblattes das Wissen über die Funktionsweise von Kalkulationsprogrammen unerläßlich ist. Nach diesem Einführungteil werden wir uns den verschiedenen Wegen zuwenden, auf denen das AppleWorks Rechenblatt mit der Außenwelt Daten austauschen kann und auf denen Daten verarbeitet werden können, die irgendwo anders erzeugt wurden.

Das Kalkulationsmuster

Elektronische Tabellenkalkulationen sind die technologische Weiterentwicklung der in Spalten angeordneten Berechnungsblätter, die seit Jahrzehnten von Angestellten und anderen Geschäftsleuten verwendet werden. Eine Tabellenkalkulation gleicht genau den Berechnungsblättern auf Papier: eine Matrix, bestehend aus Zeilen und Spalten, die dem Benutzer ermöglicht, numerische Beziehungen aufzulisten, zu berechnen und darzustellen. Eine elektronische oder von Hand geschriebene Haushaltsberechnung beispielsweise zeigt gleichermaßen die verschiedensten Ausgaben, berechnet unterschiedliche Kategorien, enthält einen Gesamtbetrag und zeigt eventuell noch den Prozentsatz einer jeden Ausgabekategorie im Verhältnis zum Gesamtpreis. Mit einer Wertpapiertabellenkalkulation kann man die originalen, die maximalen und minimalen und die aktuellen Börsenpreise auflisten. Diese Kalkulation kann ebenfalls Gesamt- oder Durchschnittswerte nach Gruppen sortiert anzeigen, sowie den Prozentsatz des in jeder Gruppe vertretenen Gesamtbörsenwertes.

In beiden Beispielen veranschaulicht die Tabellenkalkulation die Beziehungen der unterschiedlichen Spalteninhalte über einen gewissen

Zeitraum. Normalerweise werden die aufgelisteten Ausgaben oder Börsenwerte in Gruppen zusammengefaßt und auf der linken Matrixseite aufgeführt, während Tage, Monate oder andere Zeitabschnitte als Spaltenüberschriften über der Matrix stehen. Werden diese Informationen alle an einem bestimmten Platz zusammengefaßt, so wird dadurch die Beziehung zwischen verschiedenen Haushaltsausgaben oder der Unterschied in Wert- oder Ausgabehöhe an den verschiedenen Zeitpunkten auf einen Blick überschaubar.

Während die Präsentation dieser Beziehungen auf einem einzigen Blatt den Hauptbestandteil einer Kalkulation auf Papier ausmacht, ist sie in einer elektronischen Tabellenkalkulation die Grundvoraussetzung. Auf Papier muß jede gewünschte Berechnung von Hand vorgenommen werden. Das bedeutet, wenn sich ein Wert ändert, müssen wiederum alle anderen Werte, die in irgend einer Beziehung zu diesem Wert stehen, von Hand neu berechnet werden. In einer elektronischen Kalkulation jedoch sind die Formeln, die unsere Berechnungen produzieren, unabhängig von den Werten selbst. Die Formeln drücken eine mathematische Beziehung zwischen den einzelnen Spalten aus, nicht aber zwischen den Werten dieser Spalten. Dieser wichtige Unterschied zwischen Zahlen auflisten und dem Erstellen interaktiver mathematischer Beziehungen der einzelnen Spalten wird nicht sofort von allen Neubenutzern der elektronischen Tabellenkalkulation verstanden; er ist aber die Grundlage der „Was würde passieren, wenn …“ Operationen, die mit der elektronischen Kalkulation so einfach ausgeführt werden können. Die Grundidee wird verständlicher, wenn wir an einem Beispiel vergleichen, wie Papier- und elektronische Rechenblätter aufgebaut sind.

Wie kommen die Zahlen an ihren jeweiligen Platz

Nehmen wir an, Sie möchten einen Haushaltsplan für die nächsten drei Monate erstellen, beispielsweise so wie in Abbildung 4-1. Wir erstellen diesen Plan auf Papier, deshalb muß das gesamte Blatt von Hand geschrieben oder getippt werden — alle Zeilen- und Spaltenüberschriften, sowie alle Werte für die anfallenden Ausgaben. Wir setzen voraus, daß unser Plan auf den bekannten Ausgaben des ersten Monats basieren soll. Die Ausgaben für den zweiten und dritten Monat sollen vorausgeplant und der jeweilige Gesamtbetrag ermittelt werden. Schließlich benötigen wir noch den Gesamtbetrag für das ganze Quartal. In jeder Kategorie, mit Ausnahme der Miete, soll sich der Ausgabenwert jeden Monat um je 1 Prozent erhöhen. Um die Ausgaben für Monat 2 zu erhalten, müssen die Werte für Essen, Hausrat und Telefon von Monat 1 übernommen und mit 1,01 multipliziert werden. Unser Beispiel enthält drei variable Spalten. Wir müssen deshalb die Berechnung sechs mal durchführen: drei mal für die Berechnung des zweiten Monats aus dem ersten, und drei mal für die Be-

	MEIN ETAT			
	MONAT 1	MONAT 2	MONAT 3	QUARTAL GESAMT
ESSEN	650,00	656,50	663,07	
MIETE	750,00	750,00	750,00	
HAUSRAT	112,50	113,62	114,76	
TELEFON	100,00	101,00	102,01	
GESAMT	1612,50	1621,12	1629,84	4863,46

Abbildung 4-1 Eine manuell erstellte Kalkulation zeigt die Beziehungen zwischen verschiedenen Werten.

rechnung des dritten Monats, dem die Werte aus dem zweiten Monat zugrunde gelegt werden.

Haben wir dann die monatlichen Vorausberechnungen durchgeführt, müssen wir jede Spalte aufaddieren, um den Gesamtausgabenwert für jeden Monat zu erhalten. Danach müssen die monatlichen Gesamtausgabenwerte zum Gesamtausgabenwert eines Quartals zusammengezählt werden. Dafür sind vier weitere Berechnungen erforderlich. An diesem Punkt ist unsere Minikalkulation beendet. Alles in allem waren dazu 10 einzelne Berechnungen notwendig. Wenn nun irgendein Wert dieser Tabelle geändert wird, müssen sämtliche Berechnungen von neuem durchgeführt werden.

Lassen Sie uns nun dasselbe mit unserem AppleWorks Rechenblatt versuchen. Die Zeilen- und Spaltenüberschriften und die Werte für den ersten Monat geben wir genau wie auf dem Papier ein — nämlich von Hand. Wir können sogar dieselben Schritte hintereinander ausführen, die wir schon von der Papiertabelle her gewohnt sind, also die Berechnungen von Hand durchführen und dann die Werte nach jeder Berechnung in die Tabelle eintragen. Aber der Computer vereinfacht unsere Arbeit wesentlich, weil wir jetzt Formeln eingeben können, die die Berechnungen automatisch durchführen.

In Abbildung 4-2 sehen Sie den Beginn desselben Haushaltsplanes auf dem Computerbildschirm. Die Zeilen und Spalten sind numeriert, wir können uns also eindeutig auf jeden Wert beziehen. Um unsere Ausgaben vom ersten Monat um 1 Prozent anwachsen zu lassen, können wir bei Monat 2 eine Formel eingeben, die folgendes aussagt: „Nimm den Wert für die Kategorie **Essen** aus Monat 1 (Zelle B3) und multipliziere ihn mit 1,01." Nachdem die Formel vollständig eingegeben worden ist, berechnet AppleWorks automatisch das Ergebnis und setzt den neuen Wert in die entsprechende Zelle bei Monat 2 (C3). (Beachten Sie, daß bei der deutschen Version von AppleWorks bei Dezimalzahlen ein Komma eingegeben werden muß und nicht wie bei Computerprogrammen üblich ein Punkt.)

```
Datei: Mein Etat            ANZEIGEN/BEARBEITEN           Esc: Haupt-Auswahl
=========A=========B=========C=========D=========E=======
 1!
 2!
 3!Essen                 650           656,5
 4!Miete                 750
 5!Hausrat               112,5
 6!Telefon               100
 7!
 8!
 9!
10!
11!
12!
13!
14!
15!
16!
17!
18!
---------------------------------------------------------------------
C3: (Wert) +B3*1,01

Eingabe oder § Kommando                                  §-? für Hilfe
```

Abbildung 4-2 Ein elektronisches Rechenblatt enthält numerierte Zeilen und Spalten, so daß auf die Stelle eines speziellen Wertes oder einer Formel zugegriffen werden kann. (Der Übersichtlichkeit halber ist hier die Spaltenbreite auf 14 Zeichen eingestellt.)

Jetzt können wir dieselbe Formel (mit der entsprechenden Zellennummer) für Hausrat und Telefon in die Spalte für Monat 2 eingeben und danach die Formeln für die verschiedenen Ausgaben in die Spalte für Monat 3 (die Werte von Monat 2 werden dafür um 1 Prozent erhöht). Um die Gesamtbeträge zu erhalten, verwenden wir die Funktion §SUM, die die Werte einer jeden Monatsspalte addiert. Nachdem die §SUM Formeln für alle drei Monate eingegeben worden sind, werden diese Summen wiederum zum Quartalsgesamtbetrag addiert. Entnehmen Sie bitte Abbildung 4-3 die kompletten Formeln (mit der AppleWorks Funktion **Anzeigen/Ausblenden der Formeln**, OA-A, wurden die Formeln in den Zellen sichtbar gemacht).

Jetzt ist es vielleicht einfacher einzusehen, daß die mit diesen Formeln aufgestellten Beziehungen unabhängig von den einzelnen Werten sind (vgl. Abbildung 4-4). Wir können jeden formelbezogenen Ausgabewert verändern, und AppleWorks wird das Rechenblatt automatisch neu berechnen, um sofort die Auswirkung der Änderung zu zeigen. Da die Neuberechnung automatisch vor sich geht, gehen wir nicht das Risiko von Berechnungsfehlern ein, die sich sonst leicht einschleichen können. Diese Möglichkeiten, zusammen mit der Fähigkeit, komplexe Formeln abzuspeichern und zu kopieren, sind das, was elektronische Rechenblätter so hilfreich machen. (Der Abschnitt mit den Benutzerhinweisen am Ende des Kapitels enthält weitere Details, wie diese Kalkulationsmöglichkeiten optimal ausgenutzt werden können.)

```
Datei: Mein Etat              ANZEIGEN/BEARBEITEN              Esc: Haupt-Auswahl
======*==*=*A======*=====*====B=========*===*===C=========*==*D=========*======*=E=======
   1!                     Monat 1        Monat 2        Monat 3    Qrt. Gesamt
   2!
   3!Essen          650            +B3*1,01       +C3*1,01
   4!Miete          750            750            750
   5!Hausrat        112,5          +B5*1,01       +C5*1,01
   6!Telefon        100            +B6*1,01       +C6*1,01
   7!
   8!Gesamt         §SUM(B3...B6) §SUM(C3...C6) §SUM(D3...D6) §SUM(B8...D8)
   9!
  10!
  11!
  12!
  13!
  14!
  15!
  16!
  17!
  18!
----------------------------------------------------------------------------------
E8: (Wert, Format-G2) §SUM(B8...D8)

Eingabe oder § Kommando                                        §-? für Hilfe
```

Abbildung 4-3 Auf einem elektronischen Rechenblatt können mathematische Beziehungen zwischen den aufgelisteten Werten mit Hilfe von Formeln erstellt werden.

```
Datei: Mein Etat              ANZEIGEN/BEARBEITEN              Esc: Haupt-Auswahl
=*==*=*=*==*==*A=====*=====*====B=========*===*===C=========*=====D=========*======*=E=======
   1!                     Monat 1        Monat 2        Monat 3    Qrt. Gesamt
   2!
   3!Essen        DM 650,00      DM 656,50      DM 663,07
   4!Miete        DM 750,00      DM 750,00      DM 750,00
   5!Hausrat      DM 112,50      DM 113,62      DM 114,76
   6!Telefon      DM 100,00      DM 101,00      DM 102,01
   7!
   8!Gesamt    DM 1.612,50   DM 1.621,12   DM 1.629,84   DM 4.863,46
   9!
  10!
  11!
  12!
  13!
  14!
  15!
  16!
  17!
  18!
----------------------------------------------------------------------------------
E8: (Wert, Format-G2) §SUM(B8...D8)

Eingabe oder § Kommando                                        §-? für Hilfe
```

Abbildung 4-4 Die unterlegten Formeln eines elektronischen Rechenblattes berechnen automatisch die Werte der Beziehungen, die sie darstellen.

Datenübertragung in das Rechenblatt

Durch Aufstellen Ihrer eigenen Kalkulationstabellen, die Ihre speziellen Daten und Formeln enthalten, bekommen Sie einen tieferen Einblick in die Art und Weise der privaten und geschäftlichen Finanzbuchhaltung. Sie können Haushaltspläne, Gehalts- oder Kommissionspläne, Verkaufsumsätze, Werbeauswirkungen, Investmentpläne und zahlreiche andere Ansammlungen geschäftlicher oder privater finanzieller Informationen analysieren. Am Ende des Kapitels und in den Kapiteln 6 und 7 werden Sie sehen, daß das Rechenblattformat auch zum Speichern und Organisieren nichtfinanzieller Informationen eingesetzt werden kann.

Außer der direkten Dateneingabe in ein Rechenblatt können auch die Möglichkeiten des Datenaustausches in AppleWorks dazu eingesetzt werden, Daten aus anderen Dateien in Kalkulationsdateien zu übernehmen und Berechnungen mit Daten durchzuführen, die von anderen Programmen erzeugt wurden. Sie möchten beispielsweise die Auswirkungen der unterschiedlichen Gehaltserhöhungen in Ihrer Abteilung überblicken. Dafür haben Sie eine Liste Ihrer Angestellten und deren Gehalt in einer Datenbank vorliegen. Die Datenbank kann Ihnen zwar den Gesamtbetrag der Gehälter liefern, aber sie kann Ihnen nicht zeigen, wie sich die geplanten Änderungen der Gehaltsstufen im Vergleich untereinander und im Vergleich mit den aktuellen Gehaltsausgaben für Ihren Betrieb auswirken. An dieser Stelle kommen Sie nicht umhin, die Daten in einem Rechenblatt zu analysieren.

Auf Wunsch kann ein Datenbankbericht ausgedruckt werden, der sämtliche Namen und Gehälter der Angestellten beinhaltet. Von diesem Bericht können Sie dann die Daten von Hand in das Rechenblatt eintragen, die Formeln eingeben und die Auswirkungen der geplanten Gehaltserhöhungen analysieren. Dieser Prozeß ist langwierig und recht fehleranfällig: Wenn Sie eine Reihe der Gehälter falsch eingeben, könnten Sie die Daten zwar perfekt analysieren, aber immer noch falsche Ergebnisse erhalten. Sie können aber in AppleWorks, um Zeit zu sparen und eventuelle Fehler zu vermeiden, die Datenbankinformationen als DIF Datei abspeichern und diese Datei dann zur Erstellung Ihres Rechenblattes verwenden.

Andererseits besteht die Möglichkeit, daß Sie gerade erst das AppleWorks Programmpaket angeschafft haben und die Informationen über Ihre Angestellten in Form einer VisiCalc oder DIF Datei eines anderen Programmes aufbewahrt haben. Auch dann ist es wiederum einfacher, die Datei in ein AppleWorks Rechenblatt zu kopieren, als sie von Hand einzugeben. Durch diese Kompatibilität mit VisiCalc und anderen DIF Dateien können Vorteile anderer Programme und das umfangreiche Angebot an Rechenblattschablonen, die speziell für VisiCalc aufgestellt wurden, ausgenutzt werden.

Es gibt daher, außer der Dateneingabe von Hand, zwei Wege, Daten in ein AppleWorks Rechenblatt einzugeben: Entweder erstellen Sie ein neues Rechenblatt aus einer AppleWorks oder aus einer DIF Datei, oder Sie erstellen ein neues Rechenblatt aus einer VisiCalc Datei. Zuerst werden wir uns der Datenübertragung aus DIF und VisiCalc zuwenden, bevor wir auf die Datenübertragung innerhalb AppleWorks, von einer Datenbank in ein Rechenblatt, eingehen.

Übertragen von DIF Dateien in das Rechenblatt

DIF (Data Interchange Format) wurde von Software Arts entwickelt, dem Schöpfer von VisiCalc. Dadurch sollte ein benutzerfreundlicher Austausch numerischer Daten zwischen verschiedenen Programmen geschaffen werden. VisiCalc erlangte als erstes elektronisches Kalkulationsprogramm weite Verbreitung, bevor andere Produkte auf dem Markt erschienen. Die meisten neuen Tabellenkalkulationsprogramme besitzen die Fähigkeit, DIF Dateien zu lesen oder zu erzeugen. Die Benutzer können damit leicht Ihre alten VisiCalc Dateien auf diese neuen Programme übertragen. Als die Auswahl an Kalkulationsprogrammen anwuchs, wuchs auch die Zahl der Programme, die Kalkulationsdaten in Graphiken oder Diagramme umsetzten. Für diese Programme war es sinnvoll, ebenfalls DIF Dateien zu verwenden. Als schließlich Rechenblattbenutzer Datensätze aus Datenbanken manipulieren wollten, setzten die Softwareentwickler von Datenbanken auch hier den DIF Standard als Datenübertragungsformat ein.

Heutzutage werden DIF Dateien von einer Vielzahl von Programmen erzeugt und verwendet. DIF Dateien wurden bereits im ersten Kapitel beschrieben. Um unnötige Wiederholungen zu vermeiden, beschreiben wir sofort die Schritte, die zum Laden einer DIF Datei in das AppleWorks Rechenblatt erforderlich sind:

1. Wählen Sie **aus einer DIF (TM) Datei** aus der Dateibearbeitungsanzeige im RECHENBLATT.
2. Geben Sie den vollständigen ProDOS Pfadnamen der DIF Datei ein.
3. Tippen Sie einen Namen für die neue Rechenblattdatei.

Die originale DIF Datei verbleibt auf der Diskette und die Daten werden in die neue Rechenblattdatei kopiert. Diese kann als normales AppleWorks Rechenblatt editiert werden — mit anderen Worten: es können jetzt Werte oder Bezeichnungen geändert und Formeln eingegeben werden usw. Denken Sie jedoch beim Laden einer DIF Datei daran, daß nur Bezeichnungen und Werte übertragen werden — Formeln aber nicht. Formeln und Funktionen, die die gewünschten Berechnungen durchführen, müssen Sie nach dem Laden der DIF Datei einfügen.

Der mechanische Ablauf der Datenübertragung von DIF Dateien in das AppleWorks Rechenblatt ist zwar recht einfach, dafür sind aber die technischen Überlegungen komplexer. Wie Sie im folgenden Abschnitt sehen werden, hängt der Grad an Komplexität von der DIF Quelldatei ab.

DIF Dateien als Quelldateien

Da AppleWorks unter ProDOS arbeitet, können DIF Dateien von anderen ProDOS Programmen ganz einfach benutzt werden. Sie brauchen nur den Schritten im vorausgehenden Abschnitt zu folgen. ProDOS DIF Dateien können mit FlashCalc, MAGICALC, VisiCalc und der AppleWorks Datenbank erzeugt werden. Andererseits muß eine DIF Datei, wenn Sie von einem DOS 3.3 Programm erzeugt wurde, mit dem ProDOS CON-VERT Programm auf eine ProDOS Datendiskette übertragen werden (vgl. Kapitel 1), bevor sie in der beschriebenen Weise benutzt werden kann.

Eine DIF Datei ist einer ASCII Datei ähnlich, nur sind die Daten in einem bestimmten Format angeordnet. Deshalb kann man DIF Dateien von Programmen erhalten, die unter den verschiedensten Betriebssystemen laufen. Wenn eine DIF Quelldatei nicht unter ProDOS oder DOS 3.3 angelegt wurde, ist es trotzdem möglich, mit Hilfe eines Übertragungsprogrammes und eines Modems, die Datei von jedem anderen Personalcomputer zu übertragen. Auf Ihren Apple können Sie also beispielsweise eine Lotus 1-2-3 DIF Datei, die auf einer Diskette unter MS-DOS abgespeichert wurde, über ein Modem übertragen. Solange Ihr Übertragungsprogramm unter ProDOS oder DOS 3.3 lauffähig ist, wird die übertragene DIF Datei auf Ihrer Diskette im selben Format abgespeichert. Danach kann die Datei entweder von einer ProDOS Diskette direkt in das Apple-Works Rechenblatt kopiert werden oder aber indirekt von einer DOS 3.3 Diskette (über das CONVERT Programm).

Grenzen der Datenübertragung

DIF Dateien, die von anderen Programmen angelegt wurden, können manchmal Formatierungselemente enthalten, die mit dem AppleWorks Rechenblatt nicht kompatibel sind. In diesem Fall werden die nicht bearbeitbaren Elemente vom Kalkulationsprogramm modifiziert oder eliminiert. Beispielsweise sind Einträge mit mehr als 75 Zeichen nicht erlaubt. Wenn Ihre Datei solche Einträge enthält, wird AppleWorks eine Warnmeldung ausgeben und beim Laden der Datei diese Einträge abkürzen.

Sie müssen außerdem auf nicht kompatible Elemente innerhalb der einzelnen Zellen achten. Die meisten Kalkulationsprogramme folgen denselben Konventionen, wenn es um erlaubte und nicht erlaubte Zeichen im Wertformat (Zahlen) und in den Bezeichnungen (Text) geht. Aber was geschieht, wenn Sie eine von einer Datenbank erzeugte DIF Datei übertragen? Sie übertragen zum Beispiel Telefonnummern, die sowohl Zahlen als auch Bindestriche enthalten, z. B. 0711-2384-11. Beginnt der Eintrag mit einer

Zahl, wird AppleWorks annehmen, daß es sich um einen Wert handelt. Aber Werte können in AppleWorks Rechenblättern keine Bindestriche und keine führenden Nullen enthalten, deshalb werden sie hinausgeworfen. Die Telefonnummer wird also als Wert 711238411 übertragen. Um die Bindestriche und die Null wiederzubekommen, müßten Sie die Nummer als Text neu eingeben.

Übertragen von VisiCalc Dateien ins Rechenblatt

Wenn Sie eine VisiCalc Datei übertragen, dann laden Sie, anders als bei einer DIF Datei, auch Text, Werte und Formeln. Eine VisiCalc Datei muß aber, genau wie eine DIF Datei, auf einer ProDOS Datendiskette gespeichert sein. Vor Jahren war VisiCalc ein exklusives DOS 3.3 Programm, aber nun wird es in beiden Versionen, unter DOS 3.3 und ProDOS, angeboten. Sie sollten deshalb überprüfen, um welche Version es sich handelt, bevor Sie eine Datei nach AppleWorks übertragen.

Nach dem Laden einer VisiCalc Datei kann diese sofort bearbeitet werden, allerdings nur, wenn die in den Formeln benutzten Funktionen mit dem AppleWorks Rechenblatt kompatibel sind. So wird die Datenübertragung ausgeführt:

1. Wählen Sie **aus einer VisiCalc (R) Datei** aus der Dateibearbeitungsanzeige im RECHENBLATT.
2. Tippen Sie den kompletten ProDOS Pfadnamen der Datei.
3. Geben Sie eine Bezeichnung für die neue Rechenblattdatei ein.

Für VisiCalc Dateien gelten dieselben Beschränkungen bei der Datenübertragung, die auch für DIF Dateien gelten; es werden also auch Einträge mit mehr als 75 Zeichen Länge abgekürzt. Außerdem werden Formeln nicht übertragen, wenn sie mehr als 75 Zeichen beinhalten oder wenn sie Funktionen wie zum Beispiel ,,Verketten'' von Formeln oder trigonometrische Funktionen enthalten, die zwar von VisiCalc, nicht aber vom AppleWorks Rechenblatt unterstützt werden.

Diese Datenübertragungsgrenzen sind von entscheidender Bedeutung, wenn Sie versuchen sollten, in AppleWorks Dateien zu verwenden, die mit VisiCalc Schablonen erstellt wurden. Laut Definition sind Schablonen ja gewöhnlich sehr komplex. Wir verwenden sie, um uns die Zeit für den Aufbau hochentwickelter Modelle zu sparen, aber diese Komplexität kann ebenso bedeuten, daß eine gegebene Schablone Formeln und Funktionen enthalten kann, die mit AppleWorks nicht kompatibel sind.

Sie werden wahrscheinlich herausfinden, daß die meisten normal angelegten VisiCalc Rechenblätter mit AppleWorks kompatibel sind. Und wenn Sie einmal eine Datei entdecken, die nicht kompatibel ist, erhalten

Sie von AppleWorks Warnmeldungen über Daten und Formeln, die nicht
korrekt übertragen werden können. Wenn zum Beispiel eine VisiCalc Datei
Formeln enthält, die für AppleWorks fremde Funktionen enthält, bekommen Sie während des Ladevorganges die Meldung **Einige Zellen von
Zeile X sind verloren gegangen** (X steht für diejenige Zeilennummer, in der
Zellen nicht übertragen wurden). Bewegen Sie dann später den Cursor in
die fragliche Zelle, zeigt AppleWorks eine Fehlermeldung. Um sicherzu-
stellen, daß Sie die verlorengegangenen Daten zur Kenntnis genommen
haben, „friert" das Programm den Cursor an den Zellen ein, die unvollständige Einträge enthalten. Zum Weiterbewegen des Cursors muß zuerst
die Leertaste gedrückt werden.

Datenübertragung von der AppleWorks Datenbank ins Rechenblatt

Datenbanken können ins Rechenblatt übertragen werden, wenn sie
vorher als DIF Dateien auf Diskette geschrieben wurden. Die Prozedur
ist genau dieselbe, wie bei jeder anderen DIF Datei. Lassen Sie uns deshalb
zwei andere Aspekte des Prozesses betrachten: Auswahl und Anordnung
der Daten, sowie Ausgabe der Daten auf Diskette.

Auswahl und Anordnung der Daten

Die Hauptbetrachtungen der Datenübertragung aus einer Datenbank
ins Rechenblatt gelten der richtigen Datenauswahl; außerdem sollten Sie
sich vergewissern, daß alles so angeordnet ist, wie Sie es nachher im
Rechenblatt sehen möchten. Meistens werden Sie Ihre Daten im Listenformat (einer Matrix aus Zeilen und Spalten) benötigen und weniger im
Datensatzformat (einzelne Datenseiten); der erste Fall sei hier vorausgesetzt. Die folgenden Prozeduren gelten aber auch für den zweiten Fall.
Hier sind die grundlegenden Schritte zum Auswählen und Anordnen Ihrer
Daten:

1. Laden Sie die Datei Ihrer Datenbank, aus der Sie Daten übertragen
   möchten.
2. Bringen Sie mit dem Drucke-Befehl (OA-D) das BERICHTSAUS-
   WAHL-Menü auf den Bildschirm.
3. Wählen Sie **Bestehendes Berichtsformat verwenden** (wenn Sie ein
   bereits existierendes Berichtsformat benötigen) und wählen Sie
   das gewünschte Format. Andernfalls wählen Sie **Listenformat erstellen** und geben den Namen für das neue Berichtsformat ein. Mit
   beiden Optionen gelangen Sie in die BERICHTSFORMAT-Anzeige.
4. Verwenden Sie die BERICHTSFORMAT-Anzeige zum Auswählen
   und Anordnen der zu übertragenden Daten.

Lassen Sie uns die hier gemachten Überlegungen näher betrachten. Wir beginnen mit den Spezifikationen der Datenauswahl.

Eine typische Datenbankdatei enthält, im Gegensatz zu einer Kalkulationsdatei, meistens mehr Informationen, die nichts mit Berechnungen zu tun haben (Namen, Adressen, Telefonnummern usw.). Da das Berechnen von Zahlen die Hauptaufgabe eines Rechenblattes ist, werden Sie bei der Berichtserstellung aus einer Datenbankdatei wahrscheinlich mehr Rechendaten auswählen als Textdaten.

Als Beispiel verwenden wir die schon früher erwähnte Gehaltsanalyse. Abbildung 4-5 zeigt eine Datei aus einer Datenbank mit der Bezeichnung Personal. Sie enthält Personalnummern, Gehälter, Namen, Adressen und Telefonnummern. Angenommen Sie wollen diese Datei als Grundlage für ein Rechenblatt verwenden, das die Auswirkungen verschiedener Gehaltserhöhungen analysieren soll; deshalb interessieren uns im Moment nur die Gehalts- und Namensspalte. Sie können zwar die gesamte Datei ins Rechenblatt kopieren, müssen aber dann zusätzlich Zeit zum Löschen der bedeutungslosen Informationen aufwenden.

Um nur diejenigen Daten zu übertragen, die Sie im Rechenblatt auch wirklich verarbeiten möchten, können die nicht benötigten Kategorien mit dem Lösche-Befehl (OA-L) gelöscht werden. Für unser Beispiel müßten alle invers dargestellten Spalten aus Abbildung 4-5 gelöscht werden. Die Daten werden mit dem Lösche-Befehl im BERICHTSFORMAT der Datenbank nur aus dem Bericht entfernt, nicht aber aus der Diskettendatei.

Sie sollten jetzt, bevor Sie die Daten übertragen, noch eine weitere Änderung vornehmen. Der Bericht ist so angeordnet, daß sich die Gehaltszahlen eine Stelle links neben den Angestelltennamen befinden. Da die Zeilenüberschriften einer Kalkulationstabelle immer am linken Rand stehen, sollten Sie die Spaltenpositionen dieser beiden Kategorien vertauschen. Wie aus Abbildung 4-6 hervorgeht, wird diese Vertauschung mit dem Offenen Apfel und der „größer"- oder „kleiner"-Taste bewerkstelligt.

Anstelle der vollständigen Datei erhalten Sie so nur die Datenspalten, die Sie im Rechenblatt bearbeiten möchten und zwar in der Reihenfolge, in der sie benötigt werden. Werden nur bestimmte Datensätze einer Daten-

```
Datei:  Personal                                                    Seite  1
Bericht: Personal
Nummer #    Gehalt  Name                  Strasse         PLZ  Wohnort        Telefon
----------  ------- --------------------- --------------- ---- -------------- -------------
0001        86.000  Uli Hahn              Mainzer Str.132 7000 Stuttgart 60   0711-555354
0002        55.000  Liudmilla Boronzhova  Daimlerstr.10A  7300 Esslingen      0711-345456
0003        39.200  Otto Baumann          Schloßstr.145   7410 Reutlingen     07121-39553
0004        68.000  Ronald Owen           Kaiserstr.57    7000 Stuttgart      0711-287468
0005        30.400  Willi Hohloch         Gartenweg 3     7400 Tübingen       07071-129836
```

Abbildung 4-5 Dateien einer Datenbank enthalten oft Informationen, die nicht in die Berechnungen mit einbezogen werden sollen. Vor der Übertragung dieser Dateien in das Rechenblatt können irrelevante Daten, wie die hier markierten Spalten, gelöscht werden.

```
Datei: Personal              BERICHTSFORMAT           Esc: Berichtsauswahl
Bericht: Gehälter
Auswahl: Alle Sätze


================================================================================
--> oder <--  bewegen Cursor            §-K  Kalkulationsfeld einfügen
  >   §   <   tauschen Feldpositionen    §-L  Löschen dieses Feldes
-->   §   <-- ändern Spaltenbreite       §-N  Namen des Berichts/Titel ändern
§-D  Drucken des Berichts                §-O  Ordnen nach diesem Feld
§-E  Einfügen eines gelöschten Feldes    §-P  Parameter für das Drucken setzen
§-G  Gruppensumme hinzufügen/löschen     §-R  Regeln zur Satzauswahl ändern
§-J  Justieren (ein/aus)                 §-T  Feldsumme hinzufügen/löschen
--------------------------------------------------------------------------------

Name                      Gehalt   L
-A----------------------- -B------ ä
Uli Hahn                  86.000   n
Liudmilla Boronzhova      55.000   3
Otto Baumann              39.200   4

--------------------------------------------------------------------------------
Angezeigte Befehle zur Änderung des Berichtsformates verwenden    52K Speicher
```

Abbildung 4-6 Vor der Übertragung der Datenbankinformationen sollten Sie sich vergewissern, daß die Spalte, die als Zeilenüberschrift im Rechenblatt gelten soll, sich auf der linken Seite des Berichtes befindet. Spaltenpositionen können leicht umgestellt werden.

bank gewünscht (zum Beispiel Gehälter, die kleiner als DM 40.000 sind), können Sie als weitere Verfeinerungsstufe die Datenauswahlfunktion (OA-R — Regeln zur Satzauswahl ändern) zum Auswählen bestimmter Sätze verwenden. (Weitere Details finden Sie in Kapitel 5.)

Speichern von Datenbankberichten als DIF Dateien

Nach Auswahl und Anordnung der Daten ist die Ausgabe des Berichtes als DIF Datei nunmehr eine einfache Operation:

1. Bringen Sie mit Hilfe des Drucke-Befehls (OA-D) aus dem BERICHTSFORMAT die Liste der Ausgabeziele auf den Bildschirm.
2. Wählen Sie als Ausgabeziel **In eine DIF (TM) Datei.**
3. Tippen Sie einen kompletten Pfadnamen für die neue Datei (zum Beispiel /Datendisk/Gehalt).

Der einzige Stolperstein, auf den Sie hier eventuell stoßen könnten, ist die Wahl eines Dateinamens, der auf derselben Diskette bereits an einen anderen **Dateityp** vergeben wurde. Immer wenn eine Datei von AppleWorks abgespeichert wird, überprüft das Programm, ob auf der Diskette schon eine Datei mit dem eingegebenen Namen existiert. Gibt es eine solche Datei, die auch noch vom gleichen Dateityp ist, werden Sie von Apple Works gefragt, ob die alten Informationen überschrieben werden sollen. Wenn Sie mit **Ja** antworten, wird Ihre alte Datei überschrieben. Existiert andererseits eine Datei mit demselben Namen aber mit einem anderen

```
Datei: Gehaltsanalyse          ANZEIGEN/BEARBEITEN            Esc: Haupt-Auswahl
=========A=========B=========C=========D=========E=========F=========G=========H====
    1!Uli Hahn     86000
    2!Liudmilla    55000
    3!Otto Baum    39200
    4!Ronald Ow    68000
    5!Willi Hoh    30400
    6!
    7!
    8!
    9!
   10!
   11!
   12!
   13!
   14!
   15!
   16!
   17!
   18!
-----------------------------------------------------------------------------
A1: (Text) Uli Hahn

Eingabe oder § Kommando                                       §-? für Hilfe
```

Abbildung 4-7 Mit den ausgewählten Kategorien der Datenbank wurde ein neues Rechenblatt erstellt. Die voreingestellte Spaltenbreite beträgt neun Zeichen, deshalb werden einige Namen nicht vollständig angezeigt.

Dateityp, wird Ihnen AppleWorks auch dies mitteilen. Sie können in diesem Fall nicht denselben Dateinamen noch einmal verwenden. Bei der Gehaltsanalyse beispielsweise gibt es schon eine Datei mit der Bezeichnung **Personal**; AppleWorks wird Ihnen deshalb nicht erlauben, der DIF Datei dieselbe Bezeichnung zu geben. Benennen Sie in diesem Beispiel die DIF Datei etwa mit **Gehalt.**

Wie Sie die Gehalts-Datei in einem AppleWorks Rechenblatt verwenden, entnehmen Sie bitte den Ausführungen des vorangegangenen Abschnittes „Übertragen von DIF Dateien in das Rechenblatt". Bevor Sie sich jedoch das neue Rechenblatt ansehen können, muß es zuerst einen Namen erhalten. Die DIF Datei **Gehalt** befindet sich noch auf der Diskette, und AppleWorks erlaubt nicht, daß zwei unterschiedliche Dateitypen unter demselben Namen auf derselben Diskette oder im selben Unterverzeichnis abgespeichert werden. Nehmen Sie deshalb beispielsweise die Bezeichnung **Gehaltsanalyse** für die neue Rechenblattdatei. Nach Eingabe des neuen Dateinamens sieht das Rechenblatt wie in Abbildung 4-7 gezeigt aus.

Einige Eigenschaften der DIF-nach-Rechenblatt Datenübertragung sind im neuen Rechenblatt leicht zu erkennen. Beispielsweise wurden die Spaltenüberschriften der Kopfzeile des Datenbankberichtes aus Abbildung 4-6 nicht mit in das Rechenblatt übernommen. Kopfzeilen und Spaltenüberschriften aus Datenbankberichten werden automatisch gelöscht, wenn die Daten im DIF Format gespeichert sind.

Beachten Sie außerdem, daß nur ein einziger Name (Uli Hahn) vollständig gezeigt wird. Einzelne Teile der übertragenen Daten (Namen, Werte oder VisiCalc Formeln) können ohne Rücksicht auf die Tabellenausgabe oder die Druckparametereinstellungen bis zu 75 Zeichen lang sein. Die fest eingestellten Formatwerte im Rechenblatt enthalten eine Spaltenbreite von neun Zeichen, deshalb ist jeder längere Name auf dem Bildschirm nicht vollständig sichtbar. Die grundlegenden Übertragungsgrenzen für nicht-kompatible Formate (wie zum Beispiel Bindestriche in Telefonnummern) gelten auch für diese DIF Datenbankdateien.

Nachdem die Daten jedoch erfolgreich übertragen worden sind, können Sie Spaltenformate ändern, Zeilen- und Spaltenüberschriften hinzufügen und Formeln eingeben. Das Analyse-Rechenblatt in Abbildung 4-8, das ja bereits die Namen und Gehaltsinformationen enthält, wurde zum Beispiel in weniger als fünf Minuten aufgestellt und erweitert. Die bei größeren Dateien beim direkten Datentransfer eingesparte Zeit würde natürlich (im Gegensatz zum Neutippen) proportional dazu anwachsen.

Die Dateigröße als neuer Gesichtspunkt

Wir haben gesehen, wie DIF und VisiCalc Dateien ins AppleWorks Rechenblatt übertragen werden können. Wir haben auch ein Beispiel Schritt für Schritt durchgearbeitet, in dem Daten aus einer AppleWorks Datenbank zum Analysieren ins Rechenblatt übertragen wurden. Der

```
Datei: Gehaltsanalyse          ANZEIGEN/BEARBEITEN              Esc: Haupt-Auswahl
=============A=============B=========C==========D===========E=========F====
   1!                            Gehaltserhöhung - 1985/1986
   2!------------------------------------------------------------------------
   3!Angestellter      Gegenwärt.    Geplante      Neues    Erhöhung
   4!Name                 Gehalt     Erhöhung     Gehalt  prozentual
   5!------------------------------------------------------------------------
   6!Uli  Hahn           DM 86.000   DM 6.000   DM 92.000     6,98%
   7!Liudmilla  Boronzhova  DM 55.000   DM 4.000   DM 59.000     7,27%
   8!Otto  Baumann       DM 39.200   DM 3.000   DM 42.200     7,65%
   9!Ronald  Owen        DM 68.000   DM 4.800   DM 72.800     7,06%
  10!Willi  Hohloch      DM 30.400   DM 2.400   DM 32.800     7,89%
  11!--------------------------------------------------------------------
  12!           GESAMT DM 278.600   DM 20.200 DM 298.800     7,25%
  13!
  14!
  15!
  16!
  17!
  18!
------------------------------------------------------------------------
E12: (Wert, Format-P2) +C12/B12

Eingabe oder § Kommando                                       §-? für Hilfe
```

Abbildung 4-8 Nach der Datenübertragung können die Datenbankinformationen mit den Rechenblattwerkzeugen ohne weiteres für die Analyse umformatiert werden. (Hier beträgt die Spaltenbreite für Spalte A 20 Zeichen, für Spalte B, C und D 11 Zeichen mit 0 Dezimalstellen; Spalte E ist 11 Zeichen lang und formatiert für Prozenteingaben mit zwei Dezimalstellen.)

einzige noch fehlende Gesichtspunkt für Übertragungen dieser Art ist der Speicherplatz. Eine ProDOS Datendiskette kann mehr als 120K an Daten speichern, Ihr AppleWorks Schreibtisch kann aber nur 10K bzw. 55K aufnehmen. Um einen Speicherüberlauf während der Datenübertragung zu vermeiden, sollten Sie sicherheitshalber die Dateigröße der zu ladenden DIF Quelldatei überschlagen, um sich zu vergewissern, daß sie unterhalb der von Ihrer RAM-Kapazität gesteckten Grenze liegt. Visi-Calc Dateien sind auf 35K beschränkt und deshalb problemlos zu bearbeiten. DIF Dateien aber, die von externen Rechenblättern oder Datenbankprogrammen erzeugt wurden, können leicht zu groß für die Möglichkeiten Ihres Apple sein.

Wenn Sie immer die hier besprochenen Gesichtspunkte beachten, dann können Sie Daten von vielen Programmen und Computersystemen verarbeiten. In AppleWorks können Sie einfache Zahlenkolonnen verwenden und sie mit Hilfe der Rechenblattfähigkeiten in komplexe analytische Modelle verwandeln.

Datenübertragung aus dem Rechenblatt

In AppleWorks erzeugte Kalkulationsdaten können auf verschiedenen Wegen mit der Außenwelt verbunden werden: Sie können über den Zwischenspeicher in die Textverarbeitung kopiert werden; sie können als DIF oder ASCII Datei ausgegeben werden; sie können auf Diskette ausgegeben werden; und sie können über ein Modem übertragen werden. Der Drucke-Befehl beinhaltet alle diese Optionen; sie repräsentieren lediglich verschiedene Ausgabeziele. Im folgenden Abschnitt werden wir uns dieser Datenübertragungstechnik zuwenden.

Datenübertragung in die Textverarbeitung

In Kapitel 3 haben Sie gesehen, daß bis zu 250 Zeilen Kalkulationsdaten über den Zwischenspeicher direkt in eine bestehende Textdatei kopiert werden können. Sollen mehr Daten übertragen werden, können Sie entweder die Datei auf Diskette ausgeben, oder, was weniger aufwendig ist, die Datei als ASCII Datei auf Diskette festhalten und sie anschließend als Quelldatei für eine neue Textdatei verwenden. Zunächst werden wir uns mit der Datenübertragung über den Zwischenspeicher beschäftigen; anschließend werden wir uns den Diskettenausgabe- und ASCII Datei-Optionen zuwenden.

Vom und zum Zwischenspeicher

Der Zwischenspeicher hat in AppleWorks zwei getrennte Funktionen: Es können Daten, die vom selben Anwendungsprogramm erzeugt wurden, mit Hilfe des Bewege- und Kopiere-Befehls innerhalb oder zwischen Dateien übertragen werden; und es können Daten mit Hilfe des Drucke-Befehls aus einer Rechenblatt- oder Datenbankdatei in die Textverarbeitung kopiert werden. Diese Funktionen sind nicht austauschbar, und es ist aus zweierlei Gründen ratsam, sich diese beiden Arten zu merken, falls Daten aus einem Rechenblatt (oder einer Datenbank) in die Textverarbeitung übertragen werden sollen. Erstens können Kalkulationsdaten, die in den Zwischenspeicher übertragen oder kopiert werden, nicht in eine Textdatei übernommen werden, weil sie ihr Standard-Rechenblattformat beibehalten, das wiederum von der Textverarbeitung nicht verwendet werden kann. Wenn Sie jedoch mit dem Drucke-Befehl Daten in den Zwischenspeicher übertragen, werden die Daten automatisch in ein Format gebracht, das vom Textverarbeitungssystem bearbeitet werden kann. Zum zweiten werden die Daten aus der Ursprungsdatei unterschiedlich zur Übertragung in den Zwischenspeicher ausgewählt. Werden sie innerhalb einer Datei oder zwischen Dateien derselben Applikation mit dem Kopiere-(OA-K) oder dem Bewege-Befehl (OA-B) über den Zwischenspeicher übertragen, erfolgt die Übertragung zeilenweise. (Mit anderen Worten: Sie markieren die Zeilen, die kopiert oder übertragen werden sollen, einfach invers und drücken danach die Return-Taste.) Sollen jedoch Daten aus dem Rechenblatt über den Zwischenspeicher in die Textverarbeitung übertragen werden, gibt Ihnen der Drucke-Befehl viel mehr Kontrollmöglichkeiten über die ausgewählten Daten: Entweder wählen Sie die ganze Datei aus, oder Sie bestimmen nur einzelne Zeilen, Spalten oder ganze Blöcke.

In Kapitel 3 wurde schon gesagt, daß bei der Datenauswahl für die Zwischenspeicherübertragung die Länge und Breite des ausgewählten Datenformats sowie die durch die Druckparameter im Rechenblatt erlaubte Breite berücksichtigt werden muß. Der größtmögliche Datenbereich für die Übertragung in den Zwischenspeicher beträgt 250 Zeilen zu je 255 Zeichen. Beim Kopieren von Spalten können bis zu 125 Spalten in den Zwischenspeicher gebracht werden, solange die gesamte Breite nicht mehr als 255 Zeichen beträgt. Diese Grenzwerte werden jedoch nicht automatisch unterstützt. Lassen Sie uns die Art und Weise, wie AppleWorks das Längen- und Breitenformat Ihrer Daten unter Verwendung des Drucke-Befehls behandelt, etwas näher betrachten; dann werden Sie auch das „Warum" verstehen.

Erstens ist die Kapazität des Zwischenspeichers von dem gesamten RAM Ihres Computers abhängig. Die maximale Größe des Zwischenspeichers beträgt 250 Zeilen Länge, bzw. 255 Zeichen Breite. Die aktuellen Grenzwerte können jedoch viel niedriger liegen, wenn der Schreibtisch beinahe voll ist. Wenn Sie zum Beispiel auf einem 128K Apple mit 55K Schreibtischspeicher arbeiten und Ihr Schreibtisch eine Datei mit 54K

Inhalt enthält, beträgt Ihre Zwischenspeicherkapazität offensichtlich weniger als 250 Zeilen. Sollten Sie dann irgendwann versuchen, die Speicherkapazität zu überschreiten, wird AppleWorks eine Fehlermeldung ausgeben, die besagt, daß die versuchte Datenübertragung mehr als 250 Zeilen beträgt. Selbst wenn Ihre Daten vielleicht nur 50 Zeilen lang sind und der Speicherplatz nicht ausreicht, werden Sie diese Meldung erhalten.

Die zweite Begrenzung der Datenbreite wird vollständig von den Druckparametern des Rechenblattes kontrolliert und nicht vom Zwischenspeicher. Wenn also Daten in den Zwischenspeicher ausgegeben werden, wird nur der Teil übertragen, der sich innerhalb der durch die Druckparameter vorgegebenen Grenzen befindet. Im Gegensatz zu den Zeilengrenzen (die vom freien Speicherplatz des Zwischenspeichers abhängen) werden die Grenzwerte der Breite (bis zu 255 Zeichen) von Ihnen durch die Druckparameter vorgegeben. Die vorgegebenen Druckwerte könnten beispielsweise keinen rechten und linken Rand (RR und LR = 0), eine Blattbreite von 8 Zoll (BB = 8) und 10 Buchstaben pro Zoll (BZ = 10) spezifizieren. Diese Vorgabewerte ergeben Zeilen mit 80 Zeichen. Wenn Sie nun ein Rechenblatt mit 30 Standardspalten von je 9 Zeichen haben, dann würden Ihre Daten eine Breite von 270 Zeichen erreichen. Wenn die Daten mit dem Drucke-Befehl ausgewählt werden, so werden von der Kopiere-Funktion keine Grenzwerte für die Breite der ausgewählten Daten eingestellt. AppleWorks würde Sie also nicht davon abhalten, eine Buchstabenbreite von 270 Zeichen auszuwählen. Aber durch die Vorgabewerte werden nur 80 Zeichen pro Zeile in den Zwischenspeicher übertragen. Glücklicherweise können Sie jedoch feststellen, ob Sie zu viele Daten ausgewählt haben, da AppleWorks automatisch die Datenbreite berechnet und in der DRUCKEN-Anzeige sowohl die Breite Ihrer Auswahl als auch die Breite, die durch die Druckparameter vorgegeben ist, vor der eigentlichen Ausgabe auflistet.

Benötigen Sie mehr Zeichen pro Zeile, können Sie den Ausdruck durch Auswahl verschiedener Blattbreiten vergrößern. Im Fall der Zwischenspeicherausgabe werden die Daten nicht auf Papier gedruckt. Sie brauchen sich also nicht darum zu kümmern, ob Ihr Drucker die gewählten Einstellungen unterstützt. Die Blattbreite kann so zum Beispiel auf ein Maximum von 13,2 Zoll gesetzt werden, auch wenn Ihr Drucker nur 8,5 Zoll breites Papier verwenden kann. Mit einer Einstellung von 10 Buchstaben pro Zoll werden dann 132 Zeichen pro Zeile in den Zwischenspeicher übertragen.

Außerdem kann die Zeichendichte in jeder Zeile durch Einstellen der Buchstaben/Zoll Option bis auf 24 BZ erhöht werden. Wenn Sie die maximale Blattbreite (13,2) mit der maximalen Anzahl der Buchstaben pro Zoll (24) multiplizieren, so erhalten Sie — theoretisch — einen Wert von 316 Zeichen pro Zeile. Wie Sie Abbildung 4-9 entnehmen können, werden aber, wie groß die Buchstabendichte und die Blattbreite auch immer sein mögen, niemals mehr als 255 Zeichen pro Zeile ausgegeben.

```
Datei: Etat                        DRUCKPARAMETER         Esc: Anzeigen/Bearbeiten
================================================================================


 ------- Horizontale Grenzen ---------          ------ Vertikale Grenzen ----------
BB: Blattbreite            13,2 Zoll       BL: Blattlänge            11,0 Zoll
LR: Linker Rand             0,0 Zoll       OR: Oberer Rand            0,0 Zoll
RR: Rechter Rand            0,0 Zoll       UR: Unterer Rand           0,0 Zoll
BZ: Buchstaben/Zoll         24            ZZ: Zeilen/Zoll            6

    Druckbreite            13,2 Zoll           Drucklänge            11,0 Zoll
    Zeichen pro Zeile      255                 Zeilen/Seite          66

         --------------------- Sonstige Parameter ------------------
         SZ:  Steuerzeichen drucken                             Nein
         BK:  Berichtskopf auf jede Seite drucken                Ja
              1-, 2- oder 3-zeilig drucken (1Z/2Z/3Z)            1Z




 ------------------------------------------------------------------------------
Parameter eingeben:                                              52K Speicher
```

Abbildung 4-9   Die maximale Druckbreite von Rechenblattdaten beträgt 255 Zeichen, obwohl die Einstellungen für die Zeilenbreite auf eine größere Zeichenzahl gesetzt werden können. In diesem Fall sollten, 13,2 Zoll multipliziert mit 24 BZ, 316 Zeichen pro Zeile ausgegeben werden — dies ist unmöglich!

Die Obergrenze beträgt also immer 255 Zeichen, auch wenn die Druckparameter eine Kombination zulassen, die mehr Zeichen pro Zeile liefern könnte.

Natürlich hängt die Buchstabenanzahl einer Zeile in einem Rechenblatt nicht allein von der Spaltenanzahl ab, sondern auch von der Breite einer jeden Spalte. Die vorgegebene Spaltenbreite beträgt neun Zeichen. Werden aber einige Spalten breiter oder schmaler gemacht, wird es nicht mehr ganz einfach sein, die Zeichenzahl des gesamten Rechenblattes zu berechnen. Mit Hilfe des Drucke-Befehls können Sie am schnellsten und einfachsten die auszugebende Datenbreite ermitteln. Wählen Sie **Alles,** und lesen Sie dann im DRUCKEN-Menü die von AppleWorks gemeldete Druckbreite ab. Diese Ausgabe kann allerdings, im Gegensatz zu den Druckereinstellungen, mehr als 255 Zeichen anzeigen, beispielsweise wie in Abbildung 4-10.

Haben Sie die auszugebenden Daten ausgewählt und festgestellt, daß das Format innerhalb der durch die Druckparameter vorgegebenen Grenzen liegt, können Sie den Zwischenspeicher als Ziel der Ausgabe bestimmen und Ihre Daten dorthin ausgeben. Dazu betätigen Sie einfach die Return-Taste. Es gibt noch eine weitere Option im DRUCKPARAMETER-Menü, die Sie vielleicht ändern möchten. Normalerweise werden Kalkulationsdaten mit einem Berichtskopf ausgedruckt, der den Dateinamen, die Seitenzahl und eventuell das Datum enthält. Eine Datenübertragung in eine Textdatei soll aber wahrscheinlich ohne diese Angaben erfolgen. Der

```
Datei: Etat                        DRUCKEN          Esc: Anzeigen/Bearbeiten
=============================================================================


              Eine Ausgabezeile enthält 287 Zeichen.

              Die Druckerparameter erlauben
              253 Zeichen pro Zeile.


              Wohin soll der Bericht ausgegeben werden?

              1.   Imagewriter
              2.   TI855
              3.   In den Zwischenspeicher (für Textbearbeitung)
              4.   In eine ASCII Datei auf Diskette
              5.   In eine DIF (TM) Datei auf Diskette



        ----------------------------------------------------------------


Nummer eingeben oder Pfeiltasten benutzen, dann Return        53K Speicher
```

Abbildung 4-10 Im DRUCKEN-Menü wird immer die für die Ausgabe eingestellte Druckbreite der Daten angezeigt, auch wenn die Einstellung größer ist, als die maximale Druckausgabe zuläßt.

Berichtskopf kann durch Ändern von BK (Berichtskopf) eliminiert werden. Der Vorgabewert von BK ist **Ja**. Durch Eintippen des Befehls BK im Druckparameter-Menü wird diese Einstellung auf **Nein** umgeschaltet (bzw. von **Nein** auf **Ja**, je nach Vorgabewert).

Datenübertragung in eine Textdatei

Befinden sich die Kalkulationsdaten im Zwischenspeicher, ist der Kopierprozeß in eine Textdatei vollends einfach:

1. Laden Sie die Textdatei, in welche die Daten kopiert werden sollen.
2. Plazieren Sie den Cursor an der Stelle, an der die Daten eingefügt werden sollen.
3. Bringen Sie mit dem Kopiere-Befehl (OA-K) die Kopieroptionen auf den Bildschirm.
4. Wählen Sie **Vom Zwischenspeicher** als Quelle der Kopierdaten, und drücken Sie anschließend die Return-Taste.

Wie bei der Ausgabe der Kalkulationsdaten in den Zwischenspeicher soll auch jetzt unser Hauptaugenmerk darauf gerichtet sein, daß die Daten aus dem Zwischenspeicher auch an den Platz passen, an dem sie eingefügt werden sollen. Die Druckvorgabewerte im Textverarbeitungssystem erlauben nur 60 Buchstaben pro Zeile, unsere ausgewählten Daten aus dem

Rechenblatt werden deshalb wahrscheinlich zu breit angelegt sein. Die außerhalb der Grenze liegenden Daten werden in diesem Fall in die nächste Zeile geschrieben (zum Beispiel in Abbildung 3-4). Sollen die Daten nicht „umgebrochen" werden, müssen die Druckparameter der Textverarbeitung so geändert werden, daß mehr Buchstaben pro Zeile erlaubt sind. Das kann durch Ändern der Randeinstellungen (LR und RR) und der Druckdichte (BZ) geschehen. Sind die Daten angepaßt, brauchen wir uns nur noch zu vergewissern, daß unser Drucker die gewählte BZ-Einstellung unterstützt. (Weitere Details über die Anpassung von Daten in der Textverarbeitung finden sich im Kapitel 3.)

Datenausgabe auf einen Drucker

Als nächstes beschäftigen wir uns mit der Ausgabe auf Drucker, da die Prozeduren und Überlegungen ähnlich sind wie bei der Zwischenspeicherübertragung. Folgende Schritte sind für die Ausgabe auf Drucker erforderlich:

1. Laden Sie das Rechenblatt, aus dem Sie einen Ausdruck herstellen möchten.
2. Gehen Sie mit dem Drucke-Befehl (OA-D) in das DRUCKEN-Menü.
3. Wählen Sie **Alles**, oder markieren Sie die Zeilen, Spalten oder den gewünschten Bereich mit den Pfeiltasten.
4. Vergewissern Sie sich, daß die Datenauswahl innerhalb der durch die Druckparameter vorgegebenen Grenzen liegt. Ist dies nicht der Fall, ändern Sie entweder die Datenauswahl oder die Druckparameter.
5. Wählen Sie als Ausgabeziel einen Drucker.

Dieser Prozeß verläuft beinahe so wie die Ausgabe in den Zwischenspeicher. Es gibt aber zwei Unterschiede: Erstens werden die Daten auf Papier ausgegeben, also nicht in den RAM kopiert. Deshalb gibt es kein 250 Zeilen Limit der ausgewählten Daten (obwohl das 255 Zeichen Limit für die Zeilenlänge nach wie vor gilt). Zweitens müssen unsere Druckermöglichkeiten in die Betrachtungen für die Festlegung der Druckparameter einbezogen werden.

Über die Druckerinformation haben wir jederzeit Zugang zu drei verschiedenen Druckern. Einer davon kann sogar ein „Anderer Drucker" sein (anders ausgedrückt: ein Drucker der von AppleWorks nicht automatisch unterstützt wird). Damit ein Drucker in der DRUCKER INFORMATION erscheint, muß er über das Menü DRUCKER HINZUFÜGEN ausgewählt oder (falls erforderlich) angepaßt worden sein. Die allgemeinen Methoden der Druckeranpassung in AppleWorks werden in Kapitel 13 und im Anhang B des AppleWorks Handbuchs behandelt. Details zur Druckeranpassung finden sich im Kapitel 8 unter der Überschrift „Druckeranpassungen".

Auch hier sollten Sie sich wieder vergewissern, daß die Druckparameter so gesetzt sind, daß die für den Ausdruck gewählten Kalkulationsdaten in ihrer Gesamtheit über den Drucker ausgegeben werden. Überprüfen Sie wiederum die Druckparameter und vergleichen Sie die Breite Ihrer Auswahl mit der durch die aktuellen Druckparameter erlaubten Druckbreite. Da Sie die Daten nun wirklich über einen Drucker ausgeben, müssen Sie außerdem überlegen, ob die gewählten Optionen auch von Ihrem Drucker unterstützt werden. Es ist zwar sehr schön, den BZ-Wert auf 18 zu setzen und damit eine Menge Buchstaben auf eine Zeile zu quetschen; wenn Ihr Drucker aber die 18 Zeichen pro Zoll nicht drucken kann, sind die Einstellungen nutzlos. Die Optionen für Blattbreite und Zeilenhöhe müssen ebenfalls überprüft werden: Es bringt Ihnen nichts, wenn Sie BB auf 13 und ZZ auf 8 setzen und Ihr Drucker 8 Zoll Blattbreite verwendet und nur 6 Zeilen pro Zoll ausdrucken kann.

Sie müssen unbedingt die Möglichkeiten Ihres Druckers kennen, da die eingestellten Druckparameter von Ihrem Drucker unterstützt werden sollten. Nur wenn Sie genau wissen, was Ihr Drucker kann, können Sie die Ausgabe Ihrer Kalkulationsdaten so planen, daß das zu Papier gebrachte Ergebnis wirklich genau Ihren Ansprüchen gerecht wird. Und so erfahren Sie die für Ihren Drucker wichtigen Einstellungen: Stimmt Ihr Drucker mit einem der im Menü DRUCKER HINZUFÜGEN aufgeführten Standarddrucker überein, so sind seine Möglichkeiten im Kapitel 13 des AppleWorks Handbuches beschrieben. Der Liste können Sie entnehmen, ob Ihr Drucker **Unterstreichen** und **Fettdruck** erkennt, welchen BZ-Wert (Buchstaben pro Zeile) er unterstützt und ob **Exponent** und **Index** möglich sind oder nicht.

Befindet sich Ihr Drucker nicht auf der Standardliste, so müssen Sie Ihr Druckerhandbuch zu Rate ziehen.

Steuerzeichen

Die SZ-Option bei den Druckparametern ermöglicht die Eingabe spezieller Steuerzeichen, die Ihren Drucker zur Anwendung spezieller Druckererweiterungen instruieren, die im Druckparameter-Menü nicht angeboten werden. Solche Erweiterungen schließen Unterstreichen, Fettdruck, gedehnte Schrift und Exponent/Index mit ein.

Bei der Verwendung dieser Option taucht jedoch ein Problem auf: Die Option sieht nur eine Steuerzeichenfolge vor. Da die meisten Drucker zwei Steuerzeichensequenzen erfordern — eine zum Einschalten der Druckoption, die andere zum Abschalten derselben — sollten Sie SZ nur dann verwenden, wenn Sie eine bestimmte Option für das gesamte Rechenblatt benötigen oder wenn die Option automatisch am Zeilenende wieder abgeschaltet wird (einige Drucker beenden beispielsweise automatisch Fettdruck, Unterstreichen oder Schmalschrift, wenn sie ein Zeilenende erreichen, obwohl sie kein Steuerzeichen zum Beenden der Option erhalten haben).

Datenausgabe auf Diskette als ASCII oder DIF Datei

Andere Methoden der Datenübertragung aus dem Rechenblatt schließen eine Datenumwandlung ins ASCII oder DIF Format ein, damit sie mit anderen Programmen verarbeitet werden können. Keine dieser Optionen kann Rechenformeln speichern — sie übertragen nur die Daten. Der Vorteil einer Diskettenausgabe im ASCII oder DIF Format ist, außer der Kommunikationsfähigkeit mit externen Programmen, der, daß Sie sich nicht um die Druckparameter zu kümmern brauchen. Wenn ein Rechenblatt oder ein Teilbereich daraus in einem dieser Formate auf Diskette geschrieben wird, werden die Daten ohne Rücksicht auf die Druckparameter abgespeichert. Das funktioniert sogar, wenn Sie ein Rechenblatt mit 300 Zeichen pro Zeile ausgeben. Alle Daten werden auf Diskette übertragen.

Für Kalkulationsdateien ist das ASCII Format nicht so gut geeignet wie das DIF Format. Es beinhaltet nämlich nicht die Zeilen/Spalten Anordnung der Daten. Bei der Ausgabe von Kalkulationsdaten als ASCII Datei wird nach jedem Dateieintrag (oder Zelle) ein Return eingefügt. Wenn Sie also eine solche Datei laden, werden Sie anstatt der erwarteten Zeilen und Spalten mit einer unendlichen Reihe von Dateieinträgen konfrontiert (vgl. Abbildung 4-11).

```
Datei: ASCII.Mein Etat        ANZEIGEN/BEARBEITEN           Esc: Haupt-Auswahl
=====!=====!=====!=====!=====!=====!=====!=====!=====!=====!=====!=====!=====!===

Monat 1
Monat 2
Monat 3
Ort. Gesamt



Essen
650
656,5
663,065

Miete
750
750
750

------------------------------------------------------------------------------
Eingabe oder § Kommando                    Zeile 1  Spalte  1        §-? für Hilfe
```

Abbildung 4-11 Kalkulationsdaten verlieren ihr Zeilen/Spalten Format, wenn sie als ASCII Datei auf Diskette gespeichert werden. Die Leerzeilen zwischen den einzelnen Einträgen dieser Abbildung repräsentieren leere Zeilen (vgl. Abbildung 4-4) des Rechenblattes.

Dieses Format werden Sie wahrscheinlich nur dann verwenden, wenn Sie eine ASCII Datei für die Datenfernübertragung benötigen. Sie werden sehen, daß es selbst dafür bessere Möglichkeiten gibt.

Datenausgabe auf einen „Diskettendrucker"

Wenn Sie unbedingt eine Kalkulationsdatei im ASCII Format benötigen, geben Sie die Daten am besten mit einem sogenannten „Diskettendrucker" aus. Diese Möglichkeit erlaubt die Vorteile der weit verbreiteten ASCII Übereinkunft, allerdings ohne die Formatierungsprobleme, die auftreten, wenn eine Datei als ASCII Datei auf Diskette ausgegeben wird. Eine Datei, die über einen Diskettendrucker ausgegeben wird, wird als ASCII Datei im selben Format gespeichert, das Sie über Drucker auf Papier erhalten würden. Folgende Schritte müssen für die Ausgabe mit einem Diskettendrucker ausgeführt werden:

1. Definieren Sie einen Diskettendrucker im Menü DRUCKER HIN-ZUFÜGEN.
2. Laden Sie die Kalkulationsdatei, die Sie auf Diskette übertragen möchten.
3. Gehen Sie mit dem Drucke-Befehl (OA-D) in das DRUCKPARA-METER-Menü.
4. Wählen Sie die Daten für die Diskettenausgabe.
5. Wählen Sie aus dem Drucken-Menü Ihren Diskettendrucker als Ausgabeziel der Datei.

Der Diskettendrucker wird, wie in Kapitel 3 erklärt, in derselben Weise konfiguriert, wie ein normaler Drucker. Die einzig mögliche Schwierigkeit könnte bei der Festlegung der Druckparameter auftreten.

Sie werden sich vielleicht fragen, warum auf Einstellungen, wie zum Beispiel Zeilenvorschübe, Seitenendeanzeige und Druckererweiterungsbefehle Wert gelegt werden muß, obwohl die Datei nicht auf einen echten Drucker übertragen werden soll. Es gibt mehrere Gründe dafür. Eine solche Diskettendatei wird fast immer irgendwann auf ein Zielgerät ausgegeben: zum Beispiel auf einen anderen Drucker, ein Modem, oder gar einen anderen Apple. Eine über das Druckprogramm auf Diskette ausgegebene Datei kann von einer Vielzahl von Programmen im Originalformat weiterverarbeitet oder ausgedruckt werden, da die Datei im ASCII Format angelegt ist. Die Einstellungen, mit denen Ihr Dateidrucker konfiguriert wird, bestimmen, wie die Datei schließlich auf Papier ausgegeben wird.

Nehmen wir an, Sie hätten Ihren Diskettendrucker auf eine Blattbreite von 13 Zoll eingestellt. Ihr Drucker, auf dem die Datei eventuell ausgedruckt werden soll, besitzt aber nur eine maximale Blattbreite von 8 Zoll. In diesem Fall werden die Daten auf die nächste Zeile umgebrochen. Sie werden also nicht in der gewünschten Weise erscheinen.

Wenn Sie die unterstützten Konfigurationen des Zieldruckers kennen, ist es nicht besonders schwierig, die Einstellungen des Diskettendruckers anzupassen. Das ist allerdings nicht immer der Fall. Vielleicht soll die Datei über ein Modem in ein anderes Büro übertragen werden, von wo aus Kopien an verschiedene Leute verteilt werden, die wiederum auf verschiedenen Druckern die Datei ausgeben. Seien Sie in solchen Fällen konservativ. Konfigurieren Sie Ihren Diskettendrucker mit einer Blattbreite von 8 Zoll oder weniger, setzen Sie den Buchstaben/Zoll Wert auf 10 oder 12 und verwenden Sie eine Zeilenhöhe von 6 Zeilen pro Zoll. Die Druckervorgaben des Silentype-Druckers im AppleWorks Menü DRUCKER HINZUFÜGEN bieten eine gute konservative Konfiguration. Diese Werte werden von nahezu jedem existierenden Drucker unterstützt. Mit einer solchen Minimalkonfiguration können Sie natürlich nicht sämtliche Fähigkeiten eines Druckers ausnützen, Sie können damit aber sichergehen, daß Ihre Datei zumindest einwandfrei ausgedruckt werden kann.

Datenausgabe als DIF Datei

Genau wie ASCII speichert auch DIF keine Formeln oder Funktionen. Andererseits ist es das ideale Format für die Aufbewahrung von Kalkulationsdaten, da die Daten in Zeilen und Spalten organisiert sind und so leicht von Kalkulations- und Datenbankprogrammen oder graphischen Darstellungen bearbeitet werden können. Nehmen wir an, Sie wollen mit Hilfe eines Graphikprogrammes ein graphisches Ergebnis von Kalkulationsdaten auf dem Bildschirm erzeugen. Wenn Sie die Daten über das Druckprogramm auf Diskette ausgeben, bleiben die Daten in ihren originalen Zeilen und Spalten angeordnet und können so direkt vom Graphikprogramm übernommen werden. Programme für Graphiken, Datenbanken und Rechenblätter müssen die Daten in den speziellen Zellen identifizieren können. Fehlt die Anordnung in Zeilen und Spalten, ist es ungemein schwierig herauszufinden, welche Daten zusammengehören. (Vergleichen Sie Abbildung 4-4 mit Abbildung 4-11, und Sie werden feststellen, daß der Wert für die Essensausgaben des zweiten Monats in Abbildung 4-11 viel schwieriger zu lokalisieren ist.) Eine DIF Datei würde wie in Abbildung 4-4 aussehen. Und so werden Kalkulationsdaten mit dem Druckprogramm als Diskettendatei ausgegeben:

1. Laden Sie die Kalkulationsdatei, aus der die Daten übertragen werden sollen.

2. Gehen Sie mit dem Drucke-Befehl (OA-D) in die Datenauswahl der DRUCKEN-Seite.

3. Wählen Sie die Daten aus (Sie brauchen sich nicht darum zu kümmern, ob sie mit den Druckparametern übereinstimmen).

4. Wählen Sie **In eine DIF (TM) Datei** als Ausgabeziel.

5. Wählen Sie das Speicherformat (Zeilenweise oder Spaltenweise) der neuen DIF Datei.

6. Geben Sie einen Pfadnamen für die neue Datei ein.

Der einzige Teil, der etwas Kopfzerbrechen bereiten könnte, ist die Festlegung des Speicherformats der DIF Datei. Um zu wissen, nach welchen Kriterien man hier vorgeht, muß man wissen, wie DIF Dateien gespeichert werden.

In einer DIF Datei werden die Daten in einem Matrix-Format abgelegt — DIF „versteht" sowohl die Daten einer Zeile, als auch die Daten einer Spalte als zusammengehörige Gruppe. DIF „weiß" allerdings nicht automatisch, welche Datengruppe eine Zeile, bzw. welche Gruppierung eine Spalte darstellen soll. Diese Information muß entweder vom Programm, das die DIF Datei speichert oder vom Programm, das die Datei später laden soll, geliefert werden.

Um den Anwendern die größtmögliche Flexibilität bei der Datenorganisation zu geben, sind Kalkulationsprogramme im allgemeinen so beschaffen, daß sie DIF Dateien entweder im Zeilen- oder im Spaltenformat speichern bzw. laden können. Aber es gibt auch andere Programme, die DIF Dateien nur im Spaltenformat laden können. Nehmen wir an, Sie haben ein Rechenblatt, das Sie nach AppleWorks übertragen möchten, als DIF Datei im Spaltenformat abgespeichert. AppleWorks erwartet die DIF Datei im Spaltenformat, deshalb werden die Daten ihr originales Ausgabeformat unverändert beibehalten. Haben Sie jedoch Ihr Rechenblatt im Zeilenformat gespeichert, werden diejenigen Daten, die im Original als Zeilen dargestellt wurden, in AppleWorks als Spalten und die originalen Spalten als Zeilen erscheinen (vgl. Abbildung 4-12).

```
Datei: DIF.Mein Etat          ANZEIGEN/BEARBEITEN              Esc: Haupt-Auswahl
=========A=========B=========C=========D=========E=========F=========G=========H====
  1!                    Essen    Miete     Hausrat  Telefon            Gesamt
  2!Monat 1                650      750      112,5        100           1612,5
  3!Monat 2              656,5      750    113,625        101          1621,125
  4!Monat 3            663,065      750114,76125      102,01           1629,836
  5!Qrt. Gesa                                                          4863,461
  6!
  7!
  8!
  9!
 10!
 11!
 12!
 13!
 14!
 15!
 16!
 17!
 18!
------------------------------------------------------------------------------------
A1

Eingabe oder § Kommando                                          §-? für Hilfe
```

Abbildung 4-12 Das AppleWorks Rechenblatt verlangt von den Quelldateien im DIF Format, daß sie in Spaltenanordnung gespeichert sind. Dieses Rechenblatt wurde mit einer übertragenen DIF Datei erstellt, die im Zeilenformat angeordnet war.

Ob Sie ein spezielles Speicherformat auswählen müssen, hängt von dem Programm ab, mit dem Sie eventuell später Ihre AppleWorks DIF Datei bearbeiten möchten. Mit VisiCalc können die Anwender beispielsweise das Format der DIF Datei beim Ladevorgang wählen. Wenn Sie also Ihre AppleWorks DIF Datei für die Bearbeitung mit VisiCalc abspeichern, kann der Benutzer von VisiCalc sein Programm Ihrem Speicherformat anpassen: es kann in Zeilenanordnung geladen werden, wenn Ihre Datei zeilenweise gespeichert ist; es kann in Spaltenanordnung geladen werden, wenn Ihre Datei spaltenweise gespeichert ist. Andere Programm setzen jedoch für die Datenanordnung der DIF Dateien ein bestimmtes Format voraus und geben Ihren Benutzern keine Wahlmöglichkeit beim Ladevorgang. AppleWorks selber lädt DIF Dateien nur in Spaltenanordnung.

Wenn Sie schon im voraus wissen, wie die DIF Datei weiterverarbeitet werden soll, sollten Sie die vom Programm verlangte Anordnung ausfindig machen oder überprüfen, ob das Format keine Rolle spielt, und Ihre AppleWorks Datei entsprechend aufbewahren. Im anderen Fall müssen Sie sich für ein Format entscheiden (das Spaltenformat ist das gängigste Format).

Datenübertragung über Modem

Daten aus dem AppleWorks Rechenblatt können über Modem auf verschiedene Arten übertragen werden. Die Grundschritte sind jedoch immer dieselben:

1. Laden Sie die Datei, die übertragen werden soll.
2. Speichern Sie die Datei im erforderlichen Format auf Diskette (Ausgabe über Diskettendrucker, gespeichert als ASCII oder DIF Datei oder einfach als AppleWorks Datei).
3. Verlassen Sie AppleWorks und laden Sie Ihr Datenfernübertragungsprogramm.
4. Übertragen Sie die Datei.

Jetzt wollen wir uns die Einzelheiten genauer ansehen. Das Speicherformat der Diskettendatei wird davon abhängen, welche Datenübertragungsprogramme Sie und Ihr Empfänger benutzen und ob die übertragene Datei am anderen Ende mit AppleWorks weiterverarbeitet werden soll oder nicht.

Benutzt Ihr Empfänger ebenfalls einen Apple Computer und AppleWorks, kann ein Rechenblatt am einfachsten mit Hilfe des ACCESS II Programmes von Apple (vgl. Kapitel 3) übertragen werden. Verwenden beide Seiten ACCESS II, kann ein AppleWorks Rechenblatt ohne Modifikationen übernommen werden. Nach der Übertragung kann es dann mit AppleWorks, so wie es ist, weiterverarbeitet werden. Es kann aber auch mit AppleWorks für die Verarbeitung mit anderen Programmen entsprechend angepaßt werden.

Meist jedoch werden Dateien von Computerprogrammen als ASCII Dateien gesendet oder empfangen. Jedes ASCII-kompatible Modemprogramm oder irgendein Computer können mit jedem anderen ASCII-kompatiblen Modemprogramm, das Sie zum Übertragen von AppleWorks Dateien verwenden, kommunizieren. Es wurde schon besprochen, wie eine Standarddatei in AppleWorks ins ASCII Format konvertiert werden kann. Dafür gibt es drei Möglichkeiten: sie kann als ASCII Datei auf Diskette ausgegeben werden; sie kann über das Druckprogramm auf Diskette ausgegeben werden (Diskettendrucker); und sie kann als DIF Datei auf Diskette gespeichert werden. Dateien, die so erzeugt werden, können mit einem ASCII-kompatiblen Modemprogramm übertragen und dann von hunderten von Programmen weiterverarbeitet werden.

Die Schlußbetrachtung soll nun noch Ihrem eigenen Datenübertragungsprogramm gelten. Wenn Sie mit einem Übertragungsprogramm unter DOS 3.3 arbeiten, müssen Sie, bevor die Datei übertragen wird, Ihre ASCII oder DIF Datei auf eine DOS 3.3 Datendiskette schreiben. Verwenden Sie dazu das CONVERT Programm, das Sie auf der ProDOS Benutzerdiskette finden (weitere Details dazu schlagen Sie bitte im ersten Kapitel nach).

Benutzerhinweise

Wenn Sie lernen wollen, wie man mit dem AppleWorks Rechenblatt optimal umgeht, dann versuchen Sie, wie übrigens bei anderen Programmen auch, die Grenzen des Programmes zu erforschen und herauszufinden, welche davon überschritten werden können, und entsprechend fortzufahren. Dem Rechenblatt in AppleWorks können wir uns auf drei Wegen nähern: über die Modellerstellung, die Formatierung und die Datenverwaltung.

Tips für die Modellerstellung

Bevor Sie sich hinsetzen, um ein Rechenblatt zu erstellen, sollten Sie vor der Dateneingabe einen Plan entwerfen. Sie kennen das Problem: es sollen Daten analysiert werden, die dafür benötigten Datentypen sind auch bekannt; denken Sie trotzdem einmal über die Elemente der Datenanalyse etwas nach. Welche Werte sollen variabel sein, welche konstant? Welche Fragen werden auftauchen, wenn Sie die „Was geschieht, wenn?" Situationen durchspielen? Wie können die Daten organisiert und die Formeln den unterschiedlichsten Anforderungen angepaßt werden, um mit möglichst wenig Arbeitsaufwand die bestmöglichen Ergebnisse zu erzielen? Wie kann man auf die einfachste Weise die aktuellen Planungen aufzeigen? So wie Sie mit dem Rechenblatt und seinen Anwendungen Ihre Erfah-

rungen sammeln, so werden Ihre Modellplanungen an Einfachheit gewinnen. Es gibt dabei einige fundamentale Richtlinien, die Ihnen helfen,
von Anfang an mehr aus Ihrem Rechenblatt herauszuholen.

Alles ist relativ

Wie wir schon zu Beginn des Kapitels gesehen haben, resultiert die
Hauptstärke einer Tabellenkalkulation aus der Eigenschaft, mathematische Beziehungen zu speichern. Mit Hilfe von Formeln kann man Beziehungen aufstellen, die von den benutzten Werten unabhängig sind. Es
können also Werte nach Belieben verändert werden, und das Modell wird
die anfallenden Berechnungen durchführen und die Auswirkungen der
neuen Werte im gesamten Rechenblatt sichtbar machen. Anders ausgedrückt, wir können einen einfachen Etat erstellen (wie beispielsweise in
den Abbildungen 4-2, 4-3 und 4-4 gezeigt), die Ausgaben verändern, und
wir werden an den Gesamtsummen sofort die Auswirkungen dieser Änderungen sehen können.

Das Programm kann aber noch mehr. Schauen Sie sich einmal Abbildung 4-3 an. Sie sehen, daß in diesem Modell viele mathematische
Beziehungen gleich sind. Mit dieser Gleichheit können wir zum einen die
Modellerstellung vereinfachen, zum zweiten können wir sie zu unserem
Vorteil ausnutzen, wenn wir die Formeln zum Testen neuer Planungen
verändern möchten. Das Geheimnis liegt in der Fähigkeit, Formeln zu
kopieren und diese Kopien entweder absolut in der Beziehung zu einer
oder mehreren anderen Zellen oder relativ zur aktuellen Formelposition
durchzuführen.

Bei der Ersterstellung des Rechenblattes aus Abbildung 4-3 haben
wir 10 Formeln hintereinander eingegeben. Drei der Formeln multipli-
zierten die Werte in Spalte B mit 1,01; drei Formeln multiplizierten die
Werte in Spalte C mit 1,01; drei Formeln summierten die Inhalte der
Spalten B, C und D; und eine Formel summierte den Inhalt der Zellen
B8, C8 und D8. Durch Kopieren der Formeln hätten wir jedoch dieses
Rechenblatt mit nur einem Drittel des Arbeitsaufwandes erstellen können.

Die Formeln, die die Werte in den Spalten B und C um ein Prozent
erhöhen, repräsentieren dieselbe mathematische Beziehung. Ob die Formel
+B3*1,01 oder +C3*1,01 lautet, die dadurch ausgedrückte Beziehung
bleibt dieselbe: Die Formel multipliziert den Wert der um eine Position
weiter links stehenden Zelle mit 1,01. Da die Beziehung also dieselbe ist,
kann in allen sechs Zellen dieselbe Basisformel eingesetzt werden — alles,
was verändert werden muß, ist die Adresse derjenigen Zelle, deren Wert
mit 1,01 multipliziert werden soll. Bei der Eingabe dieser Formeln haben
wir in der Tat nichts anderes gemacht — der rechte Formelteil blieb jedesmal derselbe, wir haben nur die Adresse der entsprechenden Zelle geändert.

Beim Kopieren einer Formel im AppleWorks Rechenblatt stellt das
Programm immer die Frage, ob die Zellenadresse in der Formel gleich

bleiben oder ob sie relativ zur Formelplazierung behandelt werden soll. Wenn man beispielsweise die Formel +B3*1,01 in andere Zellen kopiert und AppleWorks mitteilt, daß die Zellenadressierung unverändert bleiben soll, beziehen sich alle Formeln auf die Zelle B3. Aber wenn AppleWorks die Formel relativ zur neuen Zellenposition übertragen soll, ändert das Programm automatisch „B3" zu der entsprechenden Zelle (dieselbe Zeile, aber eine Spalte nach links), ohne Rücksicht auf die Formelplazierung. So können wir eine Formel in Zelle C3 eingeben und sie dann an die fünf anderen Stellen kopieren, ohne daß die Zellenadresse von Hand geändert werden muß.

Die §SUM Formel in den Spalten B, C und D repräsentiert ebenfalls eine gleichbleibende mathematische Beziehung. Sie besagt: „Addiere die Werte in den Zeilen 3, 4, 5 und 6 dieser Spalte." In diesen drei Formeln ändert sich nur die Spaltenbezeichnung, deshalb brauchen wir wiederum die Formel nur einmal in Zelle B8 einzugeben und sie dann in die Zellen C8 und D8 zu kopieren. Die Zellenadresse muß auch hier wieder relativ zur neuen Formelplazierung gehalten werden. Auf diese Weise geben wir nur zwei Formeln ein — nach der alten Methode mußten neun Formeln eingegeben werden. Der einzugebende Text wird dadurch wesentlich verkürzt und der Möglichkeit, Druckfehler beim Eintippen der einzelnen Formeln zu machen, aus dem Weg gegangen.

Verwenden eines Referenzbereiches

Durch Kopieren von Formeln mit relativen Zellenplazierungen können also Modelle viel schneller und genauer erstellt werden. Wir sind mit dieser Möglichkeit aber noch nicht am Ende angelangt. Das Folgende befaßt sich mit Wertänderungen eines fertig erstellten Modelles. Wenn Sie sich noch einmal Abbildung 4-3 anschauen, sehen Sie, daß sechs Formeln ein prozentuales Wachstum berechnen — wir nehmen an, daß unsere Ausgaben in jeder Kategorie monatlich um ein Prozent anwachsen, mit Ausnahme der Mietkosten. Aber wie kann man nun vorgehen, wenn man die Auswirkungen bei einer Wachstumsrate von zwei Prozent betrachten möchte? Um diese Änderungen im Rechenblatt in der gelernten Weise vorzunehmen, müssen wir eine der Formeln editieren und sie dann in die fünf anderen Zellen kopieren. Durch Verwendung eines Referenzbereiches im Rechenblatt kann dieser Prozeß allerdings wesentlich beschleunigt werden.

Lassen Sie uns einen Blick auf Abbildung 4-13 und 4-14 werfen. Dieses Rechenblatt hat zwar dieselbe Ausgabeform wie Abbildung 4-4, es enthält aber zusätzlich einen Referenzbereich, d. h. einen Bereich, in dem wir unsere Annahmen auflisten können (hier Zeile 2 bis 6). In unserem Beispiel beträgt die angenommene Wachstumsrate monatlich ein Prozent.

Der offensichtliche Vorteil eines solchen Referenzbereiches liegt auf der Hand. Die angenommenen Werte können in einem bestimmten Bereich auf einen Blick erfaßt werden. Das Modell kann jetzt abgespeichert

```
Datei: Mein Etat2              ANZEIGEN/BEARBEITEN          Esc: Haupt-Auswahl
==========A============B============C============D============E========
  1!              Mein persönlicher Etat - Januar-März, 1985
  2!------------------------------------------------------------------------
  3!Angenommene Wachstumsrate:           1,00%
  4!
  5!
  6!------------------------------------------------------------------------
  7!                    Monat 1        Monat 2        Monat 3    Qrt. Gesamt
  8!
  9!Essen            DM 650,00      DM 656,50      DM 663,07
 10!Miete            DM 750,00      DM 750,00      DM 750,00
 11!Hausrat          DM 112,50      DM 113,62      DM 114,76
 12!Telefon          DM 100,00      DM 101,00      DM 102,01
 13!
 14!Gesamt           DM 1.612,50    DM 1.621,12    DM 1.629,84    DM 4.863,46
 15!
 16!
 17!
 18!
------------------------------------------------------------------------------
A1

Eingabe oder § Kommando                                       §-? für Hilfe
```

Abbildung 4-13 Ein Referenzbereich zu Beginn eines Modelles macht die im Modell eingesetzten Annahmen für jedermann sichtbar. (In diesem Modell sind alle Spalten 14 Zeichen breit; die Zellen B9 bis E14 sind auf Geld (DM) mit zwei Dezimalstellen eingestellt; die Spaltenüberschriften sind rechtsbündig wie bei der üblichen Rechenblattformatierung.)

```
Datei: Mein Etat2              ANZEIGEN/BEARBEITEN          Esc: Haupt-Auswahl
==========A============B============C============D============E========
  1!              Mein persönlicher Etat - Januar-März, 1985
  2!------------------------------------------------------------------------
  3!Angenommene Wachstumsrate:   0,01
  4!
  5!
  6!------------------------------------------------------------------------
  7!                    Monat 1        Monat 2        Monat 3    Qrt. Gesamt
  8!
  9!Essen            650            +B9*(1+C3)     +C9*(1+C3)
 10!Miete            750            750            750
 11!Hausrat          112,5          +B11*(1+C3)    +C11*(1+C3)
 12!Telefon          100            +B12*(1+C3)    +C12*(1+C3)
 13!
 14!Gesamt           §SUM(B9...B12) §SUM(C9...C12) §SUM(D9...D12) §SUM(B14...D14)
 15!
 16!
 17!
 18!
------------------------------------------------------------------------------
A1

Eingabe oder § Kommando                                       §-? für Hilfe
```

Abbildung 4-14 Die Formeln könne sich auf einen Wert aus dem Referenzbereich beziehen. Auf diese Weise werden die Auswirkungen eines im Referenzbereich veränderten Wertes sofort im gesamten Modell sichtbar.

werden und einige Wochen später können wir wieder sofort unsere Annahmen bezüglich der Wachstumsrate nachsehen. Wird ein Ausdruck dieses Modelles von anderen Personen eingesehen, können sie daraus auch sofort die angenommene Wachstumsrate erkennen.

Beachten Sie jetzt, daß sich in Abbildung 4-14 alle sechs Wachstumsformeln in den Spalten C und D auf den Wert im Referenzbereich (Zelle C3) beziehen. In Zelle C9 beispielsweise enthielt unser altes Modell die Formel +B9*1,01. In dem neuen Modell enthält Zelle C9 die Formel +B9*(1+C3). Diese Formel besagt mathematisch genau dasselbe (sie multipliziert den Wert in B9 mit 1 plus dem Inhalt von C3 (0,01), das ist dasselbe wie B9*1,01), benutzt aber den Wert aus unserem Referenzbereich als Wachstumsrate.

Diese Formel kann nun an die fünf restlichen Plazierungen in den Spalten C und D kopiert werden. Bei jedem Kopiervorgang wird Apple-Works bei B9 anhalten und nachfragen, ob relativ oder unverändert kopiert werden soll. In unserem Fall soll die Zellenadresse relativ kopiert werden, weil wir unterschiedliche Werte von jeder berechneten Formel benötigen. Außerdem wird AppleWorks fragen, ob C3 relativ oder unverändert kopiert werden soll. Dieses Mal entscheiden wir uns für „Unverändert", weil sich jede Formel auf diesen spezifischen Wert bzw. Zelleninhalt beziehen soll. Die Wachstumsrate bleibt ja im ganzen Modell dieselbe.

Mit diesem Modell können wir unsere Wachstumsannahmen ganz einfach ändern. Anstatt sechs einzelne Formeln zu editieren (bzw. Editieren einer Formel und Kopieren derselben an die fünf anderen Zellen) wird einfach nur der Wert von Zelle C3 geändert. Da sich alle Wachstumsformeln mit dem Prozentsatz auf diese Zelle beziehen, werden sie automatisch geändert und der somit neu erhaltene Wert angezeigt.

Obwohl der Etat ein relativ kleines Modell darstellt, haben wir eine Menge Editierarbeit durch Verwendung relativer Formeln und eines Referenzbereiches eingespart. Je größer und komplexer ein Modell wird, desto mehr Tipparbeit können wir uns ersparen. Kapitel 7 enthält ein weitaus größeres Modell, eine Kreditaufnahme-Tabelle, für welche relative Formeln und ein Refrenzbereich von überaus großem Nutzen sind.

Bewegen und Kopieren von Daten

Durch optimalen Einsatz der Kopier- und Bewege-Befehle gibt es eine weitere Möglichkeit, die Modellerstellung zu beschleunigen. Dafür sollten Sie allerdings die unterschiedliche Arbeitsweise der Befehle kennen. Der deutlichste Unterschied ist natürlich der, daß mit dem Kopiere-Befehl die ausgewählten Informationen an ihrem ursprünglichen Platz bleiben und eine Kopie derselben am neuen Platz eingefügt wird. Der Bewege-Befehl hingegen nimmt die Informationen aus ihrem ursprünglichen Platz und fügt sie woanders ein. Zusätzlich wird bei der Anwendung beider Befehle von AppleWorks erfragt, ob die Daten im Modell, zum Zwischenspeicher oder vom Zwischenspeicher kopiert/bewegt werden sollen. Die Art und Weise, wie Daten zum Kopieren oder Bewegen ausgewählt werden, hängt von dem spezifizierten Datenziel ab.

Wenn Sie beispielsweise „Kopieren im Modell" auswählen, können Sie die Daten dadurch markieren, daß Sie den Cursor bewegen, allerdings nur in einer Richtung, und dadurch die entsprechenden Daten Zelle für Zelle invers darstellen. Wird der Cursor also in einer Richtung über mehrere Zellen hinweg bewegt, erscheint die gesamte Gruppe, über die Sie den Cursor bewegt haben, in inverser Darstellung. Diese Funktion ist die geeignetste zum Kopieren einzelner Formeln oder zum Kopieren zusammenhängender Werte oder Daten.

Beim Kopieren von Daten in den Zwischenspeicher muß dagegen mindestens eine ganze Zeile ausgewählt werden. Sie können bis zu 250 Zeilen bzw. 125 Spalten kopieren, aber Sie können nicht einzelne Teile einer Zeile auswählen. In bezug auf die Datenauswahl verhält sich der Bewege-Befehl ähnlich wie der Befehl „Kopieren zum Zwischenspeicher": Es können nur vollständige Datenzeilen bewegt werden. Ob Sie Daten im Modell oder zum Zwischenspeicher bewegen ist dabei ohne Bedeutung — es gibt nur diese eine Möglichkeit.

Diese Einschränkungen machen es unmöglich, einen Bereich von Kalkulationsdaten, der unvollständige Zeilen beinhaltet, problemlos zu kopieren oder zu bewegen. Dies sollten Sie sich merken für den Fall, daß Sie Modelle erstellen, in denen solche Bereiche bewegt oder dupliziert werden sollen. Wenn beispielsweise die Monatsspalten eines kleinen Etat-Rechenblattes wie in Abbildung 4-13 als Teil eines größeren Gewinn/ Verlust Projektes übernommen werden sollen, dann müssen jedesmal die gesamten Zeilen kopiert werden.

Wenn Sie diese Einschränkungen immer im Auge behalten, wird Ihnen der Aufbau eines Rechenblattes erleichtert. Erstellen Sie zum Beispiel einen Zweijahresetat, so ist es naheliegend, daß die gesamten zwei Jahre in Monatsspalten horizontal am Bildschirm ausgegeben werden. Werden nun später nur die Werte vom zweiten Jahr in einem Rechenblatt gebraucht, oder sollen die Daten so umorganisiert werden, daß das zweite Jahr unter dem ersten Jahr ausgegeben werden soll, können Sie das nicht bewerkstelligen. AppleWorks erlaubt nicht, einzelne Teile einer Zeile zu kopieren; Sie können daher nicht bestimmte Spalten unter andere Spalten kopieren. Andererseits können Sie aber die Daten des ersten oder des zweiten Jahres mühelos in den Zwischenspeicher kopieren, wenn Sie die Zweijahresplanung so aufgebaut haben, daß die Jahresdaten untereinander liegen.

Das Rechenblatt als Taschenrechner

Alte Gewohnheiten sind schwer aufzugeben, und Benutzer elektronischer Rechenblätter greifen immer wieder zum (alten) Taschenrechner, um Werte zu berechnen, die sie dann in ihre Rechenblätter eingeben. Die Verwendung eines Taschenrechners ist eigentlich Zeitverschwendung, wenn er nicht gerade eingebaute Funktionen besitzt, wie zum Beispiel interessante Finanzfunktionen oder wissenschaftliche Funktionen, die in AppleWorks nicht vorhanden sind. Es ist bei weitem einfacher, eine Zelle in AppleWorks für die Berechnungen zu verwenden und anschließend das Ergebnis dorthin zu kopieren, wo es benötigt wird.

In unserem nächsten Beispiel sollen monatliche Ausgaben aufgelistet werden. Es existiert ein Stapel von Rechnungen, die in einer monatlichen Gesamtsumme gegebener Ausgabeartikel untergebracht werden müssen (Federkiele beispielsweise, wie in Abbildung 4-15). Die einzelnen Ausgaben können jetzt als Teil einer Formel in einer freien Zelle eingegeben werden, und AppleWorks wird Ihnen die Gesamtsumme liefern, sobald Sie die Return-Taste betätigen. Da die Formel, die die einzelnen Ausgabewerte enthält, im Formelfenster des Rechenblattes angezeigt wird, haben Sie ein sichtbares Echo Ihrer Eingaben und können, wie auf dem Papierstreifen eines Tischrechners, überprüfen, ob die Eingaben fehlerlos gemacht worden sind. Anders als bei solchen Rechnern existiert in AppleWorks zusätzlich die Möglichkeit, falsche Werte in der Formelzeile zu editieren und somit das korrekte Ergebnis zu erhalten.

```
Datei: Buero Utensil.        ANZEIGEN/BEARBEITEN            Esc: Haupt-Auswahl
==========A===========B==========C==========D==========E==========F=========G=====
   1!                                 Liste der Büro-Utensilien
   2!                                       (DM Gesamt)
   3!
   4!             Jan       Feb       Mrz       Apr       Mai       Jun
   5!
   6!Papier
   7!Bleistifte
   8!Federhalter
   9!Federkiele
  10!Disketten
  11!
  12!
  13!             KALK---->      251,6
  14!
  15!
  16!
  17!
  18!
-------------------------------------------------------------------------------
D13: (Wert) 108,13+6,97+53,75+82,75

Eingabe oder § Kommando                                        §-? für Hilfe
```

Abbildung 4-15 Eine beliebige leere Zelle im Rechenblatt kann augenblicklich als Taschenrechner eingesetzt werden. Die Berechnungselemente werden im Formelfenster im unteren Bildschirmteil ausgegeben, und das Ergebnis kann in die Zelle kopiert werden, in der es benötigt wird. (In unserem Rechenblatt beträgt die Spaltenbreite von Spalte A 14 Zeichen, damit auch längere Bezeichnungen sichtbar bleiben; die Monatsnamen in den Spalten B bis G wurden zentriert.)

Werden solche Berechnungen während der Eingabe von Werten öfter benötigt, kann es sogar zeitsparend sein, einen ganzen Bereich für Berechnungen innerhalb des Modelles anzulegen. In einem freien Gebiet des Rechenblattes können Sie eine Bezeichnung, wie zum Beispiel KALK, links von einer freien Zelle eingeben und die freie Zelle selbst als Berechnungsfeld verwenden. Das Beispiel 4-15 stellt ein einfaches Rechenblatt dar. Mit diesem Aufbau können Sie von jeder Zelle eines weitaus größeren Rechenblattes mit Hilfe des Finde-Befehls (OA-F) sehr schnell zur Berechnungszelle springen. Sie brauchen nur KALK als Suchbegriff einzugeben. Zum wiederholten Finden desselben Textes brauchen Sie nur Return zu drücken. Soll der Suchbegriff geändert werden, geben Sie einfach den neuen Suchbegriff ein. Wenn Sie also einmal KALK als Suchbegriff eingegeben haben, brauchen Sie jedes Mal, wenn Sie ins Berechnungsfeld springen möchten, einfach nur OA-F mit anschließendem Return zu drücken.

Formatierhilfen

Eines der ältesten Probleme im Umgang mit Kalkulationstabellen tritt beim Ausdrucken der Tabellen auf. Ein typisches Rechenblatt ist ein Rechteck, das wesentlich breiter als lang ist, während ein Blatt Papier im allgemeinen länger als breit ist. Rechenblätter haben fast immer mehr Spalten als Zeilen, so daß beim Drucken zuerst das Papier ausgeht, bevor die zu druckenden Spalten ausgehen.

Seit neuestem gibt es nun einige Computerprogramme, die die Rechenblätter zum Ausdruck um 90 Grad drehen. Das bekannteste Programm dieser Art nennt sich Sideways und wurde ursprünglich für den IBM PC konzipiert. Wenn die meisten Ihrer Rechenblätter breiter als eine Standardseite sind, so ist die Anschaffung eines speziellen Formatierprogrammes lohnenswert. Es gibt aber auch eine andere Möglichkeit ...

Horizontales Aneinandersetzen mehrerer Seiten

Es wurde bereits gezeigt, wie man durch ausgeklügelten Einsatz der Druckparameter eine ganze Menge Informationsmaterial auf einer Seite unterbringen kann. Zweifellos gibt es aber Zeiten, da der Datenumfang ganz einfach zu groß wird für ein Blatt Papier. In einem solchen Fall, und wenn Sie nicht im Besitz eines Druckformatierprogrammes wie zum Beispiel Sideways sind, müssen Sie ausgewählte Spalten auf verschiedenen Seiten ausdrucken. Danach können die Seiten zusammengeklebt werden und Sie erhalten eine Gesamtübersicht sämtlicher Daten. Der Trick gelingt jedoch nur bei genauer Kenntnis der jeweiligen Papiergrenzen. Weiterhin ist noch die Anordnung der Daten wichtig, damit beim Ausdruck logische Segmente entstehen (das Zusammensetzen des Rechenblattes wird dadurch ziemlich vereinfacht).

Das Hauptziel wird darin bestehen, zwei Blätter so zusammenzufügen, daß die einzelnen Zeilen geradlinig ohne Bruch vom ersten zum zweiten Blatt übergehen. Wenn Sie nicht zu viele Zeilen benötigen, ist es sinnvoll, zwischen je zwei Zeilen eine Leerzeile einzufügen. Ein Rechenblatt im Querformat wird dadurch nicht nur übersichtlicher, sondern es wird auch einfacher, die beiden Blätter geradlinig miteinander zu verbinden.

Ein weiterer Trick besteht darin, die Spalten, Randeinstellungen und Blattbreite so zu justieren, daß die erste Seite so dicht wie möglich an den rechten Blattrand gezogen wird. Auf der folgenden Seite lassen Sie dann auf der linken Seite einen Leerraum. Bei einem Ausdruck von 8,5 Zoll Breite auf 11 Zoll breitem Papier mit einem BZ-Wert von 10 könnten Sie zum Beispiel BB auf 8,5 setzen. Dadurch erhalten Sie eine Zeilenlänge von 85 Zeichen. Wählen Sie jetzt die Daten so aus, bzw. setzen Sie die Randeinstellungen entsprechend, daß die ausgedruckten Daten möglichst dicht bei der 85 Zeichen Grenze liegen. Zum Beispiel können dafür zehn Standardspalten (je neun Zeichen) ausgewählt (zusammen 90 Zeichen) und davon fünf Spalten um je ein Zeichen verkürzt werden. Oder Sie wählen neun Standardspalten und legen den linken Rand auf 0,4 fest. Ein linker Rand von 0,4 und ein BB-Wert von 8,5 ergeben zusammen eine Zeilenlänge von 81 Zeichen — genau die richtige Länge für neun Standardspalten. Auf jeden Fall sollten Sie darauf achten, daß die Daten auf der ersten Seite mit dem rechten Rand bündig abschließen. Auf der zweiten Seite stellen Sie dann den linken Rand zwischen 0,5 und 1,0 ein, um die Möglichkeit zu erhalten, einen Teil des Leerraumes der zweiten Seite unter die erste zu schieben und dort zusammenzukleben. In Abbildung 4-16 ist ein solcher Klebevorgang bildlich dargestellt.

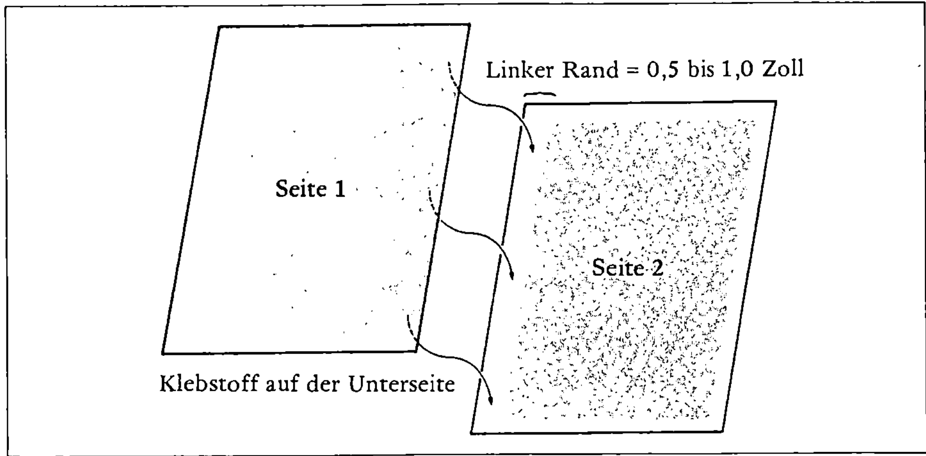

Abbildung 4-16 Durch exakte Rand- und Blattbreite-Einstellungen können Daten auf zwei Seiten ausgedruckt und anschließend sauber aneinandergefügt werden.

Wenn Sie sich nicht an den Gedanken gewöhnen können, Blätter zusammenzukleben, so ist es nach denselben Überlegungen genauso gut möglich, einfach die Datenspalten auf verschiedenen Seiten auszudrucken.

Vertikales Aneinandersetzen mehrerer Seiten

Das zweite Problem, das auftauchen kann, wenn mehr Daten existieren als Papier zur Verfügung steht, ist folgendes: Was geschieht, wenn ein Rechenblatt so lang ist, daß es zwei oder mehr Seiten benötigt? Apple-Works zeigt keine Seitenumbrüche vor dem Ausdrucken eines Rechenblattes an. Eine Seite kann also unter Umständen inmitten eines Abschnittes enden, d. h. der erste Teilabschnitt wird vor, der zweite nach dem Seitenumbruch erscheinen.

Hinzu kommt, daß die voreingestellten Druckparameter für einen Mehrseitenausdruck weder obere noch untere Randmarkierungen beinhalten. Werden diese Randmarkierungen nicht gesetzt, so wird bei einem Ausdruck auf Endlospapier Ihr Drucker über die Perforation der einzelnen Seiten hinweg drucken, ohne eine Leerzeile zum Überspringen der Perforation einzufügen. Es kann sogar vorkommen, daß die Zeile über der Perforation beim Trennen der Blätter auseinandergerissen wird, wenn Sie die Papierzufuhr für Ihren Drucker nicht genau justiert haben.

Durch Festlegen von oberen und unteren Randmarkierungen können Sie Ihren Drucker jedoch dazu veranlassen, die Perforation zwischen den einzelnen Blättern zu überspringen. Um festzustellen, wie viele Daten auf eine Seite in vertikaler Richtung passen, müssen Sie die maximale Zeilenzahl pro Seite berechnen. Die rechte Seite im DRUCKPARAMETER-Menü beinhaltet die Parameter, die sich auf die Seitenlänge beziehen. Lesen Sie die aktuelle Seitenlänge ab und verändern Sie entweder die oberen oder die unteren Randmarkierungen oder die Anzahl der Zeilen pro Zoll (ZZ). Sie können aber auch Ihre Daten so auswählen, daß jede Seite mit einer vollständigen Datengruppe endet. Um die jeweils richtige Datenmenge auf eine Ausdruckseite zu bekommen, müssen Sie möglicherweise diese Techniken miteinander kombinieren.

Anlegen von Bildschirmseiten

Die einfachste Art und Weise der Ausdruckplanung ist die, daß Sie schon im voraus die Breiten- und Längenbegrenzungen Ihrer Seite wissen und sie dann bei der Erstellung des Rechenblattes dementsprechend einplanen. Die rechte Seite im DRUCKPARAMETER-Menü zeigt Ihnen die oberen und unteren Randmarkierungen und wie viele Zeilen pro Zoll bzw. pro Seite ausgedruckt werden.

Auch wenn AppleWorks keine Seitenumbrüche im Rechenblatt zeigt, können Sie Ihre eigenen Seiten festlegen. Dazu müssen Sie aber unbedingt wissen, wie viele Zeilen pro Seite ausgedruckt werden. Wenn beispielsweise eine Ausdruckseite 54 Zeilen enthält, springen Sie im Rechen-

blatt auf die Zeile 54 und setzen dort eine Markierung, z. B. einen Binde-
strich, damit Sie später wieder daran erinnert werden. Bei Zeile 108
machen Sie dasselbe wieder. Mit Hilfe dieser Markierungen sehen Sie jeweils das „Seitenende", sobald Sie sich bei der Modellerstellung dieser
Markierung nähern. Sie können dann von Fall zu Fall entscheiden, ob der
Beginn einer neuen Eintragsgruppe noch vor dem Seitenumbruch oder erst
danach beginnen soll; und Sie gehen damit sicher, daß eine zusammenhängende Datengruppe niemals durch einen Seitenübergang auseinandergerissen wird.

Speichern gebräuchlicher Druckparameter

Beim Erstellen einer neuen Datei wird das Rechenblatt, wie schon in
der Textverarbeitung gezeigt, immer wieder seine Standard Druckparameter annehmen. Verwenden Sie regelmäßig ein feststehendes Druck-
format — z. B. BZ = 12 und BB = 8,5 — können Sie diese Parameter auf
einem kleinen Arbeitsblatt festhalten und dieses Arbeitsblatt dann unter
einer Bezeichnung wie „Mein Format" abspeichern. Später können Sie
jedesmal, wenn Sie ein neues Rechenblatt beginnen, die Datei „Mein
Format" laden, mit dem OA-N-Befehl den Dateinamen durch eine neue,
dem Inhalt der Datei entsprechende Bezeichnung, ersetzen und mit der
Modellerstellung beginnen. Da Sie ja den Dateinamen geändert haben,
wird Ihre Format-Datei unverändert auf der Diskette bleiben und Ihre
neue Datei unter der neuen Bezeichnung abgespeichert werden. Diese
Technik ist bestimmt sehr hilfreich, wenn Sie Zugang zu verschiedenen
Druckern mit unterschiedlicher Blattbreite oder Feinjustierung haben, da
Sie für jeden Drucker ein eigenes Format abspeichern können.

Rechenblätter ohne Rechenfunktionen

Schließlich gibt es kein Gesetz, das Ihnen vorschreibt, die Rechenblätter nur für Daten zu verwenden, mit denen irgendwelche Berechnungen
angestellt werden müssen. Einzelne Spalten können bis zu 75 Zeichen lang
sein. Informationen können in jeder Spalte entweder alphabetisch oder
numerisch sortiert werden; und mit dem Finde-Befehl können bestimmte
Ausdrücke aufgefunden werden. Durch diese Fähigkeiten wird aus dem
Rechenblatt eine schnelle und einfach zu handhabende Alternative zur
AppleWorks Datenbank, vor allem dann, wenn Sie kurze Listen erstellen
und sortieren möchten: z. B. ein Telefonverzeichnis, das nur Namen und
Telefonnummern enthält oder eine Liste der Datendisketten mit Ihren
Dateien. Sie brauchen keine Datenbankstruktur mit formalen Feldbe-
zeichnungen anzulegen, sondern können einfach Spaltenbezeichnungen
im Rechenblatt direkt eingeben. Wenn Sie so viele Informationsspalten
benötigen, daß nicht alle auf dem Bildschirm angezeigt werden können,
verschieben Sie das Bildschirmfenster so, daß Sie den Rest Ihrer Daten ein-

sehen können. Sie brauchen nicht wie in der Datenbank ein Berichtsformat anzulegen oder zu verändern.

Für solche Zwecke besteht der echte Unterschied zwischen einem Rechenblatt und einer Datenbank darin, daß Sie nicht ausgewählte Gruppen auflisten oder Untergruppen aus den Datensätzen des Rechenblattes ausgeben können. Außerdem ist das Rechenblatt begrenzter beim Format der Dateneingabe. Das Rechenblatt sollte nicht nur als zahlenverarbeitende Maschine eingesetzt werden. Wenn Sie glauben, daß eine bestimmte Anwendung vom Rechenblatt bearbeitet werden kann, dann probieren Sie es einfach aus. Je mehr Sie aus den stereotypen Verwendungszwecken des Rechenblattes und der anderen AppleWorks Applikationen ausbrechen, desto mehr werden Sie mit AppleWorks anfangen können.

Fehlerbehandlung

Das Rechenblatt bietet von allen drei AppleWorks Programmen die meisten Möglichkeiten für Mißverständnisse und Probleme. Ein falscher Befehl kann eingegeben oder ein falsches Datenformat angelegt werden. Es kann eine falsche Formel eingegeben oder eine falsche Zeile für Berechnungen angegeben werden. Fehler im Umgang mit dem Programm werden von AppleWorks kenntlich gemacht. Entsteht aber ein Fehler beim logischen Aufbau des Rechenblattes, müssen Sie ihn schon selber entdecken.

Fehlermeldungen

Im allgemeinen wird Ihnen das AppleWorks Rechenblatt Fehlermeldungen als Text auf dem Bildschirm ausgeben, wenn Sie eine Speichergrenze des Programmes überschreiten (z. B. Dateigröße oder Zwischenspeicherkapazität), wenn ein Fehler beim Speichern oder Laden wechselnder Dateitypen auftaucht oder wenn die Kombination von Werten und Formeln einen Berechnungsfehler (beispielsweise Division durch Null) in einer bestimmten Zelle erzeugt. Wenn eine Zahl zu groß ist für die festgelegte Spaltenbreite, werden die Ziffern durch Doppelkreuze (#) ersetzt. Außerdem werden Sie gewarnt, wenn Sie versuchen sollten:

- den freien Speicherplatz zu überschreiten.
- mehr als 250 Zeilen oder 125 Spalten (mit maximal 255 Zeichen) in den Zwischenspeicher zu kopieren.
- Daten in den Zwischenspeicher auszugeben und anschließend wieder ins Rechenblatt zurück zu kopieren.
- eine Bezeichnung oder einen Wert aufzufinden, der sich nicht im Rechenblatt befindet.

- eine Rechenblattdatei unter einer Bezeichnung abzuspeichern, die bereits eine DIF oder ASCII Datei auf derselben Diskette bezeichnet.
- mehr als eine Kopie einer Datei auf den Schreibtisch zu holen.
- einen Wert oder eine Formel mit mehr als 75 Zeichen einzugeben.
- ein Unterverzeichnis zu löschen, das Dateien enthält. (ProDOS läßt nur das Löschen von Unterverzeichnissen zu, wenn diese leer sind.)

Darüberhinaus werden Pieptöne bei weniger groben Fehlern ausgegeben, zum Beispiel wenn Sie:

- eine Formel mit falscher Syntax eingeben (Weglassen von Klammern u. a.).
- Daten in einem falschen Format eingeben.
- den Cursor über das Rechenblatt hinaus bewegen.
- während eines Kopiervorganges nicht zulässige Datenbereiche markieren.
- Formeln oder Bezeichnungen eingeben, die mehr als 75 Zeichen lang sind.
- versuchen sollten, mehr als neun Zeilen oder Spalten einzufügen.

Außer diesen Fehlern, die beim Umgang mit dem Programm entstehen, können Ihnen auch mathematische Fehler unterlaufen. Apple-Works erzeugt einen Piepton, wenn eine Formel nicht im richtigen Format eingegeben wird (Weglassen von Klammern oder Eingabe eines unzulässigen Wertes), aber es wird Ihre Rechenfunktionen nicht überprüfen. Es kann Ihnen leicht ein Fehler bei der Eingabe einer Zellennummer in eine Formel unterlaufen, der das Ergebnis einer Formelberechnung verändert. Dies können Sie nur dadurch umgehen, daß Sie alle Formeln genauestens daraufhin überprüfen, welche Zellen in welchen Formeln verarbeitet werden sollen.

Es empfiehlt sich immer, die Rechenformeln bei der Eingabe oder beim Kopieren zu überprüfen. Vergewissern Sie sich, daß sie alle benötigten Zellen enthalten. Vergewissern Sie sich, daß Sie die richtigen Rechenoperatoren verwendet haben, und vergewissern Sie sich, daß Sie auch die Klammern an der richtigen Stelle gesetzt haben. Eine Formel wie z. B. (1+(10*2)) wird ein anderes Ergebnis erzeugen — 21 — als die Formel ((1+10)*2) — 22. Überprüfen Sie Formeln also bei der Eingabe, und überprüfen Sie sie wieder, wenn Sie Spalten oder Zeilen bewegen, einfügen oder löschen. Solche Änderungen können nämlich ohne weiteres mathematische Beziehungen des Modelles beeinflussen.

Verschiedene Tips

Beim Erstellen von DIF und ASCII Dateien für die Übertragung auf andere Anwendungen oder Programme kann eine Datendiskette ziemlich rasch vollgepackt werden und im Umgang mit Dateinamen sogar Verwirrung stiften. Wenn Sie beispielsweise eine Datenbankdatei mit der Bezeichnung „Personal" in ein Rechenblatt übertragen möchten, müssen Sie zwei neue Dateien erstellen: eine DIF Datei für die Übertragung und die neue Rechenblattdatei. Jeder dieser Dateien erfordert einen Namen. Befinden sich dieselben Daten in unterschiedlichen Dateien, ist es wichtig, unterschiedliche Dateinamen zu benutzen und diese Bezeichnungen so anschaulich als möglich zu wählen. In AppleWorks können zwei unterschiedliche Dateitypen nicht unter demselben Dateinamen gespeichert werden. Aber vergessen Sie nicht: Die DIF oder ASCII Datei, die Sie für die Datenübertragung benötigen, ist eine temporäre Datei, die nur so lange benötigt wird, bis die Datenübertragung von einem Anwendungsprogramm zum anderen erfolgreich abgeschlossen worden ist. Sobald Sie mit der Datenübertragung fertig sind, sollten Sie diese Datei löschen.

Solche DIF oder ASCII Dateien kann man leicht vergessen, da sie nicht in der AppleWorks Liste der Diskettendateien erscheinen. Der Befehl „Dateien auf den Schreibtisch holen" zum Beispiel zeigt nur die AppleWorks Dateien. Für die übrigen Dateien einer Datendiskette müssen Sie in der HAUPT-AUSWAHL die Zeile „Verschiedenes" und danach „Dateien vom oben angezeigten Pfad auflisten" wählen. Wenn Sie dies ausführen, werden Sie feststellen, daß alle nicht-AppleWorks Dateien einfach als „nicht bekannt" aufgelistet werden — der Liste kann nicht entnommen werden, ob es sich um DIF oder ASCII oder andere Dateien handelt. Aus diesem Grund ist es besonders wichtig, solchen Dateien einen anschaulichen Dateinamen, zum Beispiel Personal.DIF, zu geben. (Weitere Tips über Diskettendateien und ihre Organisation finden Sie in Kapitel 9.)

Automatische Berechnung bedeutet für die Anfänger unter den Rechenblattbenutzern gewöhnlich ein Hindernis. Bei der Eingabe von Daten und Formeln oder beim Ändern von Werten in einem bestehenden Rechenblatt scheint es eine Ewigkeit zu dauern, bis das Programm mit den Änderungen fertig geworden ist — besonders dann, wenn es sich um ein sehr umfangreiches Rechenblatt handelt. Beinahe jedes Kalkulationsprogramm ist auf automatische Berechnung voreingestellt, und AppleWorks bietet in diesem Falle keine Ausnahme. Bei jedem Neuladen einer bestehenden Datei oder beim Erstellen einer neuen Datei, ist das Rechenblatt so eingestellt, daß es sämtliche Formeln neu berechnet, sobald ein Wert geändert wird (unabhängig davon, ob die entsprechenden Werte geändert wurden oder nicht). Je mehr Formeln es in einem Rechenblatt gibt, desto größer ist die Berechnungszeit. Um diesen zeitraubenden Prozeß zu vermeiden, setzen Sie das Rechenblatt mit dem Befehl „Globale Einstellungen setzen" (OA-G) auf manuelle Berechnung. Wählen Sie **Berechnung**, setzen Sie die Markierung von **Automatisch** auf **Manuell**, und drücken Sie die Return-Taste. Im manuellen Modus wird das Rechenblatt nur dann neu berechnet, wenn Sie den entsprechenden Befehl dazu eingeben (OA-M – Modell durchrechnen).

Teilen des Bildschirmausschnittes ist eine absolute Neuerung im Rechenblatt. Bei der Cursorplazierung kann das Rechenblatt nach Wahl in zwei horizontale oder vertikale Bildschirmfenster aufgeteilt werden. Alles, was Sie über die Fenstertechnik in AppleWorks wissen müssen, ist, daß der Fenster-Befehl (OA-T) nur zwei Fenster erzeugt, und daß der Befehl ein zweites Mal eingegeben werden muß, wenn die beiden Fenster synchronisiert werden sollen. Wenn Sie den Cursor im Rechenblatt bewegen, werden bei nicht synchronisierten Fenstern die Daten in den beiden Fenstern unabhängig voneinander bewegt.

Halte Beschriftungen fest ist eine weitere Option in AppleWorks, die für Verwirrung sorgen kann. Mit der Option „Halte Beschriftungen fest" (OA-H) können Sie die Beschriftungen am linken und/oder am oberen Bildschirmrand festhalten, so daß sie immer sichtbar bleiben, wenn Sie sich innerhalb des Rechenblattes bewegen. Die Beschriftungen können zwar gleichzeitig links und oben festgehalten werden, dies kann allerdings gewisse Probleme mit sich bringen. Wenn Sie beide Beschriftungsreihen festgestellt haben, wäre zu erwarten, daß jederzeit alle Beschriftungen sichtbar sind. Was aber in Wirklichkeit passiert ist, daß nur jeweils eine Titelreihe sichtbar ist und zwar abhängig davon, in welcher Richtung Sie sich bewegen. Wenn Sie mit dem Cursor von links nach rechts wandern, bleiben die Beschriftungen am linken Bildschirmrand sichtbar; und wenn Sie von oben nach unten wandern, bleibt die Beschriftungsreihe am oberen Bildschirmrand sichtbar. Das Rechenblatt arbeitet so, daß die benötigten Beschriftungsreihen immer synchron zu Ihren Daten verlaufen.

Was Sie sehen und was Sie in Wirklichkeit erhalten ist im Rechenblatt nicht immer dasselbe und deshalb entstehen oft Probleme. Wenn Sie beispielsweise den Bewege- oder Lösche-Befehl verwenden und Datenzeilen auswählen, sollten Sie nicht vergessen, daß immer die gesamte ausgewählte Zeile bewegt oder gelöscht wird und nicht nur der Teil, der auf dem Bildschirm sichtbar ist. Lange Zahlen oder Bezeichnungen bilden ein weiteres Beispiel. Das Rechenblatt kann Zahlen, Bezeichnungen oder Formeln bis zu einer Länge von 75 Zeichen festhalten; eine Spaltenbreite, die kleiner ist als die Eintragslänge, zeigt jedoch nicht den gesamten Eintrag, und ein Drucker wird die nicht sichtbaren Daten der Spalte auch nicht ausdrucken. Die Daten befinden sich aber immer noch dort und werden auch auf Diskette oder in den Zwischenspeicher übertragen. Sie werden aber nicht in der Lage sein, die Daten anzuschauen oder auszudrucken, bevor Sie nicht die Spaltenbreite entsprechend vergrößern. Dies sollten Sie nicht außer acht lassen, besonders dann nicht, wenn Sie die Option „Anzeigen/Ausblenden der Formeln" (OA-A) zum Ansehen der Formeln verwenden und danach OA-X zum Ausdrucken des Bildschirminhaltes eingeben. Sind die Spalten nicht breit genug für die gesamte Formellänge, werden Sie nur einen Ausdruck von Teilformeln erhalten, der somit nutzlos ist.

Kapitel 5
Datenübertragung in der Datenbank

Das Wichtigste an einer Datenbank ist die Fähigkeit, Daten auszuwählen, zu ordnen, in der gewünschten Weise auszudrucken und Beziehungen zwischen den einzelnen Sätzen herzustellen. In Kapitel 2 haben Sie erfahren, daß die AppleWorks Datenbank nicht relational angelegt ist; sie ist deshalb von Natur aus weniger leistungsfähig als manche der preislich höher liegenden Konkurrenzprogramme. Aber wie Sie später noch sehen werden, können Sie mit etwas Einfallsreichtum die fehlenden Leistungen des Programmes ausgleichen.

Da die AppleWorks Datenbank nicht relational aufgebaut ist, kann sie auch nur mit einer Datei auf einmal arbeiten. Es gibt teurere nicht relationale Datenbankprogramme, die versuchen, diese Grenzen dadurch zu umgehen, daß einzelne Dateien Kapazitäten erhalten, die größer sind als normal: Sie arbeiten zwar immer noch mit nur einer Datei, aber die Datei kann so viele Datensätze enthalten, die wiederum die unterschiedlichsten Anordnungen von Daten enthalten, daß dieselbe Wirkung erzeugt wird, wie beim Einsatz mehrerer unterschiedlicher Dateien zu gleicher Zeit.

AppleWorks Dateien im Datenbankteil sind jedoch relativ klein in ihren Ausmaßen, sowohl was die Anzahl von Datensätzen als auch die Anzahl der enthaltenen Feldnamen anbelangt. Diese Beschränkungen bedeuten aber in vielen Situationen kein Problem. Mit kleineren Dateien kann man leichter arbeiten. Außerdem spiegeln beschränkte Gruppen von Feldnamen die Art und Weise wider, in der Daten normalerweise in der realen Welt gesammelt werden.

Es gibt keine Sammlung von Fakten, ob Daten persönlicher Art oder die kompletten Datensätze einer Firma, die aus einer Anhäufung einheitlicher Daten besteht. Stattdessen ist es eine Sammlung, die wiederum aus Ansammlungen besteht. In unserem Privatleben bewahren wir ja auch nicht all unsere Datensätze in einer Datei und an einem Ort auf. Wir führen Adreßbücher, Rechnungen, Versicherungen, Scheckbücher usw. Auch Firmeninformationen werden nicht in einer großen Datei aufbewahrt. Sie werden vielmehr in zahlreichen unterschiedlichen Dateien gespeichert, die Personallisten, Gewinn- und Verlustlisten, Inventarverzeichnisse und andere Datentypen enthalten.

Da wir dazu neigen, einzelne Dateiteile ohnehin in Unterdateien aufzuteilen, ist es auch viel natürlicher und gängiger, mehrere kleine Compu-

terdateien anzulegen als eine übergröße Datei. Die Datenbank in Apple-
Works macht es Ihnen leicht, solche Dateienkollektionen anzulegen. Jede
davon kann die notwendigsten Informationen für einen bestimmten Zweck
enthalten. Es ist natürlich oft der Fall, daß einige dieser Dateien sich auf
bestimmten Gebieten überschneiden und gemeinsame Informationen enthalten. Aber dank des AppleWorks Zwischenspeichers und der Möglichkeiten Daten zu übertragen brauchen wir die bereits existierenden Daten
nicht noch einmal neu zu tippen, wenn wir eine neue Datei anlegen —
solche Daten können einfach aus der Datei, in die sie bereits geschrieben
wurden, übernommen werden.

Nehmen wir einmal an, Sie möchten eine Verkaufsdatei anlegen, die
die Namen der Verkäufer, der Kunden, das Datum des letzten Vertreter-
besuches und der letzten Kundenbestellung enthalten soll. Sie müßten diese
Datei von Grund auf erstellen, also die Feldnamen benennen und die Daten von Hand eingeben. Wenn es aber bereits andere Dateien gibt, die einige
dieser Informationen enthalten, könnte AppleWorks Ihnen diesen Prozeß
erleichtern. Aus einer bestehenden Kundendatei könnten Kundennamen
und Adressen und die zugehörigen Vertreternamen genommen werden.
Diese Feldnamen verwenden Sie dann zum Erstellen Ihrer neuen Datei.
Danach können Sie neue Feldnamen für das Datum des letzten Vertreter-
besuches und das Datum der letzten Kundenbestellung einfügen. Das Geheimnis dieser Arbeitseinsparung liegt im Wissen um die Technik der Datenübertragung beim Anlegen neuer Dateien und der Neustrukturierung
einer bestehenden AppleWorks Datenbank für neue Zwecke.

Datenübertragung in die Datenbank

Es gibt vier Möglichkeiten für die Neuerstellung einer AppleWorks
Datenbankdatei aus bereits existierenden Daten: aus einer anderen Apple-
Works Datenbankdatei; aus einer QuickFile Datei; aus einer DIF oder ASCII
Datei; und aus einem AppleWorks Rechenblatt. Im folgenden Abschnitt
werden diese Optionen untersucht.

Verändern einer bestehenden Datenbankdatei

Mit einer AppleWorks Datenbankdatei ist es einfach, existierende
oder übertragene Daten nach neuen Gesichtspunkten wieder aufzubereiten. Die bestehende Datei kann umbenannt, deren Struktur geändert und
unter einem neuen Dateinamen abgespeichert werden. (Die Originaldatei
bleibt dabei unverändert auf der Diskette erhalten.)

Nehmen wir zum Beispiel an, Sie hätten eine AppleWorks Datenbankdatei mit dem Dateinamen „Kunden". Diese Datei ist zwar gut, um allgemeine Informationen über Ihre Abrechnungen zu führen, aber Sie möch-

ten sicher gern wissen, wie erfolgreich Ihre Verkaufskräfte von Monat zu Monat sind und ob eine unterschiedliche Personalbesetzung sich auf das Kaufverhalten der Kunden auswirkt. Zu diesem Zweck möchten Sie nun eine neue Datei mit dem Dateinamen „Aktivitaet" erstellen (Umlaute in Dateinamen sind nicht erlaubt!). In der neuen Datei werden Informationen benötigt, etwa Firmenname, Kontaktperson oder Verkaufsperson, die schon in der Kundendatei aufgelistet sind (vgl. Abbildung 5-1).

Die Flexibilität von AppleWorks bietet Ihnen nun zwei Möglichkeiten, wie ausgewählte Daten aus einer bestehenden Datei in eine neue Datei übertragen werden können. Beide Alternativen erfordern Vorausplanung, allerdings ist eine weniger kompliziert als die andere.

Neustrukturierung einer Datei im Hauptspeicher

Wenn Sie aus einer bestehenden Datei Daten für eine neue Datei benötigen, so ist es am einfachsten, die bestehende Datei in den Hauptspeicher zu laden und sie dort zu ändern. Benennen Sie die Datei um, löschen Sie die nicht mehr benötigten Feldnamen und fügen Sie Ihre neuen Feldnamen ein. Dieser Vorgang ist möglich, da AppleWorks erlaubt, den Charakter einer Datenbank nahezu komplett zu ändern. Diese Methode ist außerdem sicher (in bezug auf Ihre Daten), da die Datei, mit der Sie im Hauptspeicher (auf dem Schreibtisch) arbeiten, glücklicherweise nur eine Kopie der originalen Datei ist; diese verbleibt unverändert auf Diskette.

Da diese Methode Modifikationen einer bestehenden Datei beinhaltet, ist sie schneller und einfacher als die später beschriebene Alternative. Sie müssen nur sicher gehen, daß die Originaldatei nicht gelöscht werden

```
Datei: Kunden              ANZEIGEN/BEARBEITEN         Esc: Haupt-Auswahl

Auswahl: Alle Sätze


Kunden #  Firmenname         Kontaktperson Straße                PLZ   Wohnort
=============================================================================
0001      Wäscherei Frank    Hermann Frank Waldstr.15            7300  Esslingen
0002      Maier Reifen       Rolf Petersen Hauptstr.134          7440  Nürtingen
0003      Detektivbüro Watson Bud Sherlock Enge Gasse 11         7000  Stuttgart
0004      Konditorei Fritz   Hans Luik     Achalmstr.34          7410  Reutlingen
0005      Weinakademie Blau  Rudolf Blau   Neckargasse 23        7400  Tübingen
0006      Pizza Romana       Aldo Rinaldo  Römerstr.34           7000  Stuttgart
0007      Autohaus Haug      Heinrich Benz Dieselstr.64          7300  Esslingen
0008      Tankstelle Raiser  Manfred Mann  Stuttgarter Str.145 7300  Esslingen
0009      Hotel Ernst        Judith Klein  Seestr.34             7000  Stuttgart
0010      Radio Kürner       Bernd Maier   Torweg 46             7400  Nürtingen



Eingabe oder § Kommando                                    §-? für Hilfe
```

Abbildung 5-1 Bestehende AppleWorks Dateien können zum Erstellen einer neuen Datenbankdatei modifiziert werden.

kann, selbst wenn Sie die Datei im Hauptspeicher verändern. Solange Sie nicht vergessen, den Dateinamen zu ändern (und das sollte unbedingt jedesmal Ihr erster Schritt sein), ist Ihre Datei auf Diskette absolut sicher. Schauen wir uns noch einmal das Beispiel an. Sie haben eine Datei („Kunden"), die allgemeine Daten Ihrer Kunden enthält: Kundennummer, Firmenname, Kontaktperson, Adresse, Telefonnummer, Kredithöhe und zugeordnete Verkaufsperson (in Abbildung 5-1 sind nicht alle Feldnamen gezeigt). Ihr Ziel ist es, eine neue Datei zu erstellen („Aktivitaet"), die folgende Daten enthalten soll: Firmenname, Kontaktperson, Verkaufsperson, Datum der letzten Auslieferung, Datum der vorletzten Auslieferung und Datum der letzten Bestellung. Die beiden Dateien überschneiden sich in drei Feldern: Firmenname, Kontaktperson und Verkaufsperson. Nachfolgend wird Ihnen gezeigt, wie Sie die Daten umorganisieren müssen, um eine neue Datei schnell und einfach aus Ihrer bestehenden Datenbankdatei zu erstellen:

1. Holen Sie die bestehende Datei auf den Schreibtisch. Wenn sie sich auf dem Schreibtisch nicht als Arbeitsdatei befindet, rufen Sie den Schreibtischinhalt (OA-W) auf, wählen die Datei aus und drücken Return.

2. Geben Sie mit der geöffneten Datei auf dem Bildschirm den Befehl „Name/Feld ändern" (OA-N), um den Dateinamen zu ändern. In diesem Fall wird „Kunden" zu „Aktivitaet" geändert.

3. Nach Eingabe des neuen Dateinamens drücken Sie Return. Dann gelangen Sie in den Bereich des NAME/FELD ÄNDERN Bildschirmes, in dem Sie die Feldnamen ändern können. Die Namen der vordefinierten Felder der Datei „Kunden" sind wie in Abbildung 5-2 aufgelistet.

```
Datei: Aktivitaet             NAME/FELD ÄNDERN          Esc: Anzeigen/Bearbeiten



Feldnamen
==================================================================================
Kunden #                           !
Firmenname                         ! Möglichkeiten:
Kontaktperson                      !
Straße                             ! Feldnamen ändern
PLZ                                ! Aufwärtspfeil    Dateiname ändern
Wohnort                            ! Abwärtspfeil     Nächstes Feld
Telefon                            ! §-E              Feld einfügen
Kredithöhe                         ! §-L              Feld löschen
Verkaufsperson                     !
                                   !
                                   !
                                   !
                                   !
                                   !
Eingabe oder § Kommando                                        52K Speicher
```

Abbildung 5-2 Bestehende Feldnamen können auf dieser Seite geändert und einzelne Felder hinzugefügt oder gelöscht werden. Mit OA-N (Name/Feld ändern) kommen Sie auf diese Seite.

4. Falls nötig, springen Sie mit dem Abwärtspfeil zum ersten Feldnamen, der aus der neuen „Aktivitaet" Datei gelöscht werden soll. (In diesem Beispiel sollen Kundennummer, Straße, PLZ, Ort, Telefon und Kredithöhe gelöscht werden.) Wenn Sie den Cursor auf dem Feldnamen positioniert haben, geben Sie den Lösche-Befehl ein (OA-L). Wenn Sie einen Feldnamen löschen, erscheint immer eine Warnmeldung (wie in Abbildung 5-3). In diesem Fall brauchen Sie diese Warnung nicht zu beachten. Machen Sie einfach weiter, und löschen Sie jeden Feldnamen, den Sie nicht mehr benötigen mitsamt den dazugehörigen Daten.

5. Als nächstes fügen Sie die für die neue Datei benötigten Feldnamen ein. Plazieren Sie den Cursor wiederum im NAME/FELD ÄNDERN-Menü an der Stelle, an der ein neuer Feldname eingefügt werden soll. Drücken Sie OA-E und tippen Sie den Feldnamen ein. Möchten Sie die neuen Feldnamen einfach nur an das Listenende anhängen, so springen Sie mit dem Cursor eine Zeile unterhalb des letzten Feldnamens und geben die neuen Feldnamen ein. (Die Datenbank übernimmt die Feldnamen der Reihe nach von oben nach unten und bringt Sie in derselben Anordnung im Datensatzformat bzw. von links nach rechts im Listenformat auf den Bildschirm.)

6. Haben Sie alle neuen Feldnamen eingegeben, so drücken Sie Escape um ins Listenformat auf der ANZEIGEN/BEARBEITEN-Seite zurückzukehren. Von hier aus ist es wieder leicht, die Datensätze zu durchlaufen und die neuen Informationen, wie Sie sie in Abbildung 5-4 sehen, einzugeben. Sie finden es vielleicht bequemer, Da-

```
Datei: Aktivitaet            LöSCHSICHERUNG            Esc: Name/Feld ändern


Feldnamen
=================================================================================


              Datei soll für IMMER gelöscht werden
        ┌─────────────────────────────────────┐
        !                                     !
        !            Alle Einträge in:        !
        !               Kunden #              !
        !                                     !
        └─────────────────────────────────────┘




--------------------------------------------------------------------------------
Wird Entscheidung bestätigt? Nein  Ja
```

Abbildung 5-3 AppleWorks zeigt immer eine Warnung, falls Daten aus einer Datei durch Löschen eines Feldnamens gelöscht werden könnten.

```
Datei: Aktivitaet           ANZEIGEN/BEARBEITEN            Esc: Haupt-Auswahl

Auswahl: Alle Sätze


Firmenname          Kontaktperson Verkaufsperson Letztes Besuchsdatum Vorl. Besu
================================================================================
Wäscherei Frank     Hermann Frank Müller         24 Feb 84            12 Okt 83
Maier Reifen        Rolf Petersen Schmid          3 Apr 84             2 Mrz 83
Detektivbüro Watso  Bud Sherlock  Braun          29 Mrz 84            10 Mrz 84
Konditorei Fritz    Hans Luik     -              -                    -
Weinakademie Blau   Rudolf Blau   -              -                    -
Pizza Roma          Aldo Rinaldo  -              -                    -
Autohaus Haug       Heinrich Benz -              -                    -
Tankstelle Raiser   Manfred Mann  -              -                    -
Hotel Ernst         Judith Klein  -              -                    -
Radio Kürner        Bernd Maier   -              -                    -




------------------------------------------------------------------------------
Eingabe oder § Kommando                                        §-? für Hilfe
```

Abbildung 5-4 Nachdem eine Datei geändert wurde, ist es nicht mehr schwierig, im Listenformat durch die einzelnen Datensätze zu gehen und die fehlenden Daten in die neu hinzugefügten Felder einzugeben.

ten in bestehende Datensätze im Datensatzformat einzugeben. Mit dem Zugriff-Befehl (OA-Z) können Sie in diesen Modus umschalten.

7. Wenn Sie mit der Dateneingabe soweit fertig sind, speichern Sie die Datei auf Diskette. Da Sie ja den Dateinamen geändert haben (hier zu „Aktivitaet"), wird sie unter dem neuen Namen abgespeichert. Die Originaldatei („Kunden") wird dabei unverändert unter dem Originaldateinamen auf der Diskette erhalten bleiben. Zur Bestätigung lassen Sie sich in der HAUPTAUSWAHL mit der Option **Dateien holen** ein Diskettenverzeichnis ausgeben. Wenn Sie die Dateien wie im gezeigten Beispiel aufgebaut haben, werden Sie beide Dateien, „Kunden" und „Aktivitaet" im Verzeichnis vorfinden.

Mit dieser Technik können Sie nicht nur eine Datei vollständig ändern, Sie können genauso erfolgreich eine Datei kopieren. Es kann vorkommen, daß Sie eine Datei einfach nur duplizieren möchten. Die Kundendatei könnte zum Beispiel 700 Datensätze enthalten und somit nahe an die Grenze der Speicherkapazität eines 128K Apples herankommen. Deshalb sollte jetzt die Datei in zwei Dateien aufgespalten werden, so daß die erste Datei die Datensätze von 1 bis 400 und die zweite Datei die Datensätze ab 401 enthält. Laden Sie dazu die Datei „Kunden" und ändern Sie den Dateinamen zu „Kunden.1" (oder einem anderen, leicht veränderten, aber trotzdem anschaulichen Dateinamen). Ordnen Sie die Datensätze in numerischer Reihenfolge, und löschen Sie die Sätze von 1 bis 400. Dann speichern

Sie die neue Datei unter ihrem neuen Dateinamen. Abschließend kehren Sie zur Originaldatei zurück, löschen alle Datensätze über 400 und speichern die verbleibende Datei unter ihrem Originalnamen. Mit einigen schnellen Handgriffen haben Sie somit Ihre große Datei erfolgreich in zwei gleich aufgebaute kleinere Dateien aufgespalten.

Neustrukturierung einer Datei mit Hilfe des Zwischenspeichers

Der Zwischenspeicher bietet eine zweite, jedoch schwierigere Möglichkeit, eine bestehende Datei neu zu strukturieren. Diese Methode bietet keine Vorteile gegenüber der gerade beschriebenen. Sie benötigt außerdem mehr als doppelt so viel Zeit, weil der Zwischenspeicher besser dafür geeignet ist, Datensätze innerhalb einer Datei zu bewegen und nicht von einer Datei in eine andere.

Diese Möglichkeit wird hier nur deshalb beschrieben, weil Sie gelegentlich damit konfrontiert werden könnten. Und da Gründlichkeit eines der Ziele dieses Buches ist, müssen wir auch manchmal über die potentiellen Unzulänglichkeiten von AppleWorks Bescheid wissen, nicht nur über die Glanzleistungen der Datenverarbeitung. Hier sind die einzelnen Schritte aufgeführt, denen Sie bei einer Zwischenspeicherübertragung folgen müßten:

1. Untersuchen Sie die Quelldatei, und entscheiden Sie, welche Datenfelder übertragen werden sollen. Wenn Sie eine Kopie der Datei anlegen möchten, besteht die Möglichkeit, daß alle Felder, aber nur ein Teil der Daten übertragen werden.

2. Benötigen Sie nur bestimmte Felder in der neuen Datei, verwenden Sie den Befehl OA-Ä (Ändere Satzformat) und löschen alle nicht benötigten Felder von der Anzeige. (Felder, die durch Ändern des Satzformates gelöscht werden, bleiben glücklicherweise in der Datei erhalten — sie werden nur von der Anzeige gelöscht.)

3. Ordnen Sie die Daten so, daß sich der zu übertragende Teil in einem zusammenhängenden Bereich befindet und innerhalb der Grenzen der Zwischenspeicherkapazität liegt. Wenn Sie also beispielsweise Datensätze mit den Namen von M bis Z übertragen, sollten Sie die Namen alphabetisch ordnen und dann mit dem Cursor die zu übertragenden Datensätze markieren. Nach Auswahl der Daten können sie mit dem Kopiere-Befehl (OA-K) — nicht mit dem Bewege-Befehl (OA-B) — in den Zwischenspeicher kopiert werden. Wird die Kapazität des Zwischenspeichers von den ausgewählten Daten überschritten, machen Sie Ihre Auswahl noch einmal rückgängig und markieren einen kleineren Bereich. Kopieren Sie dann diese Daten in den Zwischenspeicher, und führen Sie die unten ausgeführten Schritte durch. Danach kehren Sie wieder hierher zurück und übertragen den Rest der Daten, die aus der Originaldatei in Ihre neue Datei übertragen werden sollen.

4. Kehren Sie zur Option **Dateien holen** aus der HAUPT-AUS-WAHL zurück und erstellen Sie eine neue Datenbank (Option 1: neu beginnen). Beim Definieren der Felder für die neue Datei sollten Sie sichergehen, daß Sie dieselbe Anzahl von Feldern erstellen, die später aus dem Zwischenspeicher übertragen werden sollen. Geben Sie wenn möglich diesen Feldern dieselben Bezeichnungen, die sie in der alten Datei hatten. Ordnen Sie die Felder so, daß die Reihenfolge in beiden Dateien (im Datensatzformat) gleich ist.

5. Nachdem die Felder erstellt und angepaßt sind, drücken Sie die Escape-Taste und anschließend die Leertaste. Damit kommen Sie in den Eingabemodus für den ersten Datensatz in der neuen Datei. Der Cursor befindet sich am Anfang der Dateneingabe des ersten Feldes.

6. Geben Sie jetzt zweimal den Befehl OA-Z (Zugriff auf Datensatz/ Liste). Damit verlassen Sie den Eingabemodus und kommen ins Datensatzformat.

7. Mit dem Kopiere-Befehl holen Sie sich Ihre Daten aus dem Zwischenspeicher. Die Daten werden fein säuberlich in die definierten Felder kopiert, solange die Feldnamen der Quelldatei und die Feldnamen der Zieldatei dieselbe Reihenfolge aufweisen. Wenn Ihre neuen Felder aus irgend einem Grunde eine andere Reihenfolge aufweisen, editieren Sie mit dem Befehl OA-N (Namen von Datei oder Feldern ändern) die Feldnamen und passen sie den Daten an.

8. Wenn nötig kehren Sie zu Ihrer Quelldatei zurück und übertragen diejenigen Daten, die der Zwischenspeicher während der ersten Kopierprozedur nicht aufnehmen konnte.

9. Sie haben nun zwei getrennte Dateien erhalten: Die alte enthält die Originaldaten, die neue enthält eine Untermenge von Feldern und Daten. Mit dem Befehl OA-N (Namen von Datei oder Feldern ändern) können jetzt weitere Feldnamen in die neue Datei eingefügt und eine Datensammlung angelegt werden, die sich vom Inhalt und Zweck der Originaldatei unterscheidet.

Wie Sie sehen ist diese Alternative komplexer, als die Neustrukturierung einer Datei im Hauptspeicher, aber sie beinhaltet keinen Löschvorgang, der ein Feld komplett aus der Datei im Hauptspeicher löscht. Hier werden nur einige Felder aus dem Blickfeld hinausgeschoben, damit sie nicht in den Zwischenspeicher übertragen werden. Wenn Sie vielleicht Angst davor haben, daß Sie eine wertvolle Datei unbeabsichtigt dadurch löschen könnten, daß Sie eine abgeänderte Datei unter dem Originaldateinamen auf Diskette speichern, ist diese Möglichkeit in Betracht zu ziehen. Dadurch wird eine solche Panne weitgehend ausgeschlossen, da Sie ja immer mit zwei unterschiedlichen Dateien arbeiten. Sie sollten jedoch versuchen, über jeglichen Zweifel erhaben zu sein, der bei der Strukturänderung einer Datei im Hauptspeicher noch auftauchen könnte. Solange Ihr erster Schritt der sein wird, daß Sie den Dateinamen der im Hauptspeicher befindlichen Datei abändern, wird Ihr Original wohlbehalten auf der Diskette bewahrt bleiben; die Zwischenspeichermethode kostet Sie jedoch eine Menge unnötiger Zeit.

Nachdem Sie dann ein wenig Routine im Modifizieren bestehender Dateien erlangt haben, können Sie ganze Reihen von Dateien für spezielle Zwecke einrichten. Die praktischen Anwendungen in AppleWorks, die wir in Kapitel 6 und 7 finden, beinhalten einen großen Teil an Neustrukturierung von Datenbanken (sowohl innerhalb eines Modelles als auch zwischen verschiedenen, und in Verbindung mit anderen Anwendungsprogrammen). Wenn Sie die Absicht haben, einige der datenverarbeitenden „Werkzeuge" in diesen Kapiteln zu erstellen, sollten Sie zuerst die Anwendung der Technik üben.

Übertragen von ASCII Dateien in die Datenbank

Wenn Sie die Flexibilität der AppleWorks Datenbank schätzen gelernt haben, möchten Sie vielleicht Daten aus Dateien verarbeiten, die nicht in AppleWorks erstellt worden sind. Schauen wir uns zuerst ASCII Dateien an. Um eine ASCII Datei zur Verarbeitung in die Datenbank zu laden, geben Sie einfach die Anzahl der Datenfelder in der Datei an, benennen den Pfadnamen der gewünschten ASCII Datei und bezeichnen dann die neue Datenbank mit einem Dateinamen. Der Prozeß ist mechanisch gesehen recht einfach; zu dem erwünschten Ergebnis zu gelangen, ist jedoch nicht mehr ganz so einfach.

Das ASCII Format ist für Datenbanken nicht sehr gebräuchlich, weil ASCII Dateien keine Standard Ausgabe besitzen, die von Datenbanken direkt verarbeitet werden kann. Datenbanken formatieren Informationen in Zeilen (Datensätzen) und Spalten (Feldern), das ASCII Format dagegen kennt weder Zeilen- noch Spaltenorientierung, sondern nur den Dateninhalt. Das ASCII Format organisiert Daten nicht als einzelne Elemente mit Zeilenvorschüben zwischen den einzelnen Feldern; es übersetzt nur Zeichen und Zeilenvorschübe in Standardcodes, wie sie der Reihe nach kommen. Deshalb kann eine ASCII Datei sehr lange Ausdrücke (zum Beispiel Zeilen einer Textdatei) oder sehr kurze (zum Beispiel Zelleninhalte aus einem Rechenblatt) oder eine Kombination aus beiden enthalten.

Beim Laden einer ASCII Datei in die Datenbank werden alle Daten zwischen zwei Zeilenvorschüben als ein Ausdruck behandelt und in einem Feld untergebracht. Damit dies für die Zieldatei einen Sinn gibt, müssen die Ausdrücke in der ASCII Datei bereits so geordnet sein, daß diejenigen Felder, die die Daten erhalten sollen, den jeweils entsprechenden Inhalt zugewiesen bekommen.

Offensichtlich wird man daher nur solche ASCII Dateien laden, von denen man weiß, daß sie der Datenbank angepaßt worden sind. Im allgemeinen handelt es sich hierbei um Kalkulationsdateien, Dateien aus anderen Datenbankprogrammen oder Dateien aus der Textverarbeitung (zum Beispiel Adressenlisten), die speziell so formatiert sind, daß sie problemlos in die AppleWorks Datenbank übertragen werden können. Selbst dann müssen Sie wissen, wie viele Felder zu definieren sind. Es folgen die Schritte, die zum Laden einer ASCII Datei von Diskette ausgeführt werden müssen. Danach folgen einige Beispiele:

1. Wählen Sie **Aus einer ASCII-Datei** in der DATENBANK Anzeige.

2. Geben Sie die Anzahl der Felder pro Datensatz in der ASCII Datei ein (AppleWorks erlaubt bis zu 30 Felder), und bestätigen Sie Ihre Eingabe durch Return.

3. Geben Sie den kompletten ProDOS Pfadnamen der ASCII Datei ein (einschließlich Disketten- und/oder Verzeichnisname), und bestätigen Sie wiederum Ihre Eingabe mit Return.

4. Geben Sie den Dateinamen der neuen Datenbank ein (er sollte sich vom ASCII Dateinamen unterscheiden), und beenden Sie Ihre Eingabe mit Return.

5. Nachdem die Datei geladen worden ist und sich auf dem Bildschirm befindet, geben Sie den Befehl OA-N (Namen von Datei oder Feldern ändern), um die Feldnamen von Feld 01, Feld 02 usw. in anschaulichere Namen umzuändern.

ASCII Kalkulationsdateien

Sie können sogar Kalkulationsdateien im ASCII Format in die Datenbank übertragen (siehe Abbildung 5-5 und 5-6). Diese Abbildungen zeigen die Entwicklung eines Standardrechenblattes über eine ASCII Datei bis hin zu einer neuen Datenbank. Die hier gezeigte ASCII Datei wurde in eine Textdatei geladen, damit Sie die Zeilenvorschübe und das Datenformat besser erkennen können.

Daten im ASCII Format werden nicht einwandfrei den Feldern der Datenbank zugeordnet, wenn Sie nicht die korrekte Anzahl von Feldern angegeben haben. Bevor Sie eine solche Übertragung durchführen, sollten Sie zuerst die Spalten des originalen Rechenblattes durchzählen: Jeder Spalte muß ein Feld in der neuen Datenbank zugeordnet werden. In Abbildung 5-6 sind beispielsweise fünf Felder festgelegt, weil das der Spaltenzahl im originalen Rechenblatt entspricht. Bei Eingabe einer falschen Feldanzahl werden die Daten nicht richtig zugeordnet, wie in Abbildung 5-7 gezeigt.

```
Datei: Mein Etat          ANZEIGEN/BEARBEITEN           Esc: Haupt-Auswahl
========A========B========C========D========E======
   1!               Monat 1       Monat 2       Monat 3    Ort. Gesamt
   2!
   3!Essen           DM 650,00     DM 656,50     DM 663,07
   4!Miete           DM 750,00     DM 750,00     DM 750,00
   5!Hausrat         DM 112,50     DM 113,62     DM 114,76
   6!Telefon         DM 100,00     DM 101,00     DM 102,01
   7!
   8!Gesamt        DM 1.612,50   DM 1.621,12   DM 1.629,84   DM 4.863,46
   9!
  10!
  11!
  12!
  13!
  14!
  15!
  16!
  17!
  18!
--------------------------------------------------------------------------
A1

Eingabe oder § Kommando                                      §-? für Hilfe
```

```
Datei: ASCII.Liste.TB      ANZEIGEN/BEARBEITEN           Esc: Haupt-Auswahl
=====!====!====!====!====!====!====!====!====!====!====!====!====!====!===

Monat 1
Monat 2
Monat 3
Ort. Gesamt




Essen
650
656,5
663,065

Miete
750
750
750
--------------------------------------------------------------------------
Eingabe oder § Kommando             Zeile 1   Spalte  1      §-? für Hilfe
```

Abbildung 5-5 Daten aus einem Rechenblatt (oben) werden in ganz anderer Form in einer ASCII Datei (unten) dargestellt. In der ASCII Datei ist jede Zelle der Rechenblattschablone auf einer separaten Zeile dargestellt, sogar wenn die Zelle keine Informationen enthält; es folgt jeweils ein Zeilenvorschub.

ASCII Textdateien

Bei sorgfältiger Formatierung der Daten kann auch eine Textdatei, die normalerweise nicht als Quelldatei für eine Datenbank verwendet wird, übertragen werden. Sie müssen dabei bedenken, daß sämtliche Eintragungen zwischen zwei Zeilenvorschüben einem Feld in der Datenbank zuge-

```
Datei: ASCII.Liste.TB       ANZEIGEN/BEARBEITEN           Esc: Haupt-Auswahl
=====!=====!=====!=====!=====!=====!=====!=====!=====!=====!=====!=====!=====!=====!===

Monat 1
Monat 2
Monat 3
Ort. Gesamt



Essen
650
656,5
663,065

Miete
750
750
750


---------------------------------------------------------------------------------------
Eingabe oder § Kommando              Zeile 1   Spalte  1        §-? für Hilfe
```


```
Datei: ASCII.Liste.DB       ANZEIGEN/BEARBEITEN           Esc: Haupt-Auswahl

Auswahl: Alle Sätze


Feld 01       Feld 02       Feld 03       Feld 04       Feld 05
=======================================================================================
 -            Monat 1       Monat 2       Monat 3       Ort. Gesamt
 -            -             -             -             -
Essen         650           656,5         663,065       -
Miete         750           750           750           -
Hausrat       112,5         113,625       114,76125     -
Telefon       100           101           102,01        -
 -            -             -             -             -
Gesamt        1612,5        1621,125      1629,83625    4863,46125




---------------------------------------------------------------------------------------
Eingabe oder § Kommando                                    §-? für Hilfe
```

Abbildung 5-6 Die Einträge zwischen den Zeilenvorschüben in der ASCII Datei (oben)
sind in der Datenbank in Felder aufgeteilt (unten), entsprechend der jeweiligen Feld-
zahl, die für die neue Datenbank bestimmt worden ist.

ordnet werden. Auch eine Leerzeile, die einen Zeilenvorschub beinhaltet,
wird einem Datenbankfeld zugeordnet. Deshalb muß jede einzelne Eintragung mit der Textverarbeitung so vorbereitet werden, daß sie gesondert
auf einer Zeile mit abschließendem Return steht.

```
Datei: ASCII.Lis.DB4sp        ANZEIGEN/BEARBEITEN          Esc: Haupt-Auswahl

Auswahl: Alle Sätze


Feld 01          Feld 02          Feld 03          Feld 04
================================================================================
-                Monat 1          Monat 2          Monat 3
Ort. Gesamt      -                -                -
-                -                Essen            650
656,5            663,065          -                Miete
750              750              750              -
Hausrat          112,5            113,625          114,76125
-                Telefon          100              101
102,01           -                -                -
-                -                -                Gesamt
1612,5           1621,125         1629,83625       4863,46125




-------------------------------------------------------------------------------
Eingabe oder § Kommando                                          §-? für Hilfe
```

Abbildung 5-7 Wenn für eine Datenbank vier Felder festgelegt werden, das originale Rechenblatt aber fünf Spalte umfaßt, sieht das Ergebnis chaotisch aus.

In Abbildung 5-8 sehen Sie eine Textdatei, die Namen und Adressen enthält. So muß eine Textdatei aussehen, wenn sie einwandfrei in eine Datenbank übertragen werden soll. Beachten Sie, daß die Anzahl der Felder in diesem Beispiel genau der Zeilenanzahl eines jeden Adreßblockes angepaßt ist. Aus diesem Grunde kann eine Name/Adresse Kombination (ein Datensatz) in der Textdatei nicht von der nächsten getrennt werden — Leerzeilen würden bewirken, daß die Einträge falsch übertragen werden.

Übertragen von DIF Dateien in die Datenbank

DIF Dateien sind für die Übertragung in eine Datenbank in einem weitaus besseren Format gespeichert als ASCII Dateien. Zusammengehörende Informationen werden zusammengehalten, und die Zeilen/Spaltenanordnung des Originals wird ebenfalls beibehalten. Nur bei der Übertragung von DIF Dateien, Sie erinnern sich sicherlich, müssen die Programme, die die DIF Datei erzeugen bzw. laden, in der Datenorganisation übereinstimmen. Das DIF Format gruppiert zwar die Daten in Zeilen und Spalten, es erkennt aber nicht automatisch, welche Gruppen als Zeilen und welche als Spalten dargestellt werden sollen.

Nehmen wir das Beispiel von Kapitel 4: Sie wurden vor dem Speichern eines AppleWorks Rechenblattes gefragt, ob Ihre Daten in Zeilen oder in Spalten abgespeichert werden sollen. Sie konnten keine Antwort darauf geben, bevor Sie nicht die Reihenfolge wußten, in der das Empfangsprogramm die Daten behandelt. Die AppleWorks Datenbank erwartet, wie

```
Datei: Adressen.ASCII      ANZEIGEN/BEARBEITEN           Esc: Haupt-Auswahl
=====!=====!=====!=====!=====!=====!=====!=====!=====!=====!=====!=====!=====!===
Kay Schmidt
Waldstr.23
7411
Stuttgart 60
0711-263556
Franz Wild
Seestr.2
7400
Tübingen
07071-82376
Roland Kern
Bergstr.178
7300
Esslingen
0711-238467




Eingabe oder § Kommando            Zeile 16  Spalte  1      §-? für Hilfe
```

```
Datei: Adressen.DB         ANZEIGEN/BEARBEITEN           Esc: Haupt-Auswahl

Auswahl: Alle Sätze


Feld 01        Feld 02        Feld 03        Feld 04        Feld 05
==============================================================================
Kay Schmidt    Waldstr.23     7411           Stuttgart 60   0711-263556
Franz Wild     Seestr.2       7400           Tübingen       07071-82376
Roland Kern    Bergstr.178    7300           Esslingen      0711-238467
_              _              _              _              _




Eingabe oder § Kommando                                   §-? für Hilfe
```

Abbildung 5-8 Da die Daten in der Textdatei (oben) einzelnen Zeilen zugeordnet sind, von denen jede mit einem Return endet, können sie in die zugehörigen Felder der Datenbank (unten) richtig übertragen werden.

auch das Rechenblatt, Daten aus einer DIF Datei in Spaltenordnung. Wenn die übertragenen Daten in dieser Ordnung gespeichert worden sind, wird eine DIF Datei ganz nach Wunsch in eine Datenbank übertragen. Enthält eine DIF Datei jedoch Ihre Daten zeilenorientiert, dann werden die zeilenorientierten Daten als Spalten erscheinen und die Spalten als Zeilen (siehe Abbildung 5-9).

```
Datei: Mein Etat             ANZEIGEN/BEARBEITEN              Esc: Haupt-Auswahl
=========A=============B===========C===========D============E=======
  1!                  Monat 1        Monat 2        Monat 3    Ort. Gesamt
  2!
  3!Essen             DM 650,00      DM 656,50      DM 663,07
  4!Miete             DM 750,00      DM 750,00      DM 750,00
  5!Hausrat           DM 112,50      DM 113,62      DM 114,76
  6!Telefon           DM 100,00      DM 101,00      DM 102,01
  7!
  8!Gesamt            DM 1.612,50    DM 1.621,12    DM 1.629,84   DM 4.863,46
  9!
 10!
 11!
 12!
 13!          `
 14!
 15!
 16!
 17!
 18!
------------------------------------------------------------------------------
E8:  (Wert, Format-G2) §SUM(B8...D8)

Eingabe oder § Kommando                                         §-? für Hilfe
```

```
Datei: DIF.Li.Zeilen         ANZEIGEN/BEARBEITEN              Esc: Haupt-Auswahl

Auswahl: Alle Sätze


Feld  1          Feld  2          Feld  3          Feld  4          Feld  5
==============================================================================
Essen            Miete            Hausrat          Telefon          Gesamt
Monat 1          650              750              112,5            100
Monat 2          656,5            750              113,625          101
Monat 3          663,065          750              114,76125        102,01
Ort. Gesamt      4863,46125       --               --               --




------------------------------------------------------------------------------
Eingabe oder § Kommando                                         §-? für Hilfe
```

Abbildung 5-9 Das Rechenblatt (oben) wurde als DIF Datei mit Zeilenorientierung gespeichert. Da die Datenbank DIF Dateien in Spaltenordnung erwartet, werden die Daten in der neuen Datenbank (unten) verkehrt angeordnet.

Solange Sie sicher gehen können, daß sämtliche DIF Dateien, die Sie in der AppleWorks Datenbank wiederverwenden wollen, in Spaltenordnung gespeichert wurden, wird Ihnen der Umgang mit DIF Dateien einfacher erscheinen als mit ASCII Dateien.

DIF kann zwar nicht Zeilen von Spalten unterscheiden, es weiß aber, wie viele Zeilen und wie viele Spalten es in der Datei gibt. Deshalb brauchen

Sie die Anzahl der Felder für die neue Datenbank nicht anzugeben, wenn
Sie eine DIF Datei als Quelldatei benutzen. AppleWorks nimmt einfach
alle Spalten (bzw. Zeilen, je nach Anordnung der DIF Datei) und wandelt
sie in die gleiche Anzahl von Feldern um.

Folgen Sie bitte den unten aufgeführten Schritten, wenn Sie eine DIF
Datei als Quelldatei für eine neue Datenbankdatei verwenden:

1. Wählen Sie **Aus einer DIF (TM) Datei** in der DATENBANK Anzeige.

2. Geben Sie den vollständigen ProDOS Pfadnamen der DIF Datei
   ein (einschließlich Disketten- und/oder Verzeichnisname), und bestätigen Sie Ihre Eingabe mit Return.

3. Geben Sie den Dateinamen der neuen Datenbank ein (achten Sie
   darauf, daß er sich vom Dateinamen der DIF Datei unterscheidet —
   Sie wissen ja, daß Sie nicht zwei Dateien mit demselben Dateinamen auf derselben Diskette speichern können), und beenden Sie
   Ihre Eingabe mit Return.

4. Nachdem die Datei geladen wurde und sich auf dem Bildschirm befindet, können Sie die Datei editieren.

Übertragen von QuickFile Dateien in die Datenbank

Von sämtlichen externen Dateien, die mit AppleWorks verarbeitet
werden können, sind QuickFile Dateien bei weitem am einfachsten zu bearbeiten. Der Prozeß der Datenübertragung von QuickFile nach Apple-
Works ist mechanisch gesehen genauso einfach wie das Laden irgend eines
anderen externen Dateityps — Sie brauchen hierbei aber keinerlei technische Vorüberlegungen anzustellen. QuickFile wurde von Ruppert Lissner,
dem AppleWorks Autor, geschaffen, und es war ihm ein Anliegen, daß
AppleWorks Benutzer problemlos Dateien aus seinem älteren Programm
übernehmen können. QuickFile ist ein pascal-orientiertes Programm (im
Gegensatz zu DOS 3.3 oder ProDOS), und es ist das einzige externe Programm, dessen Dateien Sie für den Umgang mit AppleWorks nicht konvertieren müssen. Sie können QuickFile Dateien ohne Modifikationen direkt
nach AppleWorks übertragen. So laden Sie eine QuickFile Datei:

1. Legen Sie Ihre QuickFile Datendiskette in das Diskettenlaufwerk,
   das Sie in AppleWorks als aktuelles Arbeitslaufwerk definiert haben. Wenn nötig können Sie die Diskettenparameter mit der Option **Verschiedenes** in der HAUPT-AUSWAHL entsprechend einstellen.

2. Wählen Sie die Option **Aus einer QuickFile (TM) Datei** auf der
   DATENBANK Anzeige, und drücken Sie Return. AppleWorks liest
   auf dem vordefinierten Laufwerk und gibt eine Liste mit QuickFile
   Dateien aus.

3. Wählen Sie die gewünschte Datei durch Bewegen der invers angezeigten Balkenmarkierung aus. Bestätigen Sie Ihre Eingabe mit Return. AppleWorks wird dann von Ihnen die Eingabe eines Dateinamens für die neue Datenbankdatei erwarten.

4. Tippen Sie den neuen Dateinamen, und geben Sie anschließend Return ein. Die Datei wird komplett mit den originalen Feldnamen in die AppleWorks Datenbankdatei geladen.

Datenübertragung aus der Datenbank

Datenbankdateien können auf verschiedene Art und Weise zur Außenwelt übertragen werden: Als DIF oder ASCII Datei (zur Weiterverarbeitung mit anderen Programmen oder zur Übertragung über Modem) und als Bericht, der wiederum auf Papier oder auf Diskette ausgegeben werden kann. Der folgende Abschnitt behandelt diese Optionen.

Erstellen von Datenbankberichten

In der Datenbank werden sämtliche Ausdrucke über das Berichtsformat gesteuert (siehe Abbildung 5-10). Es gibt hier keine vordefinierten Optionen wie in den beiden anderen AppleWorks Modulen, mit Hilfe derer Sie automatisch in diesem Programmteil ausdrucken könnten. Sie müssen

```
Datei: Kunden                 BERICHTSAUSWAHL          Esc: Anzeigen/Bearbeiten
Bericht: -


================================================================================


        1.   Bestehendes Berichtsformat verwenden
        2.   Listenformat erstellen
        3.   Etikettenformat erstellen
        4.   Kopieren eines bestehenden Formates
        5.   Berichtsformat löschen




--------------------------------------------------------------------------------
Nummer eingeben oder Pfeiltasten benutzen, dann Return         43K Speicher
```

Abbildung 5-10 Die BERICHTSAUSWAHL ist der Weg, über den sämtliche Ausdrucke in der Datenbank gesteuert werden.

zuerst ein Berichtsformat erstellen (oder ein bestehendes verwenden), bevor Sie eine Datenbankdatei ausdrucken können.

Wenn Sie die BERICHTSAUSWAHL mit dem Drucke-Befehl (OA-D) zum ersten Mal aufrufen, wird AppleWorks die Option 2 „Listenformat erstellen" im Inversmodus anbieten. Sollen einfach nur alle Datensätze und Datenfelder der Datei ohne besondere Wünsche ausgedruckt werden, ist die Erstellung eines Berichtsformates einfach:

1. Wenn die Option 2 **Listenformat erstellen** invers dargestellt ist, drücken Sie die Return-Taste. AppleWorks erwartet einen Berichtsnamen — geben Sie einen beliebigen Namen ein, und bestätigen Sie Ihre Eingabe mit Return. Dann gelangen Sie in die BERICHTS-FORMAT-Anzeige (siehe Abbildung 5-11).

2. Das Berichtsformat ist so vordefiniert, daß alle Datensätze mit allen Datenfeldern ausgedruckt werden. Sie brauchen also keine Einstellungen zu ändern — geben Sie einfach den Drucke-Befehl (OA-D) ein.

3. Eine neue Anzeige erscheint: DRUCKEN DES BERICHTS. Sie bietet eine Auswahl für das Ausgabeziel des Ausdruckes, die den/die von Ihnen konfigurierten Drucker, den Bildschirm, den Zwischenspeicher und ASCII oder DIF Dateien beinhaltet. Wählen Sie, wohin der Bericht ausgegeben werden soll.

4. Vor Beginn des Ausdruckes werden Sie noch um die Eingabe des Berichtsdatums gebeten (außer wenn Sie als Ausgabeziel eine ASCII oder eine DIF Datei gewählt haben); wenn Sie kein Datum benöti-

```
Datei: Kunden                 BERICHTSFORMAT              Esc: Berichtsauswahl
Bericht: Kunden
Auswahl: Alle Sätze



============================================================================
--> oder <--  bewegen Cursor              §-K  Kalkulationsfeld einfügen
 >    §    <   tauschen Feldpositionen     §-L  Löschen dieses Feldes
--->  §   <--  ändern Spaltenbreite        §-N  Namen des Berichts/Titel ändern
§-D  Drucken des Berichts                  §-O  Ordnen nach diesem Feld
§-E  Einfügen eines gelöschten Feldes      §-P  Parameter für das Drucken setzen
§-G  Gruppensumme hinzufügen/löschen       §-R  Regeln zur Satzauswahl ändern
§-J  Justieren (ein/aus)                   §-T  Feldsumme hinzufügen/löschen
----------------------------------------------------------------------------

Straße        PLZ          Wohnort       Telefon       Kredithöhe   Verkaufspers L
-D----------- -E---------- -F----------- -G----------- -H---------- -I----------- ä
Waldstr.15    7300         Esslingen     0711-23676    AA           Müller        n
Hauptstr.134  7440         Nürtingen     0722-62745    AB           Schmid        1
Enge Gasse 1  7000         Stuttgart 21  0711-998435   AAA          Braun         3
                                                                                  0
<--- Mehr ------------------------------------------------------------------------
Angezeigte Befehle zur Änderung des Berichtsformates verwenden      52K Speicher
```

Abbildung 5-11 Im BERICHTSFORMAT werden Daten für die Ausgabe auf ein beliebiges Ausgabeziel geordnet, ausgewählt und formatiert.

gen, drücken Sie nur die Return-Taste. Danach werden Sie noch gefragt, wie viele Exemplare des Ausdruckes angefertigt werden sollen; drücken Sie Return, wenn Sie nur einen Ausdruck benötigen.

Die Abfolge ist immer dieselbe und hängt weder davon ab, wohin der Bericht ausgegeben werden soll, noch von der Art des Berichtes. Nach Erstellen eines Berichtsformates (entweder Listenformat oder Etikettenformat), wird jedoch Option 1 **Bestehendes Berichtsformat verwenden** als Voreinstellung erscheinen, wenn Sie die BERICHTSAUSWAHL aufrufen. Bis zu acht verschiedene Berichtsformate lassen sich so speichern. Nach Auswahl der Option **Bestehendes Berichtsformat verwenden**, erhalten Sie eine Auflistung der gespeicherten Berichtsformate. Wählen Sie das gewünschte Format und drücken Sie die Return-Taste.

Aus Gründen, die wir im nächsten Abschnitt besprechen werden, kann es beim Auswählen oder Erstellen eines Berichtsformates vorkommen, daß Sie gewisse Einstellungen für den auszudruckenden Bericht vornehmen müssen.

Datenausgabe auf Drucker

Das Datenbank-Menü DRUCKEN DES BERICHTS kann wie in den anderen AppleWorks Modulen bis zu drei Drucker beinhalten, von denen wiederum einer als „Anderer Drucker" definiert werden darf. Wenn Sie einen der von AppleWorks unterstützten Drucker (Apple, Epson oder Qume) zusammen mit einem seriellen Interface oder mit einer parallelen Interfacekarte von Apple benutzen, werden keinerlei Probleme beim optimalen Einsatz der Druckparameter auftreten. Besitzen Sie aber eine andere Druckerausstattung, sollten Sie sich aus Ihrem Handbuch Informationen über Drucker und/oder Interfacekarte besorgen. Weitere Hinweise finden Sie in Kapitel 13 und Anhang B des AppleWorks Handbuches bzw. in Kapitel 8 dieses Buches unter der Überschrift „Druckeranpassungen".

Besonders für den Ausdruck von Datenbankdateien sollten Sie sich einige Dinge merken. Im Normalfall sind die Datensätze einer Datenbankdatei breiter (enthalten also mehr Daten) als auf ein 8,5 bis 11 Zoll breites Papier mit normalen Druckparametereinstellungen passen. Die Druckparameter sind standardmäßig auf 80 Buchstaben pro Ausdruckzeile eingestellt — das reicht gerade für 6 oder 7 Datenfelder. Eine Datei kann aber oftmals 15 bis 20 Felder beinhalten, von denen wiederum jedes bis zu 255 Zeichen umfassen kann. Durch gute Planung und Organisation kann diese Festlegung bei weitem überschritten werden (dies wird am Ende des Kapitels noch ausführlich diskutiert werden). Aber jetzt wollen wir unser Augenmerk zunächst auf den mechanischen Ablauf richten, wie wir unsere gewünschten Daten zu Papier bringen können.

Betrachtungen über die Zeilenlänge

Damit Ihre Daten alle ausgedruckt werden, darf die Länge der ausgewählten Daten nicht die Zeilenlänge überschreiten, die durch die Druckparameter vorgegeben ist. Im Gegensatz zum Rechenblatt wird Ihnen in der Datenbank nicht mitgeteilt, in welchem Verhältnis die Zeilenlänge der ausgewählten Daten zur Zeilenlänge der vorgegebenen Druckparameter steht. Es gibt aber zwei Möglichkeiten, wie Sie einwandfrei überprüfen können, ob die eingestellte Zeilenlänge für Ihre Daten ausreicht: Vergleichen Sie die aktuelle Berichtsbreite mit den Druckparametereinstellungen, und geben Sie den Bericht auf dem Bildschirm aus.

Vergleichen des Berichtes mit den Druckparametern. Rufen Sie sich in Erinnerung, daß die Zeilenlänge jedes tabellenartig angelegten Datenbankberichtes dadurch gefunden wird, daß im BERICHTSFORMAT an den rechten Rand der Daten gesprungen wird (siehe Abbildung 5-11). Vergleichen Sie die am rechten Bildschirmrand vertikal angegebene Zeilenlänge mit der ungefähren Zeichen/Zeile-Angabe auf der DRUCKPARAMETER-Seite (siehe Abbildung 5-12). Benötigen Ihre Daten eine größere Zeilenlänge als die Druckparameter zulassen, werden die Daten, die sich rechts des Grenzwertes befinden, nicht ausgedruckt. Durch einen Kompromiß kann man auch dafür Platz schaffen. Setzen Sie zunächst die Druckparameter so, daß eine größere Zeilenlänge mit mehr Buchstaben pro Zoll eingestellt wird. Danach passen Sie Ihre Daten so an, daß pro Zeile weniger Platz benötigt wird.

Sie müssen jedoch ein paar mal zwischen diesen beiden Alternativen umschalten, bevor der gewünschte Kompromiß erreicht ist. Nehmen wir

```
Datei: Kunden              DRUCKPARAMETER              Esc: Berichtsformat
Bericht: Kunden
========================================================================

------- Horizontale Grenzen ---------       ------ Vertikale Grenzen ----------
BB: Blattbreite          8,0 Zoll       BL: Blattlänge          11,0 Zoll
LR: Linker Rand          0,0 Zoll       OR: Oberer Rand          0,0 Zoll
RR: Rechter Rand         0,0 Zoll       UR: Unterer Rand         2,0 Zoll
BZ: Buchstaben/Zoll      10             ZZ: Zeilen/Zoll          6

    Druckbreite          8,0 Zoll           Drucklänge           9,0 Zoll
    Zeichen/Zeile (ca.)  80                  Zeilen/Seite         54

        ---------------- Sonstige Parameter ----------------
        SZ: Steuerzeichen drucken                      Nein
        LE: Bei Leereintrag "-" ausgeben               Nein
        BK: Berichtskopf auf jede Seite drucken         Ja
            1-, 2- oder 3-zeilig drucken (1Z/2Z/3Z)     1Z


Parameter eingeben:                                     43K Speicher
```

Abbildung 5-12 Auf der DRUCKPARAMETER-Seite finden Sie die unterschiedlichen Druckeinstellungen, die die Zeilenlänge des Ausdruckes beeinflussen können.

an, Sie hätten einen neunspaltigen Bericht mit 99 Zeichen pro Zeile. Da die vordefinierten Druckparameter nur eine Zeilenlänge von 8 Zoll, also 80 Zeichen pro Zeile, zulassen und die Randmarkierungen der Datenbank nahezu auf Null stehen, kann der Rand nicht mehr kleiner gemacht werden, um die Zeilenlänge auszudehnen. Zuerst können Sie eine größere Blattbreite ausprobieren (BB). Sie kann bis auf maximal 13,2 Zoll verbreitert werden. Nach dem Vergrößern des BB-Wertes sollten Sie ein paar Datensätze mit der neuen Einstellung ausdrucken lassen. Versuchen Sie, die Blattbreite optimal anzupassen, d.h. Sie sollten den größten Wert eingeben, den Ihr Drucker gerade noch verarbeiten kann. (Ein Standarddrucker kann gewöhnlich eine Blattbreite bis zu 8,5 Zoll verarbeiten.)

Für unser Beispiel nehmen wir an, daß ein Standarddrucker verwendet wird, der 8,5 Zoll Blattbreite verarbeiten kann. Sie haben jetzt zwar diese Änderung vorgenommen, aber mit einem BZ-Wert von 10 können immer noch nur 85 Buchstaben pro Zeile ausgedruckt werden. Sie benötigen aber 99 Zeichen. Versuchen Sie als nächstes, den BZ-Wert höher zu setzen. Beinahe jeder Drucker kann 12 Buchstaben pro Zoll ausdrucken. In diesem Beispiel ergeben der BB-Wert 8,5 zusammen mit dem BZ-Wert 12 eine Zeilenlänge von 102 Zeichen pro Zeile — also gerade ausreichend für Ihren Bericht.

AppleWorks erlaubt BZ-Werte zwischen 4 und 24, aber seien Sie vorsichtig mit BZ-Werten, die größer als 12 sind. Mit aufsteigendem BZ-Wert wird der Druck immer kleiner. Werte über 15 Buchstaben pro Zoll erzeugen einen sehr kleinen Druck, der sehr schwer zu lesen ist. Solche Ausdrucke sind vielleicht für Ihren persönlichen Bedarf gut genug, schauen Sie es sich aber lieber zweimal an, bevor Sie einen Ausdruck an einen Mitarbeiter oder an den Chef persönlich weitergeben.

In diesem Beispiel war es ausreichend, die Druckparameter zu verändern. Diese Alternative sollte immer Ihr erster Versuch sein. Der Trick wird jedoch nicht jedesmal gelingen. Sehr oft müssen Sie sogar Ihre Daten anstelle oder zusätzlich zu den Druckparametern anpassen. Blättern Sie zurück zur Befehlsliste in Abbildung 5-11. Sie sehen dort, daß Daten im BERICHTSFORMAT angepaßt werden können. Von dort aus können Sie Felder löschen oder kleiner machen und die Länge der auszudruckenden Zeilen verkleinern. Keine Angst, es werden keine Daten gelöscht, wenn im BERICHTSFORMAT Felder gelöscht werden. Durch die Verwendung des Lösche-Befehls (OA-L) werden die entsprechenden Felder einfach nicht mehr angezeigt. Soll ein auf diese Weise gelöschtes Feld wieder zurückgeholt werden, verwenden Sie den Einfüge-Befehl (OA-E); dann erhalten Sie eine Liste der gelöschten Felder. Die gewünschten Felder werden einfach dadurch wiedergewonnen, daß sie mit dem invers angezeigten Balken markiert werden und diese Entscheidung durch Return bestätigt wird. Die auf diese Weise wiedergewonnenen Felder werden an der Cursorposition im BERICHTSFORMAT eingefügt.

Beim Anpassen Ihrer Daten an die Zeilenlänge erweist es sich normalerweise als günstiger, einzelne Felder zu löschen, als einige Felder kleiner
zu machen. Es können dabei nämlich Probleme durch Abschneiden langer
Einträge auftreten, die Sie während der Veränderungen nicht sehen können. Da das BERICHTSFORMAT nur drei Datensätze zeigt, sehen Sie nur
bei diesen drei Sätzen, welche Auswirkungen sich durch die Veränderungen ergeben. Wenn Sie beispielsweise in einem Feld die drei Namen Schmid,
Weiß und Maier auf dem Bildschirm sehen, könnten Sie sich absolut sicher
fühlen und die Feldlänge auf sechs Zeichen verkürzen. Beim Ausdruck des
Berichtes jedoch bemerken Sie, daß einige längere Namen abgeschnitten
werden. Der Name „Baumgärtner" würde zum Beispiel als „Baumgä" ausgedruckt werden.

Müssen Sie trotzdem eine bestimmte Anzahl von Datenfeldern ausdrucken und sind alle Felder zusammen zu lang, gibt es nur noch den einen Weg, einzelne Felder kleiner zu machen und dadurch mehr Daten in
eine Zeile zu drängen. Vergewissern Sie sich aber in diesem Fall, daß
auch wirklich kein Eintrag abgeschnitten wird und benutzen Sie die zweite
Option — die vorherige Ausgabe auf dem Bildschirm.

Ausgabe auf dem Bildschirm. Die Datenbank ist die einzige Applikation in AppleWorks, in der Sie das Erscheinungsbild einer formatierten
Datei zuerst auf dem Bildschirm anschauen können. Wählen Sie einfach
„Auf den Bildschirm" als Ausgabeziel auf der Seite DRUCKEN DES BE
RICHTS. Sie werden dann Ihren Bericht so sehen, wie er auf Drucker erscheinen würde, d.h. bis zu einem bestimmten Punkt.

AppleWorks besitzt nur eine 80 Zeichen Darstellung. Ein Bericht, der
mehr als 80 Zeichen pro Zeile umfaßt, kann also nicht vollständig auf dem
Bildschirm dargestellt werden. Die Regel, die Sie sich einprägen sollten,
heißt: auf dem Bildschirm werden nur die Feldinhalte gezeigt, die innerhalb der ersten 80 Zeichen (der linke Teilbereich) des Berichtes liegen.

Nehmen wir als Beispiel eine Bildschirmausgabe der Felder des Kundenberichtes, der zum Teil in Abbildung 5-11 gezeigt wird. Beachten Sie,
daß der ganze Bericht 130 Zeichen pro Zeile umfaßt — es paßt also offensichtlich nicht alles auf den Bildschirm. Was Sie bei sich sehen, hängt davon ab, welche Felder im BERICHTSFORMAT angezeigt werden. Werden
die ersten 80 Zeichen dort aufgelistet, so wird dieser Teil auch auf dem
Bildschirm ausgegeben (siehe Abbildung 5-13). Wenn wir aber das BE
RICHTSFORMAT so verändern, daß der Teil rechts der 80 Zeichen Grenze
zu sehen ist (wie in Abbildung 5-11), werden bei der Ausgabe auf dem
Bildschirm trotzdem nur die Felder zu sehen sein, die links vom 80sten
Zeichen beginnen (siehe Abbildung 5-14). Für die Ausgabe der Telefonnummern, Kredithöhen und Verkaufspersonen müßten diese Feldpositionen so vertauscht werden, daß ihr Beginn innerhalb der ersten 80 Zeichen
liegt. Das Vertauschen von Feldpositionen geht folgendermaßen vor sich:
Plazieren des Cursors auf das Feld, das vertauscht werden soll; danach Eingabe der Tastenkombination OA- > oder OA- <.

```
Datei:  Kunden                                                        Seite  1
Bericht: Kunden
Kunden #       Firmenname        Kontaktperson    Straße           PLZ           W
----------     ----------------  --------------   ---------------  ----------    -

0001           Wäscherei Frank   Hermann Frank    Waldstr.15       7300          E
0002           Maier Reifen      Rolf Petersen    Hauptstr.134     7440          N
0003           Detektivbüro Watson Bud Sherlock   Enge Gasse 11    7000          S
0004           Konditorei Fritz  Hans Luik        Achalmstr.34     7410          R
0005           Weinakademie Blau Rudolf Blau      Neckargasse 23   7400          T
0006           Pizza Romana      Aldo Rinaldo     Römerstr.34      7000          S
0007           Autohaus Haug     Heinrich Benz    Dieselstr.64     7300          E
0008           Tankstelle Raiser Manfred Mann     Stuttgarter Str  7300          E
0009           Hotel Ernst       Judith Klein     Seestr.34        7000          S
0010           Radio Kürner      Bernd Maier      Torweg 46        7400          N


Weiter mit Leertaste                                              52K Speicher
```

Abbildung 5-13 Die Ausgabe auf dem Bildschirm zeigt hier die ersten 80 Zeichen (von links nach rechts) eines 130 Zeichen breiten Berichtsformates.

```
        Seite   1

FLZ                Wohnort
----------         -------------

7300               Esslingen
7440               Nürtingen
7000               Stuttgart 21
7410               Reutlingen
7400               Tübingen
7000               Stuttgart 61
7300               Esslingen
7300               Esslingen
7000               Stuttgart 23
7400               Nürtingen


Weiter mit Leertaste                                              52K Speicher
```

Abbildung 5-14 Soll das Berichtsformat die Daten auflisten, die sich rechts vom 80sten Zeichen befinden (wie zum Beispiel bei Abbildung 5-11), werden trotzdem nur diejenigen Daten, deren Beginn innerhalb der ersten 80 Zeichen liegt, auf dem Bildschirm ausgegeben.

Kurz gesagt, der Vorteil einer Bildschirmausgabe liegt darin, daß nicht nur die drei ersten Datensätze, wie auf der BERICHTSFORMAT-Seite, am Bildschirm zu sehen sind, sondern daß Sie jeden Satz in der Datenbank (indem Sie die Datei durchblättern und zur Fortsetzung die Leertaste drücken) sichtbar machen können. Die Ausgabe auf dem Bildschirm ist eine gute Methode (genau genommen sogar die einzig mögliche), mit der Sie überprüfen können, ob durch eventuelles Verkürzen von Feldern auch wirklich keine Einträge abgeschnitten worden sind. Durch die 80-Zeichen-Grenze wird jedoch diese Möglichkeit kleineren Feldgruppen vorbehalten bleiben, deren Zeilenlänge die 80-Zeichen-Grenze nicht überschreitet. In anderen Fällen müssen Sie Feldpositionen entsprechend vertauschen. Dadurch können auch bei größeren Berichten die weiter rechts stehenden Datenfelder auf dem Bildschirm ausgegeben werden.

Falls keine Alternative vorhanden sein sollte. Die letztendliche Lösung des Problems — Zeilenlänge kontra Datenbreite — ist natürlich wiederum das Zusammenkleben zweier aufeinanderfolgender Seiten. Bei einem Bericht im Querformat, bei dem alle Felder komplett und ohne Änderung gedruckt werden müssen, bleibt keine andere Wahl, als verschiedene Bereiche auf verschiedene Seiten zu drucken und sie dann anschließend zusammenzukleben. Dieses Hilfsmittel ist nicht für solche Berichte zu empfehlen, die mehr als eine Seite lang sind. Das Ergebnis könnte sonst in ein überdimensionales, unhandliches Stück Papier ausarten; für Berichte, die nur eine Seite lang sind, wird es jedoch ausreichend sein.

Für den Ausdruck von Berichten, die zwei Seiten breit sind, müssen Sie vorausplanen, welche Felder auf der jeweiligen Seite erscheinen sollen, die nicht erwünschten Felder im BERICHTSFORMAT löschen und das Ergebnis über Drucker ausgeben. Die Prozedur sieht folgendermaßen aus:

1. Setzen Sie die Druckparameter für die linke Seite so, daß die Daten von der einen Papierkante zur anderen laufen.

2. Entscheiden Sie im BERICHTSFORMAT, welche Felder auf der linken Seite erscheinen sollen. Danach beginnen Sie, Felder so lange zu löschen, bis die Berichtsbreite sich mit den Druckparameter-Einstellungen deckt. Ist es abzusehen, daß der Bericht mehrmals ausgedruckt werden muß, kann dieses Ausgabeformat zum Beispiel unter der Beziechnung „Kunden-links" gespeichert werden.

3. Drucken Sie den Bericht aus.

4. Kehren Sie zum vordefinierten BERICHTSFORMAT zurück (bzw. zu einem Format, in dem alle Felder vertreten sind), und löschen Sie daraus alle Felder, die Sie auf der linken Seite ausgedruckt haben. Wurden für den ersten Ausdruck die Standard Druckparameter verändert (BZ = 12, BB = 8,5 oder ähnliches), müssen diese Änderungen für die zweite Seite dupliziert werden. Vergessen Sie aber dieses Mal nicht, einen linken Rand von 1,0 Zoll einzustellen. Soll

auch diese Seite mehrmals ausgedruckt werden, kann das Format wiederum als eigenständiges Berichtsformat abgespeichert werden, zum Beispiel als „Kunden-rechts".

5. Drucken Sie den zweiten Berichtsteil aus, nachdem Sie die Druck-parameter richtig eingestellt und die Felder ausgewählt haben.

6. Der 1,0 Zoll breite Rand soll als Überlappungsrand dienen. Kleben Sie das zweite Blatt unter das erste und richten Sie dabei die Daten-spalten so gut als möglich aus. (Diese Möglichkeit ist in Kapitel 4, Abbildung 4-16 bildhaft dargestellt.)

Betrachtungen über die Seitenlänge

Ein weiterer Punkt zur Beachtung für die Ausgabe auf Papier ist: Ihre Datenbank kann wesentlich mehr Datensätze enthalten, als auf ein einziges Blatt Papier passen. Ist dies der Fall, so müssen zusätzliche Seiten einge-plant werden. Die vordefinierten Einstellungen auf der DRUCKPARA-METER-Seite beinhalten einen oberen Rand von 0 Zoll und einen unteren Rand von 2 Zoll. Die untere Randeinstellung verhindert, daß zwei aufein-anderfolgende Seiten ineinander laufen (das ist besonders dann wichtig, wenn Sie mit Endlospapier arbeiten, weil damit das Überdrucken der Per-foration zwischen zwei Seiten unterdrückt wird). Vielleicht würde es Ih-nen aber besser gefallen, wenn nicht auf jeder Seite zu Beginn eine Kopf-zeile erscheint, oder vielleicht möchten Sie auch am oberen Rand einer Seite denselben Rand wie am unteren Seitenende. Solche Einstellungen können Sie problemlos auf der DRUCKPARAMETER-Seite vornehmen.

Zunächst sollten Sie sich, noch bevor Sie mit dem Ausdrucken begin-nen, um die Zeilenanzahl kümmern, die Ihr Bericht enthalten wird, so daß Sie daraus wiederum die auszudruckende Seitenzahl ermitteln können. Die Zeilen/Seite-Angabe auf der DRUCKPARAMETER-Seite zeigt, wie viele Datensätze auf einer Seite ausgedruckt werden. Der Zeilenabstand kann dann so eingestellt werden, daß die einzelnen Zeilen sauber getrennt von-einander gedruckt werden. Berichte, die mit doppeltem Zeilenabstand ge-druckt werden, sind ja bekanntlich besser zu überblicken als mit dem in AppleWorks vordefinierten einfachen Zeilenabstand.

Schließlich könnte Sie noch die eingestellte Seitenlänge etwas verwir-ren, wenn Sie die Datei auf dem Bildschirm ausgeben. In dieser Option wird nach jedem Bildschirminhalt ein Seitenumbruch durchgeführt und eine neue Kopfzeile mit einer neuen Seitennummer eingesetzt, d.h. eine Bildschirmseite enthält nur ca. 20 Zeilen Ihrer Datei. Es kann deshalb vor-kommen, daß ein Bericht von 60 Zeilen Länge bei der Ausgabe auf Bild-schirm drei Seiten umfaßt, während eine Ausgabe über Drucker nur zwei Seiten erfordert. Die gezeigten Seiten sind hier also Bildschirmseiten und nicht Papierseiten — am besten ignorieren Sie einfach die Seitenanzeigen, die bei einer Bildschirmausgabe auftauchen.

Spezielle Steuerzeichen

Der Formatierparameter SZ auf der Seite der DRUCKPARAMETER ermöglicht die Übergabe eines speziellen Steuerzeichens an Ihren Drucker. Wenn Sie diese Option wählen, erscheint eine Bildschirmseite, die ähnlich aussieht wie das Bild beim Hinzufügen eines „anderen Druckers" oder bei der Schnittstellenanpassung. Sie werden gebeten, das Steuerzeichen für eine Druckererweiterung einzugeben, z.B. Fettdruck, Unterstreichen oder Breitschrift. Diese Option erfragt jedoch nur ein Steuerzeichen, Drucker dagegen benötigen meist zwei Zeichen — eines zum Einschalten und das zweite zum Abschalten der Erweiterung. Das heißt, daß das Festlegen eines Steuerzeichens mit der SZ-Option Ihren gesamten Datenbankbericht mit dieser eingestellten Option ausdruckt. Mit anderen Worten: Es gibt keine Möglichkeit, Optionen wie Fettdruck oder Unterstreichen nur auf bestimmte Datensätze oder -felder einer Datenbank anzuwenden.

Etikettenformat eines Berichtes

Unsere Betrachtungen haben sich bisher nur auf den Ausdruck von Berichten im Listenformat erstreckt, in dem die Datensätze horizontal ausgegeben werden. Mit AppleWorks können wir jedoch auch Etikettenformate erstellen und verwenden, die unsere Daten vertikal ausgeben. Jeder Datensatz darf dabei maximal 15 Zeilen enthalten.

Abbildung 5-15 zeigt die Datenausgabe eines typischen Berichtes im Etikettenformat. DieBerichtsbreite ist normalerweise im Etikettenformat nicht von Bedeutung, da meist nur ein oder zwei Datenfelder auf einer Zeile ausgegeben werden. Und die Daten, die auf einer Zeile hintereinander ausgegeben werden sollen, sind auch in der Regel sehr kurz. Es gibt trotzdem ein paar Dinge, die wir nicht vergessen sollten.

Beachten Sie, daß sich die Anzeige des BERICHTSFORMATes für Etikettenausdruck erheblich von der für Listenausdruck unterscheidet. Die Liste der möglichen Befehle wird im Etikettenformat nicht gezeigt. Sie können sie mit Hilfe des OA-?-Befehls auf den Bildschirm bringen. Wenn Sie mit den Optionen im Listenformat vertraut sind, dürften Sie allerdings keine Probleme bekommen.

Im vordefinierten Status zeigt das Etikettenformat die von Ihnen festgelegten Feldnamen für Ihre Datei ohne die dazugehörigen Daten. Mit dem OA-Z-Befehl (Zugriff auf Datensatz oder Liste) werden die Daten des ersten Satzes auf dem Bildschirm angezeigt. Das Lineal (OA plus eine Zahl zwischen 1 und 9), bzw. OA-< oder OA-> ermöglichen die Ausgabe jedes beliebigen Datensatzes. Da diese Bildschirmausgabe direkt im BERICHTS-FORMAT erfolgt, brauchen Sie derartige Berichte nicht unbedingt über das DRUCKEN-Menü auf dem Bildschirm auszugeben. Was auf dem Bildschirm erscheint, während Sie sich die einzelnen Sätze ausgeben lassen, ist genau das, was ausgedruckt wird. Alles was Sie sehen, wird auch ausgedruckt, all das was Sie nicht sehen können, wird auch nicht ausgedruckt —

mit einer Ausnahme: Sollten Sie aus irgendwelchen Gründen Zeilen ausdrucken müssen, die länger als 80 Zeichen sind, werden Sie nicht die ganze Zeile auf dem Bildschirm sehen, obwohl Sie durch Ändern der BB- und BZ-Werte mehr als 80 Zeichen auf einer Zeile drucken können.

```
Datei: Adressen.DB            BERICHTSFORMAT            Esc: Berichtsauswahl
Bericht: Etiketten
Auswahl: Alle Sätze



================================================================================
Kay Schmidt
Waldstr.23
7411 <Stuttgart 60
-----------------------Jeder Datensatz erzeugt  3 Ausgabezeilen---------------




Die in der Hilfestellung angezeigten Befehle verwenden           §-? für Hilfe
```

```
Datei: Adressen.DB            BERICHTSFORMAT            Esc: Berichtsauswahl
Bericht: Etiketten
Auswahl: Alle Sätze


================================================================================
Feld 01
Feld 02
Feld <Feld 04
------------------------Jeder Datensatz erzeugt  3 Ausgabezeilen---------------




Die in der Hilfestellung angezeigten Befehle verwenden           §-? für Hilfe
```

Abbildung 5-15 Bei Etikettenformaten können wir im BERICHTSFORMAT die Felder ordnen und das Ausgabebild eines jeden Datensatzes anschauen (oben). Die vordefinierte Anzeige (unten) gibt einfach nur die Feldnamen und nicht die Daten aus.

Datenanpassung an Etiketten. Für den Ausdruck von Etikettenberichten ist es weitaus wichtiger zu wissen, wie lang der Bericht wird und ob er auf die vorgefertigten Etiketten passen wird. Sollen Briefetiketten bedruckt werden, gilt es vorauszuplanen und die Daten sauber zu formatieren. Ein normales Briefetikett ist ein Zoll (oder sechs Zeilen) hoch. Überprüfen Sie jedoch Ihren Etikettenbestand, um die Zeilenanzahl festzulegen, die Ihr Bericht enthalten darf. Manche Etiketten sind ein Zoll hoch und so angeordnet, daß kein Zwischenraum zwischen den einzelnen Etiketten auftritt; andere haben dieselbe Höhe, sind aber so angeordnet, daß ein oder zwei Leerzeilen zwischen den einzelnen Etiketten liegen. Nehmen wir als Beispiel einen Bericht, in dem jeder Datensatz drei Zeilen hoch ist, wie in Abbildung 5-15 und die Briefetiketten eine Höhe von einem Zoll ohne Leerzeilen zwischen den einzelnen Etiketten besitzen. Dann müssen Sie zum Berichtsformat drei Zeilen hinzufügen, damit jeder Datensatz auf einem separaten Etikett ausgedruckt wird.

Die Datensätze können Sie am einfachsten an die Etiketten anpassen, indem Sie mit dem Cursor zum letzten Feld des Datensatzes springen und mit dem Abwärtspfeil die fehlenden Zeilen zur Satzlänge hinzufügen (vgl. Abbildung 5-16). Allerdings erscheinen so alle Leerzeilen in der unteren Hälfte der Etikètten, während die Daten in die obere Hälfte gedruckt werden. Mit etwas mehr Aufwand kann man die Briefetiketten schöner gestalten. Setzen Sie z. B. eine Leerzeile über die Daten und zwei Leerzeilen darunter. Zum Einfügen einer Leerzeile oberhalb der Daten verwenden Sie den Einfüge-Befehl (OA-E) im BERICHTSFORMAT. Dann wählen Sie die Option zum Einfügen einer Leerzeile über der Cursorposition. Es können

```
Datei: Adressen.DB          BERICHTSFORMAT           Esc: Berichtsauswahl
Bericht: Etiketten
Auswahl: Alle Sätze


================================================================================
Feld 01
Feld 02
Feld <Feld 04



-------------------------Jeder Datensatz erzeugt  6 Ausgabezeilen------------------



---------------------------------------------------------------------------------
Die in der Hilfestellung angezeigten Befehle verwenden          §-? für Hilfe
```

Abbildung 5-16 Jeder Satz eines Etikettenformates muß dieselbe Zeilenzahl aufweisen, wie das entsprechende zu bedruckende Briefetikett.

zum Ausgleichen von Leerraum zwischen den Etiketten auch zusätzliche Leerzeilen zu Beginn oder am Ende eines Datensatzes eingefügt werden.

Haben Sie dann die richtige Zeilenzahl am richtigen Platz positioniert, sollten Sie sich den auf einer Seite auszudruckenden Datengruppierungen zuwenden. Betrachten Sie Ihre Datensätze als etikettenformatierte Einzelstücke, und vergewissern Sie sich, daß die Stückzahl der auszudruckenden Sätze der Stückzahl der auf einer Seite vorhandenen Briefetiketten entspricht. Dabei wird die Liste der DRUCKPARAMETER von Bedeutung sein.

Beachten Sie in Abbildung 5-17 die beiden zusätzlichen Formatieroptionen für Etikettenformate: **ZU, Zeilen ohne Einträge unterdrücken** und **GZ, Gleiche Zeilenanzahl für jeden Datensatz.** Beim Bedrucken von Briefetiketten sollten Sie unbedingt darauf achten, daß jeder Datensatz gleich viele Etikettenzeilen aufweist — entweder indem Sie **ZU** auf **Nein** oder **GZ** auf **Ja** setzen. Andernfalls produziert eine gelöschte Zeile innerhalb eines Datensatzes ein kleineres „Stück", das alle nachfolgenden Datensätze um eine Zeile nach oben verschiebt. Werden ZU und GZ beide auf **Ja** gesetzt, dann haben alle Datensätze auf jeden Fall dieselbe Zeilenanzahl.

Bei der Verwendung der GZ-Option dürften keinerlei Probleme auftauchen, was das Berechnen der auf einer Seite unterzubringenden Datensätze anbelangt: Elf Sätze gleicher Länge werden auf elf Etiketten gleicher Größe ausgedruckt. Überprüfen Sie Ihren Etikettenbestand daraufhin, ob auch noch obere und untere Randeinstellungen über die Druckparameter vorgenommen werden müssen, um eventuell auftretende Leerzeilen zwischen den einzelnen Seiten zu überspringen.

```
Datei: Adressen.DB            DRUCKPARAMETER            Esc: Berichtsformat
Bericht: Etiketten
=========================================================================

------- Horizontale Grenzen ---------     ------- Vertikale Grenzen ----------
BB: Blattbreite         8,0 Zoll          BL: Blattlänge        11,0 Zoll
LR: Linker Rand         0,0 Zoll          OR: Oberer Rand        0,0 Zoll
RR: Rechter Rand        0,0 Zoll          UR: Unterer Rand       0,0 Zoll
BZ: Buchstaben/Zoll     10                ZZ: Zeilen/Zoll        6

    Druckbreite         8,0 Zoll              Drucklänge        11,0 Zoll
    Zeichen/Zeile (ca.) 80                    Zeilen/Seite      66

        -------------------- Sonstige Parameter -----------------
        SZ:  Steuerzeichen drucken                          Nein
        LE:  Bei Leereintrag "-" ausgeben                   Nein
        BK:  Berichtskopf auf jede Seite drucken              Ja
        ZU:  Zeilen ohne Einträge unterdrücken                Ja
        GZ:  Gleiche Zeilenanzahl für jeden Datensatz         Ja


---------------------------------------------------------------------------
Parameter eingeben:                                        47K Speicher
```

Abbildung 5-17 Die Liste der DRUCKPARAMETER für das Etikettenformat unterscheidet sich geringfügig von der Liste für das Listenformat.

Wenn Sie andererseits die ZU-Option, die diejenigen Zeilen unterdrückt, die keine Daten enthalten verwenden und außerdem die GZ-Option auf **Nein** eingestellt haben, sind Sie nicht mehr in der Lage, Ihren Etikettenausdruck zu kontrollieren: ob ein Satz auf einem separaten Etikett ausgedruckt wird oder ob auf normalem Papier eine Trennung von Datensätzen zwischen zwei Seiten erfolgt. Zur Überprüfung Ihrer Datenausgabe können Sie zwar die Daten auf dem Bildschirm ausgeben, aber vergessen Sie nicht, daß wie im Listenbericht die Seitennumerierung die Bildschirmseiten und nicht die Druckseiten anzeigt. Wird durch die ZU-Option nur eine einzige Zeile in einem Datensatz gelöscht, so werden alle folgenden Sätze um eine Druckzeile nach oben verschoben. Dadurch wird der Satz, der Ihrer Meinung nach erst auf der zweiten Seite beginnen sollte, sowohl beim Ausdruck auf Papier, als auch beim Etikettenausdruck, schon am Ende der ersten Seite beginnen. Das bedeutet, daß Sie immer die GZ-Option verwenden sollten.

Etiketten in Dreierreihen

Wenn Sie viel Post zu verschicken haben, werden Sie wahrscheinlich Briefetiketten verwenden, die dreireihig (jeweils drei Etiketten nebeneinander) angeordnet sind. Unglücklicherweise gibt es in AppleWorks keine Möglichkeit, das Etikettenformat entsprechend zu formatieren — Datensätze können immer nur untereinander ausgedruckt werden, nicht aber nebeneinander.

Benötigen Sie jedoch solche Ausdrucke, können Sie sich eine softwaremäßige Erweiterung zulegen, die solche Etikettenformate verarbeiten kann.

Datenübertragung in den Zwischenspeicher

Wie im Rechenblatt, können auch von der Datenbank Informationen über den Zwischenspeicher zur Textverarbeitung übertragen werden. Um dies einwandfrei zu bewerkstelligen, müssen Sie zunächst die Daten aus der Datenbank mit einem Berichtsformat auswählen und formatieren: danach werden die Informationen in den Zwischenspeicher kopiert; und schließlich können sie zur Textverarbeitung übertragen werden. Während eines solchen Übertragungsprozesses müssen Sie vollständig sicher gehen, daß die ausgewählten Daten auch wirklich komplett in den Zwischenspeicher gelangen, und daß die Daten, die wiederum vom Zwischenspeicher geholt werden, in ihre neue Umgebung passen. Diese Problematik wurde bereits in Kapitel 3 unter der Überschrift „Datenübertragung von der Datenbank in die Textverarbeitung" diskutiert. Wir werden sie deshalb hier nur noch einmal kurz wiederholen.

Auswahl der Daten

Eine Datenübertragung beginnt mit der Auswahl der Daten, die sich bereits in einem Berichtsformat befinden und in den Zwischenspeicher ausgegeben werden sollen. Um eine saubere Übertragung zu gewährleisten, muß das Datenformat innerhalb der von den Druckparametern vorgegebenen Grenzen liegen. Vergessen Sie dabei nicht. wenn Sie sich entscheiden, Ihre Auswahl durch Ausgabe auf den Bildschirm durchzusehen, wird Ihnen der Bildschirm nicht mehr als 80 Zeichen pro Zeile anzeigen; es werden nur diejenigen Felder gezeigt, die vor dem 81sten Zeichen beginnen — auch dann, wenn das Berichtsformat andere Felder ausgibt. In diesem Fall ist es besser, nicht vollständig auf die Bildschirmausgabe zu vertrauen, wenn Sie wissen möchten, welche Daten in den Zwischenspeicher übertragen werden.

Wie schon früher besprochen wurde, überprüfen Sie Ihre Datenübertragung am besten, indem Sie die ungefähre Zeilenlänge, die Sie in der Liste der Druckparameter finden, mit der Zeilenlänge vergleichen, die Sie am rechten Ende Ihrer Daten im BERICHTSFORMAT sehen. Beinhalten Ihre Daten weniger Zeichen als die Druckparameter zulassen, wird alles in den Zwischenspeicher übertragen werden. Beinhalten Ihre Daten jedoch mehr Zeichen, wird das Übermaß nicht übertragen. Sie können aber wie bei der Ausgabe über Drucker mehr Daten in einer Ausgabezeile unterbringen, wenn Sie die BB- und BZ-Werte entsprechend festlegen. Nachdem die Felder, die im Berichtsformat erscheinen sollen, ausgewählt und entsprechend angeordnet sind, können die Daten mit Hilfe des Drucke-Befehls (OA-D) zum Zwischenspeicher übertragen werden.

Datenübertragung vom Zwischenspeicher zur Textverarbeitung

Um die Übertragung zu vervollständigen, laden Sie einfach diejenige Textdatei, in die die Daten kopiert werden sollen, bewegen den Cursor an die Stelle, an der sie eingefügt werden sollen und geben den Kopiere-Befehl (OA-K), der die Daten aus dem Zwischenspeicher in die Textdatei überträgt. Wiederum müssen Sie die Zeilenlänge der Übertragungsdaten mit den festgelegten Druckparametern vergleichen und diese gegebenenfalls anpassen. In diesem Fall müssen allerdings die Druckparameter der Textverarbeitung entsprechend eingestellt werden.

Ist das Format der vom Zwischenspeicher kommenden Daten breiter als die eingestellten Druckparameter der Textverarbeitung erlauben, werden die Datensätze, wie in Abbildung 5-18 gezeigt, auf die nächstfolgende Zeile umgebrochen. Durch Ändern der BB-, BZ-Werte und Randeinstellungen in der Druckparameterliste der Textverarbeitung können Sie die umgebrochenen Daten jedoch wieder in ihren „Originalzustand" versetzen. Schließlich sollten Sie noch einmal darüber nachdenken, wie die Daten auf dem Papier aussehen werden und ob Ihr Drucker die neuen BB- und BZ-Werte verarbeiten kann. Zum Beispiel sieht es nicht gut aus, wenn für die

```
Datei: Uebertrag.TV          ANZEIGEN/BEARBEITEN          Esc: Haupt-Auswahl
=====!=====!=====!=====!=====!=====!=====!=====!=====!=====!=====!=====!===
Natürlich ist dies alles nur der Auftakt für das von uns
erwartete Wachstum im ersten Quartal des nächsten Jahres,
wenn unsere Tischbedienungen und unsere singenden
Schwarzwaldmädels unter Zimmertannen ein unvergeßliches
Erlebnis bei Meiers Delikatessen
versprechen.
Datei: Kunden

Seite  1
Bericht: Kunden
Kunden #       Firmenname    Kontaktperso Straße        PLZ
    Wohnort         Telefon        Kredithöhe
Verkaufsperson
--------------  --------------  --------------  --------------
--------------  --------------  --------------  --------------
--------------  --------------
0001            Wäscherei Frank Hermann Frank Waldstr.15    7300
      Esslingen       0711-23676      AA
Müller
0002            Maier Reifen    Rolf Petersen Hauptstr.134 7440
-------------------------------------------------------------------------
Eingabe oder § Kommando                Zeile 5  Spalte  1     §-? für Hilfe
```

Abbildung 5-18 Ist das Format der vom Zwischenspeicher kommenden Daten breiter als die eingestellten Druckparameter der Textverarbeitung erlauben, werden die Datensätze wie in dieser Abbildung gezeigt auf die nächstfolgende Zeile umgebrochen.

Anpassung der Daten aus einer Datenbank die Randeinstellungen unterdrückt werden. Es wäre besser, den BZ-Wert heraufzusetzen um eine höhere Zeichendichte zu erzeugen und somit die Daten zwischen den Standard Randmarkierungen unterzubringen. (Nehmen Sie die Abbildungen 3-5 und 3-6 als Beispiele dieser unterschiedlichen Formate.)

Datenausgabe in eine ASCII Datei

ASCII ist für Computer so etwas ähnliches wie eine Weltsprache. Mit Ihren als ASCII Dateien abgespeicherten Datenbankdateien können Sie die unterschiedlichsten Bearbeitungswege beschreiten. Die Dateien können über ein Modem übertragen werden; sie können in einer Vielzahl anderer Programme eingesetzt werden; und sie können in die AppleWorks Textverarbeitung übertragen werden.

Wird die Datenausgabe in eine ASCII Datei vorgenommen, werden alle Daten, die im Berichtsformat festgelegt sind, ohne Rücksicht auf die eingestellten Druckparameter übertragen. Die ASCII Datei wird jedoch nicht alle Datenfelder Ihrer Datei automatisch abspeichern; Felder, die Sie im aktuellen Berichtsformat gelöscht haben, werden nicht gespeichert.

Die Ausgabe eines Datenbankberichtes auf Diskette in Form einer ASCII Datei ist ein einfacher Vorgang, der nur wenige Schritte beinhaltet:

1. Verwenden Sie ein bestehendes Berichtsformat oder erstellen Sie ein Listenformat, und wählen Sie dann die Daten für die Übertragung aus.
2. Geben Sie den Drucke-Befehl ein (OA-D) und wählen Sie „In eine ASCII Datei auf Diskette" als Ausgabeziel.
3. Geben Sie den Pfadnamen für eine neue ASCII Datei ein.
4. Nach Drücken der Return-Taste wird die Datei auf Diskette gespeichert.

Eine Datenbank, die als ASCII Datei auf Diskette existiert, kann in Verbindung mit anderen Programmen unter nachfolgenden Bedingungen bearbeitet werden:

- Läuft das Programm, mit dem die Datei bearbeitet werden soll, unter ProDOS oder SOS, kann die ASCII Datei ohne Modifikation geladen werden.
- Läuft das Programm, mit dem die Datei bearbeitet werden soll, unter DOS 3.3, muß die Datei mit Hilfe des CONVERT-Programms, das Sie auf der ProDOS Benutzerdiskette finden, auf eine formatierte DOS 3.3 Diskette übertragen werden (in Kapitel 1 finden Sie weitere Details).
- Läuft das Programm, mit dem die Datei bearbeitet werden soll, weder unter ProDOS, noch unter SOS, noch unter DOS 3.3, muß die Datei auf eine Diskette übertragen und in das Format des Betriebssystems konvertiert werden, unter dem das Bearbeitungsprogramm läuft. Dafür müssen Sie ein Modem einsetzen, wie es kurz im Abschnitt „Übertragung von Datenbankdateien über Modem" beschrieben wird.

Datenausgabe in eine DIF Datei

Dateien einer Datenbank können nach demselben Prinzip auch in eine DIF Datei auf Diskette ausgegeben werden. Der einzige Unterschied zur Ausgabe in eine ASCII Datei besteht darin, daß Sie als Ausgabeziel „In eine DIF (TM) Datei" angeben. Die DIF Option speichert ebenfalls alle im aktuellen Berichtsformat gespeicherten Felder auf Diskette, die aus dem Berichtsformat gelöschten Felder werden nicht übernommen.

Die DIF Option wird besonders dann eingesetzt, wenn AppleWorks Dateien auf Diskette oder über ein Modem in andere Rechenblätter, Datenbanken oder Graphikprogramme übertragen werden sollen. In Kapitel 4 sahen Sie beispielsweise, wie eine DIF Datei aus einer Datenbank als Quelldatei für ein neues Rechenblatt in AppleWorks eingesetzt werden konnte. Es hängt jedoch von der Position Ihrer Überschriften ab, ob eine DIF Datei neu formatiert werden muß, nachdem sie in das entsprechende Zielprogramm geladen worden ist.

```
Datei: DBdif.kalk            ANZEIGEN/BEARBEITEN            Esc: Haupt-Auswahl
=====A==B============C=================D===========E=======F========G=====
    1!   1  Wäscherei Frank        Hermann Frank    #######   AA     Müller
    2!   2  Maier Reifen           Rolf Petersen    #######   AB     Schmid
    3!   3  Detektivbüro Watson    Bud Sherlock     #######   AAA      Braun
    4!   4  Konditorei Fritz       Hans Luik        #######
    5!   5  Weinakademie Blau      Rudolf Blau      #######
    6!   6  Pizza Roma             Aldo Rinaldo     #######
    7!   7  Autohaus Haug          Heinrich Benz    #######
    8!   8  Tankstelle Raiser      Manfred Mann     #######
    9!   9  Hotel Ernst            Judith Klein     #######
   10!  10  Radio Kürner           Bernd Maier      #######
   11!
   12!
   13!
   14!
   15!
   16!
   17!
   18!
----------------------------------------------------------------------------
E1: (Wert) 71123676

Eingabe oder § Kommando                                      §-? für Hilfe
```

Abbildung 5-19 Bei der Übertragung von Datenbankdateien in ein Rechenblatt, kann die vordefinierte Spaltenbreite zu klein sein. Sind die Daten numerischer Art, gibt das Rechenblatt #-Zeichen aus.

Als Beispiel ist in Abbildung 5-19 eine editierte und neu formatierte DIF Version der in diesem Kapitel erstellten Kundendatei nach der Übertragung in ein AppleWorks Rechenblatt zu sehen. Die Adreßfelder wurden eliminiert und die Spaltenbreiten angepaßt, damit Sie Spalte E (die in der Datenbank Telefonnummern enthält) besser überschauen können, die eine Reihe von #-Zeichen enthält. Das ist eine Warnung im Rechenblatteil, wenn eine Spalte nicht breit genug ist, um die dort plazierte Zahl vollständig auszugeben. Die Zahl ist trotzdem korrekt übertragen worden.

Wenn Sie den Cursor wie in Abbildung 5-19 in ein mit #-Zeichen gefülltes Feld bewegen, erscheint im Formelfenster am unteren Bildschirmrand die vollständige Zahl. Sobald wir Spalte E um ein paar Zeichen vergrößern (vgl. Abbildung 5-20), verschwinden die #-Zeichen und die kompletten Zahlen erscheinen.

Beachten Sie, daß bei dieser Abbildung weder die Spaltenüberschriften noch die Formatierelemente des DIF Formates übertragen wurden. Die Bindestriche der Telefonnummern beispielsweise wurden deshalb nicht übertragen, weil sie im Rechenblatt innerhalb von Zahlen nicht erkannt werden.

Denken Sie schließlich daran, daß Sie beim Erstellen von DIF Dateien aus Datenbankberichten nicht die Reihenfolge festlegen können, in der die Daten in der neuen Datei gespeichert werden sollen. DIF gruppiert die Daten in Zeilen und Spalten, aber es muß angegeben werden, welche Gruppierungen Zeilen und welche Spalten darstellen. Die AppleWorks Datenbank speichert DIF Dateien automatisch in Spaltenordnung. Wenn Sie

```
Datei: DBdif.kalk              ANZEIGEN/BEARBEITEN                Esc: Haupt-Auswahl
=====A==B=============C==============D=============E=========F=======G=====
  1!    1   Wäscherei Frank        Hermann Frank      71123676      AA      Müller
  2!    2   Maier Reifen           Rolf Petersen      72262745      AB      Schmid
  3!    3   Detektivbüro Watson    Bud Sherlock       711998435     AAA     Braun
  4!    4   Konditorei Fritz       Hans Luik          712123458
  5!    5   Weinakademie Blau      Rudolf Blau        707187682
  6!    6   Pizza Roma             Aldo Rinaldo       711848235
  7!    7   Autohaus Haug          Heinrich Benz      71142845
  8!    8   Tankstelle Kaiser      Manfred Mann       71127364
  9!    9   Hotel Ernst            Judith Klein       711284763
 10!   10   Radio Kürner           Bernd Maier        702242457
 11!
 12!
 13!
 14!
 15!
 16!
 17!
 18!
-------------------------------------------------------------------------------
E1: (Wert) 71123676

Eingabe oder § Kommando                                    §-? für Hilfe
```

Abbildung 5-20 Durch Vergrößern der entsprechenden Spalten, verschwinden die #-Zeichen und die korrekten Zahlen werden angezeigt.

DIF Dateien zum Einsatz in anderen Programmen vorbereiten, sollten Sie sich deshalb vergewissern, ob das Empfangsprogramm die Daten im Spaltenformat erwartet, oder ob der Benutzer beim Laden von DIF Dateien die Wahl zwischen Spalten- und Zeilenformat hat.

Datenausgabe auf Diskette (Diskettendrucker)

Die Ausgabe eines Datenbankberichtes auf Diskette bietet sämtliche Vorteile einer ASCII Ausgabe, allerdings ohne die Formatierungseinschränkungen einer Standard ASCII Datei. Die Diskettenausgabe eines Berichtes erfolgt zwar im ASCII-Format, enthält aber alle Formatieranweisungen, die Sie eingegeben haben. Eine solche Ausgabe entspricht genau der auf Papier. Sie müssen daher die Berichtsbreite mit den Druckparametern so anpassen, als ob die Ausgabe in den Zwischenspeicher oder auf Drucker erfolgen würde. (Näheres erfahren Sie in den Abschnitten über die Ausgabe in den Zwischenspeicher und auf Drucker, die schon in diesem Kapitel und in den Abschnitten „Datenausgabe auf Diskette" in Kapitel 3 und 4 abgehandelt worden sind.)

Eine Datenausgabe auf Diskette ist dann nützlich, wenn Sie einen großen Teil der Datei mit einem anderen Programm bearbeiten möchten und die Originalformatierung beibehalten werden soll. Einige externe Textverarbeitungsprogramme zum Beispiel, können eine solche Datei mit einem bestehenden Dokument vermischen und so eine neue Datei erzeugen. Auf diese Weise kann ein Datenbankbericht in eine Textdatei so eingeglie-

dert werden, wie in AppleWorks mit Hilfe des Zwischenspeichers. Wenn
Sie sicher gehen möchten, daß ein von Ihnen erstellter Bericht von einer
anderen Person exakt reproduziert wird, sollten Sie die Datei über den
Diskettendrucker ausgeben und dann über ein Modem übertragen. Haben
Sie Ihren Diskettendrucker entsprechend dem eingesetzten Drucker konfiguriert, so wird die Datei genau so ausgedruckt, wie es Ihren Wünschen
entspricht.

Die Einstellung eines Diskettendruckers erfolgt wie die Konfiguration
eines anderen Druckers — beantworten Sie die Konfigurationsfragen, und/
oder geben Sie die Steuerzeichen ein. AppleWorks erlaubt allerdings die
Konfiguration von nur einem „anderen" Drucker. Ist bereits ein solcher
Drucker definiert, müssen Sie ihn wieder löschen (mit der Option „Drucker
löschen") und ihn durch den Diskettendrucker ersetzen.

Übertragung von Datenbankdateien über Modem

In Kapitel 3 und 4 wurde erläutert, wie Dateien aus einer Datenbank
über ein Modem zu einem breiten Spektrum unterschiedlicher Computertypen übertragen werden können. Das Ausgabeziel Ihrer Datei und die
Übertragungssoftware legen die Form fest, in der die Datei vorliegen muß:

- Wird die Datei zu einem anderen AppleWorks Benutzer gesendet
  und arbeiten beide Benutzer mit dem ACCESS II Programm von
  Apple, kann die Datei aus der AppleWorks Datenbank unverändert
  übertragen werden.
- Wird die Datei an andere Benutzer übertragen und verwenden Sie
  ein ProDOS oder SOS Übertragungsprogramm, müssen Sie die Datei als ASCII oder DIF Datei abspeichern (oder über Diskettendrucker ausgeben), bevor sie übertragen wird.
- Wird die Datei mit einem DOS 3.3 Übertragungsprogramm gesendet, müssen Sie die Datei als ASCII oder DIF Datei abspeichern
  (oder über Diskettendrucker ausgeben) und die Datei von ProDOS
  nach DOS 3.3 mit dem CONVERT Programm konvertieren, bevor
  sie übertragen wird. (In Kapitel 1 finden Sie weitere Details darüber.)

Mit der zweiten und dritten Alternative können Sie Ihre Datei auf jeden Computer übertragen, der mit dem Apple kommunizieren kann. Sie
können Ihre Datei auf einen Computer übertragen, der unter CP/M, TRS-
DOS, MS-DOS oder anderen Betriebssystemen läuft, oder Sie können sie
auf öffentliche Informationssysteme übertragen.

Planen Sie eine Dateibearbeitung auf Ihrem eigenen Computer mit
einem Programm, das unter einem anderen Betriebssystem läuft (zum Beispiel ein CP/M Datenbankprogramm), können Sie, sofern die notwendige
Ausrüstung vorhanden ist, die Datei für sich selber übertragen. Sie Speichern

die Datei einfach als ASCII oder DIF Datei ab, übertragen sie mit Ihrem ProDOS oder DOS Übertragungsprogramm auf ein Informationssystem, schalten auf Ihr CP/M Übertragungsprogramm um und entnehmen die Datei aus dem Informationssystem. Da Sie die Datei mit einem CP/M Programm übernehmen, wird sie auf einer CP/M Diskette gespeichert und kann dann von einem CP/M Datenbankprogramm weiterverarbeitet werden.

Benutzerhinweise

Das Datenbankprogramm von AppleWorks ist wirklich einfach zu handhaben. Die Befehle sind sinnvoll zusammengestellt und arbeiten im allgemeinen so, wie man es erwartet. Manchmal ist aber der naheliegendste Weg eines Arbeitsganges nicht unbedingt der schnellste oder effizienteste. Es folgen einige Tips, wie Sie so manche auftretenden Grenzen der Datenbank überschreiten können, oder einfacher gesagt, die den Umgang mit dem Programm erleichtern sollen.

Eingabe und Editieren von Daten

Verwenden Sie Datum und Zeit als Bestandteil von Feldnamen, wenn Sie Daten chronologisch abspeichern möchten. Wenn Sie Datum oder Zeit in Feldnamen miteinbeziehen, wie zum Beispiel „Annahmedatum" oder „Fertigungszeit", wird AppleWorks die Eingabe automatisch in ein Standardformat verwandeln: aus 1.1.85 wird beispielsweise 1 Jan 85 oder aus 7 wird 7.00.

Verwenden Sie Vorgabewerte (OA-V) bei der Eingabe größerer Informationsmengen in eine neue Datei. In vielen Datenbankdateien enthalten ein oder mehrere Felder immer oder fast immer dieselben Informationen. Eine Angestelltendatei zum Beispiel, kann ohne weiteres in jedem Datensatz dieselben Angaben in der Spalte „Wohnort" haben. Wenn Sie wissen, daß nur manche Datensätze dieselben Werte enthalten, können Sie trotzdem mit Vorgabewerten arbeiten, um Eingabezeit zu sparen. Die Werte der anderen Sätze können Sie immer noch abändern oder löschen.

Gewöhnen Sie sich die Dateneingabe im Satzformat an; es vereinfacht die Sache erheblich. Ordnen Sie Ihr Satzformat so auf dem Bildschirm an, daß die Leerstellen dem Original entsprechen, von dem Sie die Informationen abschreiben. Sie brauchen nicht immer mit der vorgegebenen Ausgabeform zu leben — alle Feldnamen sind in einer Spalte beginnend am linken Bildschirmrand aufgelistet — nur weil eine neu angelegte Datenbank standardmäßig so aufgebaut ist. Nach Definition der Datenbank und Eingabe einiger Sätze, können Sie die Bildschirmausgabe mit dem Befehl „Ändere Darstellung" (OA-Ä) im Satzformat verändern. Die Feldnamen können mit

Hilfe der OA-Taste und dem Links- bzw. Rechtspfeil auf dem Bildschirm verschoben werden. Sie dürfen nur nicht vergessen, daß dabei der Cursor auf dem ersten Buchstaben des zu verschiebenden Feldnamens stehen muß. Es ist sogar möglich, Feldnamen so zu verschieben, daß Sie Daten eines anderen Feldes zum Teil überdecken (das erste Zeichen muß allerdings noch sichtbar bleiben). Das Überlappen beeinflußt jedoch nicht den Ausdruck des Berichtes, sondern nur die Darstellung des Datensatzes auf dem Bildschirm.

Hinweise für Berichte

Halten Sie Feldnamen relativ kurz, um mit der Berichtsbreite sparsam umzugehen. Es kann schwierig genug werden, sämtliche gewünschten Felder auf den Bildschirm oder auf Papier zu packen. Machen Sie dieses Problem nicht noch dadurch größer, daß Sie Feldnamen verwenden, die dreimal so lang sind wie die Feldinhalte. Wenn Sie beispielsweise „Postleitzahl" als Spaltenüberschrift verwenden, wird enorm viel Platz in horizontaler Richtung vergeudet, da Postleitzahlen nur aus vier Ziffern bestehen. Sie sollten sich deshalb unbedingt zur Regel machen, Feldnamen so kurz als möglich zu halten (etwa PLZ).

Mit Rechenfeldern können Sie Standardberechnungen in Ihre Berichte einbauen. Richtig eingesetzt, brauchen Sie Ihre Daten nicht mehr in ein Rechenblatt zu übertragen, wenn Sie eigene Berechnungen durchführen möchten. Sie können beispielsweise den Gruppensummen-Befehl benutzen, um entweder einzelne oder aufgerechnete Spalte zu addieren. Spaltenberechnungen sind sehr hilfreich für Inventarverzeichnisse, Rechnungen, Dateien für Außenstände, Versicherungsdateien und eine Vielzahl anderer Anwendungen.

Justierte Felder bei Etikettenberichten machen Ihre Etiketten eleganter, besonders dann, wenn die Eintragslänge in den verschiedenen Feldern etwas abweicht. Justieren Sie Ihre Felder im BERICHTSFORMAT, indem Sie den Cursor auf das erste Zeichen des Feldnamens bringen und danach den Justiere-Befehl (OA-J) eingeben. Der Befehl arbeitet nur, wenn sich der Cursor auf dem ersten Zeichen eines Feldnamens befindet. Beim Justieren eines Feldes erscheint ein < -Zeichen links vom Feldnamen. In Abbildung 5-15 wurde die Wohnortspalte justiert.

Dateiverwaltung

Kleinere Dateien sind besser zu handhaben. Außerdem sind mit ihnen Berichte einfacher zu erstellen. Führen Sie lieber zwei Dateien mit je 10 Feldern als eine Datei mit 20 Feldern. AppleWorks kann nur ein paar Felder auf einmal ausgeben. Und das ewige Umordnen eines Berichtsformates kann auf Dauer zur Plage werden. Wenn eine Datei zu viele Felder aufweist,

werden Sie mehr Zeit dafür aufbringen müssen, das Berichtsformat so zu
ändern, daß die gewünschten Felder auf dem Bildschirm erscheinen, als
Sie zum Auffinden bestimmter Datensätze oder Ausdrücke benötigen würden. Sobald so etwas passieren sollte, ist es sinnvoller, einige Felder heraus-
zuziehen und damit eine neue Datei anzulegen, wie es schon vorher im
Abschnitt „Verändern einer bestehenden Datenbankdatei" beschrieben
wurde. In kleinen Dateien mit wenigen Feldern können Daten leichter
aufgefunden und ausgedruckt werden.

Fehlerbehandlung

AppleWorks ist sehr benutzerfreundlich, Schwierigkeiten können
aber immer wieder auftreten. In diesem Fall sehen Sie entsprechende Fehlermeldungen oder hören Warntöne, oder das Programm verweigert ganz
einfach die Ausführung. Manchmal wird AppleWorks auch eine Mitteilung
ausgeben, die Sie vielleicht nicht ganz verstehen.

Fehlermeldungen

Warnmeldungen werden unter anderem bei folgenden Ursachen ausgegeben:

- Sie bearbeiten eine Datei, die für den Schreibtisch zu groß gewor-
  den ist.
- Sie versuchen eine Datei zu laden, die AppleWorks nicht auffinden
  kann.
- Sie versuchen eine Datei auf Diskette abzuspeichern, die denselben
  Dateinamen hat wie ein anderer Dateityp auf derselben Diskette.
- Sie versuchen zu viele Daten in den Zwischenspeicher zu kopieren.
- Sie versuchen, im Satzformat einen neuen Datensatz am Ende
  einer Datei einzufügen.
- Sie löschen oder fügen eine Spalte aus einer Datei auf der Seite
  NAME/FELD ÄNDERN ein.
- Sie versuchen ein Berichtsformat zu verwenden, ohne daß ein sol-
  ches definiert wurde.
- Sie löschen ein Berichtsformat.

Warntöne andererseits erscheinen gewöhnlich bei falschen Cursorbe-
wegungen, wenn Sie zum Beispiel versuchen sollten:

- den Cursor über den linken oder rechten Rand irgendeines Feldes
  zu bewegen.

- mit einer Pfeiltaste (anstatt der Tab-Taste) auf der Seite ANZEI-GEN/BEARBEITEN zwischen den Feldern zu wechseln.
- sich im Satzformat mit den Pfeiltasten zwischen den Einträgen zu bewegen, nachdem Sie einen Eintrag geändert aber noch nicht Return gedrückt haben.
- einen Berichtsnamen mit mehr als 19 Zeichen, einen Dateinamen mit mehr als 15 Zeichen oder einen Feldnamen mit mehr als 20 Zeichen einzugeben.
- eine falsche Option aus einem Menü oder einer Auswahl zu wählen.

Folgende Auswirkungen ergeben sich, wenn das Programm **inaktiv** ist, aber versucht, Ihnen trotzdem etwas mitzuteilen. Zum Beispiel:

- Sie haben eine Rechenspalte oder Feldsumme auf den Bildschirm oder an den Drucker ausgegeben, die nur #-Zeichen anstatt Daten enthält. Das heißt, daß Ihre Daten momentan zu lang für die Ausgabe sind. Dieses Problem läßt sich dadurch lösen, daß die Spaltenbreite vergrößert wird.
- Sie haben eine Spalte mit lauter Neunen anstatt Daten. Das heißt, daß es sich um eine Rechenspalte oder Feldsumme handelt. Die berechnete Zahl wird erst dann gezeigt, wenn der Bericht auf Papier oder auf dem Bildschirm „ausgedruckt" wird.

Verschiedene Tips

Wenn AppleWorks eine DIF oder ASCII Datei nicht auffinden kann, die Sie in die Datenbank laden möchten, sollten Sie zuerst in einem anderen Verzeichnis nachschauen. Dieses Problem wird besonders dann akut, wenn Sie entweder eine Festplatte oder Disketten mit hoher Speicherkapazität verwenden. Das Erstellen, Speichern und Laden einer ASCII oder einer DIF Datei erfordert zwei unterschiedliche Dateinamen. Daher können die Bezeichnungen der beiden Dateien leicht durcheinander gebracht oder das Verzeichnis verwechselt werden, in dem sie gespeichert sind. Wenn AppleWorks meldet, daß eine Datei nicht gefunden werden kann, sollten Sie zuerst die Diskettenbezeichnung oder den Verzeichnispfadnamen ändern. Verwenden Sie dann die Option „Dateien vom oben angezeigten Pfad auflisten", die Sie im Menü VERSCHIEDENES vorfinden. Eventuell finden Sie so die vermißte Datei.

Sobald eine DIF oder ASCII Datei ihren Zweck erfüllt hat, sollten Sie die Datei von der Diskette löschen. DIF oder ASCII Dateien werden normalerweise nur als Zwischendateien verwendet, zur Datenübertragung aus der Datenbank in ein anderes Anwendungsprogramm. Ist die Übertragung beendet, sollte die Datei wieder gelöscht werden, um Verwechslungen auszuschließen und Speicherplatz einzusparen.

Teil III
Leistungssteigerung
mit AppleWorks

Wir haben bisher gesehen, auf welche Art und Weise AppleWorks Daten verarbeitet. Wir haben uns die drei Anwendungsprogramme angesehen; mit ihnen können Daten auf unterschiedliche Weise bearbeitet werden. Und wir haben gesehen, wie Daten zwischen diesen Anwendungen und zwischen externen Programmen ausgetauscht werden können. Im folgenden Abschnitt werden wir die erworbenen Fähigkeiten in die Praxis umsetzen.

Unser Ziel soll sein, AppleWorks nicht mehr nur als Sammlung spezieller Anwendungen zu betrachten, sondern als Datenverwaltungssystem. Was ist ein Datenverwaltungssystem? Es ist ein Werkzeug mit dem Sie Daten auf ganz unterschiedliche Arten bearbeiten können. Sollen geschäftliche oder private Informationen gespeichert, aufgerufen, manipuliert oder anderweitig bearbeitet werden, ergibt sich eine Gleichung mit drei Parametern: Sie selbst, Ihre Daten und Ihr Datenverwaltungssystem — AppleWorks. Wahrscheinlich möchten Sie mit den Daten ganz unterschiedlich umgehen. Dank der Flexibilität von AppleWorks können Sie das. Durch einwandfreie Anwendung der in Teil II beschriebenen Datenverarbeitungstechniken können Sie mit AppleWorks eine Arbeitsumgebung aus den von Ihnen benötigten Datenverwaltungswerkzeugen herstellen, die Ihre Informationen so präsentiert und verarbeitet, wie Sie es wünschen.

Kapitel 6
AppleWorks im geschäftlichen Bereich

Die Computertechnologie brachte einen gewaltigen Fortschritt für das Geschäftswesen mit sich, allerdings nutzen die Besitzer von Personalcomputern die Möglichkeiten eines Rechners meist nur zur Hälfte aus. Die Geschäftswelt tendiert dazu, einen Computer für einzelne Aufgaben einzusetzen — im allgemeinen wird ein geschäftlich eingesetzter Mikrocomputer nur als Tabellenkalkulationsmaschine, als Textverarbeitungssystem, als Datenbankverwalter oder als Kommunikationsterminal verwendet. Diese Einstellung — **ein** Computer für **eine** Anwendung — führte zu der Entwicklung einiger leistungsfähiger Einzelprogramme und brachte ohne Zweifel für individuelle Aufgaben einige Erleichterung. Die Arbeit der meisten Geschäftsleute umfaßt aber mehr als nur eine einzige Computeranwendung: Es genügt vollkommen, den Computer solange als Textverarbeitungs- oder Kalkulationsmaschine einzusetzen, bis man die Dienstleistungen einer Datenbankverwaltung benötigt.

Auch wenn wir mehrere Computer oder Anwendungsprogramme für spezielle Verwendungszwecke zu unserer Verfügung haben, müssen wir oftmals die Struktur oder das Format einer erstellten Datei ändern. Ein Kalkulationsmodell liefert vielleicht Daten in einer bestimmten Anordnung, und wir müssen dieselben Daten auf mehrere verschiedene oder erweiterte Arten bearbeiten, bevor wir die Modellerstellung beenden können. Oder: eine Datei aus einer Datenbank speichert die einzelnen Datenfelder in einer bestimmten Reihenfolge, und wenn unsere Datei fertig ist, stellen wir fest, daß wir die Daten eigentlich anders angeordnet benötigen.

Ändern wir unsere Vorstellung eines Datenformates oder -struktur, so ist die typische Reaktion bei Einzelprogrammen eine Neuerstellung der Datei, oft sogar eine Neuerstellung von Grund auf. Soll ein Kalkulationsmodell leicht verändert werden, erstellen wir entweder ein komplettes neues Rechenblatt oder wir übertragen die bestehende Datei in eine neue Datei und modifizieren sie dort. AppleWorks bietet diese Alternative zwar auch, darüber hinaus aber noch weit mehr: Mit Hilfe von Kalkulationsdaten kann eine Datenbank angelegt werden, und Teile einer Datenbank können als Adressenliste für einen Formbrief eingesetzt werden. Weil diese Dinge möglich sind, sparen wir eine Menge Zeit, auch wenn die Datenverarbeitungswerkzeuge (Hilfsdateien) unseren Vorstellungen noch nicht optimal entsprechen sollten.

In diesem und im folgenden Kapitel werden wir uns mit Hilfe von AppleWorks individuelle „Werkzeuge" für die Datenverarbeitung erstellen — Dateisammlungen, mit denen wir auf verschiedene Arten die Daten ganz unterschiedlich bearbeiten können. Der Schlüssel dazu ist die Wiederverwendung von Daten, soweit es möglich ist. Sie werden sehen, daß, mit etwas Vorausplanung, Ihre Basisinformationen nur ein einziges Mal in eine AppleWorks Datei eingegeben werden müssen. Danach können die Daten ütertragen und modifiziert und den unterschiedlichsten Verwendungszwecken angepaßt werden.

Das Gewicht liegt auf Datenübertragung und Wiederverwendung und nicht so sehr auf trickreicher Erstellung eines bestimmten Rechenblattes oder einer Datenbank. Die Beispiele in den Kapiteln 6 und 7 sollen daher die Anwendung der in Kapitel 3, 4 und 5 behandelten Datenverarbeitungstechniken verdeutlichen.

Außerdem sind die hier erstellten Datenverarbeitungswerkzeuge einfache Beispiele. Sie dienen dazu, den Umfang der Anwendungsmöglichkeiten mit AppleWorks zu erläutern und Ihre Phantasie anzuregen. Sie sollen ein Leifaden dafür sein, wie Sie Programme auf Ihre spezielle Situation abstimmen können. Die Arbeitsumgebung mit den Beispielen dieses Kapitels sind für einen kleinen Betrieb ausgelegt. Nehmen Sie aber nicht an, daß AppleWorks nur für einige Selbständige geeignet sei. Ein Marketing Manager eines großen Betriebes könnte beispielsweise dieselben Techniken verwenden, um eine individuelle Sammlung von Dateiwerkzeugen zum Auflisten des Etats für Public Relation, zum Verwalten der Verkaufspersonalliste, zum Auflisten von Werbeauswirkungen oder zur Aufstellung von Marketing-Plänen zusammenzustellen. Eine Sekretärin könnte eine Hauptdatei für einen Terminkalender, für eine Adressenliste oder für eine „Notizdatei" verwenden. Ein Rechnungsschreiber könnte eine Datei wie die Kundenliste in diesem Kapitel verwenden, um Mahnungen für überfällige Zahlungen zu verschicken oder Kreditaufnahmen zu überprüfen.

Die Methoden der Übertragung, Neustrukturierung, Erweiterung und der Auswahl von Daten oder Datenfeldern wird in AppleWorks unabhängig von der Arbeitsumgebung immer konstant bleiben. Wenn Sie Ihre Daten logisch anordnen und sie mit Hilfe Ihrer Phantasie in nützlich angelegten Dateien unterbringen, können Sie individuelle Werkzeuge erstellen, die sowohl die Leistungsfähigkeit erhöhen, als auch Ihren Einblick vergrößern; das Ganze auf eine Art und Weise, die Sie niemals für möglich gehalten haben.

Festlegung Ihrer Informationsanforderungen

Nehmen wir an, Sie seien der Besitzer des Selbstbedienungsrestaurants, das Sie durch die Beispiele in diesem Buch bereits kennengelernt haben (allerdings noch nicht in der Form, in der Sie es jetzt sehen werden). Nehmen wir ferner an, daß Sie dieses Geschäft von einem Bekannten übernommen haben und die alten Karteien durch Computerdateien ersetzt werden sollen. Sie haben sich einen Apple gekauft und den Umgang mit AppleWorks gelernt. Es existieren bereits eine Angestelltenkartei, ein Warenbestandsverzeichnis, eine Preisliste, eine Kartei mit Kundennamen, ein Ordner mit Verkaufsinformationen, ein Urlaubsplan, ein Arbeitsplan der Angestellten, eine Lebensmittelliste, eine Liste der für die Wartung verantwortlichen Firmen und andere unterschiedliche Auflistungen. Die Frage ist: womit fängt man am besten an?

Der erste Schritt bei der Bearbeitung Ihrer Daten mit AppleWorks besteht in der Entscheidung, welche Daten wie bearbeitet werden müssen. Das ist nur ein Organisationsproblem. Sie wollen sich sicher zuerst einen groben Überblick verschaffen und herausfinden, wie die unterschiedlichen Fakten und Datensätze sinnvoll angeordnet werden können. Lassen wir deshalb spezielle Aufgabenbereiche erst einmal außer Betracht (Rechnungsschreibung, Gehaltsanalysen, Projekteinnahmen usw.) und schauen uns genauer um.

Es gibt viele unterschiedliche Informationsarten. Im ersten Moment erscheint es wohl chaotisch, daß alles in ein paar logischen Gruppierungen untergebracht werden kann. Um eine größtmögliche Flexibilität zu erreichen, sollten die Gruppierungen so groß und homogen wie möglich sein. Stellen Sie zuerst den groben Zusammenhang her: Wie ist der Aktivitätsfluß im Betrieb? Es gibt **Produkte**, die Ihre **Angestellten** an Ihre **Kunden** verkaufen. Jede betriebliche Aktivität, ob es sich um die Reparatur einer Schneidemaschine oder das Einhalten einer Speisetradition handelt, kann in eine dieser drei gleichberechtigten Gruppierungen eingeteilt werden: Nehmen Sie irgendeines dieser Elemente heraus, wird der gesamte Betrieb dadurch lahmgelegt.

Lassen Sie uns diese Elemente auf einem Stück Papier festhalten, wie in Abbildung 6-1, und mit der Planung der speziellen Informationsanforderungen beginnen. Unter der Rubrik **Produkte** beispielsweise benötigen Sie ein Warenbestandsverzeichnis. Weiterhin benötigen Sie eine Lieferantenliste. Außerdem wäre ein Rechenblatt wünschenswert, mit dem der Bedarf und die Einkäufe der verschiedenen Speiseartikel der kommenden Monate abgeschätzt werden können. Zusätzlich werben Sie für eine neue Abteilung, die Versand-Service anbietet, und Sie möchten sehen, welche Werbung am besten wirkt.

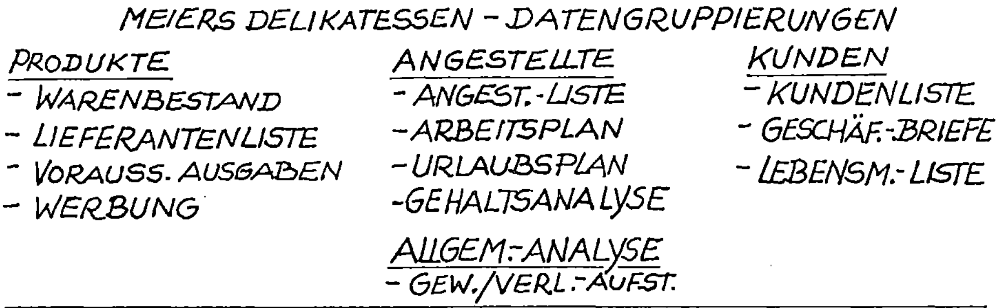

Abbildung 6-1 Der erste Schritt bei der Organisation von Geschäftsdaten besteht darin, eine Einteilung in größere, zusammenhängende Gruppen vorzunehmen.

Unter der Rubrik **Angestellte** benötigen Sie eine Angestelltenliste, die Namen, Adressen, Gehälter usw. enthält. Außerdem benötigen Sie einen Arbeits- und einen Urlaubsplan. Vielleicht brauchen Sie auch ein Rechenblatt zur Analyse von Gehaltserhöhungen.

Unter der Rubrik **Kunden** sollte sich eine Liste mit Kundennamen, Adressen und Telefonnummern befinden, vielleicht möchten Sie auch Informationsschreiben verschicken; dafür brauchen Sie einen Formbrief. Außerdem benötigen Sie eine Lebensmittelliste für die geplante Verteilung an die Kunden.

Schließlich benötigen Sie noch einige Dateien für die allgemeine Geschäftsorganisation und -analyse. Diese Dateien enthalten Informationen aus zwei oder drei Ihrer Hauptrubriken. Eine dieser Dateien enthält eine **Gewinn/Verlust-Aufstellung.**

Jeder Betrieb ist anders und wird von verschiedenen Leuten auch unterschiedlich geführt. In Ihrer eigenen Situation werden deshalb diese Gruppierungen möglicherweise individuell unterschiedliche Einträge enthalten. In unserem Beispiel wird angenommen, daß die Lohnbuchhaltung und andere finanzielle Teilleistungen außerhalb des Betriebes durchgeführt werden. Selbst wenn das Beispiel in mancher Hinsicht etwas vereinfacht dargestellt erscheinen mag, gibt es immer noch eine relativ große Datenmenge, die kontrolliert werden muß und eine Menge verschiedener Anwendungen, für die es eingesetzt werden kann.

Nachdem die grundlegende Organisation beendet ist, können Sie sich über die spezielleren Aufgaben Gedanken machen. Wir werden mit Hilfe von AppleWorks drei Hauptdateien erstellen (Produkte, Angestellte und Kunden) und darauf achten, daß diese Dateien alle, oder zumindest die meisten, Daten enthalten, die für die speziellen Anforderungen des Projektes benötigt werden.

Entwicklung einer Informationsbasis

Die drei Hauptdateien bilden die Informationsbasis Ihrer Geschäftsaktivitäten. Aus diesen Dateien werden Sie Daten herausnehmen und neu zusammenstellen um Analysen durchzuführen und Berichte und Briefe für den jeweiligen Bedarf zu erstellen. An diesem Punkt können Sie noch keine Aussagen über die zukünftige Verwendung dieser Daten machen, es ist deshalb ratsam, über alles so viele Informationen wie irgend möglich zu sammeln. Je umfangreicher Ihre Datensammlung angelegt ist, desto mehr Möglichkeiten werden Sie beim späteren Umgang mit den Daten haben.

Der Zweck dieser Hauptdateien besteht darin, so viele Daten wie möglich aufzunehmen. Sie brauchen sich daher keine Gedanken über die Struktur der Dateien zu machen. Allerdings sollten Sie sich über den Dateityp im klaren sein. Schauen Sie sich die Informationen einer jeden Rubrik einmal an, und Sie werden ganz schnell feststellen, daß jede dieser Hauptdateien Informationen enthält, die am einfachsten in der AppleWorks Datenbank bearbeitet werden. Produkt-, Angestellten- und Kundeninformationen sind meist Daten mit denen nicht gerechnet werden muß: Sie bestehen aus Namen, Adressen, Produkttypen, Gehältern und anderen Datenbezeichnungen, die sich nicht laufend ändern und die für die verschiedenen Anwendungen noch ausgewählt, geordnet und sortiert werden müssen.

Erstellen der Hauptdateien

Zum Erstellen der Datenbankdatei **Produkte** können wir direkt in die **Datei-ERSTELLEN**-Seite der AppleWorks Datenbank gehen. Die neue Datei erhält den Namen Produkte, danach werden die Feldnamen für die gewünschten Daten eingegeben. Da wir bisher noch keine aktuellen Daten eingegeben haben, können wir Feldnamen löschen oder verändern, ohne daß ein Berichtsformat zerstört oder eine gespeicherte Datei gelöscht wird. Und da diese Hauptdatei einfach nur eine Ansammlung von Daten, also kein eigenständiges Datenverarbeitungswerkzeug ist, sind die Reihenfolge der Feldnamen und das Datenformat nicht von großer Bedeutung. Die Hauptsache ist, daß so viele Daten wie möglich in jeden Datensatz eingegeben werden, mit der Einschränkung, daß maximal 30 Felder zulässig sind.

Für die einzelnen Produkte benötigen wir Produktnamen, Produkttypen, Artikelnummern, Menge pro Einheit, Einkaufspreise pro Einheit, Verkaufspreise pro Einheit, Lieferant, Adresse, Telefon und eine Kommentarzeile (vgl. Abbildung 6-2). In diesem Fall stehen für die Informationen genügend Felder zur Verfügung; sollte aber die 30-Felder-Grenze einmal überschritten werden, so kann man versuchen, zwei Felder (etwa PLZ und Wohnort) zu einem Feld (PLZ/Wohnort) zusammenzufassen. Beachten Sie außerdem, daß die Feldnamen relativ kurz sind. Eigentlich braucht man

```
Datei: Produkte              NAME/FELD ÄNDERN         Esc: Anzeigen/Bearbeiten



Feldnamen
=====================================================================================
Prod. Name                           !
Prod. Typ                            ! Möglichkeiten:
Artikel Nr.                          !
Einheit                              ! Feldnamen eingeben
Eink.preis/E                         ! Aufwärtspfeil   Vorangehendes Feld
Verk.preis/E                         !
Lieferant                            !
Straße                               !
PLZ                                  !
Wohnort                              !
Telefon                              !
Kommentar                            !
                                     !
                                     !
                                     !
----------------------------------------------------------------------------------
Eingabe oder § Kommando                                          46K Speicher
```

Abbildung 6-2 Datenfelder einer Hauptdatei sollten so viele Informationen wie möglich (logisch gruppiert) aufnehmen.

sich hier keine großen Gedanken über die Feldnamenlänge zu machen, da die Hauptdatei wahrscheinlich niemals ausgedruckt wird. Wir müssen mit der horizontalen Platzverteilung nicht unbedingt ökonomisch umgehen oder die Zeilenlänge mit den Druckparametern vergleichen — es hat sich aber als vorteilhaft erwiesen, Feldnamen kurz und aussagekräftig zu wählen.

Nachdem die Feldnamen festgelegt worden sind, können sämtliche produktbezogene Daten eingegeben werden. Eine Datei wird demnach den Warenbestand, die Preisliste, die Informationen aus dem Lieferanten-Ordner und die Liste des Dienstpersonals enthalten, weil diese Karteigruppen in einem logischen Zusammenhang mit den Produkten stehen. Nach der Dateneingabe und Datensicherung auf Diskette, können in ähnlicher Weise die beiden anderen Hauptdateien erstellt und die entsprechenden Daten eingegeben und abgespeichert werden.

Erstellen von Daten-Management Hilfsdateien

Sind unsere drei Hauptdateien sicher auf Diskette aufbewahrt, können wir damit beginnen, die Daten für die verschiedensten Aufgabengebiete aufzubereiten. Entweder stellen wir eine Gruppe von Hilfsdateien zusammen, die sich an den bereits vordefinierten Notwendigkeiten orientiert, oder wir passen unsere Werkzeuge den steigenden Ansprüchen an. Nachfolgend soll eine Werkzeug- oder Hilfsdateisammlung aufgebaut werden, die sich an der Organisationsliste aus Abbildung 6-1 orientieren soll. Später kommen dann noch einige weitere Hilfsdateien dazu.

Da die Hilfsdateien unter den Hauptdatei-Rubriken aus Abbildung 6-1 organisiert sind, können wir sie jeweils gruppenweise erstellen. Angefangen mit der Hauptdatei „Produkte" werden wir Werkzeuge — das sind Hilfsdateien — zum Auffinden von Warenbeständen, Lieferanten und vermutlichem Verkaufsumsatz, sowie zum Analysieren von Werbemaßnahmen erstellen. Die Hauptdatei enthält eine Menge an Informationen, die aber nicht für alle diese Zwecke optimal geeignet sind. Zum Beispiel benötigen wir keine Telefonnummern von Lieferanten, wenn wir den Warenbestand auflisten; deshalb werden unsere Hilfsdateien die Daten in nützlichere und mit weniger Verwaltungsaufwand verbundene Dateien aufteilen.

Das Rechenblatt zum Warenbestand

Die Warenbestandsdatei soll Einheiten, Einkaufspreise und Verkaufspreise unserer Produkte enthalten. Diese Informationen werden für Bestellungen benötigt, aber auch für Preisanhebungen und Steuerzwecke. Dafür müssen aus der Hauptdatei die oben gezeigten Felder herausgenommen und in ein Rechenblatt übertragen werden. Dieses wird automatisch Veränderungen vom Warenbestand neu berechnen.

Für die Auswahl der Daten, die in der neuen Datei untergebracht werden sollen, sollten wir zunächst unsere Wünsche daraufhin untersuchen, was die bestehende Datei überhaupt enthält und erst dann planen, was in der neuen Datei aufgenommen werden soll. Wir wissen, daß wir ein Rechenblatt erstellen wollen und daß die wichtigsten Datenfelder für ein Warenbestandsverzeichnis Produktname, Produkt Typ, Einheit, Einkaufspreis und Verkaufspreis sind. Es werden nun die Zeilenbeschriftungen unseres Rechenblattes für die Produktnamen am linken Rand von oben nach unten eingegeben und danach die Spaltenüberschriften für Typ, Verkaufspreis usw. am oberen Rand des Rechenblattes von links nach rechts. Zusätzlich zu diesem Grundformat sollten die Produkte nach dem Produkttyp eingeteilt werden. (In einem organisierten Restaurant wird der Schinken ja auch nicht am selben Platz wie die Sardellenpaste oder Pumpernickel aufbewahrt.) Da unsere Produktdatei außer eßbaren Produkten auch Artikel für die Ausstattung und den Service enthält, müssen wir vor der Datenübertragung diejenigen Artikel aussortieren, die im Warenbestand nicht enthalten sein sollen.

Berichterstellung

Zuerst wird die Produkt-Datei geladen und das BERICHTSFORMAT in der Datenbank aufgerufen. Für den Bericht benötigen wir einen Namen, wir nennen ihn „Warenbestand". Jetzt können wir damit beginnen, alle unbedeutenden Felder aus dem Format zu löschen und sie mit dem OA-O Befehl zu ordnen — zunächst alphabetisch aufsteigend nach Produktname, und danach nach Produkttyp (diese Reihenfolge bewirkt, daß die Artikel innerhalb der alphabetisch sortierten Produkttypen wiederum alphabetisch geordnet sind).

Als nächstes müssen wir uns entscheiden, wie wir nicht erwünschte Datensätze aus dem Bericht eliminieren, ohne sie aus der Datei selber zu löschen. Wir könnten die SATZAUSWAHL REGELN verwenden und damit Sätze auswählen, die bestimmte Kriterien erfüllen; dazu müssen aber zuerst ein oder mehrere Kriterien gefunden werden, die alle unerwünschten Sätze gemeinsam haben. Wir können uns dabei nicht auf die Produktnamen oder Lieferanten beziehen — daher versuchen wir es einmal mit den Produkttypen. Um sämtliche Datensätze, die zur Ausstattung oder zum Service gehören, zu eliminieren, brauchen wir einfach nur in der Satzauswahl festzulegen, daß alle Sätze, in denen der Produkttyp ungleich Papierartikel oder Utensilien ist, weiterverwendet werden sollen.

Unsere Schlußbetrachtung bei der Berichterstellung gilt der Anordnung der Felder. Für das Rechenblatt werden die Daten von links nach rechts eingelesen, so wie es der Feldreihenfolge im Bericht entspricht. Deshalb sollten wir schon jetzt die Felder so organisieren, wie sie nachher im Rechenblatt erscheinen sollen. Wir plazieren den Produktnamen ganz links, gefolgt von Produkt Typ, Einheit, Einkaufspreis und Verkaufspreis. Das fertige Berichtsformat ist in Abbildung 6-3 dargestellt.

```
Datei: Produkte                 BERICHTSFORMAT           Esc: Berichtsauswahl
Bericht: Warenbestand
Auswahl: Prod. Typ ungleich AUSSTATTUNG
    und     Prod. Typ ungleich SERVICE


==========================================================================
--> oder <--  bewegen Cursor               §-K  Kalkulationsfeld einfügen
  >   §   <   tauschen Feldpositionen       §-L  Löschen dieses Feldes
--> §   <--   ändern Spaltenbreite          §-N  Namen des Berichts/Titel ändern
§-D  Drucken des Berichts                   §-O  Ordnen nach diesem Feld
§-E  Einfügen eines gelöschten Feldes       §-P  Parameter für das Drucken setzen
§-G  Gruppensumme hinzufügen/löschen        §-R  Regeln zur Satzauswahl ändern
§-J  Justieren (ein/aus)                    §-T  Feldsumme hinzufügen/löschen
--------------------------------------------------------------------------

Prod. Name           Prod. Typ       Einheit   Eink.preis/E  Verk.preis/E  L
-A------------------ -B------------- -C------- -D----------- -E----------- ä
Dreikorn             Brot            1 Laib    DM 1,59       DM 2,39       n
Pumpernickel         Brot            1 Laib    DM 2,19       DM 3,79       6
Roggenbrot           Brot            1 Laib    DM 1,59       DM 2,39       8

--------------------------------------------------------------------------
Angezeigte Befehle zur Änderung des Berichtsformates verwenden      47K Speicher
```

Abbildung 6-3 Bei der Erstellung eines Listenformates wurden warenbestandsbezogene Daten für ein Rechenblatt aus der Produkt-Datei übernommen. Beachten Sie, daß mit den Regeln zur Satzauswahl alle anderen Artikel eliminiert wurden.

Nachdem das Berichtsformat vervollständigt worden ist, kann es als DIF Datei auf Diskette gespeichert werden — im Beispiel heißt die Datei Warenbest.DIF. Wir können jetzt wieder zur Seite DATEIEN HOLEN zurückgehen, die Option zum Erstellen eines Rechenblattes aus einer DIF Datei wählen und für den Pfadnamen Warenbest.DIF eingeben. Die Datei wird eingelesen, und es wird nach einem Namen für das neue Rechenblatt gefragt. Wir könnten es mit Warenbestand bezeichnen. Und da wir gerade mit etwas Neuem beginnen, empfiehlt es sich, die alte Warenbest.DIF Datei von der Diskette zu löschen — wir werden sie nicht mehr benötigen.

Nach dieser Vorbereitungsphase kann die Datei umorganisiert werden, Spalten und Formeln können hinzugefügt und unser Warenbestands-Rechenblatt in eine echte Hilfe zur Datenverwaltung verwandelt werden. Beispielsweise benötigen wir eine Spalte für die Vorratsmenge. Außerdem möchten wir sowohl die Einkaufs- und Verkaufspreise der einzelnen Artikel als auch die Gesamtsumme dieser beiden Spalten berechnen. Der obere Teil von Abbildung 6-4 zeigt solch ein Rechenblatt.

Das Rechenblatt wurde so erstellt, wie man die meisten Rechenblätter mit vielen Formeln aufbaut, die bis auf die Feldkoordinaten identisch sind: Die entsprechenden Formeln werden einmal eingegeben, dann kopiert und die Feldkoordinaten relativ zu ihrer neuen Position festgelegt. Wenn viele Zeilen oder Spalten dieselben Grundformeln enthalten, ist das Kopieren schneller als die Neueingabe. Spalte D beispielsweise — Einkaufspreis — enthält die Einkaufspreise pro Einheit. Spalte F enthält die Anzahl der vorrätigen Einheiten eines jeden Artikels. Die Werte dieser beiden Spalten werden miteinander multipliziert und somit der Gesamtpreis in Spalte G berechnet. Die Formel zur Gesamtpreisberechnung ist immer dieselbe und unabhängig von den einzelnen Artikeln. Dasselbe gilt für die Berechnung des Umsatzes (Spalte E multipliziert mit Spalte F). Wir können daher die Formeln einmal in den Spalten G und H in Zeile 5 eingeben und sie dann in sämtliche Zeilen kopieren, wie Sie es im unteren Teil von Abbildung 6-4 sehen.

Nehmen wir als Beispiel die Formel in Spalte G5 — (D5 * F5). Bei Verwendung des Kopiere-Befehls (OA-K) zum Duplizieren dieser Formeln in die Spalten G6 bis G24, werden Sie jedesmal gefragt, ob die Formel **Unverändert** oder **Relativ** in das neue Feld übernommen werden soll. Wählen Sie jedesmal **Relativ**, so daß sich die Formeln entsprechend ändern (D6 * F6), (D7 * F7) usw., immer entsprechend der Zeile, in die die Formel kopiert werden soll. Auf dieselbe Weise können wir die Formel für die Umsatzberechnung kopieren und die §SUM Formel von G26 nach H26 übertragen.

Die Lieferantenliste

Als nächstes folgt eine Liste der Lieferanten von Meiers Delikatessen für Lebensmittel, Papierartikel, Ausstattung, Wartung und andere Service-

```
-----------------MEIER'S DELIKATESSEN----------------WARENBESTAND RECHENBLATT------------
-----------------------------------------------------------------------------------------
Artikelbez.        Typ            Einheit        Eink.preis   Verk.preisMenge   Ges.kosten       Umsatz
-----------        ---            -------        ----------   ---------------   ----------       ------
Dreikorn           Brot           1 Laib          DM 1,59       DM 2,39    15    DM 23,85      DM 35,85
Pumpernickel       Brot           1 Laib          DM 2,19       DM 3,79     5    DM 10,95      DM 18,95
Roggenbrot         Brot           1 Laib          DM 1,59       DM 2,39    12    DM 19,08      DM 28,68
Weißbrot           Brot           1 Laib          DM 1,39       DM 1,99    15    DM 20,85      DM 29,85
Weizenbrot         Brot           1 Laib          DM 1,99       DM 3,19    18    DM 35,82      DM 57,42
Hackfleisch        Fleisch        1 Pfund         DM 3,98       DM 7,59    10    DM 39,80      DM 75,90
Räucherschinken    Fleisch        1 Pfund         DM 7,98      DM 10,59    10    DM 79,80     DM 105,90
Pfeffersalami      Fleisch        1 Pfund         DM 5,87       DM 8,99     6    DM 35,22      DM 53,94
Salami             Fleisch        1 Pfund         DM 5,18       DM 8,49    12    DM 62,16     DM 101,88
Schinken           Fleisch        1 Pfund         DM 7,36      DM 11,48     8    DM 58,88      DM 91,84
Emmentaler         Käse           1 Pfund         DM 6,39       DM 9,75    12    DM 76,68     DM 117,00
Gorgonzola         Käse           1 Pfund         DM 7,48      DM 11,48    10    DM 74,80     DM 114,80
Greyerzer          Käse           1 Pfund         DM 6,54       DM 9,98     4    DM 26,16      DM 39,92
Tilsiter           Käse           1 Pfund         DM 6,39       DM 9,48    12    DM 76,68     DM 113,76
Meier Tüten        Papierartikel  1 Packung       DM 7,18                  12    DM 86,16      DM 0,00
Servietten         Papierartikel  1 Großpackung  DM 49,95                   3   DM 149,85      DM 0,00
Wachspapier        Papierartikel  1 Rolle         DM 3,99                   6    DM 23,94      DM 0,00
Käseschaber        Utensilien     1 Stück         DM 6,99      DM 13,98     5    DM 34,95      DM 69,90
Küchenschürze      Utensilien     1 Stück         DM 4,99       DM 9,98    23   DM 114,77     DM 229,54
Meiers Messer-Set  Utensilien     6 Stück        DM 98,00     DM 148,95    10   DM 980,00   DM 1.489,50

GESAMT                            GESAMT                                       DM 2.030,40  DM 2.774,63
```

a)

```
Datei: Warenbestand              ANZEIGEN/BEARBEITEN                Esc: Haupt-Auswahl
==========B===========C==========D=========E=======F=======G=============H======
    9!Brot            1 Laib         1,99    3,19     18   +(D9*F9)      +(E9*F9)
   10!Fleisch         1 Pfund        3,98    7,59     10   +(D10*F10)    +(E10*F10)
   11!Fleisch         1 Pfund        7,98   10,59     10   +(D11*F11)    +(E11*F11)
   12!Fleisch         1 Pfund        5,87    8,99      6   +(D12*F12)    +(E12*F12)
   13!Fleisch         1 Pfund        5,18    8,49     12   +(D13*F13)    +(E13*F13)
   14!Fleisch         1 Pfund        7,36   11,48      8   +(D14*F14)    +(E14*F14)
   15!Käse            1 Pfund        6,39    9,75     12   +(D15*F15)    +(E15*F15)
   16!Käse            1 Pfund        7,48   11,48     10   +(D16*F16)    +(E16*F16)
   17!Käse            1 Pfund        6,54    9,98      4   +(D17*F17)    +(E17*F17)
   18!Käse            1 Pfund        6,39    9,48     12   +(D18*F18)    +(E18*F18)
   19!Papierartikel   1 Packung      7,18             12   +(D19*F19)    +(E19*F19)
   20!Papierartikel   1 Großpackung 49,95              3   +(D20*F20)    +(E20*F20)
   21!Papierartikel   1 Rolle        3,99              6   +(D21*F21)    +(E21*F21)
   22!Utensilien      1 Stück        6,99   13,98      5   +(D22*F22)    +(E22*F22)
   23!Utensilien      1 Stück        4,99    9,98     23   +(D23*F23)    +(E23*F23)
   24!Utensilien      6 Stück          98  148,95     10   +(D24*F24)    +(E24*F24)
   25!
   26!                GESAMT                               §SUM(G5...G2§SUM(H5...H24
-----------------------------------------------------------------------------------
H26: (Wert) §SUM(H5...H24)

Eingabe oder § Kommando                                          §-? für Hilfe
```

b)

Abbildung 6-4 Das vollständige Warenbestandsverzeichnis (oben) enthält Felder (teilweise umbenannt) aus der Datenbankdatei, aber auch neue Felder, die hinzugefügt wurden, um die Daten speziell für die Auflistung von Menge und Einkaufspreis der vorrätigen Produkte einzurichten. Die Formeln, die zum Erstellen des Rechenblattes verwendet wurden, sind im unteren Teil dargestellt. Alle Spalten, mit Ausnahme von Gesamtkosten und Umsatz, wurden enger gemacht, damit genügend Platz zum Einblenden der Formeln vorhanden ist.

leistungen. Die Liste soll Produktnamen, Lieferantenadressen, Telefonnummern, Produkt Typen, Artikelnummern, Seriennummern, Garantiedauer, Erwerbsdatum und ein Kommentarfeld enthalten. Viele dieser Felder existieren bereits in unserer Hauptdatei, und da die neue Datei ebenfalls eine Datenbank sein soll, ist die Erstellung dieser Liste denkbar einfach.

Zunächst wird die Produkt-Datei neu geladen und mit dem OA-N Befehl die Seite NAME/FELD ÄNDERN eingeblendet. Dort wird der Dateiname zu „Lieferanten" abgeändert. Durch Eingabe von Return springen Sie anschließend in die Feldnamenliste. Führen Sie den Cursor jeweils zum ersten Buchstaben der Feldnamen, die in der neuen Datei nicht mehr benötigt werden. Mit dem Lösche-Befehl (OA-L) werden diese Felder aus der Datei gelöscht. Nachdem nur noch die erforderlichen Felder übrig geblieben sind, wird die neue Datei unter ihrem neuen Dateinamen auf Diskette gespeichert. Unsere Originaldatei „Produkte" bleibt unverändert unter ihrem alten Namen erhalten.

Die neue Datei enthält nun die meisten, jedoch nicht alle, benötigten Felder. Neue Datenfelder können deshalb an dieser Stelle (Seriennummer, Garantiedauer und Erwerbsdatum) auf der Seite NAME/FELD ÄNDERN nachgetragen werden. Mit diesen neuen Datenverwaltungswerkzeugen ist es viel einfacher, Verkaufsinformationen schnell aufzufinden oder zusammenzustellen. Wenn beispielsweise die Störanzeige des Kühlschranks anfängt zu blinken, kann mit der Finde-Option (OA-F) der Datensatz für den Kühlschrank ausfindig gemacht werden. Ein Teil der vollständigen Datei ist in Abbildung 6-5 dargestellt. Beachten Sie, daß das Format so angelegt

```
Datei: Lieferanten        ANZEIGEN/BEARBEITEN          Esc: Haupt-Auswahl

Auswahl: Alle Sätze


Prod. Name      Prod. Typ      Artikel Nr Lieferant       Seriennumm Telefon
===========================================================================
Kühlbox         Ausstattung    2000-AZ    AGW Geräte      0112356    0765-5689
Kühlbox         Ausstattung    2000-AZ    AGW Geräte      0112357    0765-5689
Kühlbox         Ausstattung    2000-AZ    AGW Geräte      0112358    0765-5689
Elektr.Messer   Ausstattung    WOW-75     ABC Restaurant  HL-78564B  0765-8907
Hackfleisch     Fleisch        -          Capri Salami    -          0765-5551
Räucherschinken Fleisch        -          Erich Meyer     -          0765-1213
Pfeffersalami   Fleisch        -          Capri Salami    -          0765-5551
Salami          Fleisch        -          Fleischfabrik K -          0765-1257
Schinken        Fleisch        -          Metzgerei Seibo -          0634-3126
Meier Tüten     Papierartikel  -          1 Packung       -          0765-9099
Servietten      Papierartikel  -          1 Großpackung   -          0765-9099
Wachspapier     Papierartikel  -          1 Rolle         -          0765-9099
Gefriertruhe    Service        -          Kühl- und Tiefk -          0765-1263
Ajax Janitorial Service        -          Ajax Janitorial -          0765-9035
Bauer Versicher Service        -          Bauer Versicher -          0765-9000
---------------------------------------------------------------------------
Eingabe oder § Kommando                                    §-? für Hilfe
```

Abbildung 6-5 Eine Verkaufsinformationsliste kann im Notfall ein schnelles Auffinden der Service-Telefonnummer und der entsprechenden Artikel oder Seriennummern gewährleisten.

ist, daß die wichtigsten Felder, die für eine telefonische Reklamation notwendig sind, gezeigt werden. Die weniger wichtigen Felder (Garantiedauer, Erwerbsdatum, Straße, Wohnort und Kommentar) befinden sich auf der rechten Seite außerhalb des Bildschirms. Mit Hilfe der Option „Zugriff auf Datensatz oder Liste", können wir natürlich jederzeit die anderen Felder für einen bestimmten Datensatz einsehen.

Ein Rechenblatt für Einkaufsmengen

Dieses Rechenblatt kann dazu benutzt werden, frühere Einkaufsmengen von Warenartikeln festzuhalten und daraus die Absatzsteigerung für die Zukunft vorauszuberechnen. Da es sich um ein Rechenblatt handelt und die Produktnamen, die dafür benötigt werden, dieselben wie in der Warenbestandsliste sind, können wir das letzte Rechenblatt als Grundlage für die neue Datei verwenden. Auch hierbei können wir wieder die Technik der Dateiänderung im Hauptspeicher anwenden und somit auf schnellstem Wege eine neue Datei erstellen. Solange wir der veränderten Version einen neuen Dateinamen geben (möglichst noch bevor wir irgend etwas ändern; auf jeden Fall aber, bevor wir die Datei abspeichern), wird unsere Originaldatei unangetastet und unversehrt auf der Diskette erhalten bleiben.

Zum Erstellen des neuen Rechenblattes laden wir also das Rechenblatt „Warenbestand" und ändern den Dateinamen zu „Einkaufsmenge". Dieser Teil unserer Hilfsdateien benötigt weder Vorratsmengen noch Einkaufspreise, noch andere Daten aus dem Warenbestand. Mit dem Radieren-Befehl (OA-R) löschen wir nun das gesamte Rechenblatt, mit Ausnahme von „Prod. Name" in Spalte A. In unserem Beispiel haben wir auch die Produktnamen, die weder „Brot" noch „Käse" beinhalten, mit dem OA-R Befehl ausradiert.

Jetzt kann ein neues Rechenblatt mit Spaltenüberschriften für aktuelle und vorausberechnete Einkaufsmengen über einen bestimmten Zeitraum erstellt werden. (Im Beispiel verwenden wir Quartale, um Platz zu sparen, normalerweise gibt man die Zahlen pro Monat an.) Rechts der vierten Quartalspalte des Jahres I (1985) wird eine Spalte mit Formeln eingefügt, die für jeden Artikel die vierteljährlichen Zahlen addiert. Eine weitere Spalte mit Formeln wird hinzugefügt, die die Gesamtsumme durch 4 dividiert und den Jahresdurchschnitt eines jeden Artikels auflistet. Danach kopieren wir den Durchschnitt in das erste Quartal des kommenden Jahres, damit er als Basis für die Vorausberechnungen verwendet werden kann. Es soll angenommen werden, daß die Zuwachsrate bei 6 Prozent pro Quartal liegt. Eine Gesamtsummenspalte für das Jahr II (1986) beschließt unsere Vorausberechnungen, und eine separate Zeile am Ende der Liste zeigt die gesamten Einkaufsmengen eines jeden Quartals. Später werden wir noch ein Gewinn/Verlust-Modell erstellen, und Sie werden selbst sehen, daß die Gesamtsummenzeile in Ihrem Fall direkt ins Gewinn/Verlust-Rechenblatt

```
                    Vierteljährlicher Einkauf (in DM) - 1985/1986
--------------------------1985 (Realwerte)-------------------------1986 (Statistik)-----------
Artikel            Q1      Q2      Q3      Q4 Gesamt    Avg.      Q1      Q2      Q3      Q4 Gesamt
-------            ----    ----    ----    ---- ------  ----    ----    ----    ----    ---- ------
Dreikorn           3000    3176    3086    3268  12530  3132    3132    3320    3520    3731  13703
Pumpernickel       1200    1270    1234    1308   5012  1253    1253    1328    1408    1492   5481
Roggenbrot         2800    2964    2882    3050  11696  2924    2924    3099    3285    3483  12791
Weißbrot           3500    3706    3602    3814  14622  3656    3656    3875    4107    4354  15991
Weizenbrot         5000    5294    5144    5448  20886  5222    5222    5535    5867    6219  22842
Emmentaler         1500    1588    1544    1634   6266  1566    1566    1660    1760    1866   6853
Gorgonzola         1370    1450    1410    1492   5722  1430    1430    1516    1607    1704   6258
Greyerzer           700     742     720     762   2924   731     731     775     821     871   3198
Tilsiter           1500    2064    2006    2124   7694  1924    1924    2039    2161    2291   8415

GESAMT:           20570   22254   21628   22900  87352         21838   23148   24537   26009  95533
```

Abbildung 6-6 Das Rechenblatt mit den Einkaufsmengen wurde mit den Produktnamen aus dem Warenbestandsverzeichnis erstellt. (Spalte A, Prod. Name, ist 18 Zeichen breit; die Spalten B bis L sind je 7 Zeichen breit; Überschriften der Spalten B bis L in den Zeilen 3 und 4 sind rechtsbündig; die Felder B5 bis L15 sind alle auf Festwert ohne Dezimalstellen eingestellt.)

übernommen werden kann; natürlich nur, wenn beide Rechenblätter auf monatlichen Berechnungen basieren (und nicht, wie hier im Beispiel, das eine Modell auf Monats-, das andere auf Quartalsbasis). Das fertige Einkaufsmengen-Modell sehen Sie in Abbildung 6-6.

Die Werbeanalyse

Angenommen, Sie haben eine neue produktbezogene Idee, die Sie gerne ausprobieren möchten: der Verkauf einiger Meier Utensilien durch einen Versand-Service. Sie möchten Werbeanzeigen in einigen Haushalts- und Verbrauchermagazinen aufgeben. Ihr Werbeetat ist jedoch eingeschränkt, und Sie möchten deshalb wissen, welche Werbemittel am meisten bewirken. Dafür stellen Sie am besten ein Werbeanalyse-Rechenblatt auf, das Ihre Werbemaßnahmen nach Publikation, Werbekosten pro Werbung, Artikelnummer, Gesamteinnahmen, Gesamtausgaben, Gewinn und Reingewinn (oder Verlust) pro Artikel zusammenstellt.

Wenn wir annehmen, daß sich die Namen der Magazine bereits in der Kundenliste befinden, können diese Informationen wiederverwendet werden, indem die Kundenliste geladen und ein Bericht erstellt wird, der nur die Namen der Magazine enthält. Danach wird der Bericht als DIF Datei abgespeichert und kann in das Rechenblatt übertragen werden. Der Ablauf geht genauso vor sich wie das Erstellen des Warenbestand-Rechenblattes.

Das neue Rechenblatt erhält den Namen „Werbeanalyse". In Spalte A sind sämtliche Publikationen aufgelistet, während die Informationen der Analyse sich rechts daneben befinden. In der Gewinn-Spalte wird jeweils der Gesamteinnahmenwert von dem entsprechenden Betrag des Gesamtaus-

```
              MEIER'S DELIKATESSEN - WERBEKOSTEN ANALYSE

Publikation            Kosten    # Art.      Einn.       Ausg.       Gewinn      Reingew.
-----------            ------    ------      -----       -----       ------      --------
Brigitte           DM 1.500,00     50    DM 7.000,00  DM 4.690,00  DM 2.310,00  DM 810,00
Moderne Hausfrau   DM 1.600,00     10    DM 1.358,00    DM 909,86    DM 448,14 (DM 1.151,86)
Do it yourself     DM 1.240,00     13    DM 2.900,00  DM 1.943,00    DM 957,00  (DM 283,00)
Haus & Garten      DM 1.200,00     25    DM 3.760,00  DM 2.519,20  DM 1.240,80    DM 40,80
Gourmet            DM 1.000,00     23    DM 3.548,00  DM 2.377,16  DM 1.170,84   DM 170,84
Freizeit Journal     DM 700,00     18    DM 3.200,00  DM 2.144,00  DM 1.056,00   DM 356,00
Frankfurter A.     DM 1.400,00     35    DM 6.400,00  DM 4.288,00  DM 2.112,00   DM 712,00

Netto gesamt                                                                     DM 654,78
```

Abbildung 6-7 Die Werbeanalyse zeigt umgehend die relativen Auswirkungen der verschiedenen Werbeaufwendungen. Zahlen in Klammern bedeuten Verluste.

gabenwertes subtrahiert und in der Reingewinn-Spalte werden jeweils die Werbekosten vom Gewinn subtrahiert. Jede Zeile enthält eine Werbeanzeige (vgl. Abbildung 6-7).

Die Angestellten-Adressenliste

Die vier nun folgenden Hilfsdateien werden aus der Angestellten-Hauptdatei erstellt. Voraussetzung ist, daß diese Datei eine Menge personal- und arbeitsbezogene Informationen über jeden Angestellten enthält. Aus dieser Datei stellen Sie sich nun eine einfache Adressenliste zusammen, die Namen, Adressen und Telefonnummern enthält. So können Sie mit wenig Arbeitsaufwand Scheckzahlungen oder Weihnachtsgrüße verschicken oder im Notfall einen Verwandten oder Freund telefonisch benachrichtigen. Da die erwünschte Liste eine einfache Untermenge der Angestellten-Hauptdatei ist (vgl. Abbildung 6-8), können wir die Hauptdatei einlesen, den Dateinamen ändern, unerwünschte Informationsfelder löschen und die Datei unter dem neuen Dateinamen, z.B. Angest.Liste, abspeichern. Das Listenformat dieser neuen Datei ist in Abbildung 6-9 dargestellt.

Die Gehaltsanalyse

Nachdem der Betrieb nun schon mehrere Monate immer besser läuft, möchten Sie Ihren Angestellten eine Gehaltserhöhung zukommen lassen. Zuerst interessieren Sie natürlich die Auswirkungen eines so großen Entgegenkommens von Ihrer Seite. Wir erstellen dafür ein Rechenblatt. Benötigt werden Angestelltennamen und die aktuellen Gehaltsstufen, von denen ausgegangen werden soll. Diese Informationen können aus der Angestellten-Hauptdatei übernommen werden. Laden Sie die Hauptdatei und gehen Sie ins BERICHTSFORMAT. Hier können alle nicht benötigten Informationsfelder gelöscht werden. Es sollen nur Angestelltennamen und

Gehaltsstufen übernommen werden. Die Angestelltennamen sollen auf dem Rechenblatt in der Spalte ganz links erscheinen. Achten Sie also darauf, daß im BERICHTSFORMAT diese Spalte ebenfalls ganz links steht.

```
Datei: Angestellte          NAME/FELD ÄNDERN      Esc: Anzeigen/Bearbeiten




Feldnamen
================================================================================
Name                               !
Straße                             ! Möglichkeiten:
PLZ                                !
Wohnort                            ! Feldnamen eingeben
Telefon                            ! Aufwärtspfeil   Vorangehendes Feld
Gehalt                             !
Einst.datum                        !
Position                           !
geb.                               !
Personal#                          !
Abteilung                          !
Ausbildung                         !
Tätigkeiten                        !
Notfalladr.                        !
Notruf                             !
--------------------------------------------------------------------------------
Eingabe oder § Kommando                                        40K Speicher
```

Abbildung 6-8 Die Angestellten-Hauptdatei enthält allgemeine Informationen, die sie für den täglichen Gebrauch ungeeignet macht.

```
Datei: Angest.Liste         ANZEIGEN/BEARBEITEN         Esc: Haupt-Auswahl

Auswahl: Alle Sätze


Name                   Telefon      Straße          PLZ  Wohnort
================================================================================
Liudmilla Boronzhova   0711-345456  Daimlerstr.10A  7300 Esslingen
Otto Baumann           07121-39553  Schloßstr.145   7410 Reutlingen
Ronald Owen            0711-287468  Kaiserstr.57    7000 Stuttgart
Willi Hohloch          07071-129836 Gartenweg 3     7400 Tübingen




--------------------------------------------------------------------------------
Eingabe oder § Kommando                                        §-? für Hilfe
```

Abbildung 6-9 Durch Löschen von Feldern und Ändern des Dateinamens kann eine neue Datei erstellt werden, die ausgewählte Daten der Hauptdatei enthält. Diese neue Datei liefert umgehend die gewünschten Informationen.

```
GEHALTS ANALYSE - GEHALTSERHÖHUNG
-----------------------------------------------------------------------------------
Angestellten-         Gehalts-      geplante    Arb.std./     akt.Gehalt    gepl.Gehalt   prozent.
name                     stufe     Geh.stufe       Woche       pro Woche      pro Woche    Wachstum
-------------         --------     ---------    ---------     ----------    -----------   --------
Uli Hahn              DM 10,95     DM 12,45           40       DM 438,00     DM 498,00      13,70%
Liudmilla Boronzhova  DM 10,50     DM 12,00           36       DM 378,00     DM 432,00      14,29%
Otto Baumann          DM 17,25     DM 19,50           40       DM 690,00     DM 780,00      13,04%
Ronald Owen           DM 13,50     DM 15,00           20       DM 270,00     DM 300,00      11,11%
Willi Hohloch         DM 10,05     DM 11,40           20       DM 201,00     DM 228,00      13,43%

Gesamt                                                         DM 1.977,00   DM 2.238,00
```

Abbildung 6-10 Für die Gehaltsanalyse werden Angestelltennamen und Gehaltsstufen aus der Angestellten-Hauptdatei mit einigen neuen Spalten, die speziell für diese Analyse angelegt wurden, kombiniert.

Der nächste Schritt besteht darin, diesen Bericht als DIF Datei auf Diskette zu speichern (z. B. unter der Bezeichnung Gehalt.DIF). Danach gehen wir wieder in die HAUPT-AUSWAHL und wählen die Option „Dateien auf den Schreibtisch holen". Hier wählen Sie „Neue Datei ERSTELLEN für: Rechenblatt, aus einer DIF (TM) Datei". Geben Sie den Pfadnamen der DIF Datei ein, bezeichnen Sie die neue Datei (z. B. mit Geh.analyse), und schon haben Sie den Anfang Ihres neuen Rechenblattes. Bevor Sie jedoch weitermachen, löschen Sie zuerst die Datei Gehalt.DIF von Ihrer Datendiskette, da sie jetzt nicht mehr benötigt wird.

Nach diesem Schritt können nun neue Spalten im Rechenblatt eingefügt werden. Es existieren bereits „Angestelltenname" und „Gehaltsstufe", ferner werden noch „geplante Gehaltsstufe", „Arbeitsstunden pro Woche", und „prozentuale Wachstumsrate" benötigt. In Abbildung 6-10 sehen Sie, daß außerdem die aktuellen und geplanten Gehaltsbeträge pro Woche im unteren Teil der Liste zusammengezählt wurden.

Arbeits- und Urlaubslisten

Arbeits- und Urlaubslisten sind etwas problematisch, da sie sich laufend ändern. Vor allem die freien Tage werden Ihnen bei der Arbeitseinteilung immer wieder einen Strich durch die Rechnung machen. Urlaubslisten bedeuten wiederum ein anderes Problem, da sie für die Angestellten ausgedruckt und jedesmal wieder neu aufgestellt werden müssen, wenn sich der Urlaubsplan eines Angestellten ändert. Die Angestellten-Hauptdatei kann uns dafür Listen liefern, die einfach zu ändern und einzuteilen sind, wobei die Informationen, die Kopfzerbrechen bereiten könnten, einfach gestrichen werden.

Sowohl die Arbeits-, als auch die Urlaubsdateien sollen Rechenblätter sein, in deren linken Spalte sich die Namen der Angestellten befinden. Als Spaltenüberschriften werden Wochentage oder Monatsnamen benötigt. Die Namen übernehmen wir aus der Angestellten-Hauptdatei. Da wir eine

```
                    MEIER'S DELIKATESSEN - ARBEITSPLAN
                    28. JANUAR - 2. FEBRUAR 1985
-----------------------------------------------------------------------------
Angest.         Telefon       Montag    Dienstag  Mittwoch  Donnerstag Freitag   Samstag

Uli             0711-555354   10-18     10-18     10-18     10-18      10-18     FREI
Liudmilla       0711-345456   10-16     10-16     10-16     10-16      10-18     12-16
Otto            07121-39553   FREI      10-18     10-18     10-18      10-18     10-18
Ronald          0711-287468   10-13.30  10-13.30  10-13.30  10-13.30   10-13.30  10-12.30
Willi           07071-129836  15-18     15-18     15-18     15-18      14-18     14-18
```

Abbildung 6-11 In dieser Arbeitsliste ist die Arbeitszeit eines jeden Angestellten in jeweils einer Zeile dargestellt.

Datenübertragung vornehmen, sollten wir auch gleich die Telefonnummern übertragen, damit wir möglichst schnell mit einem Angestellten Kontakt aufnehmen können. Dafür wird ein Berichtsformat erstellt, das gerade diese beiden Spalten beinhaltet (achten Sie darauf, daß die Namen sich auf der linken Bildschirmseite befinden). Speichern Sie den Bericht als DIF Datei mit der Bezeichnung „Namen.DIF". Danach werden zwei Rechenblätter erstellt, das eine mit dem Dateinamen „Arbeitsplan", das andere mit „Urlaubsplan". Für beide Rechenblätter wird dieselbe DIF Datei als Quelldatei verwendet.

Im „Arbeitsplan" sollen sich in Spalte B lesbare Telefonnummern befinden. Da AppleWorks nach dem Laden der DIF Datei die Telefonnummern als Werte behandelt, werden alle Bindestriche und alle führenden Nullen gelöscht. Um dieses Problem wieder in den Griff zu bekommen, müssen alle Telefonnummern anschließend noch einmal als „Text" eingegeben werden. Danach wird für jeden Arbeitstag eine Spaltenüberschrift eingefügt. Zum Ausfüllen des wöchentlichen Arbeitsplanes geben wir einfach die Arbeitsstunden für jeden Angestellten ein (vgl. Abbildung 6-11). Die Stundeneinträge müssen ebenfalls als „Text" eingegeben werden, da Sie auch Bindestriche enthalten sollen.

Bevor wir jedoch die aktuellen Daten in die Arbeitsliste eingeben, können wir daraus noch eine Urlaubsliste erstellen. Speichern Sie den „Arbeitsplan" mit Hilfe des OA-S Befehls auf Diskette. Die Datei bleibt auf dem Schreibtisch erhalten. Jetzt kann der Dateiname zu „Urlaubsplan" geändert und das Format entsprechend eingeteilt werden. Hier brauchen wir keine Telefonnummern, deshalb können sie gelöscht werden. Es kann jedoch dieselbe Grundstruktur und dieselbe Spaltenbreite verwendet werden, auch wenn die Spaltenüberschriften anders sind. Anstelle der Arbeitstage werden Monatsnamen eingesetzt (vgl. Abbildung 6-12). Die Liste wird von den Angestellten selbst ausgefüllt, wir drucken sie deshalb ohne irgendwelche Daten aus. Durch Eintragen der gewünschten Urlaubstage im entsprechenden Monat können die Angestellten ihren geplanten Urlaub notieren.

```
                    MEIER'S DELIKATESSEN - URLAUBSLISTE 1985
-----------------------------------------------------------------------------------
                 JAN   FEB   MAE   APR   MAI   JUNI   JULI   AUG   SEP   OKT   NOV   DEZ
Angest.
-------
Uli
-----------------------------------------------------------------------------------
Liudmilla
-----------------------------------------------------------------------------------
Otto
-----------------------------------------------------------------------------------
Ronald
-----------------------------------------------------------------------------------
Willi
-----------------------------------------------------------------------------------
```

Abbildung 6-12 Ein Rechenblatt kann auch als Urlaubsliste dienen. Dabei werden die entsprechenden Urlaubstage von den Angestellten selber von Hand eingetragen.

Die Kundenliste

Jetzt sollten alle Hilfsdateien, die sich auf die Angestellten beziehen, abgespeichert werden, damit als nächstes die Kunden-Hauptdatei auf den Schreibtisch geholt werden kann. Das erste Dateiwerkzeug soll eine Kundenliste für unsere Lebensmittelbeschaffung sein. Die Liste soll Firmennamen, Adressen und Telefonnummern beinhalten; es kommen außerdem noch einige neue Spalten dazu.

Wenn wir die Datei „Kunden" auf den Schreibtisch geholt haben, ändern wir zuerst den Dateinamen mit Hilfe des OA-N Befehls zu „Kundenliste". Danach werden alle überflüssigen Spalten gelöscht und die neuen Spalten eingefügt: Datum der letzten Bestellung, Datum des letzten Besuchs, Betrag der letzten Bestellung. Sind wir damit fertig, können wir unsere alte Kartei hernehmen und daraus die zusätzlichen Informationen entnehmen und eintippen. Mit dieser Datei können wir feststellen, welches unsere besten Kunden sind und ob ihnen die neuesten Werbeprospekte zugeschickt werden sollen. Außerdem kann damit eine Liste für Adressenetiketten erstellt werden. Die vollständige Datei wird in etwa so aussehen wie in Abbildung 6-13.

Die Geschäftsbriefe

Für die bereits angesprochenen Werbeprospekte können wir unsere existierenden AppleWorks Daten verwenden und damit Formbriefe erstellen. Am einfachsten geschieht das mit Hilfe des Mailmergers von Apple; wenn Sie das Programm nicht besitzen, können Sie trotzdem einfach und schnell Geschäftsbriefe schreiben.

Namen und Adressen sind bereits in unserer Kundenliste vorhanden. Die Datei enthält außerdem Daten, die wir nicht benötigen. Wir erstellen einen Bericht im Listenformat, der nur Name und Adresse ausgewählter

Kunden enthalten soll (Betrag der letzten Bestellung größer als DM 200).
Mit dem Befehl OA-R (Regeln zur Satzauswahl ändern) können wir diese
Kunden auswählen. Nach Auswahl der richtigen Kundengruppe werden
unnötige Felder gelöscht (Telefonnummer, Datum der letzten Bestellung,
Betrag der letzten Bestellung und Datum des letzten Besuchs), so daß die
Daten in Form eines Adreßblockes ausgedruckt werden (vgl. Abbildung
6-14).

Nachdem der Bericht fertig ist, wird er als ASCII-Datei auf Diskette
ausgegeben. Dann kehren wir wieder zum DATEIEN HOLEN-Menü zurück,

```
Datei:  Kundenliste                                                    Seite  1
Bericht: Kundenliste
Firmenname Kontaktperson Straße     PLZ  Wohnort   Telefon    Bestelldatum Besuchsdatum DM Best.
---------- ------------- ---------- ---- --------- ---------- ------------ ------------ --------
Wäscherei  Hermann Frank Waldstr.15 7300 Esslingen 0711-2367 18 Jun 85    30 Sep 85    150,00
Maier Reif Rolf Petersen Hauptstr.1 7440 Nürtingen 0722-6274  1 Nov 85     1 Nov 85    530,00
Detektivbü Bud Sherlock  Enge Gasse 7000 Stuttgart 0711-9984 24 Sep 85    24 Sep 85    120,00
Konditorei Hans Luik     Achalmstr. 7410 Reutlinge 07121-234  4 Dez 85     5 Dez 85    108,00
Weinakadem Rudolf Blau   Neckargass 7400 Tübingen  07071-876 13 Nov 85    13 Nov 85    200,00
Pizza Roma Aldo Rinaldo  Römerstr.3 7000 Stuttgart 0711-8482 31 Nov 85    15 Dez 85    1.500,00
Autohaus H Heinrich Benz Dieselstr. 7300 Esslingen 0711-4284 25 Jun 85    15 Sep 85    30,00
Tankstelle Manfred Mann  Stuttgarte 7300 Esslingen 0711-2736 11 Nov 85    15 Dez 85    1.250,00
Hotel Erns Judith Klein  Seestr.34  7000 Stuttgart 0711-2847  9 Aug 85     1 Okt 85    130,00
Radio Kürn Bernd Maier   Torweg 46  7400 Nürtingen 07022-424 13 Jul 85    15 Okt 85    310,00
```

Abbildung 6-13 Die Kundenliste kann sowohl für die Zusendung neuer Werbeprospekte
als auch für die Analyse der Geschäftsaktivitäten verwendet werden. (Hier wurden die
Spaltenbreiten verkleinert, damit möglichst viele Daten ausgedruckt werden können,
ohne daß der Ausdruck unübersichtlich wird.)

```
Datei: Kundenliste          BERICHTSFORMAT          Esc: Berichtsauswahl
Bericht: Adressetiketten
Auswahl: DM Best. größer als 200.00



==================================================================================
Kontaktperson
Firmenname
Straße
PLZ <Wohnort
------------------Jeder Datensatz erzeugt  4 Ausgabezeilen-------------------



-----------------------------------------------------------------------
Die in der Hilfestellung angezeigten Befehle verwenden        §-? für Hilfe
```

Abbildung 6-14 Ein Bericht im Etikettenformat kann dazu benutzt werden, Adreßblöcke für einen Formbrief zu erstellen.

```
Datei: Gesch.briefe           ANZEIGEN/BEARBEITEN            Esc: Haupt-Auswahl
=====!====!====!====!====!====!====!====!====!====!====!====!====!====!===
Rolf Petersen
Maier Reifen
Hauptstr.134
7440 Nürtingen

Aldo Rinaldo
Pizza Romana
Römerstr.34
7000 Stuttgart 61

Manfred Mann
Tankstelle Raiser
Stuttgarter Str.145
7300 Esslingen

Bernd Maier
Radio Kürner
Torweg 46
7400 Nürtingen


------------------------------------------------------------------------
Eingabe oder § Kommando                  Zeile 1  Spalte  1      §-? für Hilfe
```

Abbildung 6-15 Ein Bericht im Etikettenformat mit Kundennamen und Adressen kann
als ASCII Datei gespeichert und anschließend in eine Textdatei übertragen werden.

wählen die Option „Neue Datei ERSTELLEN für: Textbearbeitung, aus
einer ASCII-Datei" und verwenden unsere ASCII-Datei als Quelldatei für
ein neues Dokument — Gesch.briefe— wie Sie es in Abbildung 6-15 sehen
(der Übersichtlichkeit halber wurden in unserem Beispiel Leerzeilen zwischen den einzelnen Adressen eingefügt).

Als nächster Schritt folgt nun das Aufsetzen des Briefes. Zuerst
geben wir mit dem Cursor im Einfügemodus (das blinkende Unterstrei-
chungszeichen) Datum, Gruß und Brieftext zwischen die beiden ersten
Adreßblöcke in die Textdatei ein. Nach Beenden des Briefes kopieren wir
einfach das Datum, den Gruß und den Brieftext (nicht den Adreßblock)
in den Zwischenspeicher und kopieren den Zwischenspeicherinhalt in der
gesamten Textdatei hinter jeden Adreßblock (vgl. Abbildung 6-16).

Der Zwischenspeicherinhalt wird nicht gelöscht, bis er entweder durch
einen anderen Text ersetzt oder die Arbeit mit AppleWorks beendet wird.
Es wird deshalb einfach der Cursor bewegt, vom Zwischenspeicher kopiert,
der Cursor bewegt und wiederum kopiert, bis wir zu jeder Adresse in der
Textdatei einen Brieftext kopiert haben. Wenn der freie Speicherplatz vor
Beenden der Kopierarbeit nicht mehr ausreicht, speichern wir die Datei
ab, erstellen ein neues Dokument, kopieren die restlichen Adressen
in diese neue Datei und kopieren einfach weitere Briefe aus dem Zwischenspeicher dazu.

Sind wir an diesem Punkt angelangt, besitzen wir einen Formbrief
mit den dazugehörigen Adressen eines jeden Kunden. Wenn wir eine Stan-
dardanrede verwenden, wie z.B. „Sehr geehrter Kunde", sind wir bereits
fertig. Soll der Brief aber etwas persönlicher gehalten werden, müssen wir

```
Datei: Gesch.briefe            ANZEIGEN/BEARBEITEN            Esc: Haupt-Auswahl
=====!====!====!====!====!====!====!====!====!====!====!====!====!====!====!===

        Rolf Petersen
        Maier Reifen
        Hauptstr.134
        7440 Nürtingen

        3. Juni 1985

        Sehr geehrter Herr Petersen.

        es sind nun schon einige Monate vergangen, seitdem Sie unser
        köstliches Eieromelett und andere Spezialitäten für Fein-
        schmecker gekostet haben. Anbei schicken wir Ihnen unsere
        neueste Preisliste. Sie werden sicher bemerken, daß wir im
        Monat August auf alle Bestellungen mit einem Mindestbestell-
        wert von DM 100 einen Rabatt von 20% gewähren. Warum sollten
        Sie also nicht einmal den Vorteil einer Menüspezialität in
        Ihren eigenen Geschäftsräumen ausprobieren? Damit können Sie
        eine erfrischende Mittagspause in Ihren routinemäßigen Ta-
        gesablauf bringen.

        Guten Appetit wünscht Ihnen

        Meier's Delikatessen-Restaurant

        Aldo Rinaldo
        Pizza Romana
        Römerstr.34
        7000 Stuttgart 61

        3. Juni 1985

        Sehr geehrter Herr Rinaldo.

        es sind nun schon einige Monate vergangen, seitdem Sie unser
        köstliches Eieromelett und andere Spezialitäten für Fein-
        schmecker gekostet haben. Anbei schicken wir Ihnen unsere
        neueste Preisliste. Sie werden sicher bemerken, daß wir im
        Monat August auf alle Bestellungen mit einem Mindestbestell-
        wert von DM 100 einen Rabatt von 20% gewähren. Warum sollten
        Sie also nicht einmal den Vorteil einer Menüspezialität in
        Ihren eigenen Geschäftsräumen ausprobieren? Damit können Sie
        eine erfrischende Mittagspause in Ihren routinemäßigen Ta-
        gesablauf bringen.

        Guten Appetit wünscht Ihnen

        Meier's Delikatessen-Restaurant
```

Abbildung 6-16 Der Textteil eines Formbriefes kann zwischen den beiden ersten
Adreßblöcken eingegeben und dann hinter jede der folgenden Adressen kopiert werden.

Fortsetzung Abbildung 6-16

```
       Manfred Mann
       Tankstelle Raiser
       Stuttaarter Str.145
       7300 Esslingen


       3. Juni 1985


       Sehr aeehrter Herr Mann.


       es sind nun schon einige Monate vergangen. seitdem Sie unser
       köstliches Eieromelett und andere Spezialitäten für Fein-
       schmecker gekostet haben. Anbei schicken wir Ihnen unsere
       neueste Preisliste. Sie werden sicher bemerken. daß wir im
       Monat August auf alle Bestellungen mit einem Mindestbestell-
       wert von DM 100 einen Rabatt von 20% gewähren. Warum sollten
       Sie also nicht einmal den Vorteil einer Menüspezialität in
       Ihren eigenen Geschäftsräumen ausprobieren? Damit können Sie
       eine erfrischende Mittagspause in Ihren routinemäßigen Ta-
       gesablauf bringen.


       Guten Appetit wünscht Ihnen


       Meier's Delikatessen-Restaurant


       Bernd Maier
       Radio Kürner
       Torweg 46
       7400 Nürtingen


       3. Juni 1985


       Sehr aeehrter Herr Maier.


       es sind nun schon einige Monate vergangen. seitdem Sie unser
       köstliches Eieromelett und andere Spezialitäten für Fein-
       schmecker gekostet haben. Anbei schicken wir Ihnen unsere
       neueste Preisliste. Sie werden sicher bemerken. daß wir im
       Monat August auf alle Bestellungen mit einem Mindestbestell-
       wert von DM 100 einen Rabatt von 20% gewähren. Warum sollten
       Sie also nicht einmal den Vorteil einer Menüspezialität in
       Ihren eigenen Geschäftsräumen ausprobieren? Damit können Sie
       eine erfrischende Mittagspause in Ihren routinemäßigen Ta-
       gesablauf bringen.

       Guten Appetit wünscht Ihnen

       Meier's Delikatessen-Restaurant
```

```
Eingabe oder § Kommando           Zeile 97  Spalte  1       §-? für Hilfe
```

noch einmal die gesamte Datei durchgehen und in die Anredezeile eines
jeden Briefes den entsprechenden Kundennamen einfügen.

Entspricht die Form des Briefes dann unseren Vorstellungen, müssen
wir noch dafür sorgen, daß jeder Brief auf eine neue Seite gedruckt wird.
Dies wird einfach mit dem Befehl Seitenvorschub (SV) aus dem DRUCK-
PARAMETER-Menü der Textverarbeitung bewerkstelligt. Bewegen Sie

den Cursor jeweils an das Briefende, gehen Sie auf die Seite DRUCKPA-RAMETER, und geben Sie die Befehlsbuchstaben SV ein. Da ja auch Druckparameter kopiert werden können, ersparen wir uns tatsächlich noch mehr Zeit, wenn wir den Befehl SV nach dem ersten Brief eingeben und ihn zusammen mit dem gesamten Briefinhalt zwischen die einzelnen Adreßblöcke kopieren.

Da im normalen Geschäftsbereich die Kundenzahl begrenzt ist, ist das Erstellen und Drucken von Geschäftsbriefen in der gezeigten Weise einfach und schnell. Wenn Sie jedoch dutzende oder hunderte von Kunden anschreiben müssen, ist die Anschaffung eines Mailmerge-Programmes sicherlich lohnenswert.

Die Wareneinkaufsliste

Diese Liste enthält eine Menge Informationsmaterial, das zumindest auf zweierlei Arten zur Verfügung stehen soll; deshalb werden wir für die Erstellung die Datenbank benutzen. Die Datei soll Warenbuchungen speichern. Sobald die Datei jedoch vervollständigt ist, können wir damit einige Berichte für den Wareneinkauf erstellen: einen Arbeitsplan für die Angestellten, der die anfallenden Arbeiten in der Wareneinkaufsabteilung auflistet, oder eine Rezeptliste für die Zubereitung der Speisen.

Was wir hier erstellen ist in der Hauptsache ein leeres Dateneingabeformat. Das bedeutet aber nicht, daß die Datei vollkommen neu erstellt werden müßte. Viele der benötigten Feldnamen befinden sich bereits in der Kundendatei, und wir können zusätzlich die Felder hinzufügen, die benötigt werden. Nachdem unser „Format" vervollständigt worden ist, können Kundennamen und andere Daten als zusätzliche Angaben für den Wareneinkauf eingegeben werden.

Zum Erstellen der Warenliste wird die Kundendatei geladen und umstrukturiert. Mit OA-N (Namen/Feld ändern) wird die Datei in „Wareneinkauf" umbenannt, werden die nicht mehr benötigten Feldnamen gelöscht und einige neue Felder eingefügt: Kontaktperson, Buchungsdatum, Buchungszeit, Personenzahl, Angestelltennamen u.a. — die komplette Liste ist in Abbildung 6-17 dargestellt. Es werden zwar nicht immer alle Felder benutzt, aber verschiedene Kombinationen können in verschiedenen Berichten zusammengestellt werden.

Je nach Entwicklung des Wareneinkaufs können dann im Satzformat weitere Daten eingegeben werden (vgl. Abbildung 6-17). Werden Untermengen dieser Informationen benötigt, stellen wir in verschiedenen Berichtsformaten die jeweils benötigten Informationen zusammen. Eine Speisenzubereitungsliste wird zum Beispiel im Etikettenformat erstellt und enthält Kundennamen, Datum und Zeit, Personenzahl, Typ und Menge der erforderlichen Zutaten. Enthält das Kommentarfeld Informationen für die Speisenzubereitung, so kann dieses Feld ebenfalls im Berichtsformat erscheinen (vgl. Abbildung 6-18).

```
Datei: Wareneinkauf          NAME/FELD ÄNDERN        Esc: Anzeigen/Bearbeiten


Feldnamen
=================================================================================
Firmenname          Angest.Name         !
Kontaktperson                           ! Möglichkeiten:
Straße                                  !
PLZ                                     ! Feldnamen eingeben
Wohnort                                 ! Aufwärtspfeil   Vorangehendes Feld
Telefon                                 !
Datum                                   !
Zeit                                    !
# Personen                              !
Fleisch                                 !
Käse                                    !
Brot                                    !
Spezialitäten                           !
Kommentar                               !
Angestellte                             !
---------------------------------------------------------------------------------
Eingabe oder § Kommando                                          43K Speicher
```

Abbildung 6-17 Die Wareneinkaufsdatei enthält Datenfelder, die zum Erstellen von
Arbeits- und Rezeptlisten verwendet werden können.

```
Datei: Wareneinkauf          BERICHTSFORMAT          Esc: Berichtsauswahl
Bericht: Speisezubereitung
Auswahl: Alle Sätze



=================================================================================
Firmenname
Datum
Zeit
# Personen
Fleisch
Käse
Brot
Spezialitäten
Kommentar
-------------------Jeder Datensatz erzeugt 9 Ausgabezeilen-----------------------



---------------------------------------------------------------------------------
Die in der Hilfestellung angezeigten Befehle verwenden           §-? für Hilfe
```

Abbildung 6-18 Ein Etikettenformat unserer Wareneinkaufsdatei kann Speisezuberei-
tungsangaben für die Angestellten beinhalten.

In ähnlicher Weise kann der Arbeitsplan für den Wareneinkauf als
Listenformat mit Datum, Angestelltenname, Kunde, Adresse und Zeit erstellt werden. Mit den Optionen „Ordnen" und „Regeln zur Satzauswahl"
können diese Berichtsformate den Wareneinkauf für die kommende Woche
oder darüberhinaus beinhalten (vgl. Abbildung 6-19).

```
Datei:  Wareneinkauf                                             Seite  1
Bericht: Arbeitsplan
Firmenname      Kontaktperson  Straße        PLZ  Wohnort    Datum        Zeit          Angest.Name
--------------  -------------  ------------  ----  ---------  -----------  ------------  ----------
Wäscherei Frank Hermann Frank  Waldstr.15    7300  Esslingen  18 Jun 85    30 Sep 85     Uli, Liudmi
Maier Reifen    Rolf Petersen  Hauptstr.13   7440  Nürtingen   1 Nov 85     1 Nov 85     Liudmilla
```

Abbildung 6-19 Ein Listenformat mit ausgewählten Feldern aus der Wareneinkaufsdatei kann als Arbeitsplan für anfallende Arbeiten dienen.

Die Gewinn/Verlust-Aufstellung

Dieses überaus wichtige Rechenblatt muß zwar neu erstellt werden, viele Dateneinträge können aber aus bereits erstellten Dateien übernommen werden. Eine Gewinn/Verlust-Aufstellung listet Einnahmen und Ausgaben auf, subtrahiert Steuern und berechnet so den Nettogewinn oder -verlust für einen bestimmten Zeitraum. Außer dem Barzahlungsverkehr soll eine solche Aufstellung in erster Linie den finanziellen Zuwachs oder die Fluktuation über einen Zeitraum von mehreren Monaten oder Jahren aufzeigen. Die Gewinn/Verlust-Aufstellung gibt uns so ein Bild über den allgemeinen „Gesundheitszustand" eines Betriebes. In Abbildung 6-20 sehen Sie ein typisches Format für diese Zwecke. Aus Platzgründen sind

```
                    Meier's Delikatessen - Gewinn/Verlust Aufstellung
                                          1985
                  Juli        Aug       Sept       Okt        Nov        Dez       Mo. Avg
Einnahmen
---------
Verkauf         DM 11.200  DM 11.760  DM 12.348  DM 12.965  DM 13.614  DM 14.294  DM 12.697
Essensausgabe   DM  3.000  DM  3.090  DM  3.182  DM  3.278  DM  3.376  DM  3.478  DM  3.234
Versand-Service DM     0   DM     0   DM   100   DM   250   DM 1.000   DM 1.500   DM   475

Bruttoeinnahmen DM 14.200  DM 14.850  DM 15.630  DM 16.493  DM 17.990  DM 19.272  DM 16.406

Ausgaben
--------
Löhne           DM 5.000   DM 5.600   DM 5.600   DM 5.600   DM 5.600   DM 5.600   DM 5.500
Lebensmittel    DM 2.000   DM 2.000   DM 2.000   DM 2.000   DM 2.000   DM 2.000   DM 2.000
Zutaten         DM 100     DM 100     DM 100     DM 100     DM 100     DM 100     DM 100
Mieten          DM 1.000   DM 1.000   DM 1.000   DM 1.000   DM 1.000   DM 1.000   DM 1.000
Ausstattung     DM 200     DM 200     DM 200     DM 200     DM 200     DM 200     DM 200
Versicherungen  DM 200     DM 200     DM 200     DM 200     DM 200     DM 200     DM 200
Werbung         DM 700     DM 1.000   DM 1.500   DM 1.500   DM 1.200   DM 1.000   DM 1.150
Buchhaltung     DM 200     DM 200     DM 200     DM 200     DM 200     DM 200     DM 200

Gesamtausgaben  DM 9.400   DM 10.300  DM 10.800  DM 10.800  DM 10.500  DM 10.300  DM 10.350

Bruttoeinnahmen DM 14.200  DM 14.850  DM 15.630  DM 16.493  DM 17.990  DM 19.272  DM 16.406
abzgl. Ausgaben DM 9.400   DM 10.300  DM 10.800  DM 10.800  DM 10.500  DM 10.300  DM 10.350

zu verst.Einnahmen DM 4.800  DM 4.550  DM 4.830  DM 5.693  DM 7.490  DM 8.972  DM 6.056
Steuern         DM 1.824   DM 1.729   DM 1.835   DM 2.163   DM 2.846   DM 3.409   DM 2.301

Nettoeinnahmen  DM 2.976   DM 2.821   DM 2.995   DM 3.530   DM 4.644   DM 5.563   DM 3.755
```

Abbildung 6-20 Die Gewinn/Verlust-Aufstellung zeigt den relativen „Gesundheitszustand" eines Betriebes von Monat zu Monat.

nur sechs Monate in der Abbildung aufgeführt, normalerweise würde sich eine Gewinn/Verlust-Aufstellung über ein oder mehrere Jahre erstrecken.

Das Rechenblatt muß von Grund auf neu erstellt werden. Geben Sie die Zeilenbeschriftungen für Einnahmen und Ausgaben (in die Spalten A und B zusammen, da einige Beschriftungen ziemlich lang sind) und die Spaltenüberschriften ein. Bei gezielter Aufteilung der Einnahmen und Ausgaben können Sie sogar teilweise die bereits auf Diskette befindlichen Informationen verwenden. Unter der Rubrik „Ausgaben" haben wir beispielsweise den Eintrag „Lebensmittel" aufgeführt. Sie haben vorher gesehen, daß diese Einträge aus einem Rechenblatt wie „Einkaufsmenge" (Abbildung 6-6) kopiert werden können. Die unterste Zeile von „Einkaufsmenge" enthält die aktuelle bzw. vorausgeplante Gesamtsumme für Lebensmittelausgaben eines jeden Quartals zweier aufeinanderfolgender Jahre. Wenn Sie nun ein ähnliches Rechenblatt für eigene Zwecke erstellen und die Zeiträume des Rechenblattes Ihrer Gewinn/Verlust-Aufstellung anpassen, können Sie die Gesamtsummen in den Zwischenspeicher kopieren und von dort in Ihre Gewinn/Verlust-Aufstellung miteinbeziehen.

Ähnlich verhält es sich mit einem Gehaltsanalyse-Rechenblatt wie z.B. in Abbildung 6-10. Wenn das Rechenblatt dasselbe Format hat wie das der Aufwendungen, können Sie ebenfalls daraus Daten in Ihre Gewinn/Verlust-Aufstellung kopieren. Durch gute Planung können Ihre speziellen Hilfsdateien so angelegt werden, daß sie sich gegenseitig unterstützen.

Viele Formeln wurden bei der Gewinn/Verlust-Aufstellung, wie schon zuvor bei den anderen Rechenblättern dieses Kapitels, nur einmal eingegeben und dann zeilen- bzw. spaltenweise kopiert und somit die Matrix vervollständigt. Die §SUM Formel wurde beispielsweise zum Errechnen der monatlichen Gesamtsumme bei Einnahmen und Ausgaben in Spalte C (Zeilen 10 und 23) eingegeben und dann als relative Formel in die anderen Monatsspalten übernommen. Dabei wurde in jeder Spalte einfach die Gesamtsumme von Zeile 6 bis 8 (Gesamteinnahmen) und von Zeile 14 bis 21 (Gesamtausgaben) gebildet. Die Formel für die Gesamteinnahmen im Monat Juli (Zelle C10) lautet z.B. §SUM (C6.C8).

In Aufstellungen solcher Art wird oft die Zuwachsrate für die Einnahmen geschätzt, um daraus zu ersehen, ob unter bestimmten Voraussetzungen ein akzeptabler Profit erwartet werden kann. In unserem Beispiel (wir beziehen uns auf Abbildung 6-20) nehmen wir eine 5-prozentige monatliche Zuwachsrate in der Verkaufsabteilung für die Monate August bis Dezember an. Diese Vorausberechnung kann für alle Monate ganz einfach ausgeführt werden, indem die Formel für den ersten Monat eingegeben und dann als relative Formel in die folgenden Felder kopiert wird. Die Zuwachsrate (C6*1,05) taucht zum ersten Mal in Zelle D6 auf und wird dann in die Zellen E6 bis H6 kopiert; dabei muß die Beziehung „Relativ" gewählt werden, damit der Berechnung die Zelle derselben Zeile (ein Feld links davon) zugrunde gelegt wird. Sämtliche Formeln sind auf der nächsten Seite in Abbildung 6-21 zu sehen.

```
                        Okt               Nov               Dez               Mo. Avg
Einnahmen
---------
Verkauf                 +E6*1,05          +F6*1,05          +G6*1,05          §SUM(C6...H6)/6
Essensausgabe           :3278             3376              3478              §SUM(C7...H7)/6
Versand-Service         250               1000              1500              §SUM(C8...H8)/6
                        0                 0                 0                 0
Bruttoeinnahmen         §SUM(F6...F8)     §SUM(G6...G8)     §SUM(H6...H8)     §SUM(C10...H10)/6
                        ·0                0                 0                 0
Ausgaben                0                 0                 0                 0
--------                0                 0                 0                 0
Löhne                   5600              5600              5600              §SUM(C14...H14)/6
Lebensmittel            :2000             2000              2000              §SUM(C15...H15)/6
Zutaten                 100               100               100               §SUM(C16...H16)/6
Mieten                  1000              1000              1000              §SUM(C17...H17)/6
Ausstattung             200               200               200               §SUM(C18...H18)/6
Versicherungen          200               200               200               §SUM(C19...H19)/6
Werbung                 1500              1200              1000              §SUM(C20...H20)/6
Buchhaltung             ·200              200               200               §SUM(C21...H21)/6
                        0                 0                 0                 0
Gesamtausgaben          §SUM(F14...F21)   §SUM(G14...G21)   §SUM(H14...H21)   §SUM(C23...H23)/6
                        0                 0                 0                 0
Bruttoeinnahmen         §SUM(F6...F8)     §SUM(G6...G8)     §SUM(H6...H8)     §SUM(C25...H25)/6
abzgl. Ausgaben         §SUM(F14...F21)   §SUM(G14...G21)   §SUM(H14...H21)   §SUM(C26...H26)/6
                        0                 0                 0                 0
zu verst.Einnahmen      +F25-F26          +G25-G26          +H25-H26          §SUM(C28...H28)/6
Steuern                 +F28*0,38         +G28*0,38         +H28*0,38         §SUM(C29...H29)/6
                        0                 0                 0                 0
Nettoeinnahmen          +F28-F29          +G28-G29          +H28-H29          §SUM(C31...H31)/6
```

Abbildung 6-21 Diese Formeln liegen der Gewinn/Verlust-Aufstellung aus Abbildung 6-20 zugrunde. Damit die kompletten Formeln sichtbar sind, wurden die Aufstellungen für Juli, August und September gestrichen und dafür die Spalten für Oktober, November, Dezember und monatlicher Durchschnitt verbreitert. Die Spalten C, D und E wurden nicht vollständig gelöscht; es wurde lediglich die Spaltenbreite auf ein Zeichen herabgesetzt, so daß die Formeln die korrekten Zellenbeziehungen enthalten.

Wie schon in Kapitel 4 erwähnt, könnten wir die Gleichheit mathematischer Beziehungen noch weiter zu unserem Vorteil ausnutzen, indem wir über diesem Rechenblatt einen Referenzbereich anlegen. Soll eine Vorausberechnung für unterschiedliche Zuwachsraten bei den Einnahmen im Verkauf, bei der Essensausgabe und im Versand-Service erfolgen, so kann die Zuwachsrate im Referenzbereich eingegeben werden. Die Formeln der entsprechenden Zellen führen dann die Berechnungen mit dem neuen Wert durch. Auf diese Weise braucht nur die Zuwachsrate im Referenzbereich geändert zu werden, und der neue Wert wird den sofort automatisch durchgeführten neuen Berechnungen zugrunde gelegt.

AppleWorks und Gruppenarbeit

Die in diesem Kapitel beschriebene Szene setzt voraus, daß eine Einzelperson die Daten sammelt und die Dateien der Hilfsdateien bearbeitet. Aber was geschieht, wenn Sie in einem Büro zusammen mit anderen Kollegen arbeiten? Was geschieht, wenn mehrere Personen an mehreren Computern Daten sammeln, eingeben und bearbeiten? AppleWorks kann auch da weiterhelfen.

Die „Umlaufdiskette"

Eine immer mehr verbreitete und beliebte Methode der Datensammlung ist eine im Umlauf befindliche Dateneingabeform auf Diskette; dabei kann jede Person mit derselben Datei arbeiten. Sogar wenn Sie der Einzige im Büro sind, der über eine solide Kenntnis in AppleWorks verfügt, können Sie andere in ein paar Minuten soweit einweisen, daß sie Daten in eine Datei eingeben können (ein weiterer Grund, weshalb einfache Handhabung für AppleWorks von großer Bedeutung ist).

Für diesen Ansatz sprechen mehrere Punkte: Da sich die Daten bereits auf Diskette befinden, benötigt man nicht mehr Zeit für eine Übertragung von Papier in eine zentrale Datei. Da die Disketteneingabeform Standardeingaben verlangt, müssen die Angestellten dieselben Datentypen verwenden und demselben Datenformat folgen. Und da die Daten elektronisch gespeichert sind, können sie vor dem Ausdrucken perfekt formatiert werden; oder sie können schnell in andere Büros übertragen werden. Die Voraussetzung dafür ist, daß das andere Büro Zugang zu einem Computer und einem Modem hat.

Einige praktische Beispiele: Als Verkaufsmanager könnten Sie eine Datenbankdatei für Ausgabenberichte unter Ihrem Personal verteilen, Jeder Angestellte würde seine Daten eingeben, und wenn die Datei zu Ihnen zurückkommt, wäre sie für eine Analyse bereit. Beim Kontrollieren der Daten können Sie ein Budget-Rechenblatt so anordnen, daß Gesamtsummen für jede Abteilung berechnet werden — und da die Zellen geschützt werden können, brauchen Sie sich keine Gedanken über eventuelles unbeabsichtigtes Verschieben oder Löschen von Daten zu machen. Als Marketing-Manager könnten Sie einen neuen Marketing-Plan in einer Textdatei erstellen und Ihre Kollegen bitten, Kommentare oder Vorschläge auf Diskette zu schreiben. Als Büromanager könnten Sie auf dieselbe Art und Weise Urlaubspläne verteilen.

Diese Methode, die mit einer im Umlauf befindlichen Diskette arbeitet, kann den Papierkrieg zwischen den Büros drastisch senken. Natürlich sollten Sie sich eine Hauptkopie der Datei anlegen, um sich selbst vor Katastrophen zu schützen. Wenn Sie Angst davor haben, daß die Datendiskette gerade bei der letzten Person Ihres 40-Mann-Betriebes beschädigt werden könnte, gibt es die Möglichkeit, nach der Dateneingabe eines jeden Angestellten die Diskette aus dem Umlauf zu ziehen und zuerst eine Sicherheitskopie davon anzufertigen.

Kopieren von Dateien

Eine Variante der „Umlaufdiskette" ist das Herstellen von Diskettenkopien für jeden Angestellten, der Daten eingeben soll. Diese Methode ist zu bevorzugen, wenn die Daten persönlicher Art sind oder wenn Sie befürchten müssen, daß die Einträge anderer manche Angestellte dazu veranlassen, ihre Eingaben etwas „anzupassen". Budgetaufstellungen sind beispielsweise für diese Methode sehr gut geeignet. Erstellen Sie ein Hauptrechenblatt und verteilen Sie verschiedene Auszüge aus diesem Rechenblatt an die verschiedenen Abteilungen. Die Abteilungen füllen dann ihr eigenes Rechenblatt aus, bringen es Ihnen zurück, und Sie können dann das Wesentliche in Ihr Hauptbudget übertragen. Da sich die Daten jeder Abteilung auf einer separaten Diskette befinden, besteht kaum die Gefahr, daß das Budget einer Abteilung die Aufstellung einer anderen Abteilung beeinflußt.

Verteilen von Dateien

AppleWorks ist als Arbeitsmittel für einzelne Benutzer konzipiert, aber es gibt keinen Grund, warum sich eine AppleWorks Datei nicht mehrere Anwender teilen sollten. In einem Verkaufsbüro beispielsweise, könnte Ihre Hauptdatei der Kundendatenbank mehrere hundert Einträge enthalten, von denen allerdings nur ein paar dutzend für jeden Verkäufer von Bedeutung sind. Wenn dies der Fall ist, warum sollten Sie dann nicht diejenigen Einträge aussortieren, die jeder Angestellte benötigt und diese „Minidateien" verteilen? Jeder Angestellte würde so eine übersichtliche eigene Datensammlung bekommen, in die er seine eigenen Einträge vornehmen könnte. Damit könnten Sie wiederum Ihre Hauptdatei auf den aktuellsten Stand bringen (vorausgesetzt, die Datenstruktur wurde nicht geändert). Sie kopieren einfach die neuen Datensätze eines jeden Angestellten in die Hauptdatei zurück. Ein weiterer Vorteil dieser Technik besteht darin, daß die Hauptdatenbank weniger störanfällig ist, da niemand außer Ihnen Zugang dazu hat.

Das Wesentliche in Kürze

Dieses Kapitel hat Ihnen einige Möglichkeiten gezeigt, wie Sie mit Hilfe von AppleWorks, unabhängig von Ihrer Betriebsorganisation, effizienter arbeiten können. Durch Zusammenwirken von einfacher Handhabung und Leistungsfähigkeit verlangt AppleWorks von Ihnen nur, daß Sie die Daten aus Ihrer Umgebung sammeln und sie unter Kontrolle bringen. Der Rest bleibt Ihrer Phantasie überlassen.

Kapitel 7
AppleWorks im privaten Bereich

Um die Leistungsfähigkeit von AppleWorks zu demonstrieren, haben wir uns bisher mit geschäftlichen Beispielen beschäftigt. Wie sieht es nun mit AppleWorks im privaten Bereich aus? Als Privatperson besitzen Sie private Datensammlungen, deren Größe und Komplexität mit der Zeit wachsen. Sie haben Ihr eigenes Einkommen. Sie haben Schulden und Ausgaben. Ihr Besitz wird größer und Sie müssen von Zeit zu Zeit den Besitz prüfen, versichern oder den Wert schätzen. Sie lernen Leute kennen und sollten sich ihre Namen, Adressen und Telefonnummern merken. Sie machen irgendwelche Pläne und haben soziale und finanzielle Ziele. Auf jeden Fall aber müssen Sie laufend Steuern zahlen.

Mit dem AppleWorks Programmpaket können Sie die Daten, die in Ihrem Privatleben eine Rolle spielen, organisieren. Sie erstellen wie in Kapitel 6 Hilfsdateien, die Ihre Fragen beantworten, wo, wie und wann immer Sie wollen. Eine solche Frage kann ganz einfach aussehen, z. B. „Wie heißt die Telefonnummer von Familie Schmid?" oder etwas komplexer: „Wieviel Zinsen muß ich mehr bezahlen, wenn ich ein 12-prozentiges Darlehen über DM 50.000 innerhalb von fünf anstatt von drei Jahren abzahle?". Finanzielle Angelegenheiten sind die Hauptquellen solcher privater Datenverarbeitungen. Sie werden sehen, daß AppleWorks Telefonnummern und Kalendereintragungen ebenso komfortabel handhabt wie Einkommensteuererklärungen oder Darlehenstilgungen.

Organisatorische Probleme

Jeder Versuch, private Daten zu systematisieren, muß mit einer realistischen Einschätzung des Unterschiedes zwischen geschäftlichen Datenanforderungen und privaten Datenanforderungen beginnen. Der Hauptunterschied besteht darin, daß im geschäftlichen Bereich umfangreiche Datensammlungen für die Finanzhaltung lebensnotwendig sind, während im privaten Bereich Finanzdateien nur aus eigenem Interesse angelegt werden. Kein Betrieb kann lange ohne Kundendateien, Rechnungen, Rechendaten, Angestelltendateien oder Inventarverzeichnisse auskommen. Als Privatperson kommen wir gut ohne Datensammlungen aus. Selbst eine einfache Buchführung über ausgestellte Schecks ist nicht für jedermann lebensnotwendig, da die Bank in regelmäßigen Abständen Kontoauszüge erstellt und ausgibt.

Computer können allerdings kaum bei der Datenorganisation und -verwaltung helfen, wenn es überhaupt keine Daten zu organisieren oder zu verwalten gibt. In einem Betrieb besteht die Versorgung eines Computers mit Daten meist nur aus einer Umwandlung von Papierdaten in elektronische Form. Die Bearbeitung von Daten mit einem Computer erfordert nicht mehr (meist sogar weniger) Aufwand, als das Bearbeiten einer traditionellen Kartei. Für Privatleute kann eine solche Datenübertragung für die Computerbearbeitung unnötigen Arbeitsaufwand bedeuten, besonders dann, wenn in der Vergangenheit keine organisierten Daten gesammelt wurden. Je weniger organisiert und geordnet Daten vorliegen, desto schwieriger ist die Umwandlung der Daten in eine Form, mit der Computer — und AppleWorks — arbeiten können.

Der anfängliche Aufwand beim Umstellen auf Computer (d. h. Sammeln von Daten und entscheiden, welche Daten organisiert werden sollen) ist daher für private Belange größer als für geschäftliche. Je größer die Mühe, desto weniger ist der Vorteil eines Computereinsatzes einsichtig. Ein Geschäftsmann mit einer Unmenge von Daten sieht ohne weiteres die Hilfeleistung eines Computers ein, aber eine Privatperson mit wesentlich weniger Daten ist sich dessen nicht so sicher. Dann müssen Sie von Anfang an in der Lage sein, den gesamten Computereinsatz, angefangen bei den organisatorischen Problemen bis hin zu den umfangreichen Verbesserungen, zu überblicken. Sogar die einfachste Datenbank oder das kleinste Rechenblatt benötigt Zeit — Zeit, in der Sie sich ein Fußballspiel anschauen, eine Wanderung machen oder ins Kino gehen könnten. Wenn Sie aber Ihre Datei erstellt haben, werden Sie es zu schätzen wissen, wichtige Fakten und Datenkombinationen schnell bei der Hand zu haben.

Beispielsweise könnte es etwa eine Stunde dauern, bis Sie sich eine Datei für Ihre Steuerinformationen angelegt haben. Zusätzlich benötigen Sie vielleicht eine weitere halbe Stunde pro Monat, um diese Datei auf dem neuesten Stand zu halten. Wenn Sie nun durch diese Mühe sämtliche Daten für die Steuererklärung griffbereit haben, und das Ganze auch noch in ein paar Minuten (anstatt in ein paar Stunden), dann hat sich der Aufwand gelohnt — insbesondere dann, wenn Sie mit denselben Daten eine einwandfreie Steuererklärung für die Zukunft vorausplanen können. Der erste Schritt zur Verbesserung Ihrer privaten Produktivität mit AppleWorks besteht darin, daß Sie die Anfangsschwierigkeiten erkennen. Der Sprung über diese Hürde wird kein Sprung ins kalte Wasser sein.

Lohnenswerte Investitionen

Es ist leider nicht so, daß private Daten in zwei oder drei Kategorien eingeteilt werden können, die für jedermann von gleicher Bedeutung sind. Für den persönlichen Bedarf sind unsere Ansprüche gegenüber der Datenverarbeitung weit von einer Standardisierung entfernt. Einige Leute sind auf sozialem Gebiet tätig, andere wiederum nicht. Einige Leute haben Hobbys oder Sammlungen irgendwelcher Art, andere nicht. Einige Leute führen einen genauen Haushaltsplan und bringen viel Zeit damit zu, ihre finanzielle Lage zu analysieren, andere wiederum leben von der Hand in den Mund.

Da private Datensammlungen und die Ansprüche ein breites Spektrum einnehmen können, wird es schwierig, diese Daten in einige wenige homogene Gruppen einzuteilen, die eine Informationsbasis bilden, die von jedermann benutzt werden kann.

Wir können zumindest eine Unterscheidung treffen. Viele Daten in privaten Sammlungen sind finanzieller Art.

Wir besitzen doch alle Euroschecks, Barschecks, Kontoauszüge, Kreditkarten und andere Datensammlungen, die sich oft genug selbständig machen. Wenn wir nicht selbst ausrechnen, wieviel Einkommensteuer wir zahlen müssen, macht es unser Steuerberater. Wenn wir nicht wissen, wieviel Geld wir auf der Bank haben, so wird trotzdem die Bank daran interessiert sein, unseren Kontostand zu wissen.

Da diese Daten existieren, ob wir wollen oder nicht, und da sie regelmäßig bei uns erscheinen, ohne daß wir uns darum kümmern müssen (in Form von Kontoauszügen o. ä.), suchen wir am einfachsten zuerst im Briefkasten nach Daten, mit denen der Computer gefüttert werden kann. Befinden sich diese Aufstellungen gut organisiert in AppleWorks Hilfsdateien, können wir finanzielle Vorteile daraus ziehen, die wir niemals erwartet hätten. Eventuell können Schritte unternommen werden, um finanzielle Rückschläge zu vermeiden, die uns sonst womöglich hart treffen würden. Schauen wir uns nun einige Hilfen für die Datenverarbeitung an, die allgemeine finanzielle Daten in nützlicher Weise verwalten.

Steueraufwendungen

In unserer heutigen Welt bedeuten Steuern ein notwendiges Übel. Wir werden bei jeder Gehaltsanweisung damit konfrontiert. Selbst diejenigen, die ihre Finanzverwaltung so anlegen, daß sie am Jahresende keine zusätzlichen Steuern zahlen müssen, müssen Steuererklärungen abgeben, um über ihre Angaben Rechenschaft abzulegen.

Der jährliche Aufwand für steuerbezogene Datenverarbeitung bedeutet in der Regel ein Ritual, das Stunden, Tage, Wochen, ja manchmal sogar Monate zwischen Dezember und April in Anspruch nimmt. Für „gewöhnliche" Angestellte ohne wirkliche Wertgegenstände oder längerfristige Schuldentilgungen, sieht die Steuererklärung ziemlich einfach aus und umfaßt nur ein paar Datensätze. Sobald wir verheiratet sind, Kinder haben, Wohlstand erreichen, Investitionen oder Schulden machen, müssen immer mehr Daten für das Finanzamt gesammelt werden.

Die Daten liegen in Form von Lohnstreifen, Kontoauszügen, Investmentpapieren u. ä. vor. Entweder werden sie gesammelt und regelmäßig in einer Finanzliste eingetragen (in der Reihenfolge des Eingangs), oder sie werden am Jahresende, in der Hoffnung, daß nichts verlorengegangen ist, in einem Aufwasch bearbeitet. Die Finanzliste erfordert monatlich etwas mehr Aufwand, erspart aber Zeit, Frust, unliebsame Überraschungen und möglicherweise sogar Steuerzahlungen am Jahresende. Damit besitzen wir eine Sammlung von Unterlagen, die jederzeit zur Verfügung stehen. Wir können immer nachschauen, wie wir zur Zeit steuermäßig dastehen (und unsere Ausgaben und Ersparnisse entsprechend anpassen).

Der andere Vorteil einer Finanzliste ist Gründlichkeit: auch in letzter Minute auftretende Wertänderungen können problemlos überblickt werden. Die meisten nehmen die geschäftlichen Vorschriften für Banken, Investmentfirmen und Angestellte für sich persönlich in Anspruch. Aber sehr oft werden dann die individuellen Steuerersparnisse — z. B. große Beträge, die von der Steuer abgesetzt werden können — überhaupt nicht anerkannt. Wenn wir nicht genügend Eigendisziplin besitzen, können die Nachweise dafür auch oft einige Tage nach Erhalt verloren gehen. Auch wenn wir sie in Zigarrenkisten oder Briefumschlägen aufbewahren, müssen sie doch am Jahresende sortiert und vervollständigt werden.

Die Steuertabelle

Damit Sie sich selbst gegen solche nervtötende Überlegungen am Jahresende absichern, können Sie Ihre Steuerinformationen immer sofort in ein einfaches AppleWorks Rechenblatt eintragen. Das Erstellen des Rechenblattes ist der einfachere Teil. Der schwierigere Teil besteht darin, Ihren Lebensstil ein wenig zu ändern, so daß Sie die entsprechenden Daten sammeln und zu gegebener Zeit ins Rechenblatt eintragen.

Schauen wir uns zunächst das Rechenblatt an. Es verfolgt dreierlei Absichten: das Aufbewahren sämtlicher Steuerinformationen an einem Platz, das Zusammenrechnen dieser Informationen am Jahresende, und die Übersicht, aus der Sie jederzeit entnehmen können, wieviel Sie verdienen, wieviel Sie einbehalten und wieviel Sie abführen müssen. Die Struktur entspricht der Struktur einer einfachen Steuertabelle.

Abbildung 7-1 beinhaltet Einnahmen, Ausgaben und Steuerabgaben. Alle drei Angaben werden in der Zeile „Gesamt" (am unteren Ende) zusammengezählt. Mit dieser Anordnung können Ausgaben und Einnahme-

```
Datei: Steuertabelle         ANZEIGEN/BEARBEITEN         Esc: Haupt-Auswahl
=========A=================B=================C===========D===========E======
  1!         Abschreibungen, Einnahmen und Steuern - 1986
  2!-------------------------------------------------------------------------
  3!Datum       Bezeichnung              steuerfrei  Bruttoeinn.       Steuer
  4!-------     ------------------       ----------  -----------       ------
  5!Juni 1.     Zins - Hypothek          DM 1.300,00
  6!Juni 3.     Barscheck                            DM 2.307,68 .   876,9184
  7!Juni 15.    Spende - Rotes Kreuz     DM 100,00
  8!Juni 15.    Barscheck                            DM 2.307,68     876,9184
  9!Juni 23.    Auto - Benzin, VW        DM 50,00
 10!Juni 26.    Steuer - Grundstück      DM 670,00
 11!Juni 27.    Zins - VISA Kreditkarte  DM 9,60
 12!Juni 30.    Spende - Kirche          DM 100,00
 13!
 14!GESAMT                               DM 2.229,60 DM 4.615,36 DM 1.753,84
 15!
 16!
 17!
 18!
------------------------------------------------------------------------------
C14: (Wert, Format-G2) §SUM(C5...C12)

Eingabe oder § Kommando                                    §-? für Hilfe
```

Abbildung 7-1 Ein tabellenartiges Rechenblatt kann dazu verwendet werden, Einnahmen und Ausgaben, die von der Steuer abgesetzt werden können, für das ganze Jahr zu speichern, zu organisieren und zusammenzurechnen.

quellen auf einem gemeinsamen Rechenblatt untergebracht werden. Bruttoverdienste ergeben sich beispielsweise aus Scheckeinreichungen, Börsengewinnen, Provisionsgeldern u. a. m.

Ausgaben werden unter der Spalte „Bezeichnung" jeweils separat geführt, da bei Steuererklärungen die Ausgaben ebenfalls getrennt aufgeführt werden müssen. Diese Spalte kann mit dem OA-O Befehl alphabetisch geordnet werden. Da jeder spezielle Eintrag mit einem Schlagwort, wie zum Beispiel „Spende", „Zins", „Grundstücksteuer" oder „Ratenzahlung", beginnt, werden nach dem Ordnen alle artverwandten Einträge hintereinander aufgelistet (vgl. Abbildung 7-2).

Beachten Sie aber, daß die Gesamtsummen nach dem Ordnen nicht mehr richtig sind (die Gesamtsumme der Ausgaben der Abbildungen 7-1 und 7-2 sind gänzlich unterschiedlich). Die Ursache ist folgende: Die §SUM Formel aus Abbildung 7-1 lautet §SUM (C5...C12). In Abbildung 7-2 wurden die Zeilen in der Spalte „Bezeichnung" geordnet, so daß die Zeilen nicht mehr dieselbe Reihenfolge aufweisen wie in Abbildung 7-1. Die §SUM Formel in Abbildung 7-2 paßt sich nun der neuen Ordnung an — die ursprüngliche Zeile 5 wurde zu Zeile 11, und die ursprüngliche Zeile 12 wurde zu Zeile 8; die neue Formel lautet deshalb §SUM (C11...C8) und summiert nur die Werte zwischen der achten und elften Zeile.

Wenn Sie ab und zu die Zeilen Ihrer Rechenblätter umorganisieren, um Teilsummen von Ausgaben/Einnahmen-Spalten zu bilden, tun Sie das am einfachsten auf dem AppleWorks Schreibtisch. Merken Sie sich die Teilsummen Ihrer Datensätze, und entfernen Sie sie dann wieder vom

```
Datei: Steuertabelle          ANZEIGEN/BEARBEITEN              Esc: Haupt-Auswahl
=========A==============B================C==============D===========E======
  1!            Abschreibungen, Einnahmen und Steuern - 1986
  2!----------------------------------------------------------------------------
  3!Datum        Bezeichnung                  steuerfrei   Bruttoeinn.        Steuer
  4!--------     -------------------          ----------   ----------        ------
  5!Juni 23.     Auto - Benzin, VW            DM 50,00
  6!Juni 3.      Barscheck                                 DM 2.307,68      876,9184
  7!Juni 15.     Barscheck                                 DM 2.307,68      876,9184
  8!Juni 30.     Spende - Kirche              DM 100,00
  9!Juni 15.     Spende - Rotes Kreuz         DM 100,00
 10!Juni 26.     Steuer - Grundstück          DM 670,00
 11!Juni 1.      Zins - Hypothek              DM 1.300,00
 12!Juni 27.     Zins - VISA Kreditkarte      DM 9,60
 13!
 14!GESAMT                                    DM 2.170,00   DM 0,00        DM 0,00
 15!
 16!
 17!
 18!
----------------------------------------------------------------------------
C14: (Wert, Format-G2) §SUM(C11...C8)

Eingabe oder § Kommando                              §-? für Hilfe
```

Abbildung 7-2 Wenn Sie für Ihre Ausgabebezeichnungen feste Schlagwörter verwenden, können Sie sie mit dem Ordnen-Befehl alphabetisch sortieren.

Schreibtisch ohne sie abzuspeichern. Auf diese Weise wird Ihre originale Steuertabelle (die chronologisch geordnet ist) unverändert auf der Diskette bleiben, und die Formeln in der Diskettendatei werden nach wie vor richtig sein. Dieses Rechenblatt ist am besten für Gesamtsummen von Ausgaben und Einnahmen geeignet. Benötigen Sie regelmäßig Summen einzelner Kategorien, sollten Sie diese Datensätze besser in einer Datenbank aufbewahren.

Ein weiterer bemerkenswerter Punkt soll noch angesprochen werden, bevor wir die Rechenblattseite dieses Beispiels verlassen. Wenn Sie nicht gerade die Zeilen anders anordnen, muß die Zeile mit den Gesamtsummen niemals verschoben und müssen die §SUM Formeln niemals verändert werden und zwar aus folgendem Grund: Eine Gesamtsummenzeile mit den oben erwähnten Formeln kann am Jahresbeginn eingegeben werden. Zum Einfügen weiterer Einträge verwenden Sie dann den OA-E Befehl. Dieser Befehl verschiebt automatisch die Gesamtsummenzeile nach unten, und die §SUM Formeln werden ebenfalls automatisch den neuen Zeilen angepaßt.

Dieses Rechenblatt ist einfach zu erstellen und einfach zu benutzen. Sie können auf einen Blick überschauen, wie sich die für die Steuererklärung wichtigen Einnahmen und Ausgaben das Jahr über entwickeln. Der schwierigste Teil beim Arbeiten mit diesem Rechenblatt ist das Sammeln und Eingeben der notwendigen Daten. Es wurde schon vorher erwähnt, daß die meisten Datenquellen — Kontoauszüge, Belege, Quittungen — in einem großen Durcheinander einer Schreibtischschublade, einer Zigarrenkiste oder in Briefumschlägen aufbewahrt werden. Es spielt überhaupt keine Rolle, wo sie aufbewahrt werden (solange sie nur irgendwo, für den Fall einer Steuerprüfung, gefunden werden). Sie sollten nur daran denken, vor dem endgültigen Weglegen die Daten zu übertragen.

Um sicherzugehen, daß die Daten auch wirklich alle in den Computer eingegeben werden, sollten Sie alle wichtigen Papiere zuerst neben Ihrem Computer deponieren, bevor sie endgültig aufgeräumt werden. Werfen Sie nach dem Einkaufen Ihre Kassenzettel nicht gleich weg, sondern legen Sie sie neben den Computer zu Quittungen, Kontoauszügen und ähnlichen Dingen. Dann können Sie sich zum Beispiel einmal im Monat mit all Ihren Papieren hinsetzen, die wichtigen Daten eingeben und alles abspeichern. Dies ist eine ganz einfache Technik, und im Vergleich zu den Kopfschmerzen, die Sie am Jahresende bekommen können, gut und gerne die paar wenigen Minuten wert, die Sie jeweils am Monatsende investieren müssen. Übrigens ist das Aufbewahren finanzieller Papiere neben dem Computer für die meisten Leute sinnvoll, da der Computer sich oft in der Nähe des Schreibtisches oder eines anderen Papierkriegszentrums befindet.

Es gibt aber auch eine Möglichkeit, wie dieser Arbeitsaufwand etwas reduziert werden kann: Behalten Sie diejenigen Kategorien im Kopf, die steuerrelevant sind. Viele Tagesausgaben können ja überhaupt nicht von der Steuer abgesetzt werden, und es gibt überhaupt keinen Grund, warum Sie in einer Flut von Kassenbelegen, die ohne Bedeutung sind, ersticken sollten. Wenn Sie Theaterkarten kaufen, brauchen Sie keinen Beleg zu verlangen. Wenn Sie aber ein neues Sofa kaufen und davon 100 DM Umsatzsteuer bezahlen, sollten Sie den Beleg in Ihren Computer eingeben. Wenn Sie Ihre Steuererklärung von einem Steuerberater machen lassen, sollten Sie fünf Minuten am Telefon investieren, um eine Liste mit den verschiedenen Einnahme- und Ausgabekategorien zu erhalten, in die Sie Ihre Einnahmen und Ausgaben einteilen können. Auf jeden Fall können Sie mit einer solchen Liste die Einträge in Ihrem Rechenblatt differenziert aufführen, so daß Sie zu einem späteren Zeitpunkt geordnet und zusammengerechnet werden können.

Die Kreditkarten-Datei

Eine weitere hilfreiche Datei ist eine Liste von Kreditkarten. Diese Datenbankdatei kann Name, Nummer, Bank, Adresse, Telefonnummer, Kredithöhe und den aktuellen Stand einer jeden Kreditkarte enthalten. Verlieren Sie irgendeine Karte oder wird Ihnen eine gestohlen, können Sie in dieser Datei nachschauen, schnell die Telefonnummer ausfindig machen und den Kreditgeber verständigen. Am besten führen Sie auch Spalten, die Ihnen die Kredithöhe und den aktuellen Kreditbetrag anzeigen; Sie überschauen dann auf einen Blick Ihre noch offenen Kreditkarten-Schulden bzw. die noch verbleibende Kredithöhe. Alles was Sie machen müssen,

```
Datei:  Kreditkarten                                           Seite  1
Bericht: Kreditkarten
Name                    Nummer              Bank           Kr.höhe   Std. Notruf
-------------------     ------------------- -------------- -------   ---- ---------------
EUROCARD                5232-1600-0000-0000 Deutsche Bank    2000     350 06121-654325
American Express        1234-3256-0120-0000 Kreissparkasse   1500     180 06121-371596
VISA                    0000-165-324-564    Volksbank        2500     375 06121-319456
Diners Club             6545-654-6589-654   Dresdner Bank    2000    1250 06121-32120
                                                             8000*   2155*
```

Abbildung 7-3 Eine einfache Kreditkartendatei kann auf einem Rechenblatt alle wichtigen Kreditinformationen unterbringen.

ist den Feldsummen-Befehl (OA-T) im BERICHTSFORMAT zu verwenden, um Ihre Kredithöhe- und aktuelle-Stand-Spalte (Std.) zusammenzurechnen. Abbildung 7-3 zeigt einen Bericht, der aus einer solchen Datei erstellt wurde (die Adressenspalte wird nicht gezeigt). Beachten Sie, daß die Spalte mit der Überschrift „Std." abgekürzt wurde, um Platz in horizontaler Richtung einzusparen. Nur die Kreditspalte ist etwas breiter als die Daten selbst.

Eine solche Datei ist ebenso hilfreich, wenn Sie einen höheren Kredit beantragen wollen. Die meisten Kreditinstitute fragen nach solchen Informationen. Haben Sie diese Datei zur Hand, können Sie sich bei der Antragstellung die Suche nach Unterlagen ersparen.

Die Wertpapier-Datei

Soll einmal mehr als eine einfache Zahlenberechnung durchgeführt werden, können alphabetische und numerische Zeichen in einer Rechenblattdatei miteinander kombiniert werden. Dafür ist eine Börsendatei ein gutes Beispiel. Wenn Sie Aktionär sind, erhalten Sie monatlich eine Aufstellung von Ihrem Makler, aus der Sie Name, Anzahl, aktuelle Verkaufs- und Ankaufspreise Ihrer Aktien entnehmen können. Diese Aufstellungen zeigen jedoch nicht, wie sich die Werte im Vergleich zu den Preisen verhalten, die Sie ursprünglich bezahlt haben. Sie erfahren also nur den augenblicklichen Aktienstand, aber nicht die Preisentwicklung.

Die Arbeit eines Börsenmaklers besteht darin, uns auf dem Laufenden zu halten; deswegen brauchen wir ihre Aufstellungen nicht in unserem Rechenblatt unterzubringen. Stattdessen werden wir Daten einiger hypothetischer Listen verwenden und uns eine zeitliche Übersicht über die Entwicklung auf dem Börsenmarkt anlegen. Dabei sollen Daten und Zahlen unseres Börsenein- und -verkaufs so dargestellt werden, daß wir daraus entnehmen können, mit welchen Aktien wir Geld gewonnen bzw. verloren haben.

Dieses Rechenblatt ist andersartig aufgebaut als das Listenformat unserer Steuertabelle. Hier benötigen wir Spalten für das Datum der Transaktionen und den Namen der Aktien. Dann erstellen wir uns ver-

```
                    Wertpapierbörsen - 1985

            ---------------E I N K A U F---------------    --------------V E R K A U F---------------

Aktien          Datum  St.    Preis   Komiss.  Gesamtpreis   Datum  Nr.    Preis   Komiss,  Nettogewinn
------------    ------ ---  --------- --------- -----------   ------ ---  --------- --------- -----------
Industriew. KA  Jan 24  30  DM 217,00 DM 195,30 DM 6.705,30   Feb 18  30  DM 256,00 DM 230,40 DM 7.449,60
AEG             Feb  3  20  DM 235,00 DM 141,00 DM 4.841,00
Siemens         Feb 18  10  DM 575,00 DM 172,50 DM 5.922,50

Gesamt                                DM 508,80 DM 17.468,80                       DM 230,40 DM 7.449,60


==========================================================================================================

                Wert
                ----

           Aktueller Börsenwert ------------  DM 10.019,20
                 abzgl. Kommission ------     DM 300,58

           Aktueller Nettowert -------------- DM 9.718,62
```

Abbildung 7-4 Dieses Börsen-Rechenblatt zeigt die zeitliche Investmententwicklung von Börsenaktivitäten.

schiedene Gebiete für die Einkaufs- und Verkaufsaktionen. Jedes Gebiet beinhaltet Spalten für die Anzahl der Aktienpakete, Preise, Kommissionen, Gesamtkosten und Gewinn pro Transaktion (vgl. Abbildung 7-4). Im EINKAUFs-Gebiet werden Anzahl der Aktienpakete mit dem Preis multipliziert und die Kommissionsgebühr dazu addiert, um die Gesamtkosten für die Transaktion zu erhalten. Im VERKAUFs-Gebiet werden Anzahl der Aktienpakete mit dem Preis multipliziert und davon wiederum die Kommissionsgebühr subtrahiert, um den Nettogewinn zu berechnen. Außerdem werden in der Fußzeile der Aufstellung §SUM Formeln für die Gesamtsummen der Kommissionsgebühren, Kosten und Nettogewinne verwendet.

Der untere Teil des Rechenblattes zeigt die aktuellen Aktienwerte, bei denen nur der Nettogewinn vom Einkaufswert abgezogen wird, sowie den aktuellen Nettowert, wobei eine gleichbleibende Kommissionsgebühr von 3 Prozent des Verkaufswertes angenommen wird.

Sollen weitere Transaktionen nachgetragen werden, fügen Sie einfach ein paar Leerzeilen ein, um Platz zu schaffen. Bei der Verwendung des Einfüge-Befehls werden die §SUM Formeln in der Gesamtsummenzeile automatisch geändert. Die Daten für dieses Rechenblatt sollten Sie sofort nach Erhalt von Ihrem Börsenmakler neben dem Computer deponieren. Wenn Sie per Post kommen, sollten Sie darauf achten, daß sie gleich zum Computer wandern.

Die Versicherungs-Datei

Die meisten von uns besitzen Kraftfahrzeug-, Haftpflicht- oder Hausratversicherungen, um sich gegen Diebstahl, Verlust oder Schadenersatz

```
=====================================================================
                V E R S I C H E R U N G S A U F S T E L L U N G  G
=====================================================================

Autoversich. - Herr Anders        Vers. #   34/468/1254879
ABC Autoversicherungen            fällig        Jan  1
Hauptstr. 14                      Prozent           60
6200 Wiesbaden 1                  Haftpfl. DM 620,30
06121-612387                      Unfall    DM 98,70
-----------------------------     Teilkasko DM 26,50 (nur Ford)
                                  Vollkasko DM 78,80 (nur VW)

                                        Erwerbs-              aktueller
          Typ           Nummer          datum  Kaufpreis         Wert

1979 Ford Fiesta        AE64532145HJU   Dez 1978 DM 13.500    DM 1.500
1983 VW-Passat          4DWG131321DS-KJ Aug 1984 DM 19.000    DM 9.800

                                                 DM 32.500    DM 11.300


=====================================================================

Hausratversicherung               Vers. #   3456894-08
Herr Steudle                      fällig        Jun  1
Badener Versicherungs AG          Summe     DM 150.000
Bahnhofstr. 132                   Kosten       DM 720
6200 Wiesbaden 1
06121-345621
-----------------------------

                                        Erwerbs-              aktueller
Bezeichnung             Nummer          datum  Kaufpreis         Wert

Sony STR-4800 Receiver  10AST-65423165  Jun 1978    DM 950      DM 350
Technics Cassettendeck  4C464132D-321   Mai 1983    DM 640      DM 250
Canton 3-Weg Boxen, 2   ADS654-654      Jun 1978    DM 980      DM 400
Saba Farbfernseher 42cm IAQ65465-31CF   Jan 1984  DM 1.150      DM 850
Sony Betamax SL-3000    45DS465465-F45  Dez 1984    DM 995      DM 800
Steinweg Flügel                         Aug 1976 DM 24.000   DM 28.000
Krups Mikrowellenherd   AS456-654       Nov 1984    DM 675      DM 550
Apple IIe Computer      IIE-00008372    Jan 1984  DM 2.375    DM 1.100
Epson FX-80 Drucker     FX80-0325468    Okt 1984  DM 1.525    DM 1.050
Apple Monitor III       80A1396542      Jan 1984    DM 385      DM 200
Apple Disk II Laufw., 2 IDII-3684213    Jan 1984  DM 1.580      DM 900
Apple Profile 10 MB Hard APF10-654213   Dez 1984  DM 2.700    DM 2.200

Gesamt                                            DM 37.955   DM 36.650
```

Abbildung 7-5 Die Versicherungsaufstellung enthält Police- und Agenteninformationen, sowie Daten über privates Eigentum.

abzusichern. Nach einem Diebstahl müssen beispielsweise zuerst die Werte der gestohlenen Gegenstände geschätzt werden. In einer Versicherungsdatei, wie z. B. die in Abbildung 7-5, können sämtliche Informationen gespeichert werden, die für die Versicherungen von Bedeutung sind: Bezeichnungen und Werte der versicherten Gegenstände, Versicherungsnummern und Versicherungssummen, Name der Versicherungsagenten, Adressen und Telefonnummern. Wenn Sie all diese Daten in einer Datei aufbewahren, haben Sie im Falle eines Falles die notwendigen Unterlagen rasch zur Hand. Und damit wird auch die Schätzung des Eigentumswertes für die Versicherungssumme wesentlich einfacher und genauer.

In unserer Datei wurden Unterabschnitte für jede Versicherungspolice und die zugehörigen Gegenstände angelegt. Diese Technik faßt zusammengehörige Begriffe so eng wie möglich zusammen. Hierbei repräsentieren nur die Daten in den Spalten „Kaufpreis" und „aktueller Wert" veränderliche Größen, da es die einzigen Einträge sind, die zusammengezählt werden müssen. Alle übrigen Daten wurden im Textformat eingegeben.

Die größte Hürde, die es beim Erstellen dieses Rechenblattes zu überwinden gilt, ist der Energieaufwand für das Sammeln der zu speichernden Daten. Bei der Suche nach Kassenzetteln, Seriennummern, Kaufpreisen und Wertangaben werden Sie sich vielleicht beim Durchwühlen alter Papiere, beim Herumkrabbeln hinter oder unter Möbeln oder bei anderen kuriosen Tätigkeiten ertappen. Glücklicherweise müssen Sie nur einmal durch diesen Abgrund. Nachdem Sie Ihren ganzen Besitz umgekrempelt haben, können die Informationen der neu hinzukommenden Güter gleich nach dem Erwerb eingegeben werden — auch hier gilt: Legen Sie die Belege vor dem endgültigen Aufbewahren in Zigarrenkisten o. ä. zuerst neben den Computer.

Nach Vollendung dieses Rechenblattes werden Sie genau wissen, wieviel Sie an privaten Versicherungssummen aufbringen müssen und wieviel Sie im Falle eines Diebstahls beanspruchen können. Außerdem werden Sie in der Lage sein, die aktuellen Werte in Ihre Eigenkapitalliste, die wir als nächstes erarbeiten werden, zu übertragen.

Die Eigenkapitalliste

Der Finanzbericht zeigt die typischen Unterschiede zwischen einem geschäftlichen und einem privaten Bereich. Im geschäftlichen Bereich muß eine Eigenkapitalliste stets auf dem Laufenden sein, damit jederzeit der momentane Zustand des Betriebes daraus ersehen werden kann. Ein privater Bericht dagegen wird oft vernachlässigt. Die meisten Daten, die dafür benötigt werden, sind bereits irgendwo aufbewahrt. Im Eigenkapitalbericht werden sie einfach gesammelt. Ein Beispiel für eine solche Eigenkapitalliste finden Sie in Abbildung 7-6.

Wenn Sie einen hohen Kredit beantragen (Hypothek, Darlehen o. ä.), sieht der Antrag meist einer Eigenkapitalliste ähnlich. Sammeln Sie also diese Daten fein säuberlich, bevor Sie einen solchen Antrag ausfüllen. Sie ersparen sich damit eine Menge Ärger. Auch wenn Sie keine großen Anleihen machen, ist es immer von Vorteil, über sein Eigenkapital Bescheid zu wissen. Dieses Wissen kann Ihnen helfen, Einkäufe zu tätigen, Entscheidungen über große finanzielle Ausgaben zu treffen und finanzielle Ziele zu setzen.

Der Eigenkapitalbericht aus Abbildung 7-6 besteht aus einer zweispaltigen Liste. Die erste Spalte enthält Aktiva, die andere Passiva. Die einzelnen Begriffe auf beiden Seiten der Liste stimmen vielleicht sogar mit Ihrer persönlichen Situation überein.

Nun wollen wir sehen, was wir tun müssen, um das Muster mit unseren persönlichen Daten (das sind die bisher erstellten Dateien) zu benutzen. Es müssen einige Veränderungen am Bericht vorgenommen werden, und es ist deshalb ratsam, sie so durchzuführen, daß die bisherige Arbeit mit den Finanzdaten dadurch optimiert wird. Mit einigen wenigen Änderungen bei den Bezeichnungen können Gesamtsummen, die in anderen Dateien gene-

```
Eigenkapitalaufstellung                          01.01.85

AKTIVA                                  PASSIVA

veränderliche Aktiva:                   offene Rechnungen:
            Bargeld        500              EUROCARD           350
            Schecks        435              American Express   180
            Ersparnisse   2050              VISA               375
                       --------             Diners Club       1250
                           2985             Hausratversich.    720
                                            Autoversich.       824
                                            Lebensversich.     225
                                            Quelle Einkauf     375
langfristige Aktiva:                        Computerzubehör    980
     Lebensversicherung 175000                             --------
                       --------                                5279
                         175000

Marktwert der Wertpapiere:
            Aktien       7950
            Pfandbriefe  2500          Steuern:
                       --------             Grundstücksteuer  2700
                          10450                            --------
                                                              2700

Marktwert der Grundstücke:             Darlehen:
            Haus       350000              Haushypothek      180000
                      --------                            --------
                        350000                               180000

Marktwert der Gebrauchsgegenst.:
            Möbel         25000
            Autos         11300
            Kleidung       7000
            Schmuck        1200
            Computerzubehör 5450
            Briefmarkensaml. 2400
                         --------
                            52350


Sonstiges:
     Steuerrückzahlung    750
                       --------
                           750
                       --------
GESAMTWERT DER AKTIVA    591535        GESAMTWERT DER PASSIVA  187979
                       =========                            =========

>>>>>> AKTUELLER EIGENKAPITALWERT              403556 <<<<<<
       ==================================================================
```

Abbildung 7-6 Die Aufstellung des Privateinkommens ist als zweispaltige Tabelle angelegt. Sie kann problemlos Ihren eigenen Ansprüchen angepaßt werden.

riert wurden, übernommen werden. Wenn Sie sich die Börsendatei (Abbildung 7-4) anschauen, sehen Sie, daß bereits ein Gesamtwert für den Marktwert Ihrer Aktien existiert. Die Versicherungsdateien enthalten die geschätzten Marktwerte von Autos und Hausratartikeln. Es brauchen also nur noch die Zeilenbeschriftungen diesen Gruppierungen angepaßt zu werden. Die Kreditkartendatei enthält den Stand all unserer Kreditkarten und braucht nur noch in die Spalte „fällige Rechnungen" kopiert zu werden.

Von allen bis dato erstellten privaten Dateien demonstriert der Eigenkapitalbericht am eindrucksvollsten den Wert unserer organisierten Geldangelegenheiten. Beinahe alle Begriffe dieses Berichtes können schon in anderen Dateien existieren, und der Bericht kann mit AppleWorks in einer halben Stunde vervollständigt werden. Das ist viel besser als stundenlanges Schätzen von Wertgegenständen, überprüfen von Kontoauszügen und Kreditkarten usw. Die Originasation von Daten auf dem Computer ist sicher nicht leicht, aber wenn es einmal geschafft ist, ist der monatliche Aufwand kaum von Bedeutung und die Belohnung umso größer. Lassen Sie uns noch ein weiteres Beispiel betrachten.

Der private Haushaltsplan

Das nächste Musterbeispiel trägt den Dateinamen „Unser Etat" (vgl. Abbildung 7-7). Die Datei beinhaltet nur drei Monate, Sie werden wahrscheinlich das Arbeitsblatt im Laufe der Zeit soweit vergrößern, daß es mindestens einen Zeitraum von einem Jahr umfassen wird. Die Grundstruktur ist wiederum charakteristisch: Es besteht aus einem Teil für „Einkommen" und einem anderen Teil für „Ausgaben". Ein dritter Teil vergleicht diese beiden miteinander und zeigt die monatliche Bilanz. Außerdem gibt es Monatsspalten, eine vierteljährliche Gesamtsumme pro Zeile und eine Prozentspalte, die den prozentualen Anteil jeder Ausgabe am Einkommen aufweist.

Als erstes möchten Sie wahrscheinlich die Zeilenbeschriftung in Abbildung 7-7 Ihrem persönlichen Bedarf anpassen. Viele Hausbesitzer zahlen beispielsweise Hypothekenzinsen, Versicherungen und Vermögenssteuer mit einer monatlichen Abbuchung; die Trennung, wie sie in der Übungsdatei vorgenommen wird, ist daher nicht notwendig. Vielleicht ist es für Sie auch gar nicht von Belang, die Benzin- und Reparaturkosten für jedes Auto getrennt aufzulisten, sondern sämtliche Ausgaben unter einer Spalte „Auto" zusammenzufassen. Und Sparanlagen (wie z. B. Urlaubsersparnisse unter der Rubrik „Haushaltsausgaben" oder Sparverträge unter „Persönliche Ausgaben") werden manchmal in Investitionskategorien eingeteilt, da sie unterschiedlicher ausfallen als andere Kategorien. Sie können Ihre monatlichen Ersparnisse einfacher aufteilen, wenn Sie diese Rubriken getrennt in einer Kategorie zusammenhalten.

Ein Etat-Rechenblatt ist eine Computeranwendung, die mit der Zeit immer wertvoller wird. Sie beginnen mit einer leeren Matrix — einer Reihe von Monaten, welche Sie durch einigermaßen genaue Schätzungen Ihres Einkommens und Ihrer Ausgaben aufstellen müssen. Die Aufstellung Ihres Einkommens und Ihrer Ausgaben werden Sie wahrscheinlich am einfachsten Scheckheften und Sparbüchern entnehmen können. Wenn sich Ihr

```
=================================================================================
                                                          Seite 1
                                      UNSER ETAT
                                                          Gesamt   Przt.
           Auflistung                 Jan      Feb     Mrz  3 Mon.   Eink.
---------------------------------------------------------------------------------

Einkommen:
       Thomas                        2.500    2.500   2.500   7.500
       Judith                        2.700    2.700   2.700   8.100
                                    -------  -------  ------- -------
       Gesamteinkommen               5.200    5.200   5.200  15.600
---------------------------------------------------------------------------------

Ausgaben:
   Haus
           Hypothek                  1.200    1.200   1.200   3.600    23%
           Versicherung                150      150     150     450     3%
           Grundst.steuer              200      200     200     600     4%

   Lebensversicherung
           Thomas---Angest.ver         172      172     172     516     3%
           Judith---ABC AG             150      150     150     450     3%
           Hans---ABC AG                26       26      26      78     1%

   Transport
           Ford-Benzin                 100      100     120     320     2%
           Ford-Reparaturen             80       40     200     320     2%
           VW-Leasing                  594      594     594   1.782    11%
           VW-Benzin                   140       80     120     340     2%
           VW-Reparaturen               50       50       0     100     1%

   Haushaltsausgaben
           Lebensmittel                420      480     380   1.280     8%
           Strom                       240      240     240     720     5%
           Telefon                      70       60      75     205     1%
           Wasser                       40       40      40     120     1%
           Müll                         30       30      30      90     1%
           Urlaubsersparnisse          200      250     150     600     4%
           Verschiedenes               100       75      80     255     2%

   Persönliche Ausgaben
           Kleidung                    250      150     160     560     4%
           Hobby                        50      180     200     430     3%
           Taschengeld                  60       60      60     180     1%
           Sparverträge                666      666     666   1.998    13%
           Unterhaltung                160      120     140     420     3%
                                    -------  -------  ------- -------
       Gesamtausgaben               5.148    5.113   5.153  15.414    99%
---------------------------------------------------------------------------------

       Nettoüberschuß                  52       87      47     186
       Stand Monatsbeginn               0       52     139
       Stand Monatsende                52      139     186     377

=================================================================================
```

Abbildung 7-7 „Unser Etat" zeigt ein charakteristisches Etat-Format.

Zahlungsverkehr zum größten Teil über Banken abwickelt, sind die Kontoauszüge der beste Platz, an dem Sie mit dem Sammeln der Ausgabebeträge
beginnen.

Beim Durchblättern dieser Daten erhalten Sie eine fast komplette
Aufstellung über Einkommen und Ausgaben der letzten paar Monate.
Haben Sie ein gleichbleibendes Einkommen, können Sie im gesamten
Einkommensteil Ihres Rechenblattes globale Einträge vornehmen. Ähnlich verhält es sich bei vielen Ausgaben, wie z. B. Hypotheken- und Dar-
lehenszinsen, Müllgebühren und Versicherungssätzen, die jeden Monat
dieselben sind. Es ist deshalb auch hier relativ einfach, diese Beträge für
das ganze Jahr in Ihr Rechenblatt einzugeben. Andere Ausgaben wie
Eßwaren und Telefongebühren sollten Sie sammeln und/oder sie immer
am Monatsende eingeben. Schließlich gibt es noch einmalige Ausgaben:
neue Möbel, Reisen, große Anschaffungen u. a. Diese Ausgaben können
entweder sofort oder schon im voraus, wenn der Betrag bekannt ist,
eingegeben werden.

Jedenfalls, nachdem Sie Ihre Ausgaben der letzten Monate aufge-
spürt haben, werden Sie künftig genau wissen, wo Sie sie finden und aufbewahren. Das monatliche Aktualisieren Ihres Etats ist ziemlich einfach,
und nach ca. drei Monaten werden Sie eine Grundlage besitzen, auf der
Sie Ihre Zukunftsplanungen aufbauen können. Das Rechenblatt „Unser
Etat" enthält zwar keine, könnte jedoch jederzeit eine Durchschnitts-
spalte rechts von der ersten Qualtalsgesamtsumme (oder einem anderen
von Ihnen gewählten Zeitraum) führen, auf deren Daten wir unsere
Planungen aufbauen könnten. Zur Durchschnittsberechnung der drei
ersten Monate in der obersten „Ausgaben"-Zeile könnten Sie beispielsweise
die Funktion §AVG in Zelle J18 anwenden (rechts von der Spalte „Przt.
Eink.") und die Formel §AVG(E18.G18) eingeben. Diese Formel kann
dann unter Verwendung des relativen Zellenbezuges durch das ganze
Rechenblatt hindurch an die gewünschten Stellen kopiert werden.

Am Ende sollte Ihr Etat-Rechenblatt komplett ausgefüllt sein. Mit
der Zeit werden Sie wahrscheinlich Ihre Planungen anpassen müssen,
dazu gibt Ihnen die gesamte Matrix (abgesehen von einzelnen Anpassungen) einen guten Überblick über Ihre Finanzen. Die Gesamtbilanz im
unteren Teil des Arbeitsblattes zeigt den Unterschied zwischen Einkommen und Ausgaben. Daraus können Sie einen etwaigen Überschuß
ablesen und Ihre Investitionen vergrößern, bzw. ein Defizit, das Sie sonst
nicht ohne weiteres voraussehen könnten. Je länger Sie Ihre Haushalts-
konstellationen in den Etat miteinbeziehen, desto genauer werden Ihre
Durchschnittswerte und Vorausplanungen sein, und die Überraschungen,
die Sie bei Steuernachzahlungen erleben können, werden immer geringer.

Dateierstellung ohne Unterlagen

So kompliziert das Zusammensuchen von Papierunterlagen für die
Dateneingabe in den Computer zu sein scheint, so einfach erscheint dies
im Vergleich zu einer Dateierstellung, die mit Zahlen und Namen geschieht,
die Sie auswendig im Kopf haben müssen. Trotzdem ist die Grundidee
dieselbe: Sie investieren einige Mühe, um eine Datei zu erstellen; aber
wenn Sie damit fertig sind, haben Sie ein Werkzeug in der Hand, das Sie
verwenden können wann immer Sie wollen. Eine Hilfsdatei, die Sie mehr
oder weniger aus der Luft erstellen müssen, ist z. B. eine Tilgungstabelle.

Die Tilgungstabelle

Eine Amortisations- oder Tilgungstabelle wie die auf den beiden folgenden Seiten in den Abbildungen 7-8 und 7-9 dargestellte Tabelle, ist
eine handliche Hilfsdatei zum Berechnen einer Hypothek, indem Monatsraten für ein neues Darlehen berechnet werden, oder herausgefunden wird,
wir lange es dauern und wieviel es kosten wird, ein Darlehen mit einem
bestimmten Zinssatz zurückzuzahlen. Sie können damit Raten, Zinssätze
und Anzahl der Raten vergleichen. Kurzum, es ist hauptsächlich ein Hilfsmittel für noch nicht zusammengestellte Daten: Sie können damit vorausplanen, wie sich die Dinge entwickeln werden, wenn Sie einen bestimmten
Kredit aufnehmen.

Diese Tilgungstabelle ist zweigeteilt: die Darlehenssumme im oberen
Teil und darunter die aktuelle Tilgungstabelle. Die Darlehenssumme besteht aus einem Referenzbereich, in dem wir die angenommenen Dar-
lehensbeträge, die Zinssätze (in dezimaler Form) und den Zeitraum des
Darlehens (in Monaten) eingeben können. Es ist außerdem derjenige Teil,
in dem die Monatsraten mit folgender Formel (in Umgangssprache)
berechnet werden:

(Darlehen * (Zinssatz/12))/(1-(1/(1+
(Zinssatz/12))^Ratenzahl))

In unserer Tabelle ist die Darlehenshöhe in Zelle C7 eingegeben, der
Zinssatz in C8 und die Laufzeit in C9. Als Formel (in Zeile C10) zum
Berechnen der Monatsraten ergibt sich daraus:

(C7 * (C8/12))/(1-(1/(1+(C8/12))^C9))

(Soll das Darlehen mit Jahresraten anstelle von Monatsraten getilgt
werden, wird einfach der Zinssatz selbst in der Formel verwendet, nicht
wie im Beispiel Zinssatz/12).

In beiden Formeln bedeutet das Pfeilzeichen "^", daß der folgende
Wert als Exponent zu verstehen ist. Diese Formel in der Zelle C10 berechnet automatisch die Höhe der Monatsraten mit den Werten aus C7, C8 und

```
===============================================================================
                    T I L G U N G S T A B E L L E
===============================================================================
Darlehensaufstellung
--------------------

      Darlehenshöhe  -      DM  19.000,00
          Zinssatz  -              0,125
          Laufzeit  -                 36
      Monatsraten  -       DM   635,62


===============================================================================
Darlehensentwicklung
--------------------

                                 Zins          Tilgung        Verbleib
                                 ----          -------        --------
Tilgungsbeginn                DM    0,00     DM    0,00    DM  19.000,00
1986       Monat  1           DM  197,92     DM  437,70    DM  18.562,30
           Monat  2           DM  193,36     DM  442,26    DM  18.120,04
           Monat  3           DM  188,75     DM  446,87    DM  17.673,17
           Monat  4           DM  184,10     DM  451,52    DM  17.221,64
           Monat  5           DM  179,39     DM  456,23    DM  16.765,42
           Monat  6           DM  174,64     DM  460,98    DM  16.304,44
           Monat  7           DM  169,84     DM  465,78    DM  15.838,66
           Monat  8           DM  164,99     DM  470,63    DM  15.368,02
           Monat  9           DM  160,08     DM  475,54    DM  14.892,49
           Monat 10           DM  155,13     DM  480,49    DM  14.412,00
           Monat 11           DM  150,13     DM  485,49    DM  13.926,51
           Monat 12           DM  145,07     DM  490,55    DM  13.435,96
1987       Monat  1           DM  139,96     DM  495,66    DM  12.940,29
           Monat  2           DM  134,79     DM  500,82    DM  12.439,47
           Monat  3           DM  129,58     DM  506,04    DM  11.933,43
           Monat  4           DM  124,31     DM  511,31    DM  11.422,12
           Monat  5           DM  118,98     DM  516,64    DM  10.905,48
           Monat  6           DM  113,60     DM  522,02    DM  10.383,46
           Monat  7           DM  108,16     DM  527,46    DM   9.856,00
           Monat  8           DM  102,67     DM  532,95    DM   9.323,05
           Monat  9           DM   97,12     DM  538,50    DM   8.784,54
           Monat 10           DM   91,51     DM  544,11    DM   8.240,43
           Monat 11           DM   85,84     DM  549,78    DM   7.690,65
           Monat 12           DM   80,11     DM  555,51    DM   7.135,14
1988       Monat  1           DM   74,32     DM  561,29    DM   6.573,85
           Monat  2           DM   68,48     DM  567,14    DM   6.006,71
           Monat  3           DM   62,57     DM  573,05    DM   5.433,66
           Monat  4           DM   56,60     DM  579,02    DM   4.854,64
           Monat  5           DM   50,57     DM  585,05    DM   4.269,59
           Monat  6           DM   44,47     DM  591,14    DM   3.678,45
           Monat  7           DM   38,32     DM  597,30    DM   3.081,14
           Monat  8           DM   32,10     DM  603,52    DM   2.477,62
           Monat  9           DM   25,81     DM  609,81    DM   1.867,81
           Monat 10           DM   19,46     DM  616,16    DM   1.251,65
           Monat 11           DM   13,04     DM  622,58    DM     629,07
           Monat 12           DM    6,55     DM  629,07    DM       0,00

Gesamt                        DM 3.882,28    DM 19.000,00
```

Abbildung 7-8 Eine Tilgungstabelle stellt ein nützliches Hilfsmittel zum Vergleichen von Darlehen oder Investment-Finanzierungen, sowie zum Analysieren von Hypotheken dar.

```
==================================================================
               T I L G U N G S T A B E L L E
==================================================================
Darlehensaufstellung
--------------------

       Darlehenshöhe  -    19000
          Zinssatz  -      0,125
          Laufzeit  -      36
        Monatsraten  -     (C7*(C8/12))/(1

==================================================================
Darlehensentwicklung
--------------------

                                Zins         Tilgung       Verbleib
                                ----         -------       --------

Tilgungsbeginn              0            0             +C7
1986       Monat  1    (C8/12)*E18    (C10-C19)     (E18-D19)
           Monat  2    (C8/12)*E19    (C10-C20)     (E19-D20)
           Monat  3    (C8/12)*E20    (C10-C21)     (E20-D21)
           Monat  4    (C8/12)*E21    (C10-C22)     (E21-D22)
           Monat  5    (C8/12)*E22    (C10-C23)     (E22-D23)
           Monat  6    (C8/12)*E23    (C10-C24)     (E23-D24)
           Monat  7    (C8/12)*E24    (C10-C25)     (E24-D25)
           Monat  8    (C8/12)*E25    (C10-C26)     (E25-D26)
           Monat  9    (C8/12)*E26    (C10-C27)     (E26-D27)
           Monat 10    (C8/12)*E27    (C10-C28)     (E27-D28)
           Monat 11    (C8/12)*E28    (C10-C29)     (E28-D29)
           Monat 12    (C8/12)*E29    (C10-C30)     (E29-D30)
1987       Monat  1    (C8/12)*E30    (C10-C31)     (E30-D31)
           Monat  2    (C8/12)*E31    (C10-C32)     (E31-D32)
           Monat  3    (C8/12)*E32    (C10-C33)     (E32-D33)
           Monat  4    (C8/12)*E33    (C10-C34)     (E33-D34)
           Monat  5    (C8/12)*E34    (C10-C35)     (E34-D35)
           Monat  6    (C8/12)*E35    (C10-C36)     (E35-D36)
           Monat  7    (C8/12)*E36    (C10-C37)     (E36-D37)
           Monat  8    (C8/12)*E37    (C10-C38)     (E37-D38)
           Monat  9    (C8/12)*E38    (C10-C39)     (E38-D39)
           Monat 10    (C8/12)*E39    (C10-C40)     (E39-D40)
           Monat 11    (C8/12)*E40    (C10-C41)     (E40-D41)
           Monat 12    (C8/12)*E41    (C10-C42)     (E41-D42)
1988       Monat  1    (C8/12)*E42    (C10-C43)     (E42-D43)
           Monat  2    (C8/12)*E43    (C10-C44)     (E43-D44)
           Monat  3    (C8/12)*E44    (C10-C45)     (E44-D45)
           Monat  4    (C8/12)*E45    (C10-C46)     (E45-D46)
           Monat  5    (C8/12)*E46    (C10-C47)     (E46-D47)
           Monat  6    (C8/12)*E47    (C10-C48)     (E47-D48)
           Monat  7    (C8/12)*E48    (C10-C49)     (E48-D49)
           Monat  8    (C8/12)*E49    (C10-C50)     (E49-D50)
           Monat  9    (C8/12)*E50    (C10-C51)     (E50-D51)
           Monat 10    (C8/12)*E51    (C10-C52)     (E51-D52)
           Monat 11    (C8/12)*E52    (C10-C53)     (E52-D53)
           Monat 12    (C8/12)*E53    (C10-C54)     (E53-D54)

Gesamt                 §SUM(C19...C54) §SUM(D19...D54) 0
```

Abbildung 7-9 Hier sehen Sie die Formeln, die zum Berechnen der Werte in Abbildung 7-8 eingesetzt wurden. Begrenzungen der Spaltenbreite verkürzen die Anzeige der Formel in der Spalte „Monatsraten". Sie sollte folgendermaßen lauten:

$$(C7 * (C8/12))/(1-(1/(1+(C8/12))\wedge C9)).$$

C9. Wenn wir also die Darlehenshöhe, den Zinssatz oder die Laufzeit verändern, wird die Höhe der Monatsraten automatisch neu berechnet. Das wirklich Gute an der ganzen Sache ist, daß auf die oben eingegebenen Werte in der darunterstehenden Tilgungstabelle bei der Berechnung zugegriffen wird.

Der Teil der Darlehensentwicklung ist in fünf Spalten eingeteilt: zwei Spalten auf der linken Seite für Jahr und Monat des Darlehens, sowie drei weitere Spalten für Zins, Tilgung und verbleibendes Darlehen. So wie unsere Tabelle angelegt ist, zeigt sie uns jeweils (nachdem die monatliche Rate geleistet worden ist) die noch verbleibende Darlehensschuld, die von Zins und Tilgung abhängt. Die Gesamtsummenzeile unter der Tabelle enthält den gesamten Zinsbetrag und den gesamten Tilgungsbetrag über den Zeitraum der Darlehensschuld. Mit Hilfe dieser Zeile können wir gut überprüfen, ob unsere Formeln einwandfrei arbeiten, da der Gesamtabzahlungsbetrag gleich der originalen Darlehenshöhe sein muß.

Die Formeln der Darlehensentwicklung beziehen sich auf die Werte aus der Darlehensaufstellung, da teilweise dieselben Werte für die aktuelle Tilgung verwendet werden. Es sind einfache Formeln, wenn Sie sich bei der Tilgung von Darlehen auskennen. Sind Sie sich der Sache nicht sicher, lesen Sie folgende Erklärung:

Sie beginnen bei einer Darlehenstilgung mit dem ursprünglichen Darlehensbetrag. In unserem Beispiel beginnt die Tilgung bei DM 19.000. Diese Summe haben wir ja bereits bei der Darlehensaufstellung eingegeben; deshalb geben wir als Anfangsbetrag der Tilgung die entsprechende Zellenbezeichnung, C7, ein. Anstelle der aktuellen Summe zu Beginn der Spalte „Verbleib" (E18) wird also nur die „Formel" +C7 eingegeben. Das bedeutet, daß immer der Wert verwendet wird, der sich in Zelle C7 befindet. Sobald der Wert in C7 geändert wird, wirkt sich das automatisch auf die Berechnungen in der gesamten Tilgungstabelle aus.

Zum Berechnen des Zinswertes der ersten Monatsrate (Zeile 19) soll AppleWorks den monatlichen Zinssatz (Zinssatz/12) mit dem verbleibenden Darlehen des Vormonats multiplizieren. Der Zinswert für den ersten Monat berechnet sich also mit der Formel (C8/12)*E18, die in Zelle C19 eingegeben wird.

Als nächstes wird der Tilgungsbetrag für den ersten Monat berechnet. Dieser Wert berechnet sich aus der Monatsrate minus dem Zinswert. Der Zinswert befindet sich in Zelle C19, die Monatsrate wurde in Zelle C10 berechnet. Die einzugebende Formel für den ersten Monat lautet also: Tilgung (in Zelle D19) ist gleich dem Wert (C10–C19).

Schließlich muß das noch verbleibende Darlehen neu berechnet werden. Dieser Wert wiederum ergibt sich aus dem verbleibenden Darlehen des Vormonats abzüglich der in diesem Monat bezahlten Tilgung. Wir geben also die Formel (E18–D19) in Zelle E19 ein. Sobald diese Formeln in Zeile 19 eingegeben sind, können sie für die gesamte Tilgungstabelle für so viele Zeilen kopiert werden, wie Monatsraten vorgesehen sind. Eine

Tilgung mit 36 Monatsraten, wie die Tilgung aus Abbildung 7-8, benötigt also 36 Monatszeilen, zusätzlich zur Zeile „Tilgungsbeginn" — Sie können sie auch mit „Monat 0" bezeichnen — die den Ausgangswert der Tilgung enthält. Beim Kopieren müssen Sie darauf achten, daß die Zellenbeziehungen für C8 und C10 absolut („Unverändert") kopiert werden, die Zeilenbeziehungen (z. B. E18, D19, C19) jedoch „Relativ".

Berechnung Zeilenweise

Die Reihenfolge der Neuberechnung in unserem Modell ist einer weiteren Betrachtung wert. Normalerweise werden AppleWorks Rechenblätter spaltenweise durchgerechnet und zwar angefangen mit der am weitesten links stehenden Spalte bis zur am weitesten rechts stehenden. In diesem Modell wird jedoch in einer Formel in Spalte C (Zins) zur Berechnung ein Wert aus Spalte E verwendet. Bei der Standardberechnungsfolge wird also das Rechenblatt einen Wert verwenden, der noch gar nicht berechnet worden ist, weil es spaltenweise von links nach rechts durchgerechnet wird. Damit unsere Formeln fehlerfrei arbeiten, muß also die Berechnungsfolge von „Spalten" auf „Zeilen" umgestellt werden. Dies bewerkstelligen Sie mit der Option „Berechnung" des Befehls „Globale Einstellungen setzen" (OA-G). Wenn unter dieser Option die Frage auftaucht „Berechnung? Reihenfolge — Zeitpunkt der Berechnung", geben Sie „R" für „Reihenfolge" ein und ändern die Reihenfolge von „Spalten" auf „Zeilen". Jetzt wird das Rechenblatt Zeile für Zeile, d. h. von oben nach unten, jeweils von links nach rechts, durchgerechnet.

Umgang mit der Tabelle

Mit der Tabellenaufstellung des Beispiels können Darlehenshöhe, Laufzeit oder Zinssatz im Referenzbereich geändert werden; die Tilgungstabelle wird danach automatisch neu durchgerechnet, und der neue Monatsratenplan wird sofort angezeigt. Das Modell kann deshalb gespeichert und wiederverwendet werden, um die Raten verschiedener Darlehen aufzulisten oder die Angemessenheit unterschiedlicher Darlehenssituationen zu überprüfen. In der Gesamtsummenspalte in der untersten Zeile des Rechenblattes können leicht die Unterschiede der sich ergebenden Zinsbeträge bei den verschiedensten Laufzeiten abgelesen werden. Für manche Leute ist es geradezu eine Offenbarung, wenn Sie erkennen, wieviel mehr Zinsen für eine Darlehenssumme bei einer Laufzeiterhöhung von 36 auf 48 oder gar 60 Monate bezahlt werden müssen. Sie benötigen etwa eine halbe Stunde, um eine entsprechende Tabelle aufzustellen. Sie wird Ihnen aber in kommenden Zeiten eine große Hilfe sein, was solche typischen Darlehensfragen anbelangt.

Weitere private Daten

Lassen Sie uns zum Schluß noch einige Hilfsdateien betrachten, deren Nutzen von Ihrer Persönlichkeit abhängig ist. Jedermann besitzt finanzielle Daten, und jedermann kann auf diesem Gebiet Nutzen aus einer Datenverarbeitung mit dem Computer ziehen. Es gibt aber auch andere private Daten, die nicht von so großer Bedeutung sind. Es folgen einige Beispiele.

Das Adressenverzeichnis

Ein Adressenverzeichnis ist wahrscheinlich die naheliegendste Anwendung für die AppleWorks-Datenbank. Das Erstellen einer solchen Datei ist nicht nur sehr einfach, sondern darüberhinaus ganz praktisch, wenn Sie Einladungen, Urlaubskarten oder andere Postangelegenheiten einer Gruppe von Freunden oder Kollegen zukommen lassen möchten. Das Erstellen einer Adressenliste mit AppleWorks erspart Ihnen Zeit beim Suchen von Namen, Adressen und Telefonnummern, und Sie können eine Menge Zeit einsparen, wenn Sie Briefumschläge adressieren. Natürlich kommen Leute, die wenig telefonieren oder Karten und Einladungen schreiben, problemlos mit einem traditionellen Adressenheft aus, andere wiederum möchten keine Einladungskarten verschicken, die von einem Computer adressiert worden sind.

Wenn es Ihnen jedoch Spaß machen sollte, Namen und Adressen in einer Datei zu organisieren, sollten Sie es gleich richtig machen. Sie werden sicherlich Ihr Adressenverzeichnis herauskramen und die darin enthaltenen Namen, Adressen und Telefonnummern in die Datenbank eingeben, warum sollte man aber bereits an dieser Stelle aufhören? Der größte Nachteil Ihres bisherigen Aufbewahrungssystems wird wahrscheinlich sein, daß unterschiedliche Typen von Namen und Zahlen sich an ganz verschiedenen Plätzen befinden — Ihre Freunde stehen in einem Adreßheft, die Nachbarn befinden sich auf einer Liste in der Küche und Kundendienste oder Geschäftsnummern sind im Telefonbuch zu finden. Unterschiedliche Gruppen von Namen und Adressen können in AppleWorks zusammengefaßt und ziemlich schnell ausfindig gemacht oder sortiert werden. Warum sollen also nicht alle Kontaktdaten in einer Datei, wie sie z. B. Abbildung 7-10 zeigt, untergebracht werden?

Diese einfache Datei enthält Namen, Telefonnummern, Adressen, eine Kategorie- und eine Kommentarspalte. Die einzelnen Datensätze können mit dem OA-Z Befehl genauer eingesehen werden. Da nur wenige Datenfelder benutzt werden, haben Sie noch Platz für spezielle Gedächtnisstützen oder Einteilungskategorien, mit denen bestimmte Sätze einfacher gefunden werden. Wenn Sie beispielsweise die Kategorie „Kundendienst — Kühlschrank" zum Namen „GeDu Haushaltsgeräte" aufführen, können Sie die Adresse ausfindig machen, indem Sie sich entweder an den Namen der Firma erinnern oder indem Sie nach Sätzen suchen, die das Wort „Kühlschrank" enthalten. Je nach Belieben kann dann auch noch

```
Datei: Adressbuch            ANZEIGEN/BEARBEITEN          Esc: Haupt-Auswahl

Auswahl: Alle Sätze


Name             Straße          Telefon          Kategorie         Kommentar
===============================================================================
Elektro Mayer    Grundstr. 23    06121-64512      HiFi und Video    Stereoanlage
Autohaus Raiser  Mainzer Str. 13 06121-65431      Kundendienst      VW-Passat
Conrad Schuhe    Rosenstr. 1     06121-321564     Schuhmacher       Samstag geschl.
Herbert Sauer    Bahnhofstr. 11  0711-321489      Freund            Geburtstag 3.10
Günther Herrman  Stuttgarter Str 07071-32156      Freund            Geburtstag 7.8.
Klaus Ebert      Seestr. 41      06121-65423      Freund            Geburtstag 12.1
Maria & Gert Ru  Bergstr. 34     0621-45632       Freund            Musiker
Elektro Schwab   Uferweg 4       06121-612354     Service - Elekt   -
Pro Musica       Torweg 3        06121-645687     Musikgeschäft     Noten und Schal
GeDu Haushaltsg  Gartenstr. 37   0621-6543        Kundendienst -    Herr Gutbrod




------------------------------------------------------------------------------
Eingabe oder § Kommando                                          §-? für Hilfe
```

Abbildung 7-10 Es gibt keinen Grund, weshalb nicht in einer Adressendatei sämtliche Adressen, die Sie benötigen, enthalten sein sollen (einschließlich Freunden, Nachbarn, Kundendienst u. a.).

```
Datei: Adressbuch            FINDE SÄTZE          Esc: Anzeigen/Bearbeiten

Finde alle Sätze mit KÜHLSCHRANK
§-F ändert Vergleichsinformation

Satz   10 von 10
===============================================================================
Name: GeDu Haushaltsgeräte
Kategorie: Kundendienst - Kühlschrank
Telefon: 0621-6543
Straße: Gartenstr. 37
PLZ: 6200
Ort: Wiesbaden
Kommentar: Herr Gutbrod




------------------------------------------------------------------------------
Eingabe oder § Kommando                                          §-? für Hilfe
```

Abbildung 7-11 Einzelne Datensätze der Adressendatei können hilfreiche Gedächtnisstützen oder andere erklärende Informationen enthalten.

eine Kommentarspalte eingefügt werden, die Ihnen den nächsten fälligen Kundendienst für das Auto, Geburtstage von Verwandten oder Freunden und Mindestkosten pro Kundendienst für Reparaturen anzeigen. Alle diese Angaben erscheinen auf dem Bildschirm, wenn mit dem OA-Z Befehl ein einzelner Datensatz komplett auf dem Bildschirm ausgegeben wird.

Bei regelmäßigem Durchsehen dieser Datei kann schnell nach sämtlichen Sätzen gesucht werden, die das Wort „Kundendienst", „Geburtstag" oder „Namenstag" enthalten.

Der Kalender

Wenn Sie viel zu tun und Schwierigkeiten haben, sich an alle Termine zu erinnern, könnte eine Kalenderdatei ein guter Platz zur Eintragung aller anfallender Termine sein. Eine solche Datei kann auf dem AppleWorks Schreibtisch, also im Hauptspeicher des Computers, gehalten werden, sooft Sie mit dem Computer arbeiten. Zuhause kann diese Datei als allgemeiner Kalender dienen, der Sie an Geburtstage, Namenstage, oder überhaupt an alles, was Sie noch erledigen müssen, erinnert. Ein Muster einer solchen Datei ist in Abbildung 7-12 gezeigt.

Möchten Sie neue Eintragungen vornehmen, fügen Sie diese wie unten gezeigt einfach am Dateiende ein und nicht in der chronologischen Reihenfolge. Da diese Datei eine Spalte enthält, in der das Wort „Datum" auftaucht, bietet der „Ordnen"-Befehl eine eingebaute Option, um in chronologischer Reihenfolge zu sortieren.

```
Datei: Kalender            ANZEIGEN/BEARBEITEN          Esc: Haupt-Auswahl

Auswahl: Alle Sätze


Datum           Name                    Termin              Ort
==========================================================================
12 Jun 86       Klaus Ebert             Modellbahn          bei Klaus
24 Mai 86       Maria & Gert Rudolph    Hochzeit            Gasthaus Krone
29 Mai 86       Mutti & Vati            Abendessen          in ihrer Wohnung
15 Mai 86       Michael & Elisa         Party               Dreamboat
 1 Jul 86       Computer Show           unbedingt!!!        Messegelände
25 Jun 86       Jürgen & Karin          Abendessen          —
17 Jun 86       Doris                   Essen               Hirsch




Eingabe oder § Kommando                              §-? für Hilfe
```

Abbildung 7-12 Verabredungen und andere private Termine können in dieser Kalenderdatei gespeichert werden.

Und so weiter

Ohne Zweifel gibt es so viele Möglichkeiten der Datenverarbeitung, wie es unterschiedliche Personen gibt. In Ihrer eigenen Situation überlegen Sie sich am besten, welche Aktivitäten entweder für Sie am wichtigsten sind, oder am meisten Zeit beanspruchen. Steuer- und andere Finanzprobleme sind womöglich nicht die größten Sorgen, andererseits aber so wichtig — und das Verständnis kann sich mit AppleWorks drastisch ändern — daß ich sie jedermann empfehlen möchte. Darüberhinaus müssen Sie Ihren Lebensstil überdenken, darüber nachdenken, wie Sie Ihre Zeit verbringen und entscheiden, ob AppleWorks Ihnen dabei behilflich sein kann. Es folgen noch ein paar weitere Vorschläge:

- Wenn Sie in einer Kirchengemeinde, einer Gesellschaft, einem Fußballverein — kurz, irgendeiner Gruppe — aktiv sind, kann AppleWorks hilfreich sein beim Erstellen von Teilnehmerlisten, Plänen, einer einfachen Buchhaltung und Rundbriefen.

- Wenn Sie Jogger, Tennisspieler, Golfspieler oder Aerobic-Enthusiast sind oder wenn Sie an einer anderen sportlichen Disziplin teilnehmen, kann AppleWorks hilfreich sein beim Aufzeichnen Ihres Fortschrittes, beim Organisieren von Turnieren und beim Analysieren von Punkteständen.

- Wenn Sie ein Hobby haben, bei dem es sich um das Sammeln irgendwelcher Dinge handelt (Schallplatten, Bücher, Briefmarken, Münzen, Puppen, Sammeltassen, Karten, Bierdeckel usw.), wenn Sie eine Teileliste (für Kochen, Holzarbeiten, Autoreparaturen, Bastelarbeiten) anlegen, oder wenn Sie Statistiken führen (für Sportwettkämpfe, Pferderennen), können Sie AppleWorks vorteilhaft einsetzen.

Schließlich ist der Umgang mit AppleWorks im Privatleben ein Wachstums- und Experimentierprozeß. Das bedeutet, daß Sie etwas anders über die Daten nachdenken müssen, die Sie im täglichen Leben brauchen, und daß Sie auch ein wenig Mühe zur Aufbereitung verwenden müssen. Wenn Sie bei jeder privaten Aktivität etwas mehr Sorgfalt walten lassen und die notwendigen Daten aufbewahren, wird Ihnen AppleWorks das Anlegen und Analysieren von Daten und Datenbanken wesentlich erleichtern. Viele Computerneulinge denken fälschlicherweise, daß der Umgang mit einem Computer schließlich in Computerei ausartet — das wiederum ist ein anderes Hobby. AppleWorks erleichtert die Datenverarbeitung soweit, daß Sie sich mehr auf die Daten konzentrieren können als auf den Computer selbst.

Teil IV
Tips und Tricks

In diesem Teil wenden wir uns der technischen und organisatorischen Seite von AppleWorks zu. Kapitel 8 behandelt die internen Programm-operationen: wie das Programm auf Diskette gespeichert ist, wie es von der Diskette geladen wird und wie der RAM-Speicher benutzt wird. Außerdem beinhaltet es eine Umrechnungstabelle von ASCII, binären, dezimalen und hexadezimalen Codes. Diese Tabelle kann beim Anpassen eines Druckers oder Druckerinterfaces an AppleWorks nützlich sein. Bei der Tabelle finden Sie weitere Informationen über das Wie und Warum von Interface- und Druckeranpassungen.

Kapitel 9 enthält praktische Vorschläge zur Organisation von Apple-Works-Dateien, so daß sich die benötigten Daten immer auf der richtigen Diskette befinden. Es folgen detaillierte Ausführungen über den Umgang mit AppleWorks in Verbindung mit ProDOS-Unterverzeichnissen, über Organisation von AppleWorks-Dateien auf einer Festplatte und über die Installation von AppleWorks auf Festplatte.

Kapitel 8
Das Innenleben von AppleWorks

AppleWorks besteht aus einer Sammlung von Dateien, die zum größten Teil in Assemblersprache geschrieben und unter ProDOS lauffähig sind. Einer der Hauptgründe für die schnelle Ausführung der einzelnen Funktionen ist die Assemblersprache, deren Ausführungszeit wesentlich kürzer ist als bei höheren Programmiersprachen wie z. B. BASIC oder Pascal. In Assembler geschriebene Programme müssen genauso wie die höheren Programmiersprachen in Binärcodes umgewandelt werden, damit sie der Computer direkt verstehen kann. Da die Assemblersprache aber wesentlich kompakter und einfacher vom Computer in den entsprechenden Computercode übersetzt werden kann, laufen in Assembler geschriebene Programme um ein Vielfaches schneller ab.

AppleWorks in Aktion

Wie Sie wissen, wird AppleWorks auf zwei Seiten einer „Floppy"-Diskette geliefert. Die erste Seite wird Startdiskette genannt, die zweite Seite Programmdiskette. Startdisketten werden meist zum Kopierschutz von Software benutzt. Oftmals kann die aktuelle Programmdiskette nach Belieben kopiert werden, die Startdiskette dagegen nur ein- oder zweimal. AppleWorks ist nicht kopiergeschützt, so daß Sie sich vielleicht über die Startdiskette und den anfänglichen Schritt zum Starten von AppleWorks wundern. Der Grund dafür ist ganz einfach Speicherplatz. Die AppleWorks Programmdiskette hat gerade noch genügend Speicherplatz für die grundlegenden Programmoperationen. Daher war es notwendig, das ProDOS Betriebssystem, das Titelbild des Programmes und die erste Benutzermeldung auf einer Startdiskette unterzubringen. Die folgenden Abschnitte geben kurze Erklärungen zu den Dateien auf jeder Diskettenseite und erläutern, wie diese Dateien mit den Programmoperationen zusammenhängen.

Die Startdiskette

Auf der AppleWorks Startdiskette befinden sich drei ProDOS Dateien:
PRODOS, SEG.00 und APLWORKS.SYSTEM. Das sind alles Standard-
Systemdateien. Die PRODOS Datei enthält den gesamten Anweisungsteil,
der dem Computer mitteilt, wie auf die angeschlossenen Diskettenlaufwerke zugegriffen wird und wie andere Verwaltungs-Funktionen durchgeführt werden.

Normalerweise wird ProDOS von einem anderen Systemprogramm,
BASIC.SYSTEM, verwaltet, das spezielle Routinen enthält, die den Zugang
zu Externspeichern und anderen Peripheriegeräten Ihres Computers durch
BASIC-Programme und -Befehle erlauben. BASIC.SYSTEM ist der be-
nutzerdefinierte Kontrollmechanismus der ProDOS Benutzerdiskette. Es
können damit Befehle wie CATALOG, LIST, STORE, LOAD und RUN
für Diskettendateien verwendet werden. Da es sich bei AppleWorks nicht
um ein BASIC-Programm handelt, werden eigenständige systemtypische
Dateien anstelle von BASIC.SYSTEM verwendet, die dieselbe Funktion
für den Benutzer haben: Zum Auflisten, Löschen, Laden oder Speichern
von Dateien müssen nur die Menüoptionen gewählt werden, die ihrerseits
wiederum die unterschiedlichen speziellen systemtypischen Programme
von AppleWorks aktivieren.

Beim Laden der Startdiskette, bzw. beim Einschalten des Computers,
geschieht folgendes: Zuerst wird die PRODOS-Datei in den RAM (Hauptspeicher) geladen. Nach dem Ladevorgang überprüft ProDOS die Konfiguration der Slots bzw. die peripheren Ein- und Ausgänge Ihres IIe
oder IIc und versucht festzustellen, wie viele und welche Art von Peripheriegeräten angeschlossen sind. Sämtliche von ProDOS aufgefundenen
Speichergeräte (Diskettenlaufwerke, Festplattenlaufwerke, sowie die zusätzlichen 64K RAM eines 128K Systems) werden erkannt und identifi-
ziert. Wenn Sie in Ihrem Computer eine Uhrenkarte installiert haben und
wenn diese Uhrenkarte unter ProDOS verwendet werden kann, wird das
System diese Karte erkennen und sich die entsprechenden Datums- und
Zeitinformationen selbständig holen.

Nach diesem ersten Startvorgang sucht ProDOS auf der Startdiskette
nach der Datei BASIC.SYSTEM, da es normalerweise BASIC-Programme
und -Befehle über diese Datei auszuführen hat. Da AppleWorks seine eigenen
systemtypischen Dateien besitzt, wird die Datei BASIC.SYSTEM nicht auf
der Startdiskette benötigt. Nachdem die Datei BASIC.SYSTEM nicht gefunden wurde, sucht ProDOS auf der Diskette nach anderen Dateien mit der
Dateinamenergänzung .SYSTEM. Dabei findet es die Datei APLWORKS.
SYSTEM, lädt diese Datei und präsentiert den Titelbildschirm des Apple-
Works Programmes. An dieser Stelle werden Sie gebeten, die Programmdiskette einzulegen und die Return-Taste zu drücken. Die Startdiskette
kann nun entfernt werden; sie hat ihren Zweck erfüllt.

Die Programmdiskette

Nachdem Sie die Startdiskette geladen, die Programmdiskette eingelegt und die Return-Taste gedrückt haben, beginnt AppleWorks Anweisungen von der neuen Diskette zu lesen. Als erstes wird der Bildschirm START gezeigt. Außerdem können Sie der Meldung das Datum, das beim letzten AppleWorks Einsatz verwendet wurde, entnehmen. Sie werden nun um das neue Datum gebeten. Wenn Sie kein Datum eingeben und nur die Return-Taste drücken, wird das alte Datum weiterverwendet.

Besitzt Ihr Apple eine ProDOS-kompatible Uhrenkarte, wird automatisch das von Ihrer Uhrenkarte gelieferte aktuelle Datum in der Fußzeile des START Bildschirmes erscheinen. Das Datum (und die Uhrzeit des letzten Zugriffs) werden in der Dateiliste angezeigt, die bei Eingabe der Befehle „Dateien holen", „Dateien löschen" oder „Dateien listen" erscheint. Die Verwendung einer Uhrenkarte mit ProDOS ist kein schlechter Gedanke, da dieses automatische Zeitprotokoll das Auffinden zeitabhängiger Dateien, wie z. B. Ausgabelisten oder Kalender, wesentlich erleichtert. Sie können immer nachschauen, wann sie zum letzten Mal gelesen oder auf den neuesten Stand gebracht wurden.

Die Programmdiskette enthält drei Dateien: SEG.PR, SEG.M0 und SEG.M1. SEG.PR ist eine weitere systemtypische Datei; sie verwaltet die Ausgabefunktionen von AppleWorks. SEG.M0 ist eine pascaltypische Datei, die die standardmäßigen Plazierungen der Datendiskette, das Dateidatum und weitere einfache Programmfunktionen verwaltet. Bei SEG.M1 handelt es sich um eine „typenlose" Datei, die eigentlich sämtliche Ausführungsanweisungen für das AppleWorks Programm selbst beinhaltet. Nach Ihrer Zeiteingabe, bzw. der Bestätigung der angezeigten Zeitangabe, wird die HAUPT-AUSWAHL des Programmes automatisch geladen.

AppleWorks im RAM

ACHTUNG: Dieser Abschnitt beschreibt die Verwendung des RAM auf einem 128K System. Auf einem 64K System muß AppleWorks Teile der Programmanweisungen öfter wechseln.

Eines der störendsten Dinge beim Umgang mit einem multifunktionalen Programm auf dem Apple Computer ist die Notwendigkeit, daß der Computer immer wieder auf Programmanweisungen zugreifen muß. Multifunktionale Programme sind umfangreich und benötigen mehr Anweisungen, als im Hauptspeicher des Apple (oder sogar auf einer Diskette) untergebracht werden können. Selbst wenn das Programm komplett auf einer Diskettenseite vorliegt, muß der Computer benötigte Programmteile in den RAM ein- bzw. aus dem RAM auslagern. Die drei AppleWorks Anwendungen sind vom ersten Teil dieses Problems nicht betroffen, da sich sämtliche Programmanweisungen (mit Ausnahme von Titel- und Datumsangabe) auf einer Diskettenseite befinden. Was den zweiten Teil betrifft, versucht AppleWorks Diskettenzugriffe so gering wie möglich zu halten, indem es selbst ein gutes Gedächtnis hat. Das Programm merkt sich, welche Anwendung und welche Option (wie z. B. die Berichtsformat-Option im Datenbankteil) zuletzt benutzt wurden, und versucht, wenn möglich, die am häufigsten benutzten Anweisungsfolgen immer im RAM zu behalten.

Nehmen wir an, Sie laden eine Datenbank, ein Rechenblatt und eine Textdatei, in genau dieser Reihenfolge. Beim Laden der Datenbank lädt AppleWorks gleich die Anweisungen für den Datenbankteil mit. Laden Sie dann ein Rechenblatt, werden auch die Rechenblattanweisungen eingelesen. Da der Speicherplatz des RAM normalerweise nur für zwei Anwendungsanweisungen gleichzeitig ausreicht, muß eine Anweisungsfolge beim Laden der Textdatei ausgetauscht werden. Da das Rechenblatt die Arbeitsdatei ist (sie wurde ja als letzte Datei geladen), werden die Datenbankanweisungen im RAM überschrieben, um Platz zu schaffen für die Anweisungen des Textverarbeitungsteils.

Diese Ein- und Auslagerung von Programmanweisungen hat nichts damit zu tun, wie viele Dateien von irgendeiner Anwendung erstellt wurden. AppleWorks lädt nur eine einzige Anweisungsreihe der entsprechenden Anwendung in den RAM, ohne Rücksicht, wie viele Dateien mit der Anwendung erstellt wurden. Wenn sich also drei Rechenblätter und fünf Datenbanken im RAM befinden, wird trotzdem nur eine Serie von Programmanweisungen pro Anwendung (also eine Anweisungsreihe für den Rechenblatteil und eine Anweisungsreihe für die Datenbank) im RAM gehalten.

Wie man AppleWorks „frisiert"

Obwohl AppleWorks versucht, die Diskettenzugriffe so gering wie möglich zu halten, kann die Anzahl der Zugriffe auf Dauer lästig werden, besonders dann, wenn Sie oft zwischen den Anwendungen umschalten oder häufig unterschiedliche Optionen benutzen. Es gibt drei Möglichkeiten, die Verzögerungen durch Diskettenzugriffe noch weiter zu minimieren: Verwenden Sie für AppleWorks ein 128K System (und nicht nur ein 64K System); kopieren Sie AppleWorks auf eine Festplatte, und arbeiten Sie von dort aus; oder kopieren Sie AppleWorks auf eine RAM-Disk.

Die erste dieser Möglichkeiten ist die naheliegendste. Wenn Sie mit einem Apple IIc arbeiten, enthält Ihr Hauptspeicher bereits 128K. Wenn Sie mit einem 64K Apple IIe arbeiten, lohnt sich eine Speichererweiterungskarte. Es gibt vielerlei solcher Karten auf dem Markt, einige davon bieten einen RAM bis zu einem Megabyte. Heutzutage enthalten die meisten RAM Karten mehr als nur Speicherplatzerweiterung — entweder einen 80-Zeichen Videoausgang oder sogar einen Z-80 Zweitprozessor. Die Erweiterungskarten sind schon sehr günstig im Handel zu erwerben. Mit einer 64K Erweiterung werden Sie einen beträchtlichen Unterschied bei der Diskettenzugriffszeit feststellen. Außerdem werden Sie bemerken, daß Ihr Schreibtischspeicher sich von 10K auf 55K erhöht hat.

Wenn Sie Ihr AppleWorks Programm auf eine Festplatte kopieren (wie in Kapitel 9 beschrieben), wird zwar die Anzahl der Externspeicherzugriffe nicht verringert, aber die Anweisungen werden wesentlich schneller geladen. Festplatten laden und speichern Daten ungefähr zehn mal so schnell wie Disketten; Wartezeit wird also drastisch reduziert. Seien Sie jedoch vorgewarnt: die Einsparung an Ladezeit durch eine Festplatte auf dem Apple IIc ist nicht so groß wie auf einem Apple IIe. Die Festplatte für einen Apple IIc muß notwendigerweise an einen langsamen Diskettencontroller angeschlossen werden (serielle Übertragung).

Am schnellsten wird AppleWorks, wenn Sie das gesamte Programm auf eine RAM-Disk kopieren können. Mit dieser Methode wird ein Teil des RAMs als elektronisches „Diskettenlaufwerk" verwendet, und auf Programmanweisungen und Daten kann blitzschnell zugegriffen werden. Der Austausch der Anweisungsserien geht so schnell vonstatten, daß Sie es nicht einmal bemerken.

Um AppleWorks in eine solche RAM-Disk zu laden, benötigen Sie so viel zusätzlichen Speicherplatz, daß das Programm aufgenommen werden kann. Außerdem benötigen Sie RAM-Disk-Software, damit ProDOS den RAM-Speicher wie ein Diskettenlaufwerk behandelt. Das AppleWorks Programm benötigt etwa 135K, es ist also mindestens eine 256K RAM-Karte erforderlich (Speichererweiterung gibt es normalerweise als 128K und 256K Versionen). Die meisten Hersteller von RAM-Erweiterungskarten bieten auch die dazugehörige RAM-Disk Software, andere Firmen bieten nur Software ohne die dazugehörige Hardware.

RAM-Disks bieten offensichtlich große Vorteile, haben aber auch zwei Nachteile, die beide auf der flüchtigen Beschaffenheit des RAMs basieren. Erstens: wenn es zu einem Stromausfall oder zu einer Stromschwankung während der Verwendung einer RAM-Disk kommen sollte, können Sie Ihrer gesamten Arbeit Lebewohl sagen. Vergessen Sie nicht, daß sich alle Daten im RAM befinden; Stromprobleme können deshalb eine Zerstörung oder sogar den Verlust Ihrer gesamten Daten nach sich ziehen. Glücklicherweise ist die Lösung dieser relativ unliebsamen Erscheinung ganz einfach: Speichern Sie Ihre Arbeit in gewissen Zeitabständen auf Diskette oder auf Festplatte ab.

Der zweite Nachteil ist offensichtlich: Jedesmal, wenn Sie mit AppleWorks arbeiten möchten, müssen Sie das Programm erst auf die RAM-Disk kopieren. Nachdem Sie das ein paarmal gemacht haben, wird der Kopiervorgang zwar schneller ablaufen, aber selbst dann müssen Sie ein paar zusätzliche Minuten investieren, um AppleWorks startklar zu machen. Wenn Sie AppleWorks längere Zeit benutzen (und besonders dann, wenn Sie mit einem Diskettensystem arbeiten), wird die Einsparung der Diskettenzugriffszeit Ihren zusätzlichen Zeitaufwand wiedergutmachen.

Druckeranpassungen

Nachdem wir uns nun mit dem Innenleben von AppleWorks beschäftigt haben, wollen wir weitere „Tips und Tricks" im Zusammenhang mit Druckern behandeln. Die meisten Programme können nur eine Druckerkonfiguration auf einmal unterstützen, AppleWorks dagegen kann bis zu drei voreingestellte Drucker speichern, die immer dann zur Auswahl stehen, wenn eine Datei gedruckt werden soll. Das Auswählen und Konfigurieren dieser Drucker in AppleWorks ist einfacher und verständlicher als bei jedem anderen auf dem Markt erhältlichen Programm:

1. Wählen Sie „Verschiedenes" aus der HAUPT-AUSWAHL.
2. Wählen Sie „Informationen über angeschlossene Drucker" aus dem Menü VERSCHIEDENES.
3. Wählen Sie „Drucker hinzufügen (Maximum: 3)" aus dem Menü DRUCKER INFORMATION.
4. Wählen Sie Ihren Drucker aus, falls er auf der Liste steht; andernfalls wählen Sie die Option „Anderer Drucker".

Die Ausführung dieser Schritte ist jedoch noch nicht unbedingt alles, insbesondere dann, wenn Sie keinen Standarddrucker besitzen. Die folgende Anleitung hängt nicht nur von Ihrem Drucker ab, sondern auch von dem Computer, mit dem Sie arbeiten:

- Besteht Ihre Konfiguration aus einem Apple IIe, einem im Druckermenü aufgeführten Drucker und einem Apple-Parallel-Interface, brauchen Sie nur Ihren Druckertyp aus dem Menü zu wählen.
- Besteht Ihre Konfiguration aus einem Apple IIe mit seriellem Interface und einem im Druckermenü aufgeführten Drucker, wählen Sie einfach die entsprechenden Optionen im SCHNITT-STELLEN-Menü.
- Wenn Sie mit einem Apple IIe oder mit einem Apple IIc und einem „anderen Drucker" arbeiten, müssen Sie die korrekten Installationswerte aus Ihrem Druckerhandbuch entnehmen und diese entsprechend eingeben.

Installation eines „anderen Druckers"

Wenn Sie zu den Anwendern gehören, die keinen Apple-, Epson- oder Qume-Drucker besitzen (das sind die von AppleWorks direkt unterstützten Drucker), müssen Sie mit der Option „Anderer Drucker" die Steuerzeichen

Ihres Druckers eingeben. Diese werden von AppleWorks benötigt, um die Druckparameter an Ihren Drucker korrekt weiterzuleiten.

Bevor Sie sich auf die Suche nach Ihrem Druckerhandbuch begeben und diese Steuerzeichen nachschlagen, sollten Sie jedoch zunächst einen einfacheren Schritt unternehmen: Probieren Sie sämtliche Standarddrucker aus dem DRUCKER HINZUFÜGEN-Menü als Option für Ihren Drucker aus. Es könnte sein, daß Ihre Druckerinformation mit denen eines Standarddruckers zufällig übereinstimmen. Ein solcher glücklicher Umstand würde bedeuten, daß Sie sich das Zusammensuchen der Steuerzeichen für Ihren Drucker ersparen könnten. Es gibt beispielsweise mehrere Epson-kompatible Drucker, die mit einer der Epson-Optionen von Apple-Works übereinstimmen.

Probieren Sie auf jeden Fall die Standardkonfigurationen durch, ohne Rücksicht darauf, ob Ihr Drucker mit einer der vordefinierten Einstellungen kompatibel zu sein scheint oder nicht. Sie benötigen dazu nicht viel Zeit, es kann Ihnen aber viel Zeit ersparen, die Sie sonst bei der Suche nach Steuerzeichen in Ihrem Druckerhandbuch verlieren. Sie brauchen keine Angst zu haben, daß Ihr Drucker irgendwie beschädigt werden könnte. Im schlimmsten Fall wird er seltsame Zeichen absolut unplaziert zu Papier bringen, oder er wird überhaupt nichts ausdrucken. Jede dieser Situationen kann sofort rückgängig gemacht werden, indem Sie den Drucker ausschalten (um den Druckerspeicher von „unnatürlichen" Anweisungen zu löschen) und ihn gleich darauf wieder einschalten.

Zum Überprüfen, ob eine Standardkonfiguration für Ihren Drucker zutreffend ist, erstellen Sie eine kleine Textdatei (z. B. Abbildung 8-1)

```
Datei: Drucker Test           ANZEIGEN/BEARBEITEN              Esc: Haupt-Auswahl
=====!=====!=====!=====!=====!=====!=====!=====!=====!=====!=====!=====!=====!===
--------Buchstaben/Zoll: 12 Zeichen
^Dies ist ein Test zur Druckerkonfiguration.^
--------Buchstaben/Zoll: 10 Zeichen
^Dies ist ein Test zur Druckerkonfiguration.^
--------Zeilen/Zoll: 8 Zeilen
Dies ist ein Test zur Druckerkonfiguration.
Dies ist ein Test zur Druckerkonfiguration.
Dies ist ein Test zur Druckerkonfiguration.
--------Zeilen/Zoll: 6 Zeilen
Dies ist ein Test zur Druckerkonfiguration.
Dies ist ein Test zur Druckerkonfiguration.
Dies ist ein Test zur Druckerkonfiguration.


----------------------------------------------------------------------------
Eingabe oder § Kommando              Zeile 1  Spalte  1         §-? für Hilfe
```

Abbildung 8-1 Diese Abbildung zeigt eine kurze Testdatei, die mit der Textverarbeitung erstellt wurde. Sie können damit, oder mit einer ähnlichen Datei, überprüfen, ob die vorgegebenen Konfigurationen mit Ihrem Drucker funktionieren.

zum Testen. Vergewissern Sie sich, daß sie unterschiedliche Druckparameter enthält: Fettdruck, Unterstreichen, Index und Exponent (geben Sie diese Optionen anstelle der Fehlzeichenpaare in Abbildung 8-1 ^ ... ^ ein), unterschiedliche Zeilenhöhe (ZZ) und Buchstabendichte (BZ) usw. Bei der Auswahl der BZ-Werte müssen Sie jedoch darauf achten, daß diese Werte auch von Ihrem Drucker unterstützt werden (dem Einführungsteil Ihres Druckerhandbuchs sollten Sie dies entnehmen können). Arbeitet Ihr Drucker den Test einwandfrei durch, sind Sie mit Ihrer Druckeranpassung fertig. Beim Ausprobieren der verschiedenen Standardkonfigurationen sollten Sie aber nicht vergessen, daß Sie womöglich die eine oder andere Druckeroption, die Ihnen AppleWorks anbietet, überhaupt nicht benötigen. Wenn Sie niemals die Option Index oder Exponent benötigen, und wenn dies die einzige Erweiterung ist, die auf Ihrem Drucker mit einer Standardeinstellung nicht funktioniert, können Sie trotzdem Ihren Drucker als Standarddrucker deklarieren.

Läuft Ihr Drucker jedoch unter keiner der vordefinierten Standardkonfigurationen, wird es Zeit, die Eingabe von Steuerzeichen für einen „anderen Drucker" in Angriff zu nehmen. Es folgt die grundsätzliche Vorgehensweise:

1. Nehmen Sie Ihr Druckerhandbuch zur Hand, und machen Sie sich mit der Art und Weise vertraut, mit der Ihr Drucker Zeilenvorschub, Unterstreichung, Fettdruck, Seitenvorschubkommandos und andere Befehle behandelt, die Sie anhand der Steuerzeichenliste in der DRUCKER INFORMATION anpassen müssen.

2. Wählen Sie „Drucker hinzufügen" aus der DRUCKER INFORMATION, und wählen Sie aus dem Menü DRUCKER HINZUFÜGEN die Option „Anderer Drucker".

3. Geben Sie einen Namen für Ihren Drucker ein, drücken Sie danach Return, und wählen Sie die Nummer des Slots, an den Ihr Drucker angeschlossen ist.

4. Unter den vier ersten Optionen im Menü DRUCKER HINZUFÜGEN („Benötigt Zeilenvorschub nach Return", „Reagiert auf Seitenvorschub-Kommandos", „Drucker hat Einzelblatt-Zufuhr" und „Blattbreite in Zoll") wählen Sie diejenige aus, die Sie anpassen möchten und geben dann den gewünschten Wert ein. Legen Sie in dieser Weise alle vier Konfigurationswerte fest.

5. Wählen Sie die fünfte Option „Steuerzeichen" aus dem Menü DRUCKER HINZUFÜGEN.

6. Suchen Sie die entsprechenden Steuerzeichen aus Ihrem Druckerhandbuch.

7. Bei der Eingabe der Steuerzeichen für eine dieser Optionen des STEUERZEICHEN-Menüs tippen Sie die Zeichen **genau so** ein, wie Sie sie im Druckerhandbuch abgedruckt finden. Danach verwenden Sie ein Fehlzeichen (^), um wieder in das übergeordnete Menü DRUCKER HINZUFÜGEN zu gelangen.

Es folgt nun eine detaillierte Erklärung. Wenn Sie einen „anderen Drucker" hinzufügen möchten, werden Sie zuerst nach Namen und Anschlußslot Ihres Druckers gefragt. Um weitere Einzelheiten über den Drucker zu erfahren, erscheinen fünf Optionen, mit denen folgendes festgelegt werden kann: Zeilenvorschub, Seitenvorschub, Einzelblatt-Zufuhr, Blattbreite und Steuerzeichen. Die Optionen für Zeilenvorschub, Seitenvorschub, Einzelblatt-Zufuhr und Blattbreite sind ziemlich einleuchtend. Außer der Blattbreite wird jede dieser Optionen durch **Ja** oder **Nein** festgelegt. Wenn Sie sich nicht entscheiden können, welche Einstellung zu wählen ist, probieren Sie doch einfach beide aus. Sie können nur einmal falsch wählen.

Zeilenvorschub. Entweder muß der Computer für Ihren Drucker nach jedem Return einen Zeilenvorschub senden, oder Ihr Drucker benötigt diese Information nicht. Sollte es der Fall sein, daß Ihr Drucker mit doppeltem Zeilenabstand ausdruckt, obwohl Sie einfachen Zeilenabstand eingestellt haben, haben Sie wahrscheinlich **Ja** gewählt, obwohl Ihr Drucker selbständig einen Zeilenvorschub nach jedem empfangenen Return ausführt. Da die **Ja** Option AppleWorks veranlaßt, einen zusätzlichen Zeilenvorschub auszugeben, wird Ihr Drucker nach jedem Return zwei Zeilenvorschübe ausführen. Zum Korrigieren dieses Problems setzen Sie die Einstellung auf **Nein**. Wenn andererseits Ihr Drucker beim Ausdrucken immer auf derselben Zeile druckt, ändern Sie die Einstellung auf **Ja.**

Seitenvorschub-Kommando. Entweder verarbeitet Ihr Drucker ein Seitenvorschub-Kommando oder nicht. Die meisten Drucker unterstützen dieses Kommando. Sie sollten also zunächst die Einstellung **Ja** ausprobieren.

Einzelblatt-Zufuhr. Soll Ihr Drucker am Ende einer jeden Seite eines Textausdrucks anhalten (beispielsweise bei der Verwendung von einzelnen Schreibpapierblättern), sollten Sie diese Option auf **Ja** setzen. Soll Ihr Drucker jedoch automatisch zur nächsten Seite übergehen (beispielsweise bei Endlospapier), setzen Sie diese Option auf **Nein.**

Blattbreite. Hier wird nur der numerische Wert, in Zoll, der Ausdruckbreite Ihres Druckers verlangt — die maximale Entfernung, die der Druckkopf zurücklegen kann. Die Angaben in Ihrem Druckerhandbuch enthalten die Blattbreite.

Steuerzeichen. Die fünfte Zeile in dieser Optionenreihe — Steuerzeichen — beinhaltet Steuerzeichen-Sequenzen, die Ihren Drucker veranlassen, sauber formatierte Ausdrucke anzufertigen. Nach der Wahl der „Steuerzeichen"-Option zeigt AppleWorks ein Menü, aus dem Sie wiederum Optionen wählen können, für welche Sie Steuerzeichen eingeben möchten: „Zeichen pro Zoll", „Zeilen pro Zoll", „Fettdruck, Index und Exponent" und „Unterstreichen". (Wenn Sie mit einem seriellen Interface arbeiten, wird Ihnen AppleWorks zusätzlich Optionen zum Einstellen der seriellen Interface-Informationen anbieten.)

Jeder Drucker benötigt spezielle Steuerzeichen, um diese besonderen Operationen durchführen zu können. AppleWorks bietet sie für die standardmäßig unterstützten Drucker an, für einen „anderen Drucker" müssen sie eingegeben werden. Die genauen Schrittfolgen ersehen Sie leicht aus der gewählten Konfigurationsoption.

Mit der Einstellung „Zeichen pro Zoll" beispielsweise, wird die Anzahl der Zeichen pro Zoll festgelegt. Sie können verschiedene Eingabewerte zwischen 4 und 24 BZ setzen, indem Sie zuerst die Anzahl der Zeichen pro Zoll Ihrer Konfiguration (8, 10, 12 o. ä.) und dann das **exakte** Steuerzeichen eingeben, das Ihren Drucker auf diese Zeichendichte setzt. Die Einstellung „Zeilen pro Zoll" dagegen bietet nur zwei Möglichkeiten, 6 oder 8. Wählen Sie die gewünschte Option, und geben Sie dann die entsprechenden Steuerzeichen ein.

Mit der Option „Unterstreichen" können Sie die Art der Unterstreichung wählen (z. B. ein Zeichen zurück und dann ein Unterstreich-Zeichen), oder die Zeichen für Beginn und Ende des Unterstreichens, je nach Druckerart. Der Schlüssel zur Verwendung des STEUERZEICHEN-Menüs findet sich wiederum im Druckerhandbuch.

Die Steuerzeichen Ihres Druckers befinden sich entweder im Benutzerhandbuch (wenn Ihr Drucker nur mit einem Handbuch geliefert wird) oder im technischen Handbuch (wenn es eine separate Anleitung gibt). Eine typische Steuerzeichen-Sequenz besteht aus zwei oder drei Tastenkombinationen, z. B. Esc-Z. Diese Steuerzeichen sind unterschiedlich und im technischen Jargon beschrieben, der für einen Nichtprogrammierer schwer zu verstehen ist. Wenn Sie aber geduldig sind und das Handbuch sorgfältig durchlesen — und die entsprechenden Abschnitte so oft wiederholen, bis Sie sie verstanden haben — bekommen Sie die Informationen, die Sie benötigen. Kommen Sie damit nicht zurecht, können Sie immer noch zu Ihrem Computerhändler gehen und dort um Rat fragen.

Die Steuerzeichen sind im Handbuch zusammen mit den Funktionen, die sie steuern, aufgelistet. Es kann getrennte Zeichen für Beginn und Ende des Fettdrucks oder Unterstreichens, für verschiedene Feineinstellungen und zum Bewegen der Druckerwalze für Index- und Exponentfunktionen geben. Sie werden außerdem Steuerzeichen finden für Randeinstellungen, Seitenvorschub, Schattenschrift und andere Funktionen, aber Sie brauchen sich nicht damit zu beschäftigen. AppleWorks liefert dafür keine Vorgaben. Haben Sie dann das benötigte Steuerzeichen für eine bestimmte Druckerfunktion, die von AppleWorks angeboten wird, gefunden, wählen Sie diese Option aus dem STEUERZEICHEN-Menü und geben die Zeichen genau so ein, wie sie im Handbuch dargestellt sind. Abbildung 8-2 zeigt den Bildschirm für die „Fettdruck Beginn" Steuersequenz mit einer Testsequenz (Escape K2), wie er nach Ihrer Eingabe aussehen würde.

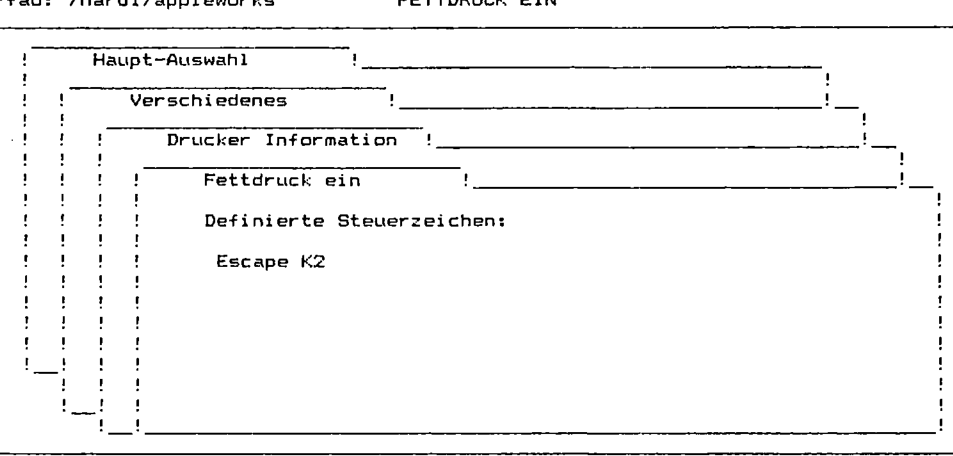

Abbildung 8-2 Steuerzeichen für „andere Drucker" werden definiert, indem sie auf dem oben abgebildeten Bildschirm genau so, wie sie im Druckerhandbuch aufgeführt sind, eingegeben werden.

Zum Abschluß folgt noch eine letzte Bemerkung über Steuerzeichen. Die einzige Möglichkeit, wie man aus dem Eingabemodus für Steuerzeichen wieder zurückkehren kann, ist die Eingabe des Fehlzeichens (^). Einige Drucker verwenden jedoch dieses Symbol in ihren Steuersequenzen. Eine Steuersequenz für den Beginn des Fettdrucks könnte zum Beispiel bei einem bestimmten Druckertyp Esc-^ heißen. Versuchen Sie, diese Sequenz einzugeben, wird AppleWorks nur **Escape** speichern, weil bei der Eingabe des ^-Zeichens das Programm dieses Zeichen als Rückkehrsignal aus dem Eingabemodus für Steuerzeichen interpretiert. Einige Drucker bieten Alternativzeichen, um solche Situationen zu umgehen. Wenn Ihr Drucker jedoch das ^-Zeichen als Steuerzeichen verwendet und dafür kein Ersatzzeichen bereit hält, können Sie die Funktion, die dieses Zeichen steuert, nicht benutzen.

Interfacekarten

Interfaces sind die Hauptursache für Installationsprobleme bei Druckern. Stellen Sie sich folgende Situation vor: Eine halbe Stunde haben Sie schon investiert, um Ihr Druckerhandbuch aufzufinden, die richtigen Steuerzeichen ausfindig zu machen und sie an der richtigen Stelle in AppleWorks einzugeben, aber Sie erhalten immer noch irgendeine chaotische Zeichenfolge, wenn Sie versuchen, einen Ausdruck herzustellen. Sie haben möglicherweise schon zwei- oder dreimal Ihre Arbeit überprüft, ohne das Problem in den Griff bekommen zu haben.

Was ist passiert? AppleWorks versteht zwar die Steuerzeichen, die es
zu Ihrem Drucker senden muß, und es sendet diese auch weiter; aber Ihr
Druckerinterface macht aus diesen Steuerzeichen Kleinholz, und Ihr
Drucker kann sie nicht mehr verstehen.

Serielles Interface

Arbeiten Sie mit einem Apple IIc oder verwenden Sie mit Ihrem
Apple IIe eine serielle Interfacekarte, dann wählen Sie die Option „Ein-
stellungen Serielles Interface" aus dem STEUERZEICHEN-Menü. Nach
Wahl dieser Option können Baud-Rate, Datenformat und Parität durch
Auswahl der entsprechenden Werte im jeweiligen Menü eingestellt werden.
Sind die Werte korrekt und haben Sie die richtigen Steuerzeichen für Ihren
Drucker eingegeben, sollte alles einwandfrei arbeiten.

Paralleles Interface

Verwenden Sie eine parallele Interfacekarte in Ihrem Apple IIe, werden Sie andere Probleme haben. AppleWorks übergibt Daten, die der
parallelen Interfacekarte von Apple angepaßt sind. Arbeiten Sie nicht mit
der Originalkarte, werden Sie ziemlich seltsame Druckergebnisse erzielen,
da andere parallele Interfacekarten unterschiedlich auf die Art und Weise
der Datenausgabe von AppleWorks reagieren.

Ist dies der Fall, müssen Sie AppleWorks neu konfigurieren, um einwandfreie Ergebnisse mit Ihrer parallelen Interfacekarte zu erhalten. Zum
ersten sendet AppleWorks normalerweise Daten in einem 7-Bit Format an
den Drucker. Dies ist das Datenformat, das vom Apple Parallelinterface
erwartet wird. Viele andere Interfacekarten erwarten jedoch Daten im
8-Bit Format. Die erste Aufgabe der Interfaceinstallation ist daher, die
AppleWorks Routine für die Datenübertragung auf einen Drucker in das
8-Bit Format umzuändern.

Nachdem die Daten im richtigen Format gesendet werden, muß ein
zweites Hauptproblem in Angriff genommen werden. Druckerinterfaces
senden normalerweise die Daten, die sie empfangen, an einen Drucker;
zusätzlich geben sie die gedruckten Daten als „Echo" auf dem Bildschirm
aus. Wenn Sie eine Datei in AppleWorks ausgeben, erscheint eine Bild-
schirmmeldung, die besagt, daß mit Hilfe der Escape- oder der Leertaste
die Ausgabe unterbrochen oder ganz abgebrochen und zum DATEIEN
HOLEN-Menü zurückgekehrt. werden kann. Gibt Ihr Druckerinterface
die auszugebenden Daten als Echo auf dem Bildschirm wieder, wird diese
Meldung überschrieben. Die Bildschirmwiedergabe-Funktion des Druckerinterfaces muß deshalb ausgeschaltet werden.

Alle Parallelinterfaces haben zwei Dinge gemeinsam. Das erste ist,
daß sie alle eine Voreinstellung besitzen, die die Anzahl der Zeichen überprüft, die das Interface an den Drucker weiterleitet, bevor ein automati-
scher Zeilenvorschub erfolgt (anders ausgedrückt, ein Vorgabewert für die

maximale Länge einer auszudruckenden Zeile). Dies ist eine Sicherheits-vorkehrung, die den Drucker vor Überlastung schützt. Das Interface wartet auf ein Zeilenvorschub-Zeichen von seiten der Anwendersoftware (das kann zum Beispiel ein Zeilenende in einer Text- oder Rechenblattdatei sein). Wenn die Karte aber keinen Zeilenvorschub nach einer bestimmten Anzahl von Zeichen erhalten hat, generiert sie selbständig einen Zeilen-vorschub.

Das zweite universelle Charakteristikum paralleler Druckerinterface-karten ist folgendes: wird der Wert dieser voreingestellten Zeilenlänge verändert, wird die Bildschirmwiedergabe ebenfalls automatisch verändert.

Um die Bildschirmwiedergabe zu Beginn jeder Druckeroperation auszuschalten, sendet AppleWorks eine Steuerzeichensequenz, die die voreingestellte Zeilenlänge der Apple Parallelinterfacekarte wiederher-stellt. Diese Steuerzeichensequenz lautet CTRL-I 80N. CTRL-I initiali-siert die Interfacekarte und bereitet sie auf die spezifischen Befehlsüber-gaben vor. Der N-Teil dieser Sequenz stellt die Zeilenlänge ein.

Im Idealfall möchten Sie Ihr Interface so einstellen, daß es so lange wie möglich mit der Ausgabe des Zeilenvorschubes wartet. Dadurch wird gewährleistet, daß die Zeilenlänge von der Anwendersoftware und nicht vom Interface festgelegt wird. Soll beispielsweise ein Text mit 80 Zeichen pro Zeile ausgedruckt werden, wäre es sicher ärgerlich, wenn Ihre Inter-facekarte nach jeweils 60 Zeichen einen Zeilenvorschub senden würde. Mit dieser Einstellung könnte Ihr Ausdruck nie eine größere Zeilenlänge als 60 Zeichen erreichen, auch wenn Ihr Textverarbeitungsprogramm auf 80 Zeichen pro Zeile eingestellt ist. Ist Ihr Interface dagegen so eingestellt, daß es erst nach 80, 99 oder gar 255 Zeichen einen Zeilenvorschub sendet, wird im allgemeinen Ihre Software von sich aus einen solchen senden, bevor das Interface dazu gezwungen wird. So werden Ihre Daten in der gewünschten Weise ausgedruckt.

Das Problem der Zeilenlängeneinstellung liegt darin, daß der ent-sprechende Befehl bei den verschiedenen Interfaces ganz unterschiedlich aussieht. Der auf CTRL-I folgende Teil kann wie beim Apple Originalinter-face 80N lauten, aber auch 0N, 99N oder einfach nur N.

Im Frühjahr 1985 entwickelte Apple eine neue 1.2 Version von AppleWorks, die einen Mechanismus zum Konfigurieren fremder Parallel-interfacekarten enthält (bei der deutschen Version ist diese Option aller-dings erst bei Nachfolgeversionen von 1.2 erhältlich). Die Versionsnummer Ihres AppleWorks können Sie im unteren Teil des Titelbildschirmes, der beim ersten Programmstart erscheint, ausfindig machen. Die Versions-nummer erscheint als V1.0, V1.1, V1.2 oder als V in Verbindung mit einer anderen Nummer am Ende der Zeile, die die Copyright Meldung enthält.

Die Konfigurationsmöglichkeit der neueren Version erhalten Sie unter „Spezielle Druckerinformationen". Die Beschreibung finden Sie detailliert im Handbuch. Besitzen Sie eine Version mit einer höheren Versionsnummer als 1.2, folgen Sie einfach den Anweisungen und geben

die exakten Steuerzeichen Ihrer Interfacekarte so ein, wie bei der Konfiguration eines „anderen Druckers".

Die Versionen 1.0 bis 1.2 jedoch bieten keine Konfigurationsmöglichkeit für unterschiedliche Interfacekarten. Besitzen Sie eine dieser
Versionen, ist das Problem mit dem Parallelinterface am besten zu lösen,
indem Sie zu Ihrem Applehändler gehen und ihn um eine Kopie von
AppleWorks Interface Configuration Utility bitten. Dabei handelt es sich
um ein Programm, das Ihre AppleWorks Startdiskette so verändert, daß
das Programm mit Ihrem Interfacetyp einwandfrei arbeiten kann. Dieses
Programm ist kostenlos, und Ihr Händler wird Ihnen vielleicht sogar Ihre
Startdiskette installieren, damit Sie sich nicht in den Dschungel der
Steuerzeichen begeben müssen. Wenn Sie möchten, wird Ihnen Ihr Applehändler die AppleWorks Programmdisketten auf den neuesten Stand bringen. Die Aktualisierung ist ebenfalls kostenlos.

Im anderen Fall, wenn Sie das Utilityprogramm selbst benutzen
wollen oder müssen, gehen Sie folgendermaßen vor:

1. Booten Sie die Interface Configuration Utility Diskette.
2. Wählen Sie den Namen Ihrer Interfacekarte aus, sofern Sie in der
   Liste vertreten ist.
3. Legen Sie eine **Kopie** Ihrer AppleWorks Startdiskette ein. (Nehmen Sie auf jeden Fall eine Kopie für den Fall, daß irgendetwas
   schief läuft.)
4. Drücken Sie die Return-Taste.

Es werden verschiedene Konfigurationsoptionen aufgelistet. Trifft
eine davon auf Ihr Interface zu, wählen Sie einfach den Namen Ihres
Interfaces. Ist Ihre Karte jedoch nicht in der Liste vertreten, probieren Sie
trotzdem jede Konfigurationsmöglichkeit durch. Eine davon könnte unter
Umständen auch mit Ihrem Interface funktionieren. Wenn auch dieser
Versuch ohne Erfolg bleibt, wählen Sie die Option „Anderes Interface"
aus dem Menü. Mit dieser Option können Sie die exakten Steuerzeichen
Ihres Interfaces eingeben. Um herauszufinden, welche Steuerzeichen benötigt werden, schauen Sie in Ihrem Interfacehandbuch nach. Es beginnt
nun dieselbe Suche wie bei der Installation eines Druckers.

Sämtliche Interfacekarten für den Apple verwenden einen Initialisierungscode, der mit Control-I beginnt. Die Option für „andere Drucker"
unterstützt deshalb diesen Teil der Steuersequenz automatisch. Sie müssen
dann nur noch die nachfolgenden Buchstaben oder Ziffern eingeben, um
den Initialisierungscode für Ihr Interface zu vervollständigen. Handelt es sich
beispielsweise bei Ihrem Interface um die Steuersequenz Control-I ON
brauchen Sie nur den Teil ON für die Installation des Interfaces einzugeben.

Besitzen Sie eine Nachfolgeversion von V1.2, müssen Sie lediglich
die Steuerzeichen selbst eingeben.

Besitzen Sie jedoch die Version V1.1 oder V1.2 von AppleWorks, muß für den Initialisierungscode der entsprechende Dezimalwert eines jeden Zeichens eingegeben werden. Die Steuersequenz 0N enthält zum Beispiel die Tastaturziffer 0 und den Buchstaben N. Für die richtige Eingabe im Installationsprogramm muß zunächst der entsprechende Dezimalwert einer ASCII, dezimal, binär und hexadezimal Umrechnungstabelle entnommen werden. Dafür kann die folgende Umrechnungstabelle verwendet werden.

ASCII	Dezimal	Binär	Hexadezimal
NUL	0	00000000	0
SOH	1	00000001	1
STX	2	00000010	2
ETX	3	00000011	3
EOT	4	00000100	4
ENQ	5	00000101	5
ACK	6	00000110	6
BEL	7	00000111	7
BS	8	00001000	8
HT	9	00001001	9
LF	10	00001010	A
VT	11	00001011	B
FF	12	00001100	C
CR	13	00001101	D
SO	14	00001110	E
SI	15	00001111	F
DLE	16	00010000	10
DC1	17	00010001	11
DC2	18	00010010	12
DC3	19	00010011	13
DC4	20	00010100	14
NAK	21	00010101	15
SYN	22	00010110	16
ETB	23	00010111	17
CAN	24	00011000	18
EM	25	00011001	19
SUB	26	00011010	1A
ESC	27	00011011	1B
FS	28	00011100	1C
GS	29	00011101	1D
RS	30	00011110	1E
US	31	00011111	1F
SPCAE	32	00100000	20

Fortsetzung

ASCII	Dezimal	Binär	Hexadezimal
!	33	00100001	21
"	34	00100010	22
#	35	00100011	23
$	36	00100100	24
%	37	00100101	25
&	38	00100110	26
'	39	00100111	27
(	40	00101000	28
)	41	00101001	29
*	42	00101010	2A
+	43	00101011	2B
,	44	00101100	2C
–	45	00101101	2D
.	46	00101110	2E
/	47	00101111	2F
0	48	00110000	30
1	49	00110001	31
2	50	00110010	32
3	51	00110011	33
4	52	00110100	34
5	53	00110101	35
6	54	00110110	36
7	55	00110111	37
8	56	00111000	38
9	57	00111001	39
:	58	00111010	3A
;	59	00111011	3B
<	60	00111100	3C
=	61	00111101	3D
>	62	00111110	3E
?	63	00111111	3F
@	64	01000000	40
A	65	01000001	41
B	66	01000010	42
C	67	01000011	43
D	68	01000100	44
E	69	01000101	45
F	70	01000110	46
G	71	01000111	47
H	72	01001000	48
I	73	01001001	49
J	74	01001010	4A

Fortsetzung

ASCII	Dezimal	Binär	Hexadezimal
K	75	01001011	4B
L	76	01001100	4C
M	77	01001101	4D
N	78	01001110	4E
O	79	01001111	4F
P	80	01010000	50
Q	81	01010001	51
R	82	01010010	52
S	83	01010011	53
T	84	01010100	54
U	85	01010101	55
V	86	01010110	56
W	87	01010111	57
X	88	01011000	58
Y	89	01011001	59
Z	90	01011010	5A
[	91	01011011	5B
\	92	01011100	5C
]	93	01011101	5D
^	94	01011110	5E
_	95	01011111	5F
`	96	01100000	60
a	97	01100001	61
b	98	01100010	62
c	99	01100011	63
d	100	01100100	64
e	101	01100101	65
f	102	01100110	66
g	103	01100111	67
h	104	01101000	68
i	105	01101001	69
j	106	01101010	6A
k	107	01101011	6B
l	108	01101100	6C
m	109	01101101	6D
n	110	01101110	6E
o	111	01101111	6F
p	112	01110000	70
q	113	01110001	71
r	114	01110010	72
s	115	01110011	73
t	116	01110100	74
u	117	01110101	75

Fortsetzung

ASCII	Dezimal	Binär	Hexadezimal
v	118	01110110	76
w	119	01110111	77
x	120	01111000	78
y	121	01111001	79
z	122	01111010	7A
{	123	01111011	7B
¦	124	01111100	7C
}	125	01111101	7D
~	126	01111110	7E
DEL	127	01111111	7F

Für den Fall, daß Sie mit diesen Codes noch nicht ganz so vertraut sind, folgen hier die Definitionen:

- **ASCII** ist die Abkürzung für American Standard Code for Information Interchange. Der ASCII Code besteht aus 128 unterschiedlichen Werten, die durch Zeichen und Symbole vertreten sind, die Sie auf jeder amerikanischen Computertastatur finden können. (Bei der deutschen Tastatur sind einige Zeichen anders.)
- **Dezimalzahlen** basieren auf unserem Standardziffernsystem zur Basis 10. Das Zehnersystem enthält die Ziffern 0 bis 9.
- **Binärzahlen** basieren auf einem Ziffernsystem zur Basis 2. Das Zweiersystem enthält lediglich zwei Ziffern, 0 und 1. Dieses System wird zur Codierung von Computeranweisungen eingesetzt, da die Werte 0 und 1 den elektrischen Zuständen „ein" und „aus" im Innern eines Computers eindeutig zugeordnet werden können.
- **Hexadezimalzahlen** basieren auf einem Ziffernsystem zur Basis 16. Dieses System besteht aus 16 Ziffern (0 bis 9 und A bis F) und wird normalerweise dazu verwendet, 16stellige Binäradressen des Computerhauptspeichers zu kennzeichnen.

Fehlerquellen

Es folgt nun noch eine Schlußbemerkung zum AppleWorks Programm. Die in diesem Buch besprochenen Datenverarbeitungstechniken werden Ihnen sicherlich helfen, AppleWorks produktiver einzusetzen. Einige werden jedoch die wenigen Fehler ausfindig machen, die sich im Programm eingeschlichen haben, bzw. die Unstimmigkeiten, die zwischen Programmeldungen und Handbuchaussagen bestehen. Die meisten Fehler wurden bis Version 1.3 korrigiert. Wenn Sie noch mit Version 1.0, 1.1 oder 1.2 arbeiten, werden Sie wahrscheinlich einen oder zwei davon entdecken. Bevor Sie sich über diese Fehler ärgern, sollten Sie einfach Ihr Programm von Ihrem Applehändler auf den neuesten Stand (Version 1.3 oder höher) bringen lassen. Es folgt eine Liste der Fehler, die während dem Schreiben dieses Buches aufgetaucht sind:

- Normalerweise, jedoch nicht immer, werden Einträge, die länger als 76 Zeichen sind, abgeschnitten. Einträge im Rechenblatt sind auf 75, in der Datenbank auf 76 Zeichen begrenzt. Werden längere Einträge aus einer externen DIF Datei in ein Rechenblatt übertragen, sollte AppleWorks die ankommenden Einträge nach dem 75sten Zeichen abschneiden. Die Datei sollte geladen, aber alle Einträge mit mehr als 75 Zeichen entsprechend abgekürzt werden. Wenn Sie jedoch eine AppleWorks Datenbank, die Einträge mit 76 Zeichen Länge enthält, als DIF Datei für die Übertragung in ein Rechenblatt abspeichern, passiert etwas Seltsames. Anstatt daß die außerhalb des 75-Zeichen Bereiches liegenden Zeichen gelöscht werden, verweigert das Rechenblatt die Annahme der DIF Datei grundsätzlich und bringt Sie zur HAUPT-AUSWAHL zurück.

- Es gibt einen Unterschied zwischen der wirklichen und der festgelegten Zeilenlänge bei Berichten, die in den Zwischenspeicher übertragen werden. Das AppleWorks Handbuch besagt, daß die Zeilenlänge bei Datenbank- und Rechenblattberichten auf 225 Zeichen beschränkt ist. Die Angabe über Buchstaben/Zeile auf der Seite der DRUCKPARAMETER zählt jedoch bis zu 255 Zeichen. Die korrekte Obergrenze für die Zeilenlänge bei Berichten, die in den Zwischenspeicher oder auf Papier gedruckt werden, beträgt 255 Zeichen. Ein Programmfehler in Version 1.1 und 1.2 verursacht manchmal eine Fehlermeldung, wenn Sie versuchen, Berichte in den Zwischenspeicher zu kopieren. Die Fehlermeldung lautet: **Die Ausgabe ist größer als 250 Textzeilen, die der Zwischenspeicher aufnehmen kann.** Da in der Textverarbeitung die Zeilen, die länger sind als die Druckparameter erlauben, auf die nächste Zeile umgebrochen werden, wird diese Meldung nur sporadisch erscheinen — kurze Berichte mit weniger als 256 Zeichen können einwandfrei in den Zwischenspeicher kopiert werden, während eine Fehlermeldung bei langen Berichten schon bei weniger als 175 Zeichen auftauchen kann.

- Es besteht ein Unterschied zwischen der wirklichen und der festgelegten maximalen Zeilenzahl, die in den Zwischenspeicher auf einmal übertragen werden kann. Die maximale Zeilenzahl, die auf einmal übertragen werden kann, beträgt in der Textverarbeitung, im Rechenblatt und in der Datenbank jeweils 250 Zeilen. Bei einem vollen Schreibtischinhalt kann diese Grenze bedeutend niedriger liegen, weil der Zwischenspeicher seinen Speicherplatz mit dem Schreibtischinhalt teilen muß. Bei den Versionen 1.1 und 1.2 erscheint eine Fehlermeldung, wenn Sie versuchen sollten, mehr als 250 Zeilen in den Zwischenspeicher zu kopieren (bzw. wenn Sie die aktuelle Speichergröße des Zwischenspeichers überschreiten), die besagt, daß die 255-Zeilen Grenze überschritten worden ist. Diese Meldung ist ungenau — die maximale Zeilenanzahl liegt bei 250 Zeilen, nicht bei 255.

Kapitel 9
Tips zur Dateibehandlung und Speicherorganisation

Schreibtischinhalt und Datenübertragungsmöglichkeiten sind in AppleWorks sehr benutzerfreundlich aufgebaut — wenn Sie nicht gerade dauernd Ihre Datendiskette austauschen müssen. Das Geheimnis der optimalen Ausnutzung der Datenübertragung in AppleWorks liegt in einer logischen Dateiorganisation. Eine solche Organisation bedeutet einfach, daß zusammengehörende Dateien verschiedener Projekte auf verschiedenen Disketten gespeichert oder ProDOS Unterverzeichnisse und eine Festplatte benutzt werden. Wir werden beide Techniken ergründen.

Organisation von Diskettendateien

Wenn Sie noch nie mit einem multifunktionalen Programm gearbeitet haben, werden Sie wahrscheinlich so an die Dateiorganisation herangehen, daß Sie für jedes Programm, das Sie benutzen, eine extra Diskette anlegen und dann sämtliche Dateien dieses Programms auf der entsprechenden Diskette abspeichern — ohne Rücksicht auf den jeweiligen Dateiinhalt — solange, bis die Diskette voll ist.

Leider werden wir durch dieses „Auffüllen" dazu verleitet, Dateien, die eigentlich nicht zusammengehören, zusammenzufassen. Es scheint logisch zu sein, das Hinzufügen von neuen Dateien weiterzuführen, bis eine Diskette gefüllt ist und erst dann eine neue Diskette zu beginnen; und es scheint eine Verschwendung von Diskettenspeicher zu sein, wenn eine zweite Diskette begonnen wird, obwohl die erste nur ein paar Dateien enthält. Diese Speichermethode ist zwar ökonomisch, aber absolut schlecht organisiert. Bei unseren Bemühungen, so viel Speicherkapazität wie möglich auf einer Diskette auszunutzen, speichern wir zum Beispiel einen Brief an Tante Margret direkt neben einem Verkaufsbericht. Dasselbe wäre, wenn wir sämtliche Haushalts- und Geschäftspapiere in einem einzigen Ordner aufbewahren würden, um so die Kosten für weitere Ordner einzusparen.

Mit einem Programm wie AppleWorks, das das Erstellen unterschiedlicher Dateien vereinfacht, wird das Problem, all diese Dateien auf einer einzigen Diskette unterzubringen, ziemlich akut. Unsere erste Diskette scheint einen endlosen Speicherplatz (bis zu 51 Dateien) anzubieten. Wird jedoch AppleWorks für alles regelmäßig verwendet, werden wir ziemlich schnell mit unseren Textdateien, Rechenblättern und Datenbanken am Ende angelangt sein und von der ersten zu weiteren Disketten übergehen müssen. Beharren wir auf unserer „Dateiauffüll“-Methode, werden wir bald herausfinden, daß die Dateien, die wir für einen bestimmten Bereich benötigen, auf drei oder vier verschiedenen Disketten verstreut sind.

Um dies zu vermeiden, sollten wir uns von Anfang an (oder zumindest ziemlich bald) Gedanken darüber machen, wie wir mit AppleWorks arbeiten möchten und wie unsere Dateien organisiert sein sollen.

Mit AppleWorks können ohne weiteres fünf verschiedene Dateitypen auf einer Diskette erstellt werden (Textdateien, Datenbanken, Rechenblätter, DIF und ASCII Dateien). Da oftmals mehr als nur ein Dateityp während einer Arbeit benützt wird, gibt es keinen Grund, Dateien nach Typen getrennt auf verschiedenen Disketten zu organisieren. Stattdessen ist es besser, Dateien nach den verschiedenen Arbeitsgebieten einzuteilen.

Normalerweise setzt man sich an den Computer, um ein bestimmtes Problem oder eine bestimmte Problemgruppe zu bearbeiten: eine Adreßdatei auf den neuesten Stand bringen, einen Verkaufsbericht vorbereiten, den Familienetat überprüfen oder einen Brief schreiben. Im Idealfall sollte unser Dateisystem so organisiert sein — um Diskettenwechsel möglichst auszuschließen — daß alle Dateien, die für ein bestimmtes Aufgabengebiet benötigt werden, auf derselben Diskette gespeichert sind. Diese Diskette wollen wir „Arbeitsdiskette“ nennen. Beispielsweise könnten wir eine Arbeitsdiskette mit der Bezeichnung VERKAUF anlegen, die eine Datenbank mit den Informationen aller Angestellten, ein Rechenblatt für ein Verkaufsprojekt, einen Verkaufsbericht und eine Kundenliste enthält. Eine weitere Arbeitsdiskette mit der Bezeichnung FINANZEN könnte vielleicht eine private Finanzbuchhaltung mit folgenden Dateien enthalten: einen Eigenkapitalbericht, eine Aktiva-Aufstellung und eine Kreditkartendatei. Organisierte Arbeitsdisketten bedürfen einer sorgfältigen Planung, weil unterschiedliche Dateien oftmals für mehr als ein Aufgabengebiet eingesetzt werden und unter Umständen so groß werden können, daß nicht mehr viel Platz für andere Dateien auf derselben Diskette verbleibt.

Anlegen von Arbeitsdisketten

In Kapitel 6 haben Sie gesehen, wie man mit AppleWorks Hauptdateien anlegt — große Datenbanken, die vielerlei unterschiedliche Informationstypen eines bestimmten Bereiches enthalten. Als Beispiel haben wir Hauptdateien für Angestellte, Produkte und Kundeninformationen erstellt. Zum Organisieren unserer Arbeit können solche Hauptdateien auf zwei Arten verwendet werden, wenn Arbeitsdisketten zusammengestellt werden.

Wenn wir die spezifischen Datenwerkzeuge (Hilfsdateien) kennen, die für eine gestellte Aufgabe erforderlich sind, können diese Hilfsdateien durch Ausfiltern der notwendigen Informationen aus den einzelnen Hauptdateien erstellt werden. Diese Informationen werden dann zu den entsprechenden Hilfsdateien auf einer Diskette kombiniert. Gesetzt den Fall, wir hätten drei Hauptdateien: Angestellte, Produkte und Kunden. Wir möchten gerne ein Kommissionsrechenblatt aus den Daten der Angestelltendatei, eine Warenbestandsliste aus den Daten der Produktedatei und eine Verkaufskostenaufstellung aus den Daten der Kundendatei erstellen. Danach können alle diese Dateien auf einer separaten Arbeitsdiskette mit der Bezeichnung „Verkaufsbericht" untergebracht werden. Diese Diskette würde demnach alle spezifischen Informationen enthalten, die für die Aufbereitung des Berichts notwendig sind. In Abbildung 9-1 sehen Sie, wie Hilfsdateien aus den einzelnen Hauptdateien für eine Arbeitsdiskette zusammengestellt werden können.

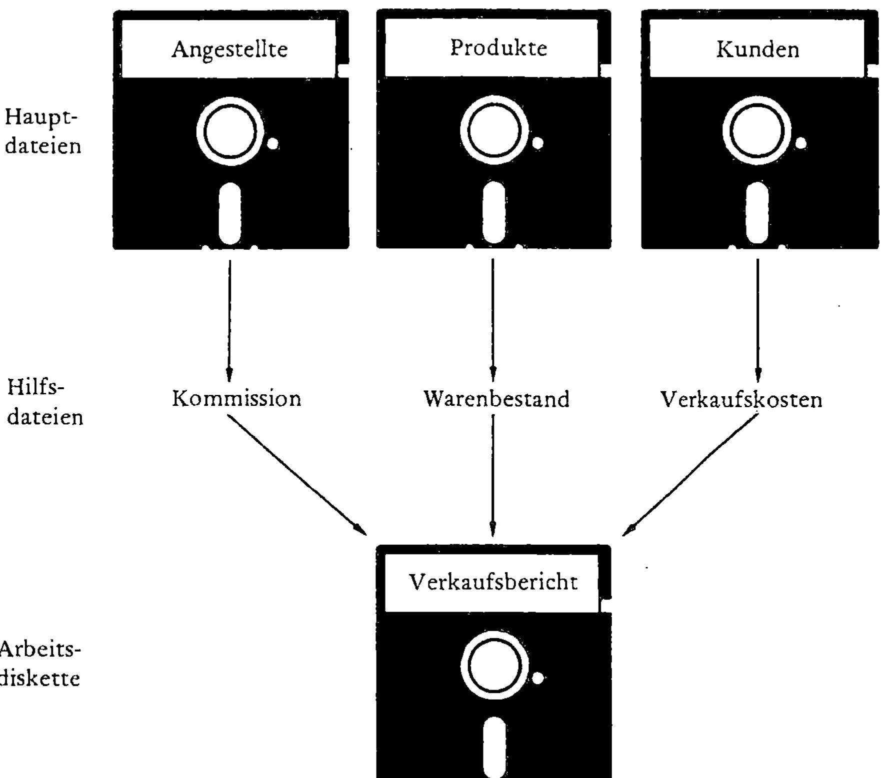

Abbildung 9-1 Aus den Informationen der Hauptdateien werden verschiedene Hilfsdateien erzeugt und auf einer einzelnen Arbeitsdiskette zusammengestellt. Alle Dateien, die für eine bestimmte Aufgabe benötigt werden, sind dann immer beieinander untergebracht.

Diese Methode ist besonders dann von großem Nutzen, wenn wir mit großen Hauptdateien arbeiten. Eine Datenbank für Produkte, Kunden oder Angestellte könnte die Hälfte einer Diskette ausfüllen, insbesondere wenn die Datei ein bis zwei Dutzend Datenfelder pro Datensatz enthält. Normalerweise werden nicht alle Felder in unseren Hilfsdateien benötigt (vgl. wiederum Kapitel 6); die Hilfsdateien für die Verkaufsberichtdiskette beispielsweise benötigen nur kleine Untermengen der Hauptdateien. Diese passen problemlos auf eine Diskette.

Natürlich können Hilfsdateien auch für mehrere Anwendungen benötigt werden. Eine Kundenliste kann beispielsweise auf einer Diskette für die Verkaufsanalyse, aber auch auf einer Arbeitsdiskette für die Werbung benötigt werden, auf der Sie Werbetexte und Werbesendungen für den Versand-Service zusammenstellen.

Bei einem Diskettensystem ist das Duplizieren von Dateien ganz einfach: die Dateien werden auf der ersten Diskette gespeichert, danach die Arbeitsdisketten ausgetauscht und die Dateien erneut gespeichert. Verwenden Sie für diesen Vorgang aus der AppleWorks HAUPT-AUS-WAHL die Option „Dateien auf Diskette speichern". Auf diesem Wege bleiben die Dateien auf dem Schreibtisch erhalten und können nach dem Austauschen der Arbeitsdisketten erneut abgespeichert werden. Befinden sich dann die Dateien auf den verschiedenen Arbeitsdisketten, können Sie sie durch spezifische Berichtsformate modifizieren oder mit Zeilen- und Spaltenbeschriftungen und anderen Erweiterungen versehen, die der entsprechenden Aufgabenstellung angepaßt sind. Sie werden pro Aufgabengebiet eine Datendiskette (allerhöchstens zwei) benötigen. Beachten Sie aber, daß immer noch genügend Speicherplatz auf solchen Disketten als Arbeitsspeicher übrig bleibt (zum Hinzufügen neuer Dateien, oder zum Ergänzen bestehender Dateien); 30 bis 40K sind in der Regel ausreichend.

Dieses Konzept der Hauptdatei/Arbeitsdiskette kann sowohl für private als auch für geschäftliche Zwecke eingesetzt werden. Als Privatperson haben Sie vielleicht eine Adressendatei. Einzelne Teile dieser Datei könnten beispielsweise auf einer Arbeitsdiskette mit der Bezeichnung „Finanzen", oder auf einer anderen − „Tennisclub" − oder auf einer dritten − „Haushalt" − untergebracht werden. Teile einer Aktiva-Datei könnten sowohl auf der Finanzdiskette als auch auf der Haushaltsdiskette benötigt werden. Auch hier gilt dasselbe wie bei geschäftlicher Datenverarbeitung: Legen Sie sich ein paar große Hauptdateien an, die jeweils den Großteil einer Diskette einnehmen, und entnehmen Sie für die verschiedenen Arbeitsdisketten die entsprechenden Unterdateien oder Datenzusammenstellungen.

ProDOS, Pfadnamen und Unterverzeichnisse

Wenn Sie mit einer Festplatte oder mit einer Diskette mit hoher Speicherkapazität arbeiten, werden Sie möglicherweise so viel Speicherplatz auf einer Diskette oder einem Volume vorfinden, daß Sie Ihre Dateien unbedingt systematisch organisieren müssen, um sie später wieder leicht auffinden zu können. (Ein Volume in ProDOS ist ein abgegrenzter Speicherbereich für Dateien und Verzeichnisse, zum Besipiel eine Diskette oder ein abgegrenzter Teil einer Festplatte.) Eine Standarddiskette mit 143K besitzt die geeignete Größe für die Speicherung von Dateien, die sich auf ein Arbeitsgebiet beziehen. Was machen Sie jedoch, wenn Ihre Disketten oder Festplattenvolumes genügend Speicher für mehrere Arbeitsgebiete besitzen?

Glücklicherweise ist das Betriebssystem ProDOS, unter dem Apple-Works läuft, bestens geeignet für das Organisieren einer großen Anzahl von Dateien. Während Standarddisketten so etwas wie eine automatische „Organisation" Ihrer Dateien aufbauen — das liegt in ihrer geringen Speichergröße begründet — können Sie unter ProDOS Ihre Dateien in Gruppen beinahe jeder Größe zusammenfassen, da es sich um ein hierarchisches Betriebssystem handelt. Es kann Dateien entweder als einzelne Einträge abspeichern oder als Teil einer Gruppierung, genannt Unterverzeichnis oder Subdirectory.

Was ist ein hierarchisches Dateisystem? Es ist ein System, in dem Sie entweder all Ihre Dateien in einer großen Gruppe organisieren, oder eine hierarchische Einteilung in Gruppen und Untergruppen vornehmen können. Um den Unterschied darzustellen, lassen Sie uns die beiden Arten der Gruppierung mit einem Karteikarten System vergleichen, in welchem jeder Karteikasten eines Archives einer Diskette oder einem Festplattenvolume gleichgesetzt werden kann, und jede Abteilung eines Karteikastens ist nichts anderes als eine Datei.

In Abbildung 9-2 sehen Sie, daß jede Abteilung unseres Karteikastens genau einmal existiert. Desgleichen ist in einem Dateisystem ohne Hierarchie jeder Datei einer Diskette oder eines Festplattenvolumes ein eindeutiger Dateiname zugeordnet. Und so, wie sich unsere Kartei in einem einzigen Karteikasten befindet, so befinden sich die Dateien einer Diskette unter einem solchen System alle in einem Verzeichnis. Listen Sie die Dateinamen auf, so werden Sie den Namen einer jeden Datei sehen können. Beim Suchen einer Abteilung in einem Karteikasten überfliegen wir den gesamten Karteikasten, bis wir die gesuchte Abteilung gefunden haben. Benötigen wir einen bestimmten Dateinamen, lassen wir uns ein Verzeichnis der Diskette auflisten und suchen in dieser Liste den gewünschten Dateinamen.

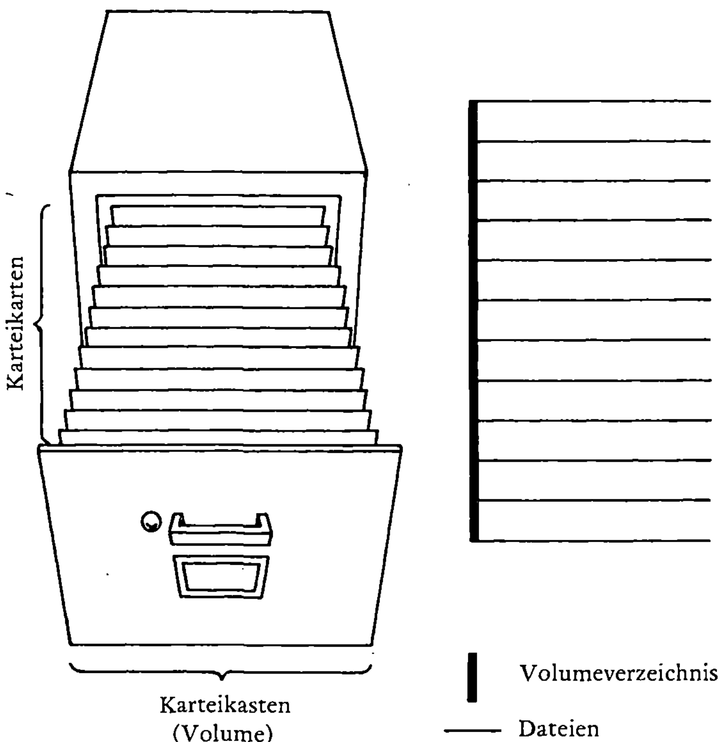

Abbildung 9-2 Ein System, das nicht hierarchisch angelegt ist, behandelt jede Datei als einzelnen Eintrag, wie eine traditionelle Kartei auf Karteikarten in einem nicht unterteilten Karteikasten.

Ein solches System ist ganz gut, solange wir nur mit ein paar wenigen Dateien auf einmal arbeiten müssen. Ein kleiner Karteikasten oder ein Diskettenvolume, das ein paar dutzend Dateien enthält, ist kein organisatorisches Problem, da wir einfach sämtliche Dateien durchgehen, bis wir die gesuchte gefunden haben. Dieses System wird jedoch bei großen Speichergeräten, wie zum Beispiel Festplatten, recht schwerfällig. Ein Festplattenvolume kann, wie im übrigen auch ein sehr großer Karteikasten, hunderte von Dateien enthalten. Wenn da keine Ordnung zugrunde liegt, müssen jedesmal, wenn eine bestimmte Datei benötigt wird, sämtliche Dateinamen durchsucht werden, bis die entsprechende Datei gefunden wird. Da wir unter ProDOS jedoch nur 18 Dateinamen auf einmal auf einer Bildschirmseite auflisten können, würde die Dateiliste einer Festplatte mehrere Bildschirmseiten umfassen. Wir müßten deshalb laufend das gesamte Inhaltsverzeichnis durchblättern, um den gesuchten Dateinamen zu finden.

Das hierarchische Dateisystem von ProDOS erleichtert dieses Problem, da wir hier Dateigruppen in Unterverzeichnisse zusammenfassen

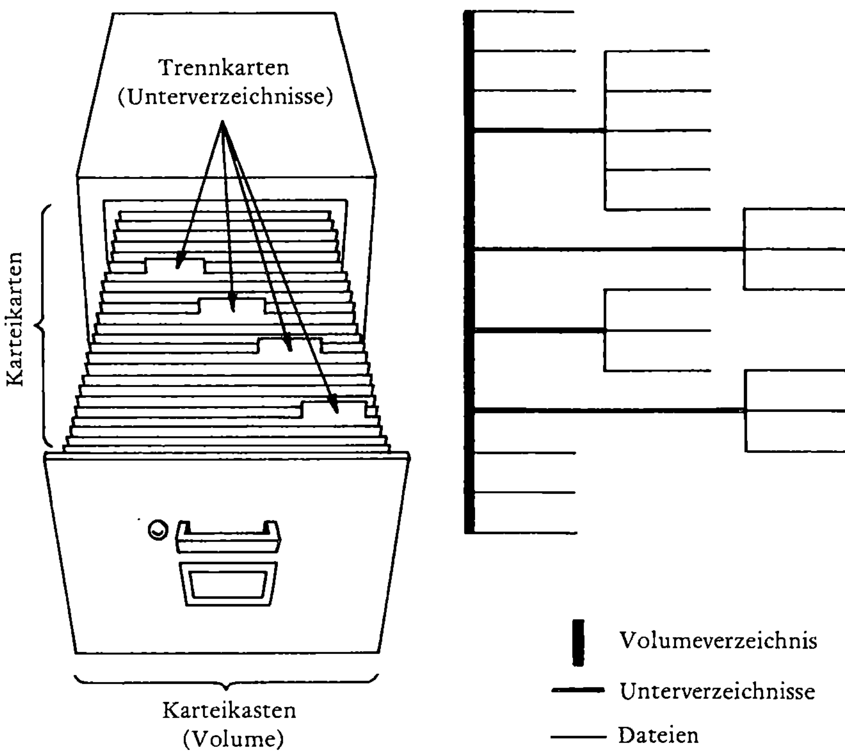

Abbildung 9-3 In einem hierarchischen Dateisystem können zusammengehörende Dateien zu einer Gruppe zusammengefaßt werden, so wie man Karteibereiche eines Karteikastens durch Trennkarten voneinander trennt.

können (vgl. Abbildung 9-3). Wir verwenden in einem Karteikasten Trennkarten für die logische Gruppierung von Abteilungen, die damit leichter zu finden sind. Genauso können Unterverzeichnisse unter ProDOS mit logischen Dateinamen in Dateigruppen eingeteilt werden. Mit Hilfe dieses Systems haben wir nicht nur Namen für Karteikästen (Volumes) und für einzelne Karteikarten (Dateien), sondern auch für Trennkarten (Unterverzeichnisse).

Um Dateien besser organisieren zu können, muß ProDOS einen genaueren Dateinamen verwenden. Solche Namen werden Pfadnamen genannt, weil sie den Pfad festlegen, dem das System folgen muß, um eine Datei aufzufinden — sie teilen dem System Dateinamen und Unterverzeichnis mit.

Ein ProDOS Pfadname kann aus maximal drei Teilen bestehen: einem Volumenamen, der die gesamte Diskette oder einen Teil der Festplatte bezeichnet; einem Unterverzeichnisnamen, der die Untergruppe des Volumes bezeichnet; und schließlich dem Dateinamen. Jeder Teil des Pfadnamens wird durch Begrenzungszeichen, einem Schrägstrich (/) —

auch Slash genannt — von den anderen Teilen getrennt. Der ganze Pfadname, einschließlich Begrenzungszeichen, kann bis zu 64 Zeichen umfassen.

Das System ist trotzdem sehr flexibel. Sie können Unterverzeichnisse
ganz ignorieren und Ihre Dateien einfach auf einer einzelnen Diskette oder
unter einem einzigen Volumeverzeichnis abspeichern, so wie Sie es bei
einem nicht-hierarchischen System auch machen würden. In diesem Fall
enthält der Pfadname nur die Volumebezeichnung und den Dateinamen.
Andererseits können Sie sowohl einzelne Dateien als auch Unterverzeichnisse unter demselben Volumeverzeichnis abspeichern. Sie können sogar
Unterverzeichnisse unter anderen Unterverzeichnissen speichern.

Es folgt ein Beispiel. Nehmen wir einmal an, ein Volume würde all
Ihre Personaldaten enthalten. Darin bewahren Sie Dateien über Gehälter, Adressen, Arbeitsentwicklung, Arbeitsergebnisse, Arbeitspläne und
Urlaubspläne auf. Im unteren Teil von Abbildung 9-4 sehen Sie, wie diese
Dateien leicht in Unterverzeichnisse aufgeteilt werden können, um die
Daten nach logischen Gesichtspunkten zu ordnen. Ein Unterverzeichnis
mit der Bezeichnung „Plaene" kann zum Beispiel Arbeits- und Urlaubspläne enthalten. Ein weiteres Unterverzeichnis mit der Bezeichnung
„Archiv" kann Arbeitsergebnisse und Arbeitsentwicklungen von jetzigen
und früheren Angestellten enthalten. Ein drittes Unterverzeichnis mit der
Bezeichnung „Akt.Daten" kann Gehälter und Adressen enthalten.

Da es sich um ein hierarchisches Dateisystem handelt, kann ein Pfadname mehr als einen Unterverzeichnisnamen enthalten. Unser Unterverzeichnis mit der Bezeichnung „Archiv" enthält beispielsweise selbst zwei
Unterverzeichnisse — eines für die jetzigen Angestellten und eines für die
früheren Angestellten. Ein Musterpfadname für eines dieser Unterverzeichnisse würde folgendermaßen aussehen: /Personal/Archiv/Jetz.Angest/
Arb.Entw. Dieser Pfadname veranlaßt ProDOS, zunächst zum Volume
„Personal" zu gehen, das Unterverzeichnis „Archiv" zu öffnen, das
Unterverzeichnis „Jetz.Angest" innerhalb von „Archiv" zu öffnen und
den Dateinamen „Arb.Entw" zu finden.

Umgang mit Pfadnamen in AppleWorks

Wir haben nun das Grundlagenkonzept eines hierarchisch aufgebauten Dateisystems kennengelernt und können daher speziell auf die Dateiorganisation in AppleWorks eingehen. Es gibt mehrere fundamentale
Punkte über ProDOS und AppleWorks, die wir für die Dateiorganisation
wissen müssen:

- Mit Pfadnamen werden Dateneintragungen genauer bestimmt als
  mit Laufwerksangaben.
- Eine Datei ist eine Datensammlung, während ein Unterverzeichnis
  eine Dateisammlung ist.

Ohne Unterverzeichnisse

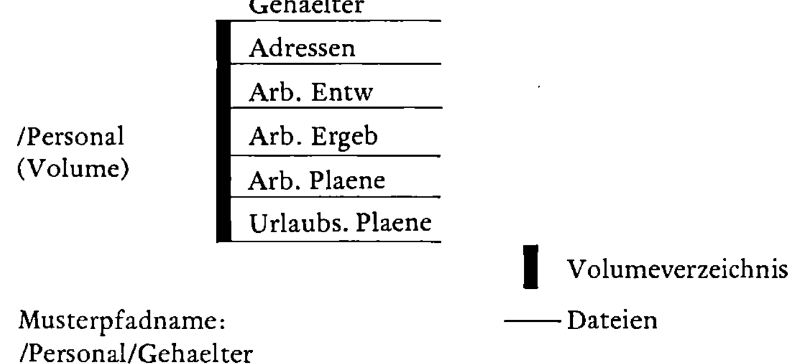

Mit Unterverzeichnissen

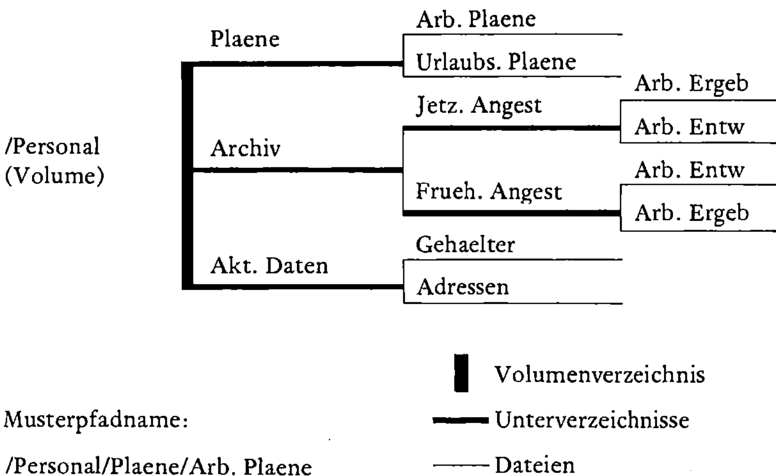

Abbildung 9-4 Dieses Diagramm zeigt, wie Unterverzeichnisse für die Organisation von Dateien in einem Volume eingesetzt werden.

- ProDOS unterscheidet nicht zwischen Dateien und Unterverzeichnissen beim Auflisten eines Volumeverzeichnisses. AppleWorks macht diese Unterscheidung.
- Unterverzeichnisse eines Volumes können im Volumeverzeichnis erscheinen oder nicht — das hängt davon ab, wie Sie das Volume auflisten lassen.
- Es ist ohne weiteres möglich, dieselbe Datei (mit demselben Dateinamen) mehrmals auf derselben Diskette anzulegen.

Lassen Sie uns nun feststellen, wie sich diese Punkte bei der Erstellung und beim Umgang mit Unterverzeichnissen in AppleWorks auswirken.

Ändern des Pfades der Datendiskette

Nehmen wir an, wir hätten gerade die Arbeit mit einem Festplatten-volume mit der Bezeichnung /Hard2 begonnen. Ein Dutzend Dateien befinden sich auf einer Floppy-Disk und sollen auf /Hard2 kopiert werden. Mit Hilfe der ProDOS Benutzerdiskette können diese Dateien zwar auch kopiert werden, wir wollen es aber mit AppleWorks versuchen. Gehen Sie folgendermaßen vor:

1. Holen Sie die Dateien auf den Schreibtisch.

2. Ändern Sie den Pfad der Datendiskette, so daß AppleWorks die Dateien auf /Hard2 abspeichert.

3. Speichern Sie die Schreibtischdateien unter dem neuen Pfadnamen.

Bis jetzt haben wir nur Disketten für die Datenspeicherung eingesetzt, deshalb ist der Pfad der Datendiskette Laufwerk 2. Befindet sich die richtige Datendiskette in Laufwerk 2, können die gewünschten Dateien mit der Option „Dateien auf den Schreibtisch holen" eingelesen werden. Die Dateien sollen von der Diskette in Laufwerk 2 gelesen werden, deshalb wählen wir die entsprechende Option, und es erscheint eine Liste des Disketteninhalts (vgl. Abbildung 9-5).

Jetzt können die Dateien, die auf den Schreibtisch geholt werden sollen, mit dem Rechtspfeil markiert werden. Nach Drücken der Return-Taste werden alle markierten Dateien auf den Schreibtisch geholt.

```
Disk: Laufwerk 2              AW DATEIEN-LISTE            Esc: Dateien holen
______________________________________________________________________________
  !   _______________________________                                          
  !  ! Haupt-Auswahl                  !_________________________________________
  !  !                                                                         !
  !  !   _____________________________                                         !
  !  !  ! Dateien holen               !_______________________________________!__
  !  !  !                                                                      !  !
  !  !  !   ___________________________                                        !  !
  !  !  !  ! AW Dateien-Liste          !______________________________________!__ !
  !  !  !  ! Diskette /DATEN hat 101K frei                                        !
  !  !  !  !     Name            Art der Datei    Größe   Datum      Zeit         !
  !  !  !  !  ==========================================================         !
  !  !  !  !     Brief an Maier     Textbearbeitung   2K   29.04.86              !
  !  !  !  !     Gesch.briefe       Textbearbeitung   4K   12.09.86             !
  !  !  !  --> Kundenliste          Datenbank         3K   12.09.86            !
  !  !  !  --> Lebensmittel         Datenbank         3K   29.04.86            !
  !  !  !  --> Lieferanten          Datenbank         3K   12.09.86            !
  !  !  !  --> Personal             Datenbank         4K   12.09.86            !
  !  !  !  --> Produkte             Datenbank         3K   12.09.86            !
  !__!  !  --> Wareneinkauf         Datenbank         3K   12.09.86            !
     !  !     Arbeitsplan           Rechenblatt       1K   12.09.86            !
     !__!     Einkaufsmenge         Rechenblatt       3K   27.05.86            !
       !_______________________________ Mehr ________________________________!
______________________________________________________________________________
Rechtspfeil wählt Dateien aus, Linkspfeil nimmt Auswahl zurück     55K Speicher
```

Abbildung 9-5 Dies ist ein typisches AppleWorks Dateiverzeichnis, das das aktuelle Laufwerk links oben angibt. Die Pfeile bezeichnen die Dateien, die auf /Hard2 kopiert werden sollen.

Diese Dateien sollen nun auf /Hard2 gespeichert werden. Zunächst muß der Pfad der Datendiskette neu bestimmt werden. Das geschieht mit Hilfe einer der beiden Möglichkeiten auf der Seite VERSCHIEDENES: **Laufwerk oder ProDOS Prefix neu bestimmen,** oder **Pfad der Datendiskette bestimmen.** Da wir /Hard2 als Datendiskette verwenden möchten, wählen wir letztere Option.

Nach dem Wählen der Option **Pfad der Datendiskette bestimmen** erhalten wir drei Möglichkeiten zur Auswahl: **Laufwerk 1, Laufwerk 2** oder **ProFile** oder **ProDOS Directory.** /Hard2 kann in AppleWorks nicht einfach wie eine Diskette durch eine Laufwerksbezeichnung festgelegt werden, da vorausgesetzt wird, daß es sich bei /Hard2 um ein Speichergerät mit hoher Speicherkapazität handelt, und daß genauere Pfadnamen zum Auffinden von Dateien festgelegt werden. Wenn wir /Hard2 als Pfad festlegen, wählen wir **ProFile oder ProDOS Directory** als mögliches Laufwerk. AppleWorks erwartet nun die Eingabe des ProDOS Prefix für das Laufwerk. Wir tippen /Hard2 und drücken die Return-Taste.

Nach diesen Ausführungen kommen wir automatisch wieder in das Menü VERSCHIEDENES. Beachten Sie, daß die Laufwerksangabe in der linken oberen Ecke sich von **Disk: Laufwerk 2** zu **Pfad: /Hard2** geändert hat. Jetzt können wir wieder in die HAUPT-AUSWAHL zurückkehren, die Option **Dateien auf Diskette abspeichern** wählen und alle Dateien unter dem neuen Pfadnamen abspeichern. Danach können wir wiederum die Option **Dateien auf den Schreibtisch holen** verwenden, um unsere Dateien wie gezeigt im Verzeichnis von /Hard2 auflisten zu lassen.

Unser Pfad der Datendiskette ist nun /Hard2. AppleWorks wird deshalb alle unsere Dateien von dort holen und dorthin abspeichern. Wie Sie noch sehen werden, besteht jedoch immer die Möglichkeit, zwischen dem Pfad der Datendiskette und einem anderen zu wählen. Deshalb können auch weiterhin andere Disketten oder Festplattenverzeichnisse verwendet werden, ohne daß der Pfad der Datendiskette neu festgelegt werden muß.

Erstellen von Unterverzeichnissen mit AppleWorks

Es befinden sich nun einige Dateien auf /Hard2. Außerdem steht noch ziemlich viel freier Speicherplatz für neue Dateien auf /Hard2 zur Verfügung.

In der Zwischenzeit wissen wir, daß wir zwangsläufig irgendwann eine riesige Dateiliste im /Hard2 Verzeichnis bekommen werden. Da sich einige unserer Dateien auf Finanzen, andere wiederum auf Personen beziehen, werden wir diese Dateien in zwei Unterverzeichnisse aufgliedern (wir nennen sie „Zahlen" und „Personen") und die geeigneten Dateien entsprechend abspeichern. Dieser Prozeß umfaßt vier Schritte:

1. Erstellen der Unterverzeichnisse.
2. Kopieren der Dateien in das richtige Unterverzeichnis.
3. Löschen doppelt angelegter Dateien.
4. Pfad der Datendiskette ändern, damit der Zugang für die gewünschten Dateien offen bleibt.

Erstellen von Unterverzeichnissen

Das Erstellen von Unterverzeichnissen ist einfach. Das Menü VERSCHIEDENES bietet eine Option für diese Aufgabe — "Subdirectory erstellen". Wir wählen diese Option und werden um den vollständigen ProDOS Pfadnamen des neuen Unterverzeichnisses gebeten. Hier müssen sowohl Volumename als auch Unterverzeichnisname eingegeben werden: /Hard2/Zahlen. Wir drücken die Return-Taste, AppleWorks findet das /Hard2 Volume, erstellt das Unterverzeichnis „Zahlen" und meldet den Erfolg. Der gleiche Prozeß wird jetzt zum Erstellen des Unverzeichnisses „Personen" wiederholt.

Wir haben jetzt zwei Unterverzeichnisse, mit denen wir arbeiten können. Nur, die Unterverzeichnisse sind zur Zeit noch leere Fächer, wie leere Trennkarten, die nur den Oberbegriff enthalten. Darin können wir Dateien ablegen, aber es existieren bis jetzt noch keine. Wir müssen nun die passenden Dateien in jedes Unterverzeichnis kopieren. Nehmen wir zunächst das Unterverzeichnis „Zahlen" und kopieren sämtliche finanzbezogenen Dateien hinein. Wir folgen, um diese Dateien aus dem /Hard2 Volume in das Unterverzeichnis „Zahlen" zu kopieren, denselben Anweisungen, denen wir beim Kopieren unserer Originaldiskette auf /Hard2 gefolgt sind: Dateien auf den Schreibtisch holen; Pfad der Datendiskette oder ProDOS Prefix bestimmen; Dateien unter dem neuen Pfadnamen speichern.

Dateien holen

In diesem Spezialfall befinden sich noch alle Dateien, die wir von Diskette übertragen haben, auf dem AppleWorks Schreibtisch, weil wir vorher die Option „Dateien auf Diskette abspeichern" verwendet haben. Wenn unser Schreibtisch zu diesem Zeitpunkt leer gewesen wäre, hätten wir mit der Option „Dateien auf den Schreibtisch holen" beginnen müssen. Da der Pfad unserer Datendiskette zur Zeit /Hard2 heißt, würde uns die Dateiliste des aktuellen Datenpfades alle benötigten Dateien zeigen. Daraus könnten wir mit dem Rechtspfeil alle finanzbezogenen Dateien auswählen und sie wie vorher auf den Schreibtisch holen.

Befinden sich die Dateien auf dem AppleWorks Schreibtisch, muß der Pfad der Datendiskette gewechselt werden. Wir könnten nun zum Menü VERSCHIEDENES zurückgehen und mit der entsprechenden Option den Pfad wechseln; es gibt aber eine schnellere Methode: wir wählen einfach aus der HAUPT-AUSWAHL die Option „Dateien auf Diskette abspeichern". Bei dieser Option fragt das Programm nämlich jedesmal, ob die Dateien auf dem aktuellen Pfad gespeichert werden sollen oder ob zuerst eine andere Diskette oder ein anderes Verzeichnis gewählt werden soll.

Alles, was wir zu tun haben, ist die Bestimmung eines anderen Pfades — /Hard2/Zahlen. Wir tippen **/Hard2/Zahlen**, wie Sie es in Abbildung 9-6 sehen und drücken Return. /Hard2/Zahlen wird nun zum Pfad der Arbeitsdiskette, und wir kehren automatisch zur Seite DATEIEN SPEICHERN zurück. Hier erscheint die Frage, ob die Datei immer noch abgespeichert werden soll. Drücken wir die Return-Taste, wird die ausgewählte Datei auf der Arbeitsdiskette abgespeichert. Die Dateien werden nun unter /Hard2/Zahlen abgespeichert. Der Pfad der Datendiskette bleibt auch nach dem Speichervorgang noch als /Hard2/Zahlen bestehen, so daß wir unsere anderen finanzbezogenen Dateien auch unter dem aktuellen Pfadnamen abspeichern können. Tatsächlich wird der Pfad so lange /Hard2/Zahlen bleiben, bis wir ihn wiederum ändern oder das Programm beenden (wenn das Programm beendet wird, wird der Pfad der Datendiskette wieder auf die Standardeinstellung zurückgesetzt).

Als nächstes werden wir die personenbezogenen Dateien in das Unterverzeichnis „Personen" kopieren. Da wir bisher mit der Option „Dateien auf Diskette abspeichern" gearbeitet haben, befinden sich unsere Finanzdateien immer noch auf dem Schreibtisch. Mit der Option „Dateien vom Schreibtisch entfernen" können wir sie löschen. (Die Dateien wurden ja gerade erst abgespeichert, deshalb wird dieser Prozeß die Dateien

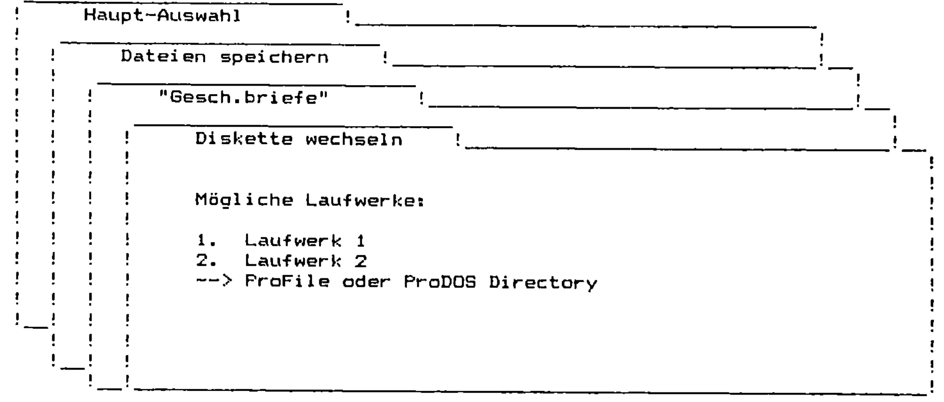

Abbildung 9-6 Beim Abspeichern von Dateien auf Diskette besteht immer die Möglichkeit, den Pfad der Datendiskette zu ändern.

nur auf dem Schreibtisch löschen.) Danach können wir die Personendateien
auf den Schreibtisch holen und sie im Unterverzeichnis „Personen" abspeichern.

Die personenorientierten Dateien befinden sich im Volume /Hard2,
und unser aktueller Datenpfad ist /Hard2/Zahlen. Der Pfad könnte so geändert werden, daß wir wiederum zum Menü VERSCHIEDENES zurückgehen, aber auch hier gibt es einen einfacheren Weg: Wir wählen einfach
aus der HAUPT-AUSWAHL die Option „Dateien auf den Schreibtisch
holen".

Genau wie bei der Option „Dateien abspeichern" kann entweder die
aktuelle oder eine andere Diskette oder ein Prefix festgelegt werden. Wir
müssen einen neuen Pfad (Prefix) bestimmen. Nachdem wir „Profile oder
ProDOS Directory" im Menü LAUFWERK BESTIMMEN gewählt haben,
müssen wir den neuen Pfadnamen eingeben. Wir drücken OA-Y, um den
alten Pfadnamen zu löschen und tippen dann **/Hard2** mit anschließendem
Return. Der aktuelle Pfadname ist wieder /Hard2, so daß wir die Dateien
des Volumes /Hard2 auflisten und die Personendateien auf den Schreibtisch holen können. Von hier aus verwenden wir wiederum die Option
„Dateien abspeichern", ändern den Pfadnamen zu /Hard2/Personen und
speichern die Dateien wie vorher im Unterverzeichnis ab.

Löschen von Dateien

Der dritte Schritt in diesem Prozeß ist das Säubern unserer Speicher-
platte von doppelt auftretenden Dateien. Unterverzeichnisse sind Dateisammlungen und keine Dateien. Es ist deshalb ohne weiteres möglich,
dieselbe Datei an zwei verschiedenen Stellen eines Volumes zu haben:
eine Kopie kann sich beispielsweise im Volumeverzeichnis befinden, eine
andere Kopie in einem Unterverzeichnis. Normalerweise möchten wir
unseren Speicherplatz nicht unbedingt mit mehreren Kopien einer Datei
auffüllen. Es ist deshalb an der Zeit, Dateien, die nicht mehr benötigt
werden, aus dem Verzeichnis zu löschen, in dem sie überflüssig sind. Wir
haben die Finanz- und Personendateien ja bereits in die entsprechenden
Unterverzeichnisse kopiert und können sie deshalb aus dem Volumeverzeichnis /Hard2 löschen.

Der erste Schritt besteht darin, den aktuellen Pfad von /Hard2/Per-
sonen zu /Hard2 zu ändern. Wir verwenden das Menü VERSCHIEDENES,
da sich die Option zum Löschen von Dateien im selben Menü befindet.
Wenn wir den Pfad der Datendiskette zu /Hard2 ändern und „Dateien von
der Diskette löschen" wählen, erscheint eine Liste mit den Dateien und
Unterverzeichnissen der aktuellen Diskette. Die Kopien unserer Finanz-
und Personendateien werden im Volumeverzeichnis nicht mehr benötigt;
deshalb wählen wir die zu löschenden Dateien mit dem Rechtspfeil aus,
drücken die Return-Taste und antworten jedesmal mit **Ja**, wenn Apple-
Works zur Sicherheit eine nochmalige Bestätigung des Löschvorganges
erfragt.

Zum Schluß befinden sich unsere Dateien nur in denjenigen Unterverzeichnissen, in denen sie auch wirklich benötigt werden. Wenn wir uns Zugang zu allen Personendateien verschaffen möchten, muß nur der Pfad der Datendiskette zu /Hard2/Personen geändert werden. Finanzdateien sind unter dem Pfadnamen /Hard2/Zahlen zu finden. Verwenden Sie unter einem dieser Pfadnamen die Option „Dateien holen", werden in der Dateiliste auch nur diese Dateigruppen aufgeführt.

Mit Hilfe von Unterverzeichnissen können wir Dateien auf einer Festplatte oder einer großen Diskette nach ihrem Zweck gruppieren, so wie wir sie auf mehreren kleinen Disketten sortiert hätten. Statt eines Wirrwarrs unterschiedlichster Dateien in einem Volume, können Dateigruppen nach Verwendungszweck in Unterverzeichnisse aufgeteilt werden. Wir können dann zu jedem Zeitpunkt mit den Dateien arbeiten, die für die entsprechende Aufgabe von Bedeutung sind.

Löschen von Unterverzeichnissen

Es gibt drei Optionen, bei denen AppleWorks eine Dateiliste der aktuellen Datendiskette auf den Bildschirm bringt: **Dateien auf den Schreibtisch holen, Dateien vom oben angezeigten Pfad auflisten** und **Dateien von der Diskette löschen**. Sie werden je nach gewählter Option unterschiedliche Dateilisten erhalten.

Die Option „Dateien auf den Schreibtisch holen" wurde dafür geschaffen, Datenbanken, Rechenblätter und Textdateien einzulesen. Deshalb werden bei dieser Option nur diese Dateitypen aufgelistet, auch wenn es noch andere Dateitypen auf der Diskette geben sollte. Zum Beispiel können sich auf einer Diskette oder Festplatte Standarddateien zusammen mit einem Unterverzeichnis, einer ASCII Datei und einer DIF Datei befinden. Wenn Sie aber die Option „Dateien holen" aus der HAUPT-AUSWAHL verwenden, erscheinen in der Dateiliste nur die Dateien der Standardanwendungen (vgl. dazu Abbildung 9-5).

Aus diesem Grund kann in manchen Fällen eine echte Standarddatei versteckt werden, also nicht in der Dateiliste erscheinen. AppleWorks zeigt nämlich keine Dateinamen, die sich in einem Unterverzeichnis befinden (weil diese Dateien eine genauere Dateinamenbezeichnung benötigen), und es werden auch keine Unterverzeichnisse bei dieser Option aufgelistet (weil ein Unterverzeichnis keine Datei ist). Im allgemeinen ist diese Auswahl jedoch positiv: Wir möchten doch nicht unsere Dateiliste mit einem Mischmasch an Dateinamen unübersichtlich machen, die wir aus gutem Grund in speziellen Unterverzeichnissen abgelegt haben. Benötigen wir eine Datei aus einem Unterverzeichnis, verschaffen wir uns über den entsprechenden Pfadnamen Zugang.

Angenommen, wir haben den Namen eines Unterverzeichnisses vergessen, was dann? Wenn wir uns nicht mehr an den Pfadnamen erinnern,

können wir uns auch nicht durch Ändern des Pfadnamens den Zugang zu
diesen Dateien verschaffen. Kein Problem — die Option „Dateien holen"
zeigt uns zwar keine Unterverzeichnisse, dafür werden sie aber von den
beiden anderen Optionen aufgelistet. Im Menü VERSCHIEDENES können wir entweder die Option „Dateien auflisten" oder die Option „Dateien
löschen" aufrufen, um eine komplette Liste aller Dateien und Unterverzeichnisse des Volumeverzeichnisses zu erhalten. Versuchen Sie es.
Handelt es sich bei einer Datei um irgendeinen anderen ProDOS Typ, wird
sie als **nicht bekannt** aufgeführt. Beachten Sie außerdem, daß alle Dateien,
die keine Standarddateien von AppleWorks darstellen, in Großbuchstaben
aufgeführt werden.

Installieren von AppleWorks auf einer Festplatte

Wenn Sie bis hierher die Beispiele durchgearbeitet haben, können Sie
beim Speichern von Dateien auf einer Festplatte auch ProDOS Pfadnamen
verwenden. Da Sie auf einer solchen Festplatte unwahrscheinlich viel
Speicher zur Verfügung haben, können Sie ohne Schwierigkeiten dutzende
von Dateien in mehrere Unterverzeichnisse aufteilen und sie je nach Verwendungszweck organisieren. Da ein Unterverzeichnis auf einer Festplatte
bis zu 130 Dateien enthalten kann, sind Sie sehr flexibel in der Art und
Weise wie Sie Ihre Daten gruppieren.

Der andere Vorteil eines Festplattenlaufwerkes ist die Geschwindig-
keit. Daten können von oder auf eine Festplatte ungefähr zehn mal so
schnell gelesen und geschrieben werden wie bei einer Diskette. Das liegt
vor allem daran, daß Festplatten eine konstante Umdrehungszahl von ca.
3500 UpM haben (Disketten dagegen nur ca. 350 UpM). Da sich die Platte
schneller dreht, kann der Schreib-/Lesekopf Daten viel schneller schreiben
bzw. lesen. Deshalb können Daten auch schneller in den RAM Ihres
Computers geladen oder aus dem RAM ausgelesen werden. Für Festplatten-
anwender mit einem Apple IIe ist die Datenzugriffszeit fünf bis zehn mal
schneller als bei Diskettenlaufwerken. (Bei den meisten Apple IIc Anwendern wird die Datenzugriffszeit bei einem Festplattenlaufwerk nur ca.
drei mal so schnell sein wie bei Disketten, da die für den IIc hergestellten
Festplatten normalerweise über einen langsamen Diskettencontroller an
den Computer angeschlossen werden müssen und nicht direkt an den
Datenbus gehängt werden wie beim Apple IIe.)

Wenn Sie Ihre Daten auf einer Festplatte abgelegt haben, können
diese Daten viel schneller geladen werden. Eine Festplatte kann noch
weitere Vorteile bringen: Das AppleWorks Programm ist in Segmente
(oder Overlays) auf der Programmdiskette gegliedert, und diese Segmente

müssen öfter in den Speicher geladen und wieder ausgelagert werden, je nachdem, welche Programmöglichkeiten — zum Beispiel BERICHTS-FORMAT — Sie verwenden. Wenn sich das AppleWorks Programm nun selbst auf der Festplatte befinden würde, könnten dieselben Verbesserungen der Zugriffszeiten wie bei den Dateien erreicht werden. Sie müssen also nicht mehr einige Sekunden auf die Programmanweisungen warten, sondern werden es kaum noch bemerken, wenn die Overlays ausgetauscht werden.

Das AppleWorks Handbuch beschreibt die Prozedur zum Kopieren von AppleWorks auf Festplatte; es setzt allerdings voraus, daß Sie ein Apple ProFile als Speichergerät benutzen. Für andere Festplatten sieht die Prozedur etwas anders aus. Da Sie vielleicht eine andere Festplatte besitzen oder anschaffen möchten (insbesondere wenn Sie einen Apple IIc besitzen, der nicht mit einer ProFile Festplatte arbeitet), werden wir hier den Kopierprozeß von AppleWorks auf Festplatte behandeln.

Damit Sie AppleWorks auf eine Festplatte kopieren können, benötigen Sie ein Festplattenlaufwerk, das zum ProDOS Betriebssystem kompatibel ist, eine Kopie der ProDOS Benutzerdiskette und Ihre AppleWorks Programmdiskette. Um AppleWorks von einer Festplatte aus starten zu können, müssen zwei Bedingungen erfüllt sein:

- Das Volumeverzeichnis der Festplatte muß eine Kopie von ProDOS enthalten.
- Im Volumeverzeichnis der Festplatte muß sich eine Programmdatei mit der Dateinamenerweiterung .SYSTEM befinden.

Lassen Sie uns nun die Schritte durchgehen und sehen, welche Unterschiede zu der im Anhang A des AppleWorks Handbuches beschriebenen Prozedur für die ProFile Platte bestehen.

Installieren einer Festplatte für ProDOS

In ihrer einfachsten Form ist eine Festplatte nichts weiter als eine riesige Diskette — sie ist leer, eine sich drehende Masse von Speicherplatz, die darauf wartet, daß Sie Dateien darauf abspeichern. Aber Sie werden Ihre Festplatte nicht nur für Datensammlungen einsetzen, sondern Sie möchten sie wahrscheinlich auch als Softwareplatte nutzen. Das heißt, die Festplatte muß in den Besitz einer ProDOS Startdiskette gelangen (weitere Details finden Sie in Kapitel 8).

Eine Startdiskette enthält zumindest das ProDOS Betriebssystem und eine .SYSTEM Datei, womit Sie in der Lage sind, mit ProDOS zu arbeiten. Verwenden Sie eine Festplatte, die nicht von Apple hergestellt wurde, wird sie wahrscheinlich für mehrere Betriebssysteme eingerichtet sein. Auf typischen Festplatten, die nicht von Apple hergestellt werden, können Sie Dateien erstellen unter CP/M, Pascal, DOS 3.3 und ProDOS. Zum

Installieren einer Festplatte für diese unterschiedlichen Datentypen
müssen Sie gewöhnlich einzelne Teilbereiche oder Volumes auf der Festplatte anlegen. Jedes Volume ist für Dateien eines anderen Betriebssystems
reserviert.

Meistens liefern Festplattenhersteller die entsprechende Software,
mit der Sie die verschiedenen Volumes für die entsprechenden Betriebssysteme einteilen können. Diese Software enthält im allgemeinen selbst
schon Kopien von DOS 3.3 und ProDOS Betriebssystemen. Wenn Sie die
Festplatte für den ersten Gebrauch installieren, werden die Betriebssysteme als Teil der Installationsprozedur auf die Platte kopiert. Die
einzelnen Prozeduren für das Installieren einer Festplatte varrieren von
Hersteller zu Hersteller. Wir überlassen es deshalb Ihnen und setzen voraus,
daß Sie bis zu dem Punkt gelangt sind, an dem Sie eine Festplatte zur
Verfügung haben, auf der ein Teil oder auch der gesamte Speicherplatz
für ProDOS Dateien installiert wurde. An diesem Punkt müssen Sie vier
Dinge ausführen:

1. Kopieren Sie ProDOS in das Volumeverzeichnis, wenn es sich
   noch nicht dort befindet.
2. Erstellen Sie im Volume ein Unterverzeichnis für Ihre AppleWorks
   Dateien.
3. Kopieren Sie Ihre AppleWorks Start- und Programmdiskette in
   das AppleWorks Unterverzeichnis.
4. Überprüfen Sie, ob das Programm von der Festplatte geladen werden kann.

Wenn Sie zum ersten Mal ein ProDOS-Volume auf Ihrer Festplatte
installieren, müssen Sie eine Volumebezeichnung eingeben. ProFile von
Apple, das nur ProDOS unterstützt, wird als ein großes Volume mit der
Bezeichnung /Profile installiert. Haben Sie jedoch eine andere Festplatte,
kann sie in ein, zwei oder mehr ProDOS Volumes mit anderen Bezeichnungen, zum Beispiel /Hard1 und /Hard2, aufgeteilt werden. Wenn Sie
AppleWorks auf Ihre Festplatte übertragen, müssen Sie zuallererst feststellen, wie viele ProDOS Volumes Sie haben und sich dann entscheiden,
welches Volume Sie für AppleWorks und Ihre Daten verwenden möchten.
(Normalerweise ist ein ProDOS Festplattenvolume zwei bis fünf Megabyte groß. Sie haben also in einem Volume genügend Platz für das Programm und sämtliche Daten.) Wir nehmen an, daß Ihr ProDOS Festplattenvolume mit /Hard2 bezeichnet wird.

Kopieren von ProDOS

Wenn Ihr Festplatten Installationsprogramm bereits eine Kopie von
ProDOS in diesem Volume angelegt hat, brauchen Sie keine weitere
Kopie. Durch Auflisten der Dateien des Volumes können Sie feststellen,
ob ProDOS dort schon existiert. Für diesen Vorgang (oder zum Kopieren

von ProDOS) legen Sie sich Ihre Kopie der ProDOS Benutzerdiskette bereit. Sie werden Sie von jetzt an benötigen. Wenn Sie schon einmal damit gearbeitet haben, wissen Sie, daß die ProDOS Benutzerdiskette menügesteuert abläuft — Sie tippen einfach den Buchstaben der gewünschten Option, und es erscheint ein Menü mit detaillierteren Optionen. Gibt es kein Menü, wird Ihnen gezeigt, was Sie als nächstes zu tun haben. Führen Sie nun folgende Schritte durch, und listen Sie so die Dateien des Volumes /Hard2 auf:

1. Laden Sie die Benutzerdiskette (in Laufwerk 1).
2. Wählen Sie die **FILER** Option durch Eingabe des Buchstabens **F** im Hauptmenü.
3. Wählen Sie die **FILE** Befehle durch Eingabe des Buchstabens **F** im Filer Menü.
4. Wählen Sie **LIST FILES** mit der Option **L** des Filer Befehlsmenüs.
5. Wenn Sie um den Pfadnamen des Directories gebeten werden, tippen Sie **/Hard2** (bzw. den Namen Ihres Festplatten Volumes), wie in Abbildung 9-7 gezeigt.

Enthält die Dateiliste bereits eine Kopie von ProDOS im Volume (der Name der ProDOS Datei ist einfach PRODOS), können Sie gleich mit dem nächsten Schritt der Prozedur fortfahren.

1. Drücken Sie die Escape-Taste, um ins File-Befehlsmenü zurückzukehren, und wählen Sie dort Option **C** zum Kopieren der Dateien.
2. Tippen Sie den kompletten Pfadnamen der ProDOS Datei auf der ProDOS Benutzerdiskette mit anschließendem Return. Der Pfadname lautet USERS.DISK/PRODOS. Sie müssen unbedingt den

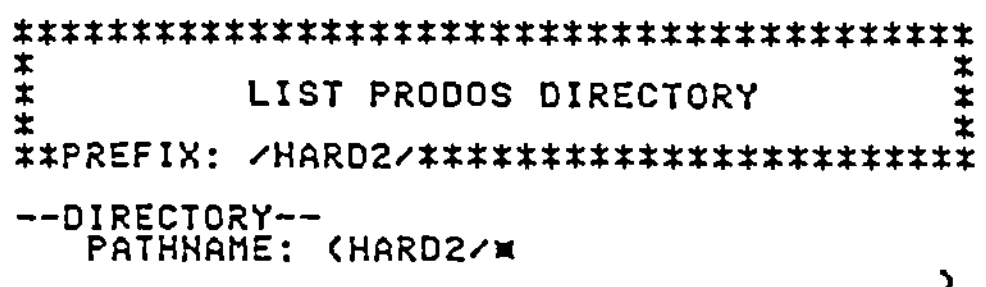

Abbildung 9-7 Die ProDOS Benutzerdiskette ist vollständig menü-, bzw. durch Hilfestellungen gesteuert.

kompletten Pfadnamen tippen, weil das aktuelle Volume Prefix immer noch auf /Hard2 gesetzt ist.

3. Tippen Sie den Pfadnamen für die ProDOS Zieldatei auf /Hard2. Der Pfadname lautet /Hard2/PRODOS.

4. Sie werden gebeten, die richtigen Disketten in die entsprechenden Laufwerke einzulegen. Da sich Ihre Benutzerdiskette zu diesem Zeitpunkt bereits in einem Diskettenlaufwerk befindet und Ihre Festplatte angeschlossen und arbeitsfähig ist, sollten Sie in der Lage sein, diesen Schritt zu überspringen und einfach die Return-Taste drücken.

In diesem Beispiel haben wir den speziellen Dateinamen PRODOS eingegeben, um genau diese eine Datei zu kopieren. Wir könnten ebenso ein ProDOS Gruppenzeichen (Wildcard) anstelle des Dateinamens verwenden, wenn wir entweder den Dateinamen nicht genau wissen oder mehr als eine Datei kopieren möchten. Bei der Verwendung der Pfadnamen USERS.DISK/= und HARD2/= beispielsweise, veranlassen die Gleichheitszeichen das Programm, alle Dateien der Quelldiskette automatisch auf die Zieldiskette zu kopieren. Bei der Verwendung der Pfadnamen USERS. DISK/? und HARD2/? veranlaßt das Fragezeichen das Programm, jeden Dateinamen vor dem Kopieren auf dem Bildschirm auszugeben und zu fragen, ob eine Kopie davon erstellt werden soll oder nicht.

Nach der Eingabe dieser Befehle mit anschließendem Return werden die Dateien der ProDOS Benutzerdiskette in das Volumeverzeichnis Ihrer Festplatte kopiert. Obwohl Sie nur die Datei PRODOS für den Start von AppleWorks auf Ihrer Festplatte benötigen, werden bei Verwendung des Gruppenzeichens '=' alle Hilfsprogramme der Benutzerdiskette (zum Kopieren, Löschen oder Konvertieren von Dateien von DOS 3.3 nach ProDOS) auf die Festplatte kopiert. Es gibt einige Demonstrationsdateien auf der Benutzerdiskette (MOIRE, HYPNOSIS und ANIMALS), die Ihr Verzeichnis nur unnötig auffüllen würden. Sie können die Dateien, die Sie nicht benötigen, jederzeit mit Hilfe der Benutzerdiskette, aber auch mit AppleWorks löschen.

Kopieren von AppleWorks

Als nächstes sollten Sie ein Unterverzeichnis für AppleWorks erstellen. Das ist zwar nicht unbedingt notwendig, aber es ist immer günstig, einen festen Platz für Ihr AppleWorks Programm und für Ihre Dateien zu reservieren. Beim Erstellen anderer Unterverzeichnisse für die verschiedensten AppleWorks Anwendungen, werden Sie sich vielleicht entscheiden, die Dateien ein bißchen umzuorganisieren. Folgende Schritte sind notwendig zum Erstellen eines Unterverzeichnisses für AppleWorks:

1. Drücken Sie die Escape-Taste, um ins File-Befehlsmenü auf der Benutzerdiskette zurückzukehren.

2. Wählen Sie **MAKE A DIRECTORY** mit Option **M**.
3. Wenn Sie nach dem Pfadnamen für das Verzeichnis (Directory) gefragt werden, tippen Sie **/Hard2/Appleworks** (bzw. einen Volumenamen Ihrer Wahl).
4. Nach Eingabe des Pfadnamens drücken Sie die Return-Taste. Das Unterverzeichnis wird erstellt.

Nun brauchen Sie nur noch die Dateien der AppleWorks Programmdiskette in das neue Unterverzeichnis zu kopieren. Sie können für diesen Kopiervorgang dieselbe Folge der Dateibefehle verwenden (und das Gruppenzeichen anstelle eines bestimmten Dateinamens). Beide Seiten der AppleWorks Diskette haben die Bezeichnung /AppleWorks, deshalb wird der Pfadname Ihrer Quelldiskette /AppleWorks/= heißen und der Pfadname Ihrer Zieldiskette (der Festplatte) /Hard2/AppleWorks/=. Sind beide Seiten der Diskette kopiert, befindet sich das gesamte Programm im AppleWorks Unterverzeichnis auf der Festplatte. Zum Verlassen des Kopierprogrammes drücken Sie Escape und kehren damit in das File-Befehlsmenü zurück.

Jetzt bleibt nur noch zu überprüfen, ob alles einwandfrei arbeitet. Wenn Sie bis hierher den aufgeführten Schritten gefolgt sind, müßten Sie jetzt das ProDOS Menü mit den File-Befehlen auf dem Bildschirm haben. Einen Aspekt der Benutzerdiskette, der direkt Ihren Umgang mit der Festplatte betrifft, sollten Sie dabei nicht vergessen: das vordefinierte Prefix. Die Benutzerdiskette speichert ein ProDOS Volume-Prefix und erwartet, daß dies dasjenige Volume ist, das Sie beim Verlassen des Benutzerprogrammes benötigen.

Setzen Sie das ProDOS Prefix mit der Option **P (SET PREFIX)** im File-Befehlsmenü auf /Hard2. Vergewissern Sie sich, daß Sie dieses Prefix für den Volumenamen Ihrer Festplatte gesetzt haben, bevor Sie die Benutzerdiskette verlassen. Nach Eingabe des neuen Prefixes müssen Sie Escape drücken, um in das File-Befehlsmenü zurückzukehren.

Nehmen wir nun an, daß Sie sich noch im File-Befehlsmenü befinden. Drücken Sie die Escape-Taste für die Rückkehr in das Filer Menü und wählen Sie Option **Q**, für **QUIT** (Verlassen des Programms). Wie Sie in Abbildung 9-8 sehen, wird von ProDOS der Pfadname BASIC.SYSTEM vorgegeben — es wird erwartet, daß Sie mit dieser Anwendung weiterarbeiten möchten. Wenn Sie jetzt Return drücken, wird ProDOS im Volume /Hard2 nach der Datei BASIC.SYSTEM suchen und diese Datei laden. Das Menü der ProDOS Benutzerdiskette wird erscheinen, und Sie können Option **B** wählen (für Applesoft BASIC). Das Bereitschaftszeichen von BASIC (]) wird ausgegeben. Jetzt können BASIC-Befehle oder Programmanweisungen eingegeben werden.

Da Sie aber gar nicht in das Menü der Benutzerdiskette kommen, sondern mit AppleWorks arbeiten wollen, tippen Sie, anstatt Return zu drücken, den Pfadnamen für das AppleWorks Unterverzeichnis und die

```
******************************************
*                                        *
*                  QUIT                  *
*                                        *
**PREFIX:  /HARD2/***********************
--QUIT AND LOAD--
     PATHNAME:  (BASIC.SYSTEM
                                    )




--ENTER PATHNAME AND PRESS <RET>--
```

Abbildung 9-8 Beim Verlassen der Benutzerdiskette ist der vordefinierte Pfadname BASIC.SYSTEM. Sie könne jedoch einen neuen Namen eingeben, wenn Sie mit einem anderen Anwendungsprogramm weiterarbeiten möchten.

AppleWorks Programmdatei: **AppleWorks/APLWORKS.SYSTEM.** Wenn Sie danach Return drücken, wird ProDOS in das Volume /Hard2 gehen, das AppleWorks Unterverzeichnis suchen, die Startdatei APLWORKS.SY-STEM laden und das Programm starten.

Wenn Sie AppleWorks in einem eigenen Unterverzeichnis gespeichert haben, starten Sie jedesmal das Programm durch Eingabe eines Befehls von der Benutzerdiskette aus. Das Menü, das beim Booten von ProDOS von Ihrer Festplatte ausgegeben wird, wird immer das Menü der Benutzerdiskette sein. Von dort aus müssen Sie jedesmal das AppleWorks Prefix zum Starten des Programmes eingeben. Arbeiten Sie jedoch viel mit AppleWorks, wäre es vielleicht bequemer, die Installation so vorzunehmen, daß AppleWorks automatisch bei jedem Kaltstart von der Festplatte aus geladen wird.

Booten von AppleWorks von einer Festplatte

Arbeiten Sie mit einem Apple IIe und ist der Controller Ihrer Festplatte in Slot 7 installiert (bzw. einer Slotnummer, die höher ist als die Slotnummer, die die Controllerkarte für die Diskettenlaufwerke enthält), wird Ihr Computer automatisch von der Festplatte booten an Stelle von den Diskettenlaufwerken. Eine Apple ProFile Festplatte, die ausschließlich ProDOS unterstützt, wird Ihnen automatisch das Menü der Benutzerdiskette präsentieren, von dem aus Sie weitere Programme wie AppleWorks laden oder andere Datenverwaltungsaufgaben bewältigen können. Besitzen Sie eine dreigeteilte Festplatte, wird vielleicht ein Begrüßungsprogramm ablaufen, das Ihnen ein Menü bietet, in dem Sie die Namen der verschiedenen Teile eingeben können (reserviert für Daten und Programme verschiedener Betriebssysteme), die auf der Festplatte zu finden sind. Ist dies der Fall, wird die Auswahl der ProDOS Option das Menü der Benutzerdiskette auf dem Bildschirm ausgeben.

Aber dieses Menü der Benutzerdiskette muß nicht unbedingt das Begrüßungsmenü bei jedem Kaltstart von Ihrer Festplatte sein. Es wurde schon früher in diesem Kapitel erwähnt, und in Kapitel 8 sogar detailliert beschrieben, daß ProDOS nach einer Datei mit der Dateinamenergänzung .SYSTEM sucht und diese Datei lädt. Vom Inhalt dieser Datei hängt es ab, was Sie beim Booten von ProDOS am Bildschirm sehen. So wie Ihre Festplatte im Moment aussieht, ist die einzige Datei im Volumeverzeichnis der Festplatte mit der richtigen Dateinamenergänzung die Datei BASIC. SYSTEM, die das Menü der Benutzerdiskette auf den Bildschirm bringt. Soll beim Kaltstart von Ihrer Festplatte aber AppleWorks anstelle des Menüs der Benutzerdiskette automatisch geladen werden, können Sie eine andere Technik anwenden.

Anstatt daß Sie die AppleWorks Programmdateien in ein Unterverzeichnis mit dem Namen AppleWorks kopieren, kopieren Sie diese Dateien in das Volumeverzeichnis /Hard2. Nun haben Sie zwei .SYSTEM Dateien im selben Verzeichnis mit ProDOS. Wenn Sie dann alle AppleWorks Dateien im Volumeverzeichnis haben, benennen Sie einfach die Datei BASIC.SYSTEM um: Verwenden Sie das Filer-Menü, wählen Sie **R**, die Rename (Umbenennen) Option, tippen Sie den originalen Dateinamen, **BASIC.SYSTEM**, und tippen Sie dann den neuen Dateinamen, zum Beispiel **BASIC** ohne Dateinamenergänzung.

Nach Vollenden dieses Prozesses wird die einzige .SYSTEM Datei im Volumeverzeichnis die AppleWorks Startdatei sein. Wenn Sie einen Kaltstart von der Festplatte durchführen, wird ProDOS nach einer .SYSTEM Datei suchen, APLWORKS.SYSTEM laden, und AppleWorks wird automatisch gestartet. Natürlich können Sie weiterhin in das Menü der Benutzerdiskette gelangen, indem Sie AppleWorks beenden. Dabei wird ProDOS automatisch das nächste zu ladende Programm erfragen. Geben Sie dafür **BASIC** (bzw. den Namen, den Sie beim Umbenennen der Datei **BASIC.SYSTEM** dieser Datei gegeben haben) ein, wird das Menü der Benutzerdiskette geladen, und Sie können von hier aus sämtliche ProDOS Hilfsprogramme aufrufen.

Teil V
Anhang und Register

Grenzwerte des Programms

Die Tabelle dieses Anhangs listet die normalen physischen Grenzwerte von AppleWorks auf. Modifizierte Software, die von Applied Engineering oder Legend Industries für den Einsatz ihrer RAM-Erweiterungskarten geschaffen wurde, kann diese Grenzwerte teilweise überschreiten.

Allgemeine Grenzwerte von AppleWorks

Dateien pro Diskette	51
Dateien pro Unterverzeichnis (Diskette)	51
Dateien pro Unterverzeichnis (Festplatte)	130
Dateien auf dem Schreibtisch	12
Länge eines Dateinamens	15 Zeichen
Länge eines Pfadnamens	64 Zeichen

Grenzwerte der einzelnen AppleWorks Anwendungen

Bezeichnung	Rechenblatt	Textbearbeitung	Datenbank
Dateigrenzwerte			
Länge	999 Zeilen	2250 Zeilen	1350 Sätze
Breite (allgemein)	127 Spalten	255 Zeichen	255 Zeichen
Breite (Bildschirm)	80 Zeichen	80 Zeichen	80 Zeichen
Größe (bei 64K RAM)	1000 Zellen	6 Seiten	140 Sätze
Größe (bei 128K RAM)	6000 Zellen	33 Seiten	750 Sätze
Drucker- und Berichtsgrenzwerte			
Zeilenabstand (gilt in der Datenbank nur im Etikettenformat)	3-zeilig	3-zeilig	3-zeilig
Zeilen/Zoll	8	8	8
Buchstaben/Zoll	24	24	24
Blattbreite (in Zoll)	13,2	13,2	13,2
Linker Rand (in Zoll)	9	9	9
Rechter Rand (in Zoll)	9	9	9
Kopfzeile (in Zoll)	9	9	9
Fußzeile (in Zoll)	9	9	9
Blattlänge (in Zoll)	25,4	25,4	25,4

Bezeichnung	Rechenblatt	Textbearbeitung	Datenbank
Anzahl der Druckzeilen im Etikettenformat	—	—	15
Anzahl der gespeicherten Berichtsformate	—	—	8
Länge eines Berichtsnamens	—	—	19 Zeichen
Länge einer Berichts-überschrift	—	—	79 Zeichen
Anzahl der Kalkulations-felder pro Bericht	—	—	3

Grenzwerte bei der Dateneingabe

Bezeichnung	Rechenblatt	Textbearbeitung	Datenbank
Breite pro Spalte/ Satz/Eintrag	75 Zeichen	—	76 Zeichen
Anzahl der Zeilen beim „Bewegen"	250	250	250
Anzahl der Zeilen beim „Kopieren"	250	250	250
Anzahl der Spalten beim Bewegen/Kopieren	125	—	—
Anzahl der Textmarken	—	254	—
Länge eines Suchwortes	25 Zeichen	30 Zeichen	30 Zeichen
Länge des neuen Wortes beim Ersetzen	—	30 Zeichen	—
Zeilenanzahl beim Einfügen von Zeilen	9	—	—
Anzahl der Felder pro Datensatz	—	—	30
Datensatzlänge	—	—	1024 Zeichen
Länge eines Feldnamens	—	—	20 Zeichen
Kriterien für Ordnen/ Satzauswahl	1	—	3

Register